机器人新兴领域“十四五”高等教育教材

智能机器人先进驱动及控制技术

刘英想　邓　杰　张仕静　主编

科学出版社
北　京

内 容 简 介

本书从智能机器人发展对驱动及控制技术的实际需求出发，系统阐述了智能机器人的驱动及控制技术。本书对智能机器人先进驱动技术的概念、分类、特点和发展现状进行了概括性介绍，并分别详细介绍了压电驱动及控制技术、音圈电机驱动及控制技术、形状记忆合金驱动及控制技术、介电弹性体驱动及控制技术、磁致伸缩驱动及控制技术、静电驱动及控制技术、电热驱动及控制技术和部分新兴驱动技术的基础理论、分类、驱动特性、运动控制及其在智能机器人中的应用实例。

本书主要面向机械类、自动化类相关专业本科生，可作为机器人工程、机械电子工程、机械设计制造及其自动化等专业的教学用书，同时也可供相关领域的科研工作者参考。

图书在版编目(CIP)数据

智能机器人先进驱动及控制技术 / 刘英想, 邓杰, 张仕静主编. 北京 : 科学出版社, 2024. 12. -- (机器人新兴领域“十四五”高等教育教材). -- ISBN 978-7-03-080642-0

Ⅰ. TP242.6

中国国家版本馆 CIP 数据核字第 2024QK3120 号

责任编辑：朱晓颖 / 责任校对：王　瑞
责任印制：师艳茹 / 封面设计：马晓敏

科学出版社 出版
北京东黄城根北街 16 号
邮政编码：100717
http://www. sciencep. com

北京华宇信诺印刷有限公司印刷
科学出版社发行　各地新华书店经销
*
2024 年 12 月第　一　版　开本：787×1092　1/16
2024 年 12 月第一次印刷　印张：13 3/4
字数：350 000

定价：69.00 元

(如有印装质量问题，我社负责调换)

前　言

机器人是高端智能产业发展的核心装备，是先进制造与新一代信息技术融合的前沿方向，是全球科技竞争与产业升级的重要领域。驱动及控制是机器人领域的一项核心技术，决定了机器人的基本特性、功能及应用领域。机器人传统驱动方式主要包括电机、气压和液压三种，相关技术已经十分成熟，有大量商品化的专用驱动及控制器件可供选择。随着科技的进步和社会生产力的发展，传统驱动技术受结构、原理和特性等因素的制约已无法满足各种新兴领域的发展需求，如微纳精细操控、高适应度柔性作业和非接触操纵等领域。基于此，各类新型驱动及控制技术得到了广泛的研究和应用，主要包括压电驱动、音圈电机驱动、形状记忆合金驱动、介电弹性体驱动、磁致伸缩驱动、静电驱动、电热驱动、人工肌肉驱动、振动直驱和超声悬浮驱动等，在微纳精细操控机器人、医疗机器人、空间机器人、软体机器人、微小型机器人等领域有着广阔的应用前景，可为高端装备的突破和发展提供坚实的理论和技术基础，具有重要的科学意义和突出的实用价值。

本书在传统驱动及控制技术的基础上，引入了智能机器人驱动及控制技术领域科技前沿的创新成果。本书共 9 章，具体内容如下。

第 1 章为绪论，简要介绍了智能机器人先进驱动及控制技术的分类，详细阐述了智能机器人先进驱动技术的概念及特点，介绍了其发展现状及典型应用。

第 2 章为压电驱动及控制技术，简要介绍了压电效应及压电驱动的基本原理，详细阐述了压电驱动器的分类、特点以及迟滞与蠕变非线性特性，并且介绍了典型压电驱动器的运动控制技术及其在智能机器人中的应用实例。

第 3 章为音圈电机驱动及控制技术，简要介绍了音圈电机的工作原理与基本结构，详细阐述了其分类、特点以及迟滞与端部效应特性，并且介绍了典型音圈电机的运动控制技术及其在智能机器人中的应用实例。

第 4 章为形状记忆合金驱动及控制技术，简要介绍了形状记忆效应，详细阐述了形状记忆合金驱动器分类、特点以及滞回特性，并且介绍了典型形状记忆合金驱动器的运动控制技术及其在智能机器人中的应用实例。

第 5 章为介电弹性体驱动及控制技术，简要介绍了电致伸缩效应及介电弹性体驱动的工作原理，详细阐述了介电弹性体驱动器的分类、特点以及滞回特性，并且介绍了典型介电弹性体驱动器的运动控制技术及其在智能机器人中的应用实例。

第 6 章为磁致伸缩驱动及控制技术，简要介绍了磁致伸缩效应及磁致伸缩材料，详细阐述了磁致伸缩驱动器的分类、特点以及磁滞特性，并且介绍了典型磁致伸缩驱动器的运动控制技术及其在智能机器人中的应用实例。

第 7 章为静电驱动及控制技术，简要介绍了静电效应及静电驱动的工作原理，详细阐述了静电驱动器的分类、特点以及拉入失稳现象，并且介绍了典型静电驱动器的运动控制技术及其在智能机器人中的应用实例。

第 8 章为电热驱动及控制技术，简要介绍了热膨胀机制及电热驱动的工作原理，详细阐述了电热驱动器的分类、特点以及温度-变形特性，并且介绍了典型电热驱动器的运动控制技术及其在智能机器人中的应用实例。

第 9 章为新兴驱动技术概述，介绍了纤维卷绕型人工肌肉驱动技术、振动直驱技术、光热驱动技术、水凝胶驱动技术、超声悬浮驱动技术及化学驱动技术的分类、特点以及在智能机器人中的应用实例。

本书第 1 章和第 2 章由刘英想、邓杰和张仕静共同撰写，第 3～5 章由刘英想和张仕静共同撰写，第 6～9 章由刘英想和邓杰共同撰写，全书由刘英想、邓杰和张仕静修改定稿。本书吸收了团队已毕业/在读博士研究生和硕士研究生的部分研究成果，是作者所在团队集体创造的智慧结晶。

本书得到了哈尔滨工业大学机电学院本科教育教学改革综合项目的资助，在此表示衷心感谢。

智能机器人先进驱动及控制技术是一个涉及多个学科交叉的研究方向，限于作者的研究水平，加之所列举的部分驱动技术尚处于实验室研究阶段，书中难免存在不妥和疏漏之处，恳请广大读者批评、指正。

作　者

2024 年 7 月

目　录

第 1 章　绪　　论

微课

1.1　智能机器人驱动及控制技术概述

随着科技发展的日新月异，智能机器人已悄然融入人们生活的每一个角落，横跨工业制造、农业生产、社会服务等多个产业领域，深刻地影响人类的生活方式，并驱动社会持续发展。智能机器人不仅可以显著提升工作效率，减轻人类负担，还可以在极端与复杂环境下开展人类无法完成的任务。智能机器人是高端智能产业发展的核心装备，是先进制造与新一代信息技术融合的前沿方向，是全球科技竞争与产业升级的重要领域。驱动与控制是机器人领域的核心技术，决定了机器人的基本特性、功能及应用领域，是确保智能机器人精准高效地开展多样化作业任务的核心。

智能机器人的主要驱动方式既包括传统的电机驱动、气压驱动与液压驱动，也包括基于智能材料的压电驱动、形状记忆合金驱动及介电弹性体驱动，同时还包括基于仿生原理的人工肌肉驱动等新兴方式；其控制技术既包括基于频率法和根轨迹法的传统控制技术，还包括基于状态空间分析法等的现代控制技术。传统的电机、气压、液压驱动技术受结构、原理和特性等因素的制约已无法很好地满足各种新兴领域的发展需求。基于此，各类新型驱动及控制技术得到了广泛的研究和应用。针对不同的应用场景，设计不同的驱控方案将是智能机器人技术领域的长期研究方向。学习并掌握智能机器人先进驱动及控制技术的理论知识和设计方法，是机械电子工程、机器人等专业领域学生的重要任务之一。

1.2　智能机器人先进驱动及控制技术分类

随着材料科学的不断突破、仿生技术的不断发展和驱动原理的不断创新，各种驱动技术不断涌现，每一种都有其独特的优势和应用场景。其中，基于所采用不同驱动原理对智能机器人先进驱动技术进行分类，最能全面反映现有智能机器人驱动技术的原理和特点，如图 1-1 所示，主要包括压电驱动、音圈电机驱动、形状记忆合金驱动、介电弹性体驱动、磁致伸缩驱动、静电驱动、电热驱动及其他新兴驱动技术。智能机器人的控制技术属于当前的研究热点，可分为传统控制技术和现代控制技术两大类，如图 1-2 所示。对于各类控制技术的基本原理和特点，已有较多书籍和著作进行了相关介绍，在此不对相关内容进行介绍，后续章节将针对不同驱动技术简要介绍相应的控制技术。

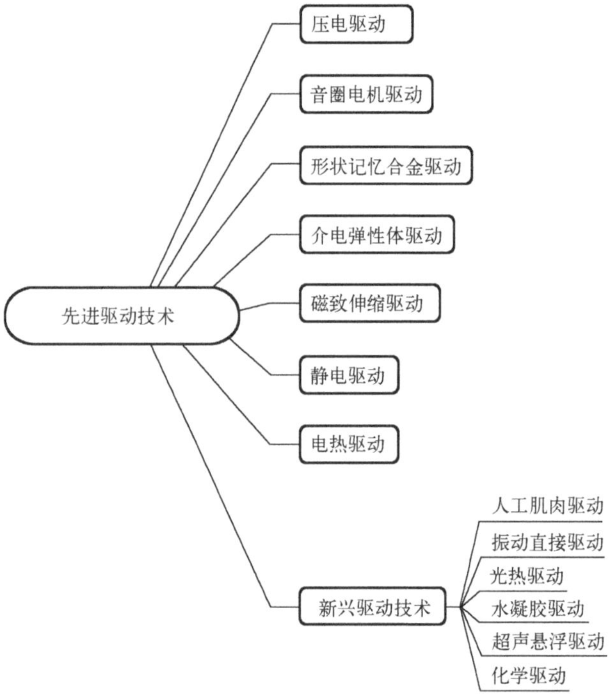

图 1-1　先进驱动技术分类

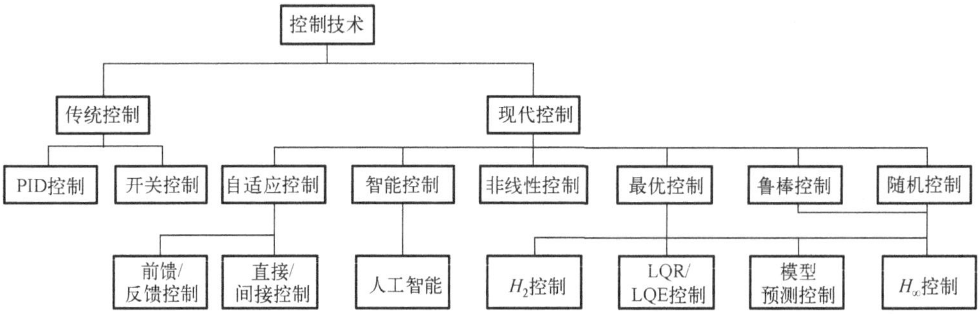

图 1-2　控制技术分类

1.3　智能机器人先进驱动技术的概念及特点

在智能机器人系统中，驱动单元扮演着至关重要的角色，其就像是机器人的“心脏”，为机器人的各种动作提供动力。随着智能机器人技术的不断进步，丰富多样的驱动技术被发明创造出来。

1.3.1　先进驱动技术的概念

在智能机器人领域，先进驱动技术是指相对于传统驱动技术而言，能够驱动机器人实现更高性能(如更高精度、更高速度、更高推重比、更高环境适应性等)或更多功能的驱动技术。代表驱动技术领域的前沿和发展方向，具有创新性、先进性和实用性等特征。在智能机器人领域，先进驱动技术主要是指能够驱动机器人实现更高精度、更高速度、更高推重比、更高适应性或更多功能的驱动技术。例如，压电驱动技术可驱动机器人实现纳米级高精度和毫秒级快响应等功能；形状记忆合金驱动技术可驱动机器人实现运动记忆等功能；人工肌肉驱动技术可驱动机器人实现柔性大变形等功能。与传统驱动技术相比，先进驱动技术具有更独特的性能特点，不仅能够满足机器人对不同应用场景的特性需求，还能够适应各种复杂极端环境，为机器人的广泛应用提供有力支撑。

1.3.2 先进驱动技术的特点

智能机器人先进驱动技术的特点主要包括但不限于高精度、高速度、高推重比、高适应性、高集成性和多功能等。

(1) 高精度。先进驱动技术能够实现对机器人执行单元的高精度驱动，确保其在执行任务时能够准确地到达预定位置。例如，基于压电驱动、静电驱动和电热驱动的智能机器人，可实现纳米级的精度。

(2) 高速度。先进驱动技术能够实现对机器人的高速驱动。例如，工作在谐振状态下的超声悬浮驱动或振动直接驱动(简称振动直驱)机器人可实现数十倍速度体长比的运动速度。

(3) 高推重比。先进驱动技术能够以小体积和轻质量的驱动单元实现对机器人的有效驱动。例如，尺寸为 10mm×10mm×9mm 的叠堆型压电驱动器，质量仅为 8.1g，最大推力可达7000N；50mm 长的音圈电机，质量不到 2kg，可实现 5000N 的最大推力。

(4) 高适应性。先进驱动技术能够驱动机器人在不同的场景下完成不同的任务。例如，基于压电驱动的智能机器人可工作在强电磁环境下；基于人工肌肉驱动的智能机器人可完成待操控物的无损操控；基于振动直驱的小型移动机器人可实现在狭小空间的探测任务。

(5) 高集成性。得益于小体积和轻量化特性，基于先进驱动技术的驱动单元易于与其他单元整合到机器人系统中，保证功能的同时兼备紧凑特性。

(6) 多功能。先进驱动技术能够助力机器人完成传统机器人无法完成的任务，如微纳操纵、非接触操纵和柔性操纵等。

1.4 智能机器人先进驱动技术发展现状

近年来，随着新材料、新工艺和新原理的不断涌现，先进驱动技术也在不断发展和创新，为智能机器人的广泛应用提供了有力支持。先进驱动技术的发展历程可以追溯到 20 世纪 80 年代，经过多年的研究和发展，已经取得了显著的进步，形成了多种涵盖不同原理的驱动技术体系。作为智能机器人的关键技术之一，其发展现状和未来趋势对整个智能机器人产业的发展具有重要意义。

1.4.1 压电驱动

压电效应，这一由法国物理学家居里兄弟于 1880 年揭示的自然现象，描述的是特定晶体在外力作用下产生电荷，或在电场作用下发生形变的现象。该效应展现了独特的可逆性，包括正压电效应(机械能向电能的转换)与逆压电效应(电能向机械能的转换)。压电驱动正是巧妙利用逆压电效应的智能驱动方式，它依赖于压电材料的独特属性。在众多压电材料中，石英、陶瓷及高分子聚合物等尤为突出，其中，陶瓷类压电材料因其优越的机电耦合性能及相对低廉的成本，在实际应用中占据主导地位，广泛应用于各种压电驱动装置中。

压电驱动器作为一类重要的微驱动技术载体，涵盖了谐振式与非谐振式两大分支，两者均基于压电材料的逆压电效应致动，实现能量的电-机转换与精密机械运动。谐振式压电驱动器巧妙利用了压电材料的谐振特性，在高频交流电场激励下，显著放大形变，进而通过摩擦耦合实现高精运动输出，尤其是在超声电机应用中，其以高推力/力矩密度、快速响应、低噪声及断电自锁等特性脱颖而出，图 1-3 所示为典型行波超声电机的工作原理。

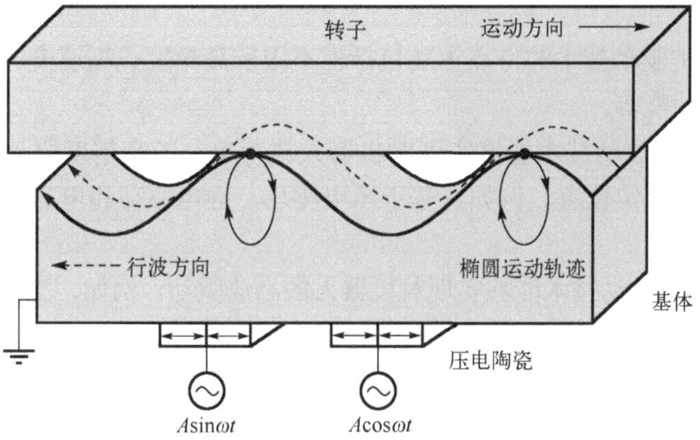

图 1-3　典型行波超声电机工作原理示意图

另外，非谐振式压电驱动器则不依赖于系统的谐振特性，通过直接精准地调控压电元件上的电场，实现位移与力的细微调节，其优势在于更宽的工作频率范围、更高的位移控制精度及更为迅捷的动态响应。

综合而言，压电驱动技术基于压电材料的逆压电效应实现致动，具有位移分辨力高、响应速度快、出力密度高、低速大推力和构型多样等特点，在精密定位、微纳操控、光学调整等前沿领域展现出了独特的应用潜力与价值。

1.4.2　音圈电机驱动

音圈电机驱动是先进驱动技术中的重要分支，利用电磁原理实现能量的转换和传递，其核心在于利用通电导体在磁场中受到的安培力致动。音圈电机主要部件包括通电线圈、线圈支架、永磁体和磁轭，其中，线圈是音圈电机的核心部分，通常由铜线绕制而成，其在磁场中受到安培力的作用输出运动；永磁体通常由稀土永磁材料制成，与线圈相互作用，产生驱动力。图 1-4 所示为线圈运动型音圈电机的基本结构和原理，给线圈施加电压则在线圈里产生电流，进而产生与电流成正比例的力，使线圈在气隙内沿轴向运动，线圈的电流方向决定其运动方向。当线圈在磁场内运动时，会在线圈内产生与线圈运动速度、磁场强度和导线长度成正比例的电压(感应电动势)，因此驱动音圈电机的电源必须提供足够的电流以满足输出力的需要，且要克服线圈在最大运动速度下产生的感应电动势。

音圈电机驱动技术具有高效率、高精度、快响应、高稳定性、长寿命、低噪声、可定制化等技术优势，广泛应用于工业机器人、服务机器人和特种机器人等领域。

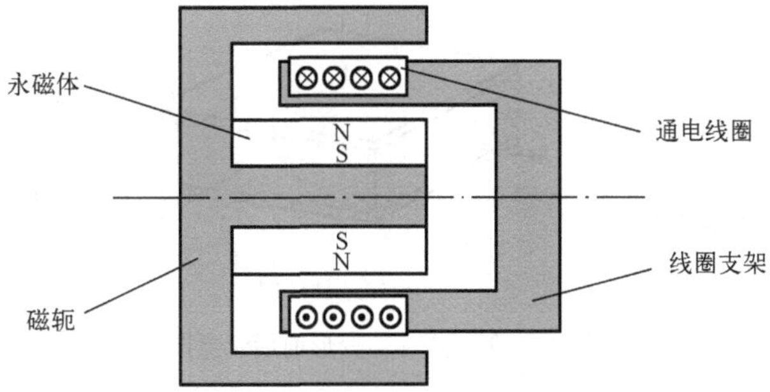

图 1-4 线圈运动型音圈电机的基本结构和原理示意图

1.4.3 形状记忆合金驱动

形状记忆合金(shape memory alloy，SMA)利用特定合金材料的记忆效应来实现形状恢复和机械能转换。这种特殊的合金材料具有在受到外界激励(如温度、应力、磁场等)后恢复其原始形状的能力，其工作原理如图 1-5 所示。形状记忆合金的记忆效应源于其独特的晶体结构和相变行为。SMA 通常经历两种或两种以上的晶体结构相变，包括高温下的奥氏体相和低温下的马氏体相。当 SMA 在高温下变形后冷却至马氏体相时，其形状会固定下来；但当再次加热时，它会恢复到奥氏体相，并恢复到其原始形状。

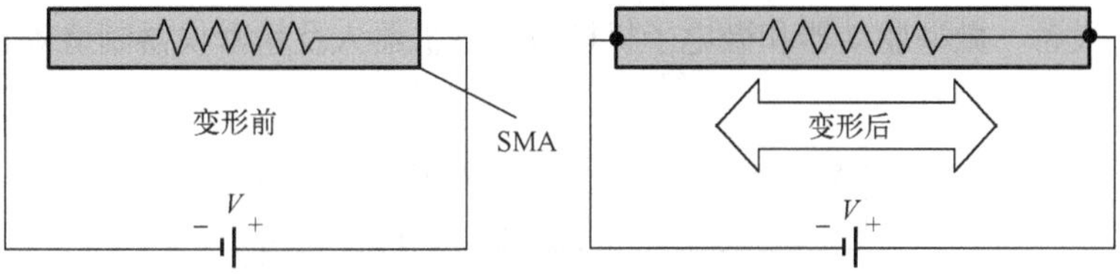

图 1-5 形状记忆合金工作原理示意图

形状记忆合金驱动具有高输出功率、静音、无污染、自传感、低驱动电压、结构简单和易于小型化等特点。自从 20 世纪 60 年代被发现以来，形状记忆合金因其独特的物理性能和广泛的应用前景而受到研究者和工程师的极大关注。这种独特的性质使得形状记忆合金在智能机器人、航空航天、医疗器械、自动化设备等领域具有广阔的应用前景，如用于制造可展开结构、血管支架和微小型机器人等。

1.4.4 介电弹性体驱动

介电弹性体(dielectric elastomer，DE)是一种基于介电聚集体效应的新型智能材料。介电弹性体驱动技术基于电致伸缩效应，在电场或电压激励下，通过改变介电弹性体内部的分子结构和形态，来实现大幅形变，基本原理如图 1-6 所示，当撤去电场或电压时，由于材料自身的弹性，介电弹性体会恢复到原来的形状。介电弹性体驱动器形变的大小与施加的电压、介电弹性体的厚度以及材料的介电常数等因素有关。介电弹性体具有变形大、响应快、弹性模量低、能量密度高、重量轻、成本低等特点，在软体机器人、可穿戴设备、医疗器械等领域具有广阔的应用前景。

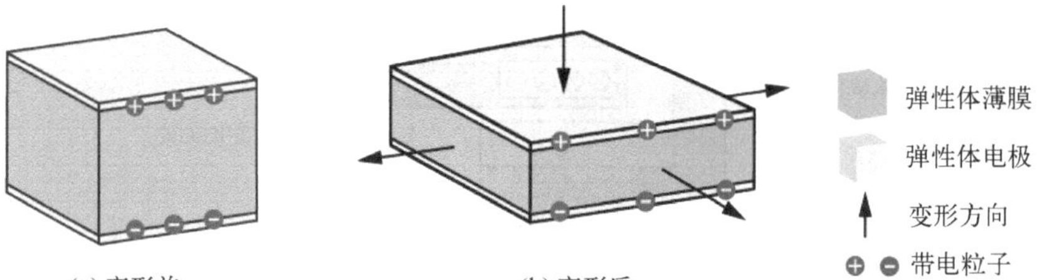

图 1-6　介电弹性体变形前后示意图

1.4.5　磁致伸缩驱动

磁致伸缩驱动基于磁致伸缩效应致动。磁致伸缩材料在磁场作用下，其内部磁畴会重新排列，导致材料在长度或体积上发生变化，这种变化量与磁场强度成正比，且与材料的磁致伸缩系数相关。这种变化是可逆的，即当磁场消失时，材料会恢复到原始状态。在交变磁场作用下，磁致伸缩材料产生与磁场同频率的机械变形。图 1-7 所示为典型磁致伸缩驱动器的结构，磁致伸缩材料(如铁磁体)放置在由电磁线圈产生的交变磁场中，材料会发生周期性的长度变化，通过控制磁场的强度和方向实现负载的精准驱动；水冷管用于防止磁致伸缩材料升温，将温度的变化控制在一定范围内。磁致伸缩驱动器具有功率输出高、能耗低、响应速度快、能量转换效率高、居里温度高、结构简单紧凑和工作频带宽等优点，在航空航天、国防装备、医疗设备、微型驱动器和微电子机械系统、机器人及精密仪器制造等领域有着广阔的应用前景。

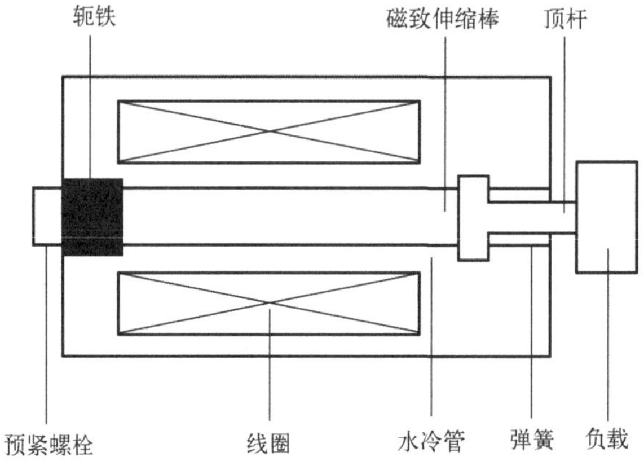

图 1-7　典型磁致伸缩驱动器的结构示意图

1.4.6　静电驱动

静电驱动技术基于静电效应实现致动，直接利用带电物体表面电荷间的库仑力作为驱动力。静电驱动的驱动力源于带电物体间的静电作用，其大小由带电物体电荷量、间距及介电常数等因素决定。在实际应用中，通过调控电极间电荷分布或电场强度来控制驱动力，进而实现对微型器件或机器人的精准驱动与控制。静电驱动器的结构通常为梳齿形，基本结构与原理如图 1-8 所示。静电驱动器具有精度高、速度快、可靠性高、电场强度不受尺寸影响和能量转换效率高等优点，可用于驱动微泵、硅扭矩微镜等器件。目前该技术已广泛应用于微电子设备、精密机械以及打印技术等领域。

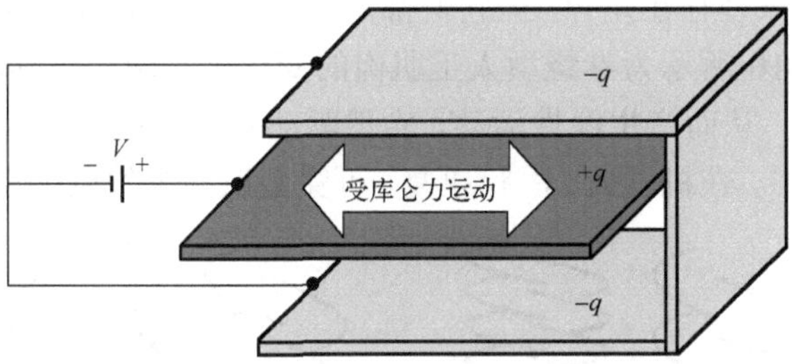

图 1-8　静电驱动器基本结构与原理示意图

1.4.7　电热驱动

电热驱动技术基于焦耳效应和热膨胀效应实现致动，通过电热元件将电能转换为热能，使材料发生热膨胀或相变等，进而产生机械运动或力的输出。电热驱动器的结构通常为 U 形，工作原理如图 1-9 所示，U 形结构设计有一个“热臂”，锚点的设计确保了驱动器的一端在操作过程中保持固定，另一端则能够自由移动或产生弯曲力矩，由于其中一个臂比另一个臂产生更多的热量，因此会产生不同的热膨胀变形，导致结构向温度较低的臂弯曲，从而实现运动输出。该技术具有功耗低、体积小、成本低、运行速度快、设计灵活、易于与片上电子器件集成等优点，已经大量用于各种驱动器、传感器和控制系统，在微操作、光学设备、扫描探针显微镜、纳米光刻以及可调谐射频设备等领域有着广阔的应用前景。

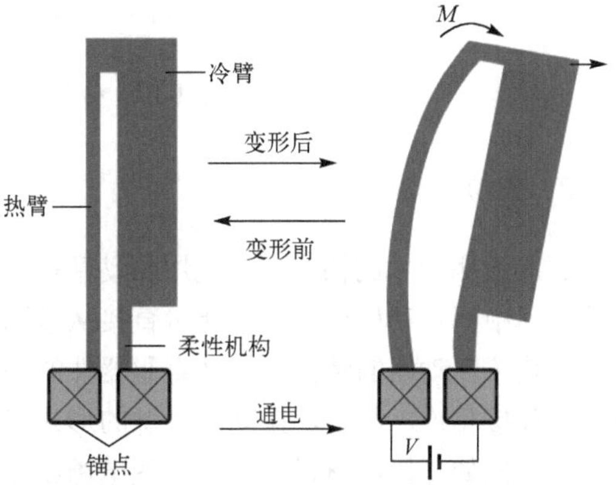

图 1-9　U 形电热驱动器工作原理示意图

1.4.8　新兴驱动技术

近年来，新兴驱动技术的涌现为机器人领域注入了新的活力，使得机器人在性能、效率、稳定性以及应用领域等方面都取得了显著的进步。下面将详细介绍几种机器人领域中的新兴驱动技术。

1. 人工肌肉驱动

人工肌肉驱动作为一种模拟生物肌肉运动的技术，在需要柔软、轻量化和良好生物相容性的驱动场合中具备独特的优势，其核心原理在于模拟生物肌肉的收缩和舒张过程，以实现机械运动。具体而言，人工肌肉通常由受到外部激励(如电信号、温度变化等)发生形变的纤维制成，在外部激励下输出直线运动或产生力。由于这一形变过程与生物肌肉的收缩和舒张过程相似，因此称为人工肌肉。根据形变机制的不同，人工肌肉可以分为多种类型，主要包括卷绕型人工肌肉、电活性聚合物以及离子交换聚合物金属复合材料等。尽管这些人工肌肉的工作原理存在差异，但它们都是通过外部激励引发内部状态变化，从而实现机械运动的。图 1-10 所示为卷绕型人工肌肉的变形示意图，当其温度场发生变化时，材料发生卷绕和展开，从而产生线性运动，实现驱动效果。人工肌肉具有柔韧性好、变形大、能量密度高等优点，在机器人、医疗康复、可穿戴设备等领域展现出广阔的应用前景。

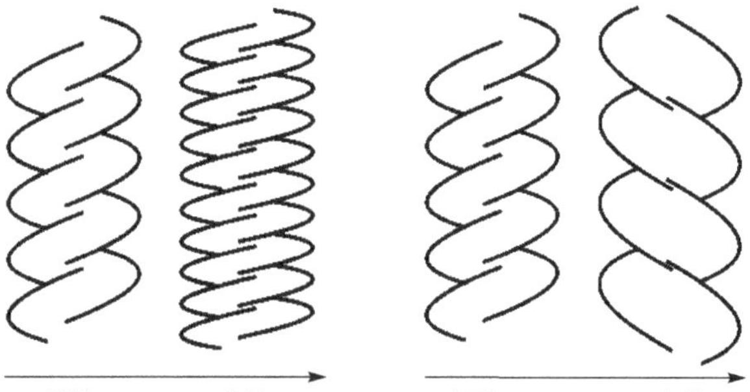

图 1-10　卷绕型人工肌肉变形示意图

2. 振动直驱

振动直驱技术的核心在于利用振动直接驱动，相比于传统的驱动技术，振动直驱一般不需要任何中间传动机构，驱动能量直接从激励源传递到执行元件，从而大大提高了驱动的效率，简化了驱动器的结构。振动直驱器件的基本结构由振动激励源以及执行元件组成，两者直接或间接相连，其中，振动激励源的形式多样，通常利用压电效应、电磁感应等机制激励出振动。例如，压电材料在受到交变电场激励时会产生周期性振动，其执行元件的结构设计则不受明确的限制，因此振动直驱技术在实现层面上是非常灵活的。综合而言，振动直驱技术具有诸多优点，如能量利用高效、控制精确、结构紧凑及自驱动能力等，在微机电系统、传感器、微小型机器人等领域得到了广泛应用。

3. 光热驱动

光热驱动以激光为能量取用源，利用光响应材料的一系列物理变化和化学变化过程中伴随发生的体积变化、形状改变等实现位移响应，从而实现驱动效果。通过设计合适的位移放大机构可放大此类光热位移，此外，通过对光源进行周期性调制，可驱动执行器实现连续、周期性的运动输出。由于采用激光作为能量取用源，可实现无须连接导线供电的远程非接触式操控。光热驱动器具有结构简单、操控简便、驱动力大、可实现远程控制、易于小型化和集成化等特点，在微小型机器人与生命科学领域有着良好的应用前景。

4. 水凝胶驱动

水凝胶是由亲水性聚合物构成的三维网络结构材料，能在水中吸收大量水分子并保持一定形状，具备良好的生物相容性和可调控的机械响应性能。其最显著的特征是它的三维网络结构能够响应外界刺激发生可逆的溶胀与消溶胀，从而产生宏观形变。水凝胶驱动技术则是利用水凝胶材料的这一特殊性质来实现机械运动或形变的技术。该技术通过外部激励(如温度、pH、电场等)作用于水凝胶，使其发生膨胀、收缩或弯曲等形变，从而将电能、热能等形式的能量转换为机械能，实现机械运动或功能输出，基本原理如图 1-11 所示。水凝胶驱动器的典型配置为双层结构，如图 1-11(b)所示，由于每一层结构具有不同的响应特性或机械特性，当 pH、溶剂、温度或光照变化时，水凝胶会产生内部应力，驱动其弯曲或变形。此外，通过外部物理场调控，可以在水凝胶中制备高度对齐的纳米纤维、纳米片或多孔结构，如图 1-11(c)所示，使水凝胶实现预期的变形。不同于传统的双层结构，具有平面图案的水凝胶在受激励时由于结构的差异会产生内部应力，因此可以通过设计不同分布属性的水凝胶来实现不同方向上的变形，如图 1-11(d)所示。水凝胶具有响应速度快、驱动力大、生物相容性好等优点，在生物医药、微流体控制、智能材料等领域展现出广阔的应用前景。

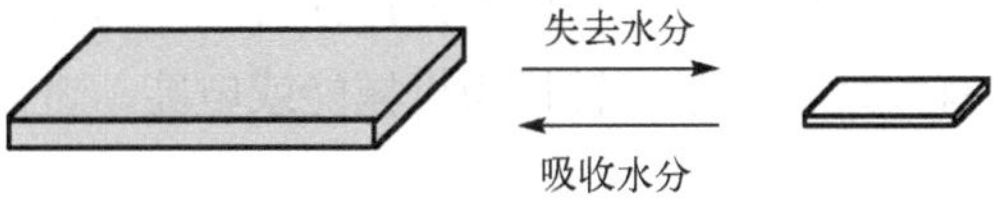

(a) 水凝胶吸水和失水体积变化示意图

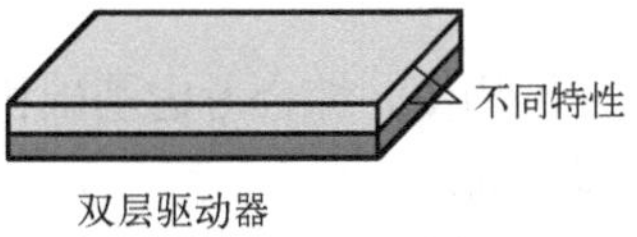

(b) 水凝胶的双层结构示意图

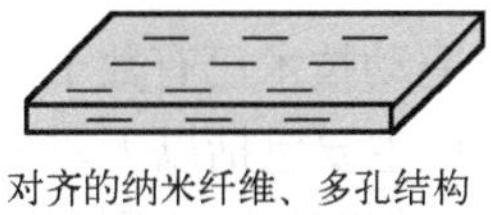

(c)多种水凝胶结构

(d) 不同平面图案的水凝胶

图 1-11 不同结构的水凝胶基本原理示意图

5. *超声悬浮驱动*

超声波声场利用压电材料的逆压电效应产生超声波振动，并通过精确控制超声波的频率、振幅和传播方向，实现对物体的非接触式和高灵活性的驱动与操控。该技术的核心在于利用超声波在介质中传播时产生的声场效应，包括声辐射力、声流和声压等，这些效应可对介质中的粒子、液体或固体产生力的作用，进而实现物质的驱动、混合、分离、定位等多种功能，如图 1-12 所示。在超声悬浮驱动中，超声波换能器是关键设备，负责将电能转换为机械振动能，进而产生超声波。该技术基于声波在介质中传播时的力学效应，特别是当声波频率达到超声范围(通常指频率高于 20kHz)时，其能量密度高且指向性好，这使得超声波在驱动和控制微小物体方面具有独特优势。通过合理设计换能器的结构和

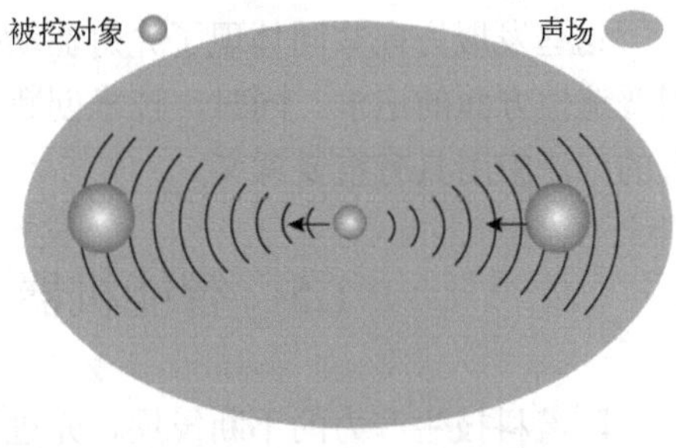

图 1-12 超声悬浮驱动示意图

参数，可以精确调控产生的超声波的频率、振幅和波形等特性，从而实现对声场的精确控制。

超声悬浮驱动利用超声波的高频、高能量特性，在微观尺度上产生强烈的声场效应，特别适用于精密操控和微观加工。其次，超声波在介质中传播时衰减小，能够穿透较远的距离，这使得其非常适用于非接触式的驱动和操控。此外，该技术还具有无污染、无损伤、可控性强等优点，在医疗和工业等领域均有广泛应用。

6. 化学驱动

化学驱动利用化学反应产生的能量来驱动机器人的运动和工作。相较于传统的物理驱动，化学驱动展现出了更高的能量密度、更长的续航能力以及更为灵活的能量转换方式，因此在某些特定的应用场景中具有显著优势。具体而言，化学驱动技术通过利用燃烧反应、电化学反应等多种化学反应释放的能量，来实现机械运动或功能转换。通过精确控制这些化学反应的条件和过程，可以有效地将化学能转换为机械能或电能，进而驱动机器人实现运动并完成工作。

1.4.9 智能机器人先进驱动技术发展方向概述

智能机器人先进驱动技术已有数十年的发展历史，综合考虑基础科学研究和实际应用需求，先进驱动技术领域主要包括以下四个发展方向。

(1) 性能突破。随着机器人应用场景的不断扩展和任务复杂性的不断提升，智能机器人先进驱动技术将更加注重某一方面或综合方面的性能突破，如速度、行程、出力、精度、维度和力密度等。通过结合新型致动原理、激励方法和先进制造工艺，实现其驱动性能的突破，驱动机器人完成高性能作业。

(2) 效率提升。随着智能机器人技术的快速发展和环保要求的不断提高，其将更加注重高效率、低能耗的发展，通过探索新材料、新工艺和新原理不断提升驱动效率，降低驱动系统的能耗，提高机器人的续航能力。

(3) 模块化与集成化。为了适应不同应用场景和需求的多样化，其将往模块化方向发展，实现驱动模块与机器人系统其他模块的集成化设计。通过设计和制造标准化的驱动模块和接口，实现不同功能模块的快速组合和集成，提高机器人的适应性和应用范围。

(4) 智能化与网络化。随着通信和人工智能技术的不断发展，先进驱动技术将往智能化和网络化方向快速发展。通过融合人工智能(如深度学习)和先进通信等技术，可实现对驱动系统的远程自主与智能化控制，从而保证其处于最佳驱动工况。

这些发展方向共同体现了先进驱动技术在提高性能、改善效率、集成化、智能化以及应用普遍性方面的追求。同时，技术创新是推动这些领域发展的核心动力，对于拓展智能机器人的广泛应用具有重要意义。

1.5 智能机器人先进驱动技术典型应用

随着科技生产力的不断发展，先进驱动技术在智能机器人中得到了广泛的应用，涵盖了工业制造、农业生产和社会服务等多个产业领域，对人类的生活和生产方式产生了深刻的影响，在解放生产力和提高生产力方面起到了积极的推动作用。例如，微纳操纵机器人采用具备微纳米精度驱动能力的压电驱动器、音圈电机、静电驱动器或电热驱动器作为驱动单元，可完成人类无法完成的精细操控动作，可用于细胞操纵与特性表征、微纳增材和减材制造以及半导体检测等；软体机器人采用具备柔性驱动能力的形状记忆合金驱动器、介电弹性体驱动器和人工肌肉作为驱动单元，能够适应各种非结构化环境的特点，对目标形状的适应能力强，与环境接触碰撞力小，与人类的交互也更安全，可完成人类难以完成的柔性操纵任务，可用于易碎物体搬运、狭小空间操纵等。基于先进驱动技术的智能机器人相关应用领域丰富多样，对其在光学仪器、航空航天、生物医疗和微纳制造等领域的典型应用进行介绍，全面展现其应用现状。

1. 光学仪器

在光学仪器领域，压电驱动器常用于实现镜头的精密对焦、光学元件的微调等功能。例如，在相机、微型偏转镜和望远镜等光学设备中，压电驱动器可以控制透镜或棱镜的位置，以完成对焦、变焦或光路调整等操作。图 1-13 所示为一种压电驱动光束引导装置，该装置可以和现有的手术工具结合，用来控制光纤传输的激光位置，从而进行激光靶向微创手术。其直径和长度分别为 6mm 和 16mm，能够实现高速、大范围地聚焦和引导激光束。

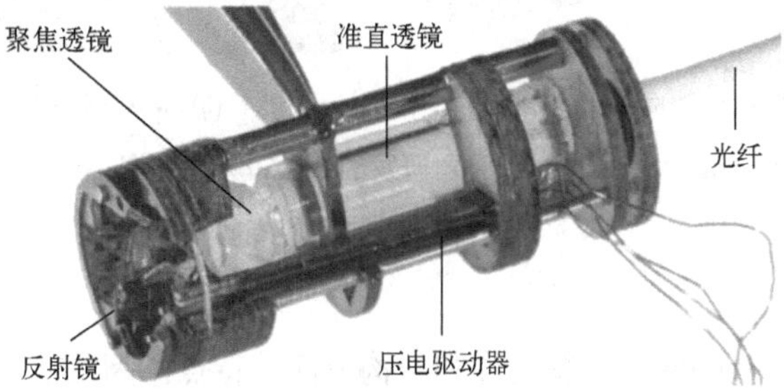

图 1-13　压电驱动光束引导装置

微型偏转镜在光学成像领域具有精确控制光路、提高成像稳定性、适用于特殊场景以及多自由度调整等重要作用。微型偏转镜可以将微小的电压信号转换为反射镜片的偏转动作，从而实现光路的精确控制。这种高精度控制对于提高光学成像的清晰度和分辨率至关重要。通常在半导体硅基底上构建 MEMS 微型偏转镜，其结构尺寸为微米级别，通过镜面的转动来精确调控反射光线的走向。具体来说，当镜面转动角度为 θ 时，反射光线会相应地偏转 2θ。基于静电驱动和电热驱动的 MEMS 微型偏转镜目前技术最为成熟，已用于微型投影和光通信等领域。

美国 THORLABS 公司研发了一款压电驱动镜座 Polaris，如图 1-14 所示。该镜座能够实现 0.5μrad 的高分辨力旋转运动，能够依据位置传感器的反馈信号，灵活地调整光路。它不仅能够承受高能量密度和极端环境的考验，还具备真空兼容性和高热稳定性，为光学实验与研究提供了一款高性能的光学组件。Cambridge Mechatronics 公司研发了一种形状记忆合金驱动的 5 自由度光学防抖机构，如图 1-15 所示。该机构利用形状记忆合金的独特形状记忆效应和超弹性特性，实现了光学防抖和自动对焦功能，能够在不消耗额外功率的情况下保持光学元件的稳定，显著提高了图像捕捉的清晰度和稳定性。

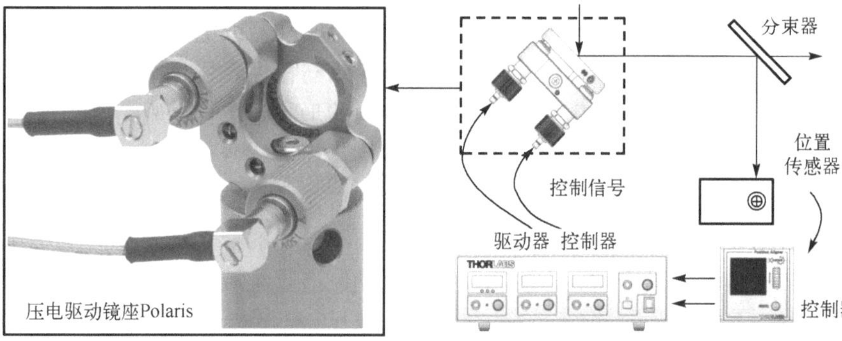

图 1-14　THORLABS 公司研发的压电驱动镜座

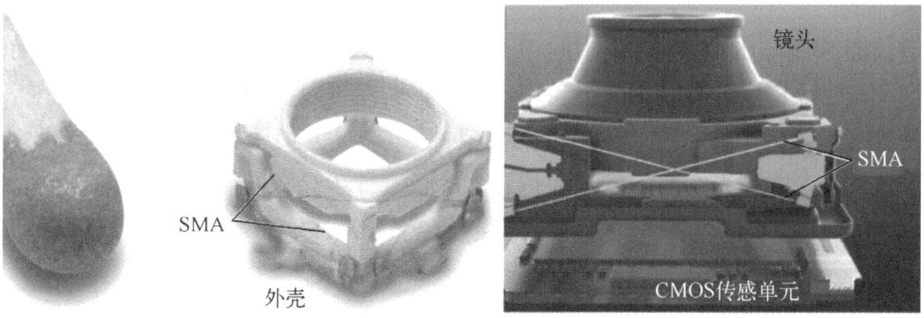

(a) SMA驱动光学防抖机构　　(b) SMA驱动光学镜头模组

图 1-15　Cambridge Mechatronics 公司研发的 SMA 驱动光学防抖机构及镜头模组

2. 航空航天

由于压电驱动器具有响应快、精度高和结构灵活等特点，因此在航空航天领域得到了广泛应用。例如，在卫星姿态控制、导弹制导和惯性导航等系统中，压电驱动器可用于控制关键部件的运动，确保系统的精确性和稳定性。同样，在火星车上，这些压电驱动器通常用于机械臂、关节驱动、样本采集装置以及科学仪器等关键部位，确保火星车在执行复杂任务时能够精准控制、快速响应，并在火星的极端环境条件下稳定可靠地工作，如图 1-16(a)所示。在 Helos 卫星上，压电驱动器用于精密指向机构，实现高精度的角度控制和快速响应，确保

(a) 火星车用压电驱动器　　(b) Helos卫星用压电驱动器

图 1-16　应用在航空航天领域的压电驱动器

观测设备能够准确指向目标，提高数据采集的精度和效率。此外，压电驱动器易于实现轻量化设计，有助于减轻卫星的整体质量，降低发射成本。利用形状记忆合金特有的形状记忆效应，其也能够应用于航天工业，如宇宙飞船太阳能天线形状控制以及航天推进器喷口形状控制等，可用于提高航天装备的综合性能。

3. 生物医疗

形状记忆合金驱动器可用于微创手术机器人、康复训练机器人等。例如，镍钛形状记忆合金广泛用于心血管支架，在低温下可以被压缩成较小的尺寸，便于通过导管送入血管内部；到达病变部位后，支架在体温下自动膨胀至预定形状，支撑狭窄或病变的血管，恢复血液流通。形状记忆合金支架具有良好的生物相容性和适宜的弹性模量，能够有效减少血管再狭窄的发生，提高手术成功率。图 1-17 所示为利用超声悬浮驱动技术实现小型颗粒(如泡沫)空间悬浮的机器人系统，其可按照预设轨道进行精确操控，包括直线运动和旋转运动，可用于驱动微纳粒子实现精准的药物输送和细胞操作。图 1-18 所示为 6 自由度手持式显微外科手术机器人，该机器人利用直线性压电驱动器(尺寸为 2.8mm×2.8mm×6mm，输出力为 0.3N)设计了 Gough-Stewart 平台，在小封装体积中实现了大运动范围，可用于完成细胞、血管等生物体组织的穿刺任务。图 1-19 所示为基于光热驱动的亚毫米级无线微小型机器人，该机器人可用于眼科手术。其核心驱动单元是一个由多层纳米薄膜构成的光热驱动微型驱动器，在激光的激励下可实现精准而迅速的蠕动式运动，可引导直径为 12mm 的人工瞳孔进入人眼模型，并精确定位眼底动脉附近的病变区域。

(a) 超声换能器结构尺寸　　(b) 超声换能器结构　　(c) 粒子流运动

图 1-17　基于超声悬浮驱动的粒子操控系统示意图

4. 微纳制造

微纳加工技术是一种高精密的制造技术，用于制造微小尺寸的结构和器件，通常在微米和纳米尺度范围内，涉及亚毫米、微米和纳米量级的元件以及由这些元件构成的部件或系统的优化设计、加工、组装、系统集成与应用技术，是先进制造的重要组成部分。压电驱动技术易于实现纳米级精度的特性，这使其在微纳加工领域有着广泛的应用。通过多自由度纳米级压电机器人系统可开展微纳尺度的材料减材和增材加工。利用

图 1-18　基于压电驱动的 6 自由度手持式显微外科手术机器人

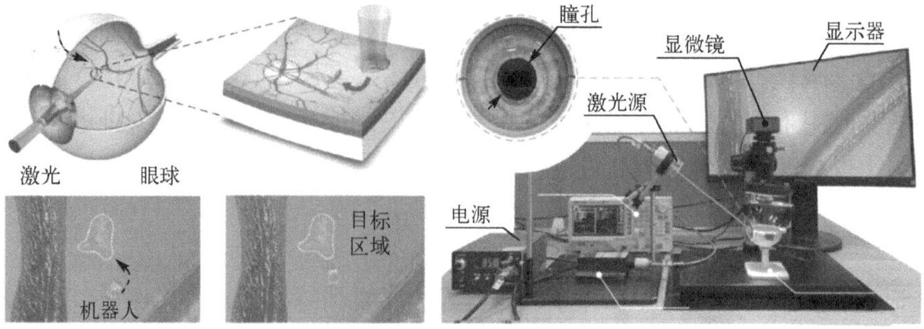

图 1-19　基于光热驱动的亚毫米级无线微小型机器人及其在眼科手术中的应用

串联型三轴压电驱动器操控压电悬臂执行器，用于加工置于 3 自由度串联压电平台上的样品，以长卷曲切片的形式去除材料，如图 1-20 所示，可以刻划直径最大为 5μm、深度为 30nm 的圆形图案，加工误差可达 4nm。

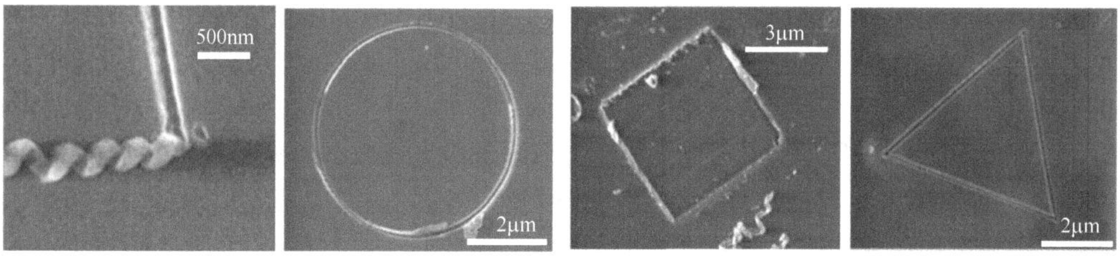

图 1-20　微纳加工图案

5. 振动补偿

传统的振动补偿系统往往需要通过独立的驱动器驱动专用机构实现振动补偿效果，不利于实现轻量化设计。图 1-21 所示为基于压电驱动器的主动隔振机构，压电双晶片在接收到电压信号后，产生弯曲力矩，驱动自由端运动，实现振动的主动补偿。压电双晶片驱动器具有结构和激励方案简单的优势，与振动补偿机构的集成化设计使得整个系统的结构保持紧凑，降低了系统的复杂性，提高了振动补偿效率。图 1-22 所示为基于介电驱动器的半主动隔振装

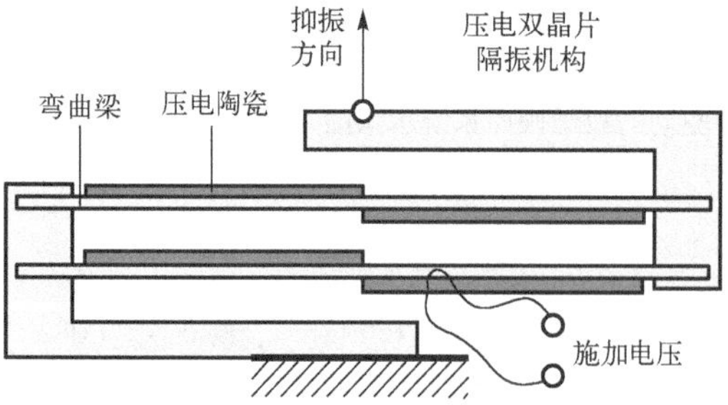

(a) 压电双晶片隔振机构

(b) 实物样机

图 1-21　基于压电驱动器的主动隔振机构

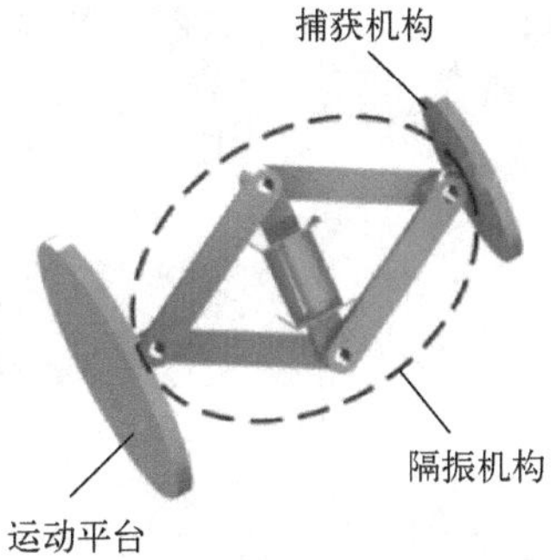

图 1-22 基于介电驱动器的半主动隔振装置

置，该装置利用介电弹性体作为关键的可变刚度组件，整体结构设计为四边形单元，巧妙地置于捕获机构与运动平台之间，通过调节施加的电载荷来实现刚度的灵活调整。该隔振装置有两个优势：一是能够根据实际需求，通过调整电压来优化隔振性能；二是即使在未施加电压的情况下，也能有效发挥被动隔振作用来抑制振动。

6. 建筑行业

图 1-23 所示为压电驱动的全站仪器成像驱动系统，其中压电驱动器能够精确地驱动镜头完成水平和垂直方向的旋转，实现高精度定位功能。此外，压电驱动器的断电自锁特性确保了设备在断电情况下镜头位置的稳定性，可保证测量的连续性和数据的准确性，为建筑测绘领域提供了一种技术解决方案。图 1-24 所示为音圈电机驱动的建筑机器人，通过多建筑机器人协同作业实现对目标建筑的构建，机器人可在无外部干预下成功构建预设结构。

图 1-23 压电驱动的全站仪器成像驱动系统

7. 微小型机器人

图 1-25 所示为基于形状记忆合金驱动器的微小型机器人，该机器人具备五种独特的步态模式：垂直跳跃、水平跳跃、翻筋斗跳跃、行走以及爬行模式，能够根据地形类型灵活切换步态，可实现平面移动和越障等功能，重量仅为 10g，且多个机器人可通过协同作业操控物

(a) 机器人示意图

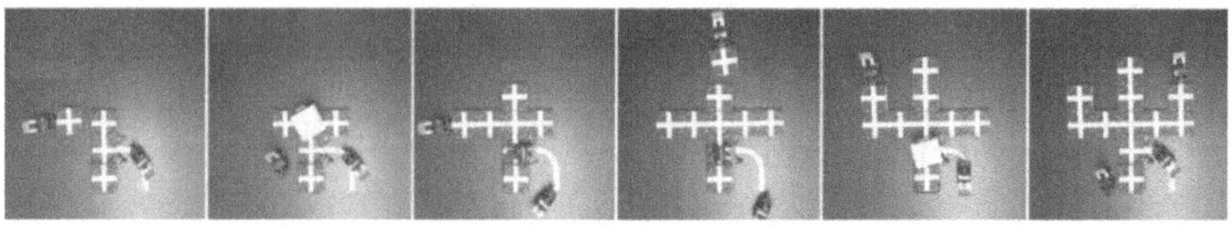

(b) 机器人构建目标建筑的过程

图 1-24　音圈电机驱动的建筑机器人

体并实现特定高度的越障。图 1-26 所示为基于振动直驱技术的水面机器人，该机器人利用偏心旋转质量电机作为激励源，驱动薄板振动产生具备驱动能力的流场。机器人尺寸为 120mm×8mm×52mm，重量约 21g，最高直线速度为 227mm/s，最高旋转速度约 6.1rad/s，可用于完成水域侦察、监测等任务。

图 1-25　基于形状记忆合金驱动器的微小型机器人

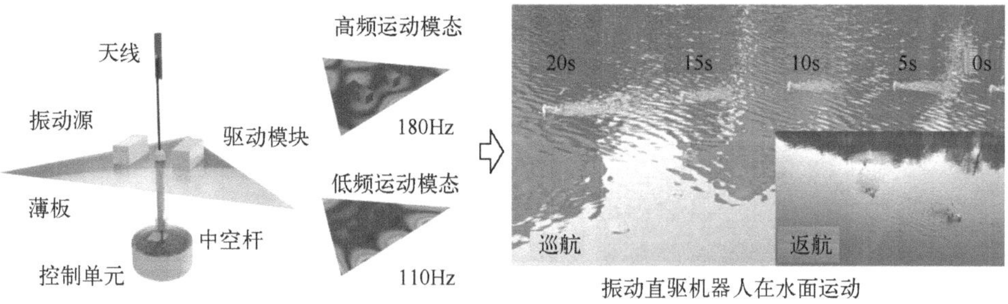

图 1-26　基于振动直驱技术的水面机器人

图 1-27 所示为基于介电弹性体驱动器的深海软体机器鱼，该机器鱼可用于深海探测。在水压为 110MPa、激励信号电压和频率分别为 9kV 和 2Hz 的情况下，其最大速度可达到 1.74cm/s。该机器鱼在 8m 深度下游行速度为 3.89cm/s，在 70m 深度下游行速度为 3.16cm/s。此外，该机器鱼能够在深度为 3224m 的中国南海、10900m 的马里亚纳海沟游动。

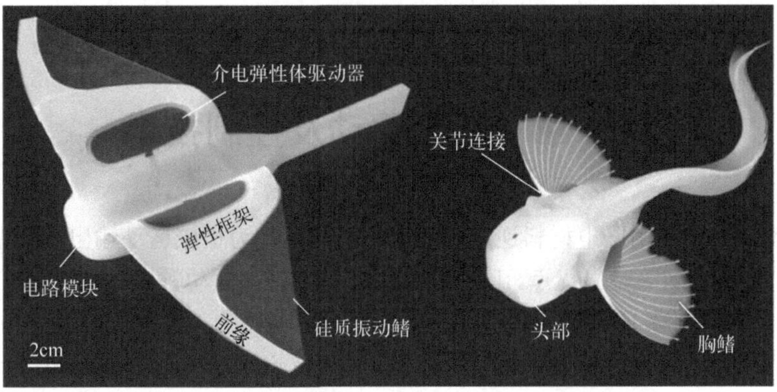

图 1-27　基于介电弹性体驱动器的深海软体机器鱼

思　考　题

1-1　请简述先进驱动技术的概念和它在智能机器人领域的重要性。

1-2　先进驱动技术的主要特点有哪些？与传统驱动技术相比，它有哪些优势？

1-3　请举例说明几种常见的先进驱动技术，并简述它们的工作原理和应用场景。

1-4　请分析当前先进驱动技术的发展趋势，并预测未来可能出现的技术创新和应用拓展。

1-5　请描述一种你认为最具潜力的先进驱动技术，并解释其为什么具有这样的潜力。

1-6　在实现智能机器人高精度定位与导航中，先进驱动技术扮演了怎样的角色？

1-7　先进驱动技术如何助力智能机器人实现更快速、更准确的响应？

微课

第 2 章　压电驱动及控制技术

压电驱动是一种利用压电材料逆压电效应将电能转换为机械运动输出的新型驱动技术，具有响应快、分辨力高等突出优点，已广泛应用于各种精密驱动领域。自从 1880 年压电效应被发现以来，研究人员多次尝试利用逆压电效应获得驱动器的大行程机械运动输出。1927 年，Meissner 申请了一项名为“将电振荡转换为机械运动”(converting electrical oscillations into mechanical movement) 的美国专利，这是最早有关压电驱动的专利。1948 年，Williams 和 Brown 申请了“压电电机”的专利，揭示了步进式压电驱动器的基本原理。20 世纪 60 年代初期，Archangelski 和 Lavrinenko 提出了各自不同结构的压电驱动器，由于当时高压电常数的压电陶瓷尚未问世，加之当时的驱动结构也不尽合理，这些驱动器仅为研究者灵感的产物，并没有实用价值。70 年代初期，IBM 的研究者 Barth 和 Vishnewski 将压电驱动器的工作又推进了一步，研制出了能初步动作的原型机。而后，伴随着以叠堆型压电驱动器和行波型超声压电驱动器为典型代表的各类新型压电驱动器的出现，压电驱动技术受到了广泛关注和应用，并逐渐成为精密驱动领域的研究热点和核心方向。

2.1　压电效应及压电驱动的基本原理

2.1.1　压电效应

广义压电效应是正压电效应和逆压电效应的统称，用于反映晶体的弹性性能与介电性能之间的耦合特性，是超声学发展史上的重大发现。压电效应是由法国物理学家居里兄弟于 1880 年发现的，他们把砝码分别放在许多晶体上，如石英、电气石、罗谢耳盐等，用静电计测量晶体表面产生电荷的情况。实验证明，这些晶体的某些表面上产生了电荷，且这些电荷与所加砝码的重量成正比。1881 年，利普曼从理论上预言了逆压电效应的存在，居里兄弟进行了实验，证明逆压电效应确实存在。

图 2-1 所示为压电元件的压电效应示意：对于正压电效应而言，输入量为外部的作用力，进而引起压电元件的机械变形，同时会使得材料内部的电荷位置产生变化而出现两个端面上正负电

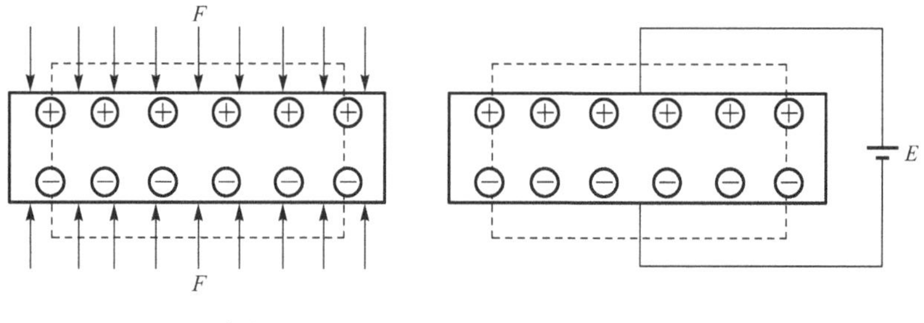

(a) 正压电效应　　　(b) 逆压电效应

图 2-1　压电效应示意图

荷的聚集，最终使得压电元件呈现为一种带电状态；对于逆压电效应而言，输入量则是外部的电场，借助于材料内部电荷的移位，最终引起压电元件的机械变形。

借助石英晶体(SiO_2)对材料的压电效应进行解释。石英晶体由硅离子和氧离子规则排列组成，硅离子带正电荷，氧离子带负电荷。图 2-2(a)为石英晶体结构的简化示意图，正负电荷分别代表硅离子和氧离子，它们对称分布在正六边形的顶角上，这种分布使得在自由状态下晶体内部离子的正负相互平衡，对外呈现一种不带电的状态；图 2-2(a)中的 P_1、P_2、P_3 为电偶极矩。当给晶体施加 X 轴方向的外部作用力 F 使其受压并产生沿 X 轴方向的压缩变形时，硅离子和氧离子的相对位置发生变化，这使得正负离子之间不再满足正负平衡的状态，电偶极矩在 X 轴的分量大于零，晶体上表面出现正电荷的聚集，下表面则出现负电荷的聚集，最终结果是晶体呈现一种带电状态。同理，在晶体上施加 X 轴方向的外部作用力 F 并产生沿 X 轴方向的拉伸变形后，上下表面同样会呈现一种带电的状态，如图 2-2(c)所示，与图 2-2(b)中受压状态不同之处在于晶体表面所带电荷的极性发生了改变。

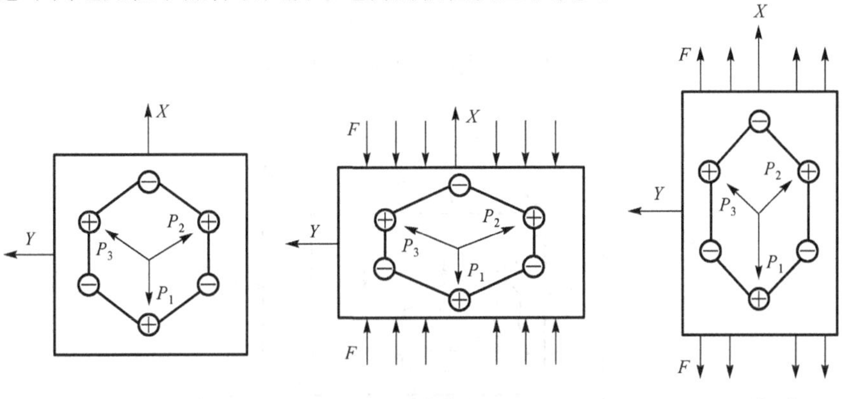

图 2-2　石英晶体的压电效应机理

2.1.2　压电材料基本特性与参数

压电材料具有弹性、介电、压电三个方面的性能参数，还有描述谐振状态时机械能和电能相互转换的机电耦合系数 k、描述在交变电场中介电行为的介质损耗因子 $\tan\delta_e$ 以及描述弹性谐振时力学性能的机械品质因数 Q_m 等。

具体到压电陶瓷，作为同轴各向异性压电材料，其物理特性通常用相互独立的两个介电常数、五个弹性刚度(柔性)系数和三个压电常数表征，以下标形式来表示应变、应力、位移和电场的各个量的方向。如图 2-3 所示，按 IEEE 标准，把 Z 轴正方向设为压电陶瓷晶体极化轴方向，则 1、2 和 3 分别代表 X、Y 和 Z 的方向，4、5 和 6 分别代表这些轴的切变方向。

1. 压电材料的弹性特性

压电材料元件作为一种弹性体，具有弹性特性，可通过应力 $\boldsymbol{T}$ 和应变 $\boldsymbol{S}$ 对其弹性特性进行阐述。给弹性体施加一定的外部作用力之后，弹性体内部微粒之间会失去原来的平衡状态，并产生吸引力或者排斥力。将这种由外部作用力引起的弹性体内部微粒之间的相互作用力称为内力，进一步将单位面积上承受的内力称为应力，一般用 $\boldsymbol{T}$ 代表应力。$\boldsymbol{T}$ 可写成下面矩阵形式：

$$
\boldsymbol{T}=\begin{pmatrix} T_1 & T_6 & T_5 \\ T_6 & T_2 & T_4 \\ T_5 & T_4 & T_3 \end{pmatrix} \tag{2-1}
$$

式中，T_1、T_2、T_3为正应力；T_4、T_5、T_6为剪切应力，如图 2-4 所示。

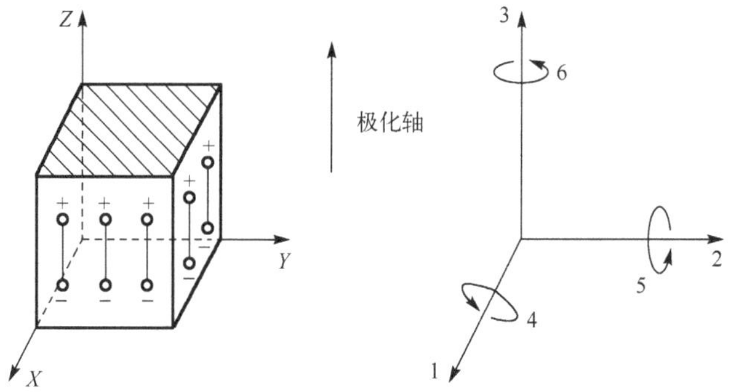

图 2-3　压电陶瓷晶体轴的表示法

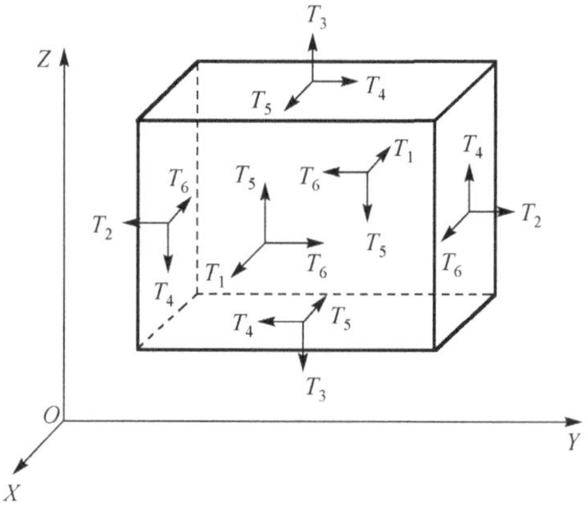

图 2-4　应力张量示意图

弹性体受外力作用产生应力的同时会引起应变，基本应变有四种：伸缩应变、平面弯曲应变、剪切应变和扭转应变。应变分为线应变和角应变，用 **S** 代表应变。**S** 可写成如下的矩阵形式：

$$
\boldsymbol{S}=\begin{pmatrix} S_1 & \frac{1}{2}S_6 & \frac{1}{2}S_5 \\ \frac{1}{2}S_6 & S_2 & \frac{1}{2}S_4 \\ \frac{1}{2}S_5 & \frac{1}{2}S_4 & S_3 \end{pmatrix} \tag{2-2}
$$

式中，S_1、S_2、S_3为正应变；S_4、S_5、S_6为剪切应变。

基于广义胡克定律，在小变形情况下，弹性体应力与应变之间的关系可由下列方程组给出：

$$\begin{cases} S_1 = s_{11}T_1 + s_{12}T_2 + s_{13}T_3 + s_{14}T_4 + s_{15}T_5 + s_{16}T_6 \\ S_2 = s_{21}T_1 + s_{22}T_2 + s_{23}T_3 + s_{24}T_4 + s_{25}T_5 + s_{26}T_6 \\ S_3 = s_{31}T_1 + s_{32}T_2 + s_{33}T_3 + s_{34}T_4 + s_{35}T_5 + s_{36}T_6 \\ S_4 = s_{41}T_1 + s_{42}T_2 + s_{43}T_3 + s_{44}T_4 + s_{45}T_5 + s_{46}T_6 \\ S_5 = s_{51}T_1 + s_{52}T_2 + s_{53}T_3 + s_{54}T_4 + s_{55}T_5 + s_{56}T_6 \\ S_6 = s_{61}T_1 + s_{62}T_2 + s_{63}T_3 + s_{64}T_4 + s_{65}T_5 + s_{66}T_6 \end{cases} \tag{2-3}$$

式(2-3)可以简化写成如下形式：

$$S_h = \sum_{k=1}^{6} s_{hk}T_k \quad (h,k = 1,2,\cdots,6) \tag{2-4}$$

式中，s_{hk} 为弹性柔顺常数，或简称为柔性常数、顺性常数。

式(2-3)写成矩阵形式为

$$\begin{pmatrix} S_1 \\ S_2 \\ S_3 \\ S_4 \\ S_5 \\ S_6 \end{pmatrix} = \begin{pmatrix} s_{11} & s_{12} & s_{13} & s_{14} & s_{15} & s_{16} \\ s_{21} & s_{22} & s_{23} & s_{24} & s_{25} & s_{26} \\ s_{31} & s_{32} & s_{33} & s_{34} & s_{35} & s_{36} \\ s_{41} & s_{42} & s_{43} & s_{44} & s_{45} & s_{46} \\ s_{51} & s_{52} & s_{53} & s_{54} & s_{55} & s_{56} \\ s_{61} & s_{62} & s_{63} & s_{64} & s_{65} & s_{66} \end{pmatrix} \begin{pmatrix} T_1 \\ T_2 \\ T_3 \\ T_4 \\ T_5 \\ T_6 \end{pmatrix} \tag{2-5}$$

同理，任意一点的六个应力分量均是六个应变分量的线性函数，通过下列方程组进行描述：

$$\begin{cases} T_1 = c_{11}S_1 + c_{12}S_2 + c_{13}S_3 + c_{14}S_4 + c_{15}S_5 + c_{16}S_6 \\ T_2 = c_{21}S_1 + c_{22}S_2 + c_{23}S_3 + c_{24}S_4 + c_{25}S_5 + c_{26}S_6 \\ T_3 = c_{31}S_1 + c_{32}S_2 + c_{33}S_3 + c_{34}S_4 + c_{35}S_5 + c_{36}S_6 \\ T_4 = c_{41}S_1 + c_{42}S_2 + c_{43}S_3 + c_{44}S_4 + c_{45}S_5 + c_{46}S_6 \\ T_5 = c_{51}S_1 + c_{52}S_2 + c_{53}S_3 + c_{54}S_4 + c_{55}S_5 + c_{56}S_6 \\ T_6 = c_{61}S_1 + c_{62}S_2 + c_{63}S_3 + c_{64}S_4 + c_{65}S_5 + c_{66}S_6 \end{cases} \tag{2-6}$$

式(2-6)可以简化写成如下形式：

$$T_h = \sum_{k=1}^{6} c_{hk}S_k \quad (h,k = 1,2,\cdots,6) \tag{2-7}$$

式中，c_{hk} 为弹性刚度常数或弹性劲度常数，简称弹性常数。

式(2-6)写成矩阵形式为

$$\begin{pmatrix} T_1 \\ T_2 \\ T_3 \\ T_4 \\ T_5 \\ T_6 \end{pmatrix} = \begin{pmatrix} c_{11} & c_{12} & c_{13} & c_{14} & c_{15} & c_{16} \\ c_{21} & c_{22} & c_{23} & c_{24} & c_{25} & c_{26} \\ c_{31} & c_{32} & c_{33} & c_{34} & c_{35} & c_{36} \\ c_{41} & c_{42} & c_{43} & c_{44} & c_{45} & c_{46} \\ c_{51} & c_{52} & c_{53} & c_{54} & c_{55} & c_{56} \\ c_{61} & c_{62} & c_{63} & c_{64} & c_{65} & c_{66} \end{pmatrix} \begin{pmatrix} S_1 \\ S_2 \\ S_3 \\ S_4 \\ S_5 \\ S_6 \end{pmatrix} \tag{2-8}$$

因此，弹性常数和柔性常数之间的关系可用下列矩阵表示：

$$\begin{pmatrix} c_{11} & c_{12} & c_{13} & c_{14} & c_{15} & c_{16} \\ c_{21} & c_{22} & c_{23} & c_{24} & c_{25} & c_{26} \\ c_{31} & c_{32} & c_{33} & c_{34} & c_{35} & c_{36} \\ c_{41} & c_{42} & c_{43} & c_{44} & c_{45} & c_{46} \\ c_{51} & c_{52} & c_{53} & c_{54} & c_{55} & c_{56} \\ c_{61} & c_{62} & c_{63} & c_{64} & c_{65} & c_{66} \end{pmatrix} = \begin{pmatrix} s_{11} & s_{12} & s_{13} & s_{14} & s_{15} & s_{16} \\ s_{21} & s_{22} & s_{23} & s_{24} & s_{25} & s_{26} \\ s_{31} & s_{32} & s_{33} & s_{34} & s_{35} & s_{36} \\ s_{41} & s_{42} & s_{43} & s_{44} & s_{45} & s_{46} \\ s_{51} & s_{52} & s_{53} & s_{54} & s_{55} & s_{56} \\ s_{61} & s_{62} & s_{63} & s_{64} & s_{65} & s_{66} \end{pmatrix}^{-1} \tag{2-9}$$

弹性常数和柔性常数的矩阵都是对称矩阵，独立的弹性常数或柔性常数都只有 21 个，因为压电体的对称性，独立的弹性常数和柔性常数还会减少。对称性越高，独立的常数就越少，均匀各向同性的独立常数只有两个。经过极化的压电陶瓷材料具有类似于六方晶系的对称性，柔性常数矩阵如下：

$$\begin{pmatrix} s_{11} & s_{12} & s_{13} & 0 & 0 & 0 \\ s_{12} & s_{11} & s_{13} & 0 & 0 & 0 \\ s_{13} & s_{13} & s_{33} & 0 & 0 & 0 \\ 0 & 0 & 0 & s_{44} & 0 & 0 \\ 0 & 0 & 0 & 0 & s_{44} & 0 \\ 0 & 0 & 0 & 0 & 0 & 2(s_{11}-s_{12}) \end{pmatrix} \tag{2-10}$$

压电陶瓷的弹性常数矩阵除 $c_{66}=\dfrac{1}{2}(c_{11}-c_{12})$ 外，其余形式与 $\boldsymbol{s}$ 矩阵相似。

2. 压电材料的介电特性

压电陶瓷属于电介质，其介电特性通过介电常数来反映。未经极化的压电陶瓷为各向同性的材料，将其放入电场强度为 $\boldsymbol{E}$ 的电场内，压电陶瓷内将出现极化强度 $\boldsymbol{P}$，并引起电位移 $\boldsymbol{D}$。其中，$\boldsymbol{P}$、$\boldsymbol{D}$、$\boldsymbol{E}$ 都是矢量，在直角坐标系下它们之间的关系为

$$\begin{cases} P_1 = \chi E_1 \\ P_2 = \chi E_2 \\ P_3 = \chi E_3 \end{cases} \tag{2-11}$$

$$\begin{cases} D_1 = \varepsilon_0 E_1 + P_1 = (\varepsilon_0 + \chi)E_1 = \varepsilon E_1 \\ D_2 = \varepsilon E_2 \\ D_3 = \varepsilon E_3 \end{cases} \tag{2-12}$$

式中，ε 为介电常数；χ 为极化系数；ε_0 为真空介电常数，$\varepsilon_0=8.85\times10^{-12}$F/m。

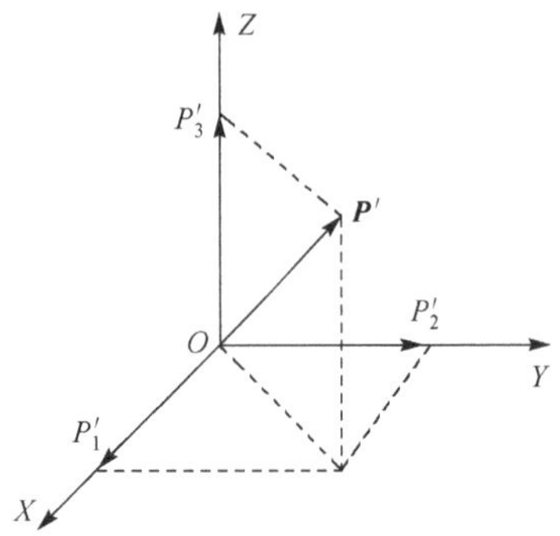

图 2-5　各向异性体中的 $\boldsymbol{E}$ 与 $\boldsymbol{P}$ 的关系

压电陶瓷经过极化处理后变成各向异性体，沿不同的方向有不同的物理性能。沿 X 方向施加电场 E_1，它所产生的极化强度 $\boldsymbol{P}'$ 与 E_1 方向不同，可分为三个分量：P_1'、P_2'、P_3'，如图 2-5 所示。

$\boldsymbol{P}'$ 与 E_1 关系如下：

$$\begin{cases} P_1' = \chi_{11} E_1 \\ P_2' = \chi_{21} E_1 \\ P_3' = \chi_{31} E_1 \end{cases} \tag{2-13}$$

式中，χ_{11} 为受 X 方向电场作用时沿 X 轴方向产生极化强度的极化系数；χ_{21} 为受 X 方向电场作用时沿 Y 轴方向产生极化强度的极化系数；χ_{31} 为受 X 方向电场作用时沿 Z 轴方向产生极化强度的极化系数。

同理，若分别在 Y 方向施加电场 E_2 和 Z 方向施加电场 E_3，所得极化强度与电场强度关系如下：

$$\begin{cases} P_1'' = \chi_{12} E_2 \\ P_2'' = \chi_{22} E_2 \\ P_3'' = \chi_{32} E_2 \end{cases} \tag{2-14}$$

$$\begin{cases} P_1''' = \chi_{13} E_3 \\ P_2''' = \chi_{23} E_3 \\ P_3''' = \chi_{33} E_3 \end{cases} \tag{2-15}$$

根据式(2-11)～式(2-15)，压电陶瓷施加空间任意方向的电场时，$\boldsymbol{P}$、$\boldsymbol{D}$ 和 $\boldsymbol{E}$ 之间都有如下关系：

$$\begin{cases} P_1 = \chi_{11} E_1 + \chi_{12} E_2 + \chi_{13} E_3 \\ P_2 = \chi_{21} E_1 + \chi_{22} E_2 + \chi_{23} E_3 \\ P_3 = \chi_{31} E_1 + \chi_{32} E_2 + \chi_{33} E_3 \end{cases} \tag{2-16}$$

$$\begin{cases} D_1 = \varepsilon_{11} E_1 + \varepsilon_{12} E_2 + \varepsilon_{13} E_3 \\ D_2 = \varepsilon_{21} E_1 + \varepsilon_{22} E_2 + \varepsilon_{23} E_3 \\ D_3 = \varepsilon_{31} E_1 + \varepsilon_{32} E_2 + \varepsilon_{33} E_3 \end{cases} \tag{2-17}$$

此时，介电常数可通过如下矩阵形式给出：

$$\boldsymbol{\varepsilon} = \begin{pmatrix} \varepsilon_{11} & \varepsilon_{12} & \varepsilon_{13} \\ \varepsilon_{21} & \varepsilon_{22} & \varepsilon_{23} \\ \varepsilon_{31} & \varepsilon_{32} & \varepsilon_{33} \end{pmatrix} \tag{2-18}$$

实验证明，$\varepsilon_{mn} = \varepsilon_{nm}$，独立的介电常数只有六个。因为晶体具有对称性，所以实际上大多数晶体的介电常数少于六个。压电陶瓷属于六方晶系，其介电常数矩阵如下：

$$\boldsymbol{\varepsilon} = \begin{pmatrix} \varepsilon_{11} & 0 & 0 \\ 0 & \varepsilon_{11} & 0 \\ 0 & 0 & \varepsilon_{33} \end{pmatrix} \tag{2-19}$$

3. 压电材料的压电特性

压电材料的压电特性可以通过压电方程进行描述。压电方程是描述压电陶瓷力学量(应力 T_h 和应变 S_k；$h, k = 1, 2, \cdots, 6$)及电学量(电场强度 E_i 和电位移 D_i；$i=1, 2, 3$)之间相互联系的表达式，可由热力学关系(麦克斯韦关系)推导出来。依据设定的电学边界条件和力学边界条件不同，线性压电方程有四种表达方式，如式(2-20)所示：

$$
\begin{aligned}
&h\text{ 型}: && \begin{cases} T_h = c_{hk}^D S_k - h_{jh} D_j, & h,k=1,2,\cdots,6 \\ E_i = -h_{ik} S_k + \beta_{ij}^S D_j, & i,j=1,2,3 \end{cases} \\
&d\text{ 型}: && \begin{cases} S_h = s_{hk}^E T_k + d_{jh} E_j, & h,k=1,2,\cdots,6 \\ D_i = d_{ik} T_k + \varepsilon_{ij}^T E_j, & i,j=1,2,3 \end{cases} \\
&g\text{ 型}: && \begin{cases} S_h = s_{hk}^D T_k + g_{jh} D_j, & h,k=1,2,\cdots,6 \\ E_i = -g_{ik} T_k + \beta_{ij}^T D_j, & i,j=1,2,3 \end{cases} \\
&e\text{ 型}: && \begin{cases} T_h = c_{hk}^E S_k - e_{jh} E_j, & h,k=1,2,\cdots,6 \\ D_i = e_{ik} S_k + \varepsilon_{ij}^S E_j, & i,j=1,2,3 \end{cases}
\end{aligned}
\tag{2-20}
$$

式中，弹性常数矩阵 $\boldsymbol{c}$ 和柔性常数矩阵 $\boldsymbol{s}$ 上角标 D、E 分别表示电学边界条件为恒电位移(开路)和恒电场(短路)；介电常数矩阵 $\boldsymbol{\varepsilon}$ 和 $\boldsymbol{\beta}$ 上角标 S、T 分别表示力学边界条件为恒应变(夹持)和恒应力(自由)。四类方程可以相互转化，研究过程中，可根据实际需要选用相应的方程。

基于式(2-20)的压电方程，电学短路($E_1=E_2=E_3=0$)情况下的正压电效应可以由式(2-21)给出：

$$
\boldsymbol{D} = \begin{pmatrix} D_1 \\ D_2 \\ D_3 \end{pmatrix} = \boldsymbol{dT} = \begin{pmatrix} d_{11} & d_{12} & d_{13} & d_{14} & d_{15} & d_{16} \\ d_{21} & d_{22} & d_{23} & d_{24} & d_{25} & d_{26} \\ d_{31} & d_{32} & d_{33} & d_{34} & d_{35} & d_{36} \end{pmatrix} \begin{pmatrix} T_1 \\ T_2 \\ T_3 \\ T_4 \\ T_5 \\ T_6 \end{pmatrix}
\tag{2-21}
$$

式中，$\boldsymbol{d}$ 为压电常数矩阵，由具体的材料及晶体结构决定。

同理，自由边界($T_1=T_2=T_3=T_4=T_5=T_6=0$)情况下的逆压电效应可以由式(2-22)给出：

$$
\boldsymbol{S} = \begin{pmatrix} S_1 \\ S_2 \\ S_3 \\ S_4 \\ S_5 \\ S_6 \end{pmatrix} = \boldsymbol{d}^{\mathrm{T}} \boldsymbol{E} = \begin{pmatrix} d_{11} & d_{21} & d_{31} \\ d_{12} & d_{22} & d_{32} \\ d_{13} & d_{23} & d_{33} \\ d_{14} & d_{24} & d_{34} \\ d_{15} & d_{25} & d_{35} \\ d_{16} & d_{26} & d_{36} \end{pmatrix} \begin{pmatrix} E_1 \\ E_2 \\ E_3 \end{pmatrix}
\tag{2-22}
$$

对于沿 Z 轴方向极化的压电陶瓷而言，其压电常数矩阵 $\boldsymbol{d}$ 中仅有三个独立常数(d_{31}、d_{33} 和 d_{15})，则压电常数矩阵可以简化为

$$
\boldsymbol{d} = \begin{pmatrix} 0 & 0 & 0 & 0 & d_{15} & 0 \\ 0 & 0 & 0 & d_{15} & 0 & 0 \\ d_{31} & d_{31} & d_{33} & 0 & 0 & 0 \end{pmatrix}
\tag{2-23}
$$

压电常数矩阵 $\boldsymbol{d}$ 中的三个常数 d_{31}、d_{33} 和 d_{15} 分别对应压电陶瓷三种基本的工作模式，具体如下。

(1) 横向工作模式(也称 d_{31} 模式)：如图 2-6(a) 所示，压电陶瓷的极化方向和施加电场方向均为 Z 轴方向，激发的是压电陶瓷 X 轴/Y 轴方向的变形。

(2) 纵向工作模式(也称 d_{33} 模式)：压电陶瓷的极化方向和施加电场方向均为 Z 轴方向，激发的压电陶瓷变形同样为 Z 轴方向，如图 2-6(a) 所示。需要特别指出，压电陶瓷的 d_{31} 模式和 d_{33} 模式是同时存在的，因此施加同一电场可激发这两种模式下的变形；但是，压电陶瓷和金属基体结合的方式决定了其工作模式。一般而言，如果压电陶瓷通过粘贴的方式固定于金属基体表面，其工作于 d_{31} 模式；如果压电陶瓷和金属基体采用螺栓预紧的夹心式结构，则其工作于 d_{33} 模式。

(3) 剪切工作模式(也称 d_{15} 模式)：压电陶瓷的极化方向为 Y 轴方向，施加电场方向为 X 轴方向，激发的是压电陶瓷绕 Z 轴的剪切变形，如图 2-6(b) 所示。

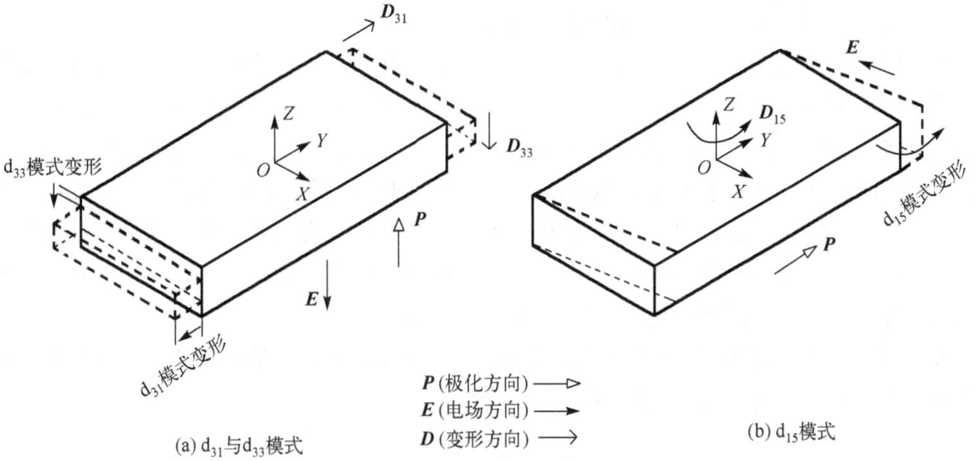

图 2-6　压电陶瓷的三种基本工作模式

4. 压电材料的主要特征参数

1) 机电耦合系数 k

当给压电元件施加一定的外部作用力或者外部电场时，由于正压电效应和逆压电效应，压电元件中会发生机械能和电能之间的转换。机电耦合系数 k 是用于表示压电元件中能量耦合程度的参数，反映了压电元件中机械能和电能之间的耦合关系。对于压电陶瓷而言，k 的大小与材料的介电常数、弹性常数和压电常数有关。对于高对称晶类，其机电耦合系数与介电常数、弹性常数和压电常数之间存在简单关系，通过测量机电耦合系数，可以确定介电常数、弹性常数和压电常数。

机电耦合系数 k 的定义可由式(2-24)、式(2-25)给出：

$$k^2 = \frac{\text{通过逆压电效应获得的机械能}}{\text{输入的电能}} \tag{2-24}$$

$$k^2 = \frac{\text{通过正压电效应获得的电能}}{\text{输入的机械能}} \tag{2-25}$$

对应压电陶瓷三种基本的工作模式(d_{31}、d_{33}和d_{15})的机电耦合系数分别如下：

$$\begin{cases} k_{31} = \dfrac{d_{31}}{\sqrt{s_{11}^E \varepsilon_{33}^T}} \\ k_{33} = \dfrac{d_{33}}{\sqrt{c_{33}^D \varepsilon_{33}^S}} \\ k_{15} = \dfrac{d_{15}}{\sqrt{c_{55}^D \varepsilon_{11}^S}} \end{cases} \tag{2-26}$$

机电耦合系数k是小于1的无量纲的量，用于表征压电元件中能量耦合程度的强弱，并不直接对应于能量转换效率，未转换的能量实际上是以电能或者弹性能的形式可逆地存储在压电元件内部。

2) 介质损耗因子$\tan\delta_e$和电学品质因数Q_e

压电材料作为电介质，在电场的作用下，其介质内所损耗的能量称为介质损耗，这种介质损耗主要是由极化弛豫和漏电等原因引起的。电介质在外电场作用下发生极化，从初态到末态要经过一定的弛豫时间，这种现象称为极化弛豫。介质的这种极化弛豫在交变电场中会引起介质损耗，并且使动态介电常数和静态介电常数不同。实际的压电材料不可能绝对的绝缘，在交变电场作用下仍具有一定的导电性能，即压电材料的漏电现象，这是介质损耗的另一原因，特别是在高温和强电场作用下，这方面的影响显得十分重要。介质损耗使压电材料发热，大功率条件下会损坏换能器部件或使陶瓷去极化。

通常采用介质损耗因子$\tan\delta_e$来表示介质损耗，$\tan\delta_e$和损耗能量成正比，称为介质损耗因子或介质损耗角正切，其定义如下：

$$\tan\delta_e = \frac{I_R}{I_C} = \frac{1}{\omega C_0 R_d} \tag{2-27}$$

式中，ω为交变电场的角频率；C_0为压电介质元件的静态电容；R_d为介质损耗电阻；I_R为消耗电能使介质发热的有功电流分量；I_C为流向静态电容C_0的纯电容部分的电流分量。

电学品质因数(electrical quality factor) Q_e为单位时间内电路中储存的能量与消耗的能量之比，Q_e和$\tan\delta_e$是倒数关系，即

$$Q_e = \frac{1}{\tan\delta_e} = \omega C_0 R_d \tag{2-28}$$

3) 机械损耗因子$\tan\delta_m$和机械品质因数Q_m

机械损耗因子$\tan\delta_m$和机械品质因数 Q_m 反映了压电材料机械损耗的大小。产生机械损耗的原因主要是材料的内摩擦。机械损耗使材料发热而消耗能量，并使材料的性能下降。$\tan\delta_m$和Q_m的定义及其表达式与介质损耗因子和电学品质因数类似。机械品质因数Q_m的定义为：每周期内单位体积储存的机械能W_m与损耗的机械能W_R之比的2π倍，即

$$Q_m = 2\pi \frac{W_m}{W_R} \tag{2-29}$$

一般的压电振子在机械共振频率附近可用如图 2-7 所示的等效电路描述，其中 C_0 称为压电振子的并联(或静态)电容，L_1、C_1 和 R_1 分别称为压电振子的动态(或等效)电感、电容和电阻。L_1、C_1 和 R_1 组成的串联共振电路反映了压电振子的机械共振性质。由电路知识得

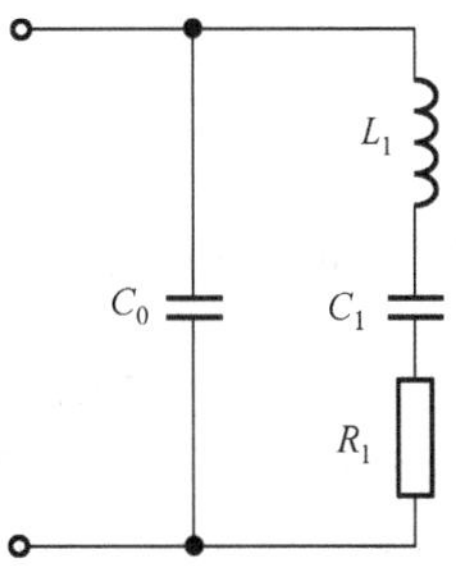

图 2-7　压电振子的等效电路

$$Q_m = \omega_s C_1 R_1 = \frac{1}{\tan \delta_m} \tag{2-30}$$

式中，ω_s 为串联(或机械)谐振角频率。

2.1.3　压电驱动的基本原理

压电驱动是一种利用压电材料逆压电效应将电能转换为机械运动输出的新型驱动技术，具有响应快、分辨力高等突出优点，已广泛应用于各种精密驱动领域。对于直接驱动型压电驱动器而言，压电陶瓷元件在外部电场的作用下会产生微小的机械变形，这种机械变形可直接用于实现微小尺度范围内的纳米级精细操控，其基本原理如图 2-8(a)所示。

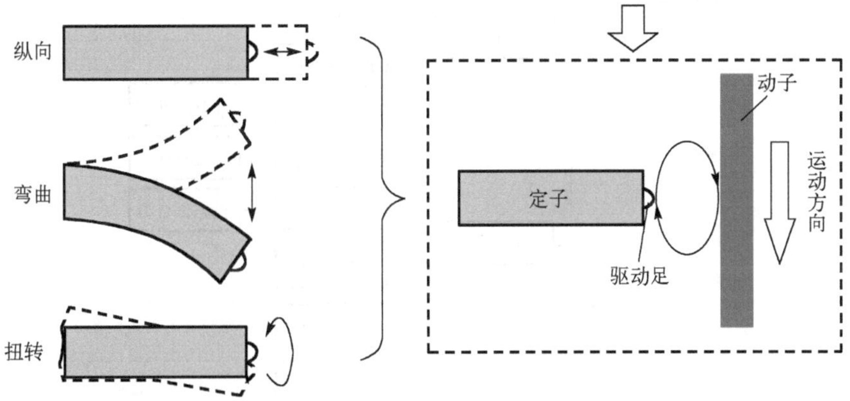

图 2-8　压电驱动基本原理

此外，通过给压电陶瓷致动单元施加特定形式的激励信号可实现低频运动/高频振动的激励，进而其驱动区域内的质点获得具有驱动作用的运动轨迹(直线、斜线、矩形、三角形、椭圆等)，进一步通过定子和动子之间的摩擦耦合实现动子的宏观运动输出。这种致动原理可以通过微小步距重复累积的方式实现大行程输出，工作过程中存在两个过程：一个是通过逆压电效应将电能转换为定子微观运动的机械能；另一个是通过摩擦耦合将定子的微观运动转换为动子的宏观运动。

2.2　压电驱动器的分类及特点

2.2.1　压电驱动器的分类

在过去几十年的研究中，涌现出了各种原理、形式和结构的压电驱动器，但是其分类一直比较模糊。按振动模式可以分为共振型和非共振型，按输出形式可以分为单自由度型和多自由度型，按致动单元结构可以分为压电叠堆式、压电管式、贴片式和夹心式，按驱动模式可以分为超声驱动型、尺蠖型、惯性驱动型、行走驱动型以及直接驱动型，综合以上分类方法对压电驱动器进行简单的分类，如图 2-9 所示。

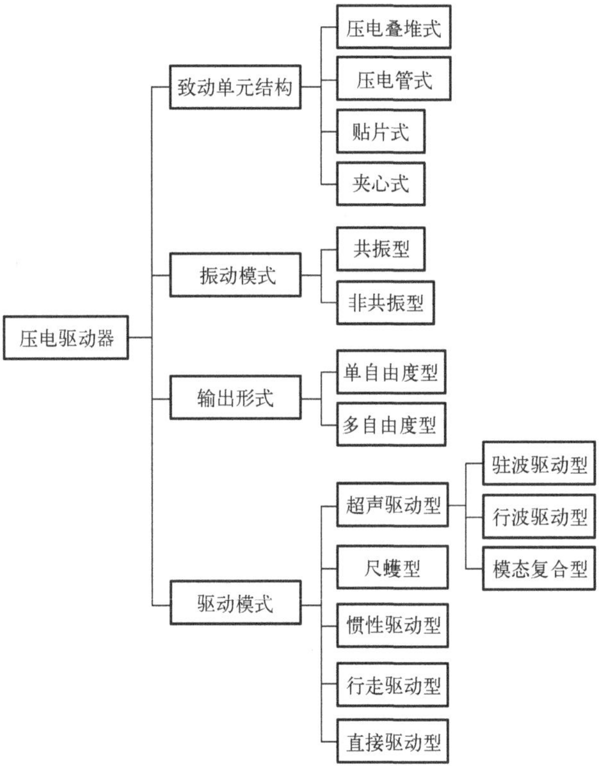

图 2-9　压电驱动器分类

压电驱动器结构灵活多样，面向不同需求开展构型设计及驱动原理分析是压电驱动技术最为基础的研究内容，相关内容的研究时间最长、研究领域最广泛、成果最丰富。因此，按驱动模式对压电驱动器分类，最能全面展现压电驱动技术的特点。

1. 直接驱动型压电驱动器

直接驱动型压电驱动器采用压电致动单元的微小机械变形直接输出微纳尺度运动，是压电驱动器的典型代表，也是商用最成功的一类压电驱动器，主要包括压电叠堆式、压电管式、贴片式和夹心式，部分直接驱动型压电驱动器及其机械变形如图 2-10 所示。

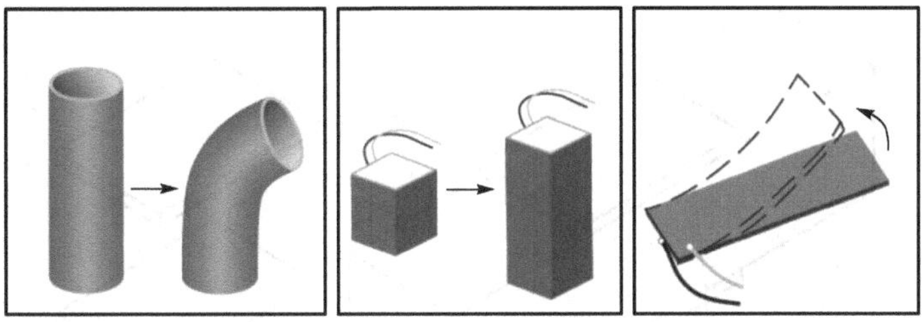

(a) 压电管式　　(b) 压电叠堆式　　(c)压电梁式

图 2-10　部分直接驱动型压电驱动器及其机械变形示意图

压电叠堆式压电驱动器采用多层压电陶瓷片堆叠的结构形式，在电压信号激励下实现多层陶瓷响应位移的叠加输出。压电陶瓷通常工作在 d_{33} 模式或 d_{15} 模式，分别实现纵向和剪切位移输出，如图 2-11 所示。

压电管式压电驱动器采用管式结构，在电压激励下，其直径、轴向长度和壁厚会发生变化。压电陶瓷通常工作在 d_{31} 模式下，施加沿壁厚方向的电场并通过分区激励可实现弯曲或纵向位移输出，如图 2-12 所示，其中，*Z* 接公用接地电极，+*X* 和−*X* 接 *X* 向分区压电陶瓷激励电极，+*Y* 和−*Y* 接 *Y* 向分区压电陶瓷激励电极。当+*X* 和−*X* 接同一相激励电压信号时，两个分区分别伸长或缩短，可实现 *X* 向弯曲；同时，可采用类似信号激励 *Y* 向弯曲。对于 *Z* 向伸长运动，+*X* 和−*X* 分区压电陶瓷接反向激励电压信号，两个分区同时伸长或缩短，+*Y* 和−*Y* 分区激励信号相同，两个分区也同时伸长或缩短。

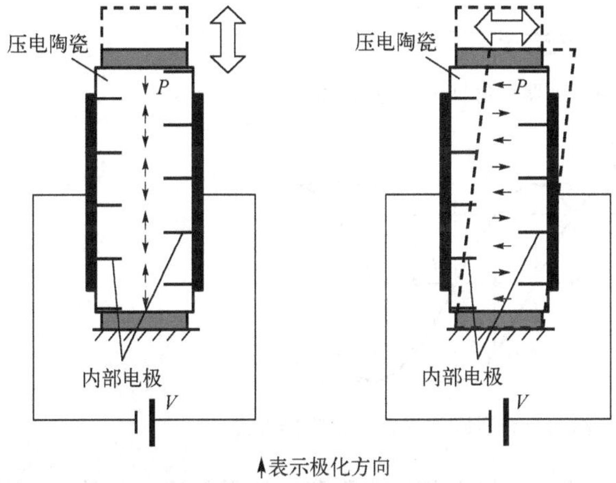

图 2-11　压电叠堆式压电驱动器位移输出示意图

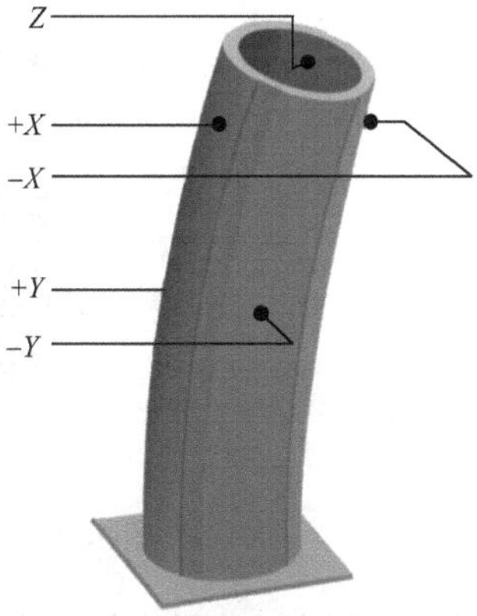

图 2-12　压电管式压电驱动器位移输出示意图

贴片式压电驱动器一般是压电陶瓷片与金属弹性基体通过粘贴的方式组成的弹性复合体，其中梁形贴片式压电驱动器是最具代表性的一类，给压电陶瓷施加交流激励电压，压电陶瓷工作在 d_{31} 模式，可实现纵向或弯曲位移输出，对应结构如图 2-13 所示。

给上下两片压电陶瓷施加同一相信号时，它们同时伸长或收缩，弹性体产生沿长度方向的纵向运动；当给上下两片压电陶瓷施加两相相位相反的信号时，上边压电陶瓷伸长(或收缩)，下边压电陶瓷收缩(或伸长)，两个压电陶瓷片的交替伸缩激励弹性体的弯曲运动。图 2-14 展示了施加具有 90° 相位差的两相信号(图 2-15)时贴片式压电驱动器在一个周期内的运动，包括纵向伸长缩短及上下弯曲运动的情况。

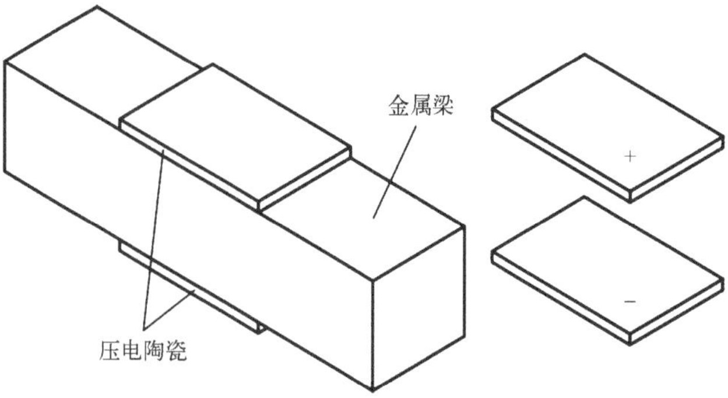

图 2-13　贴片式压电驱动器结构示意图

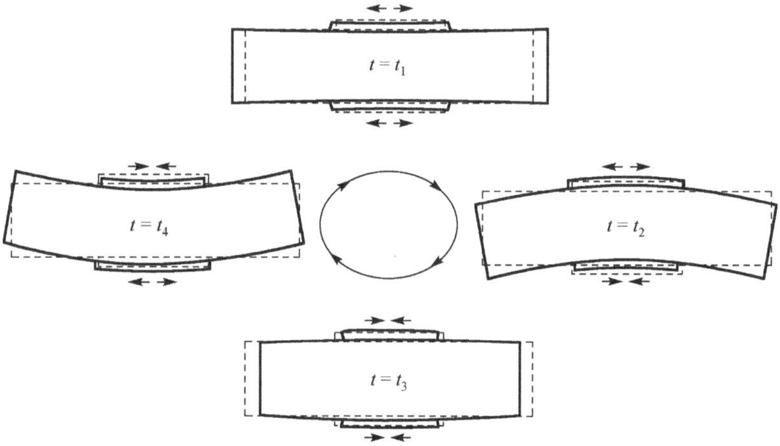

图 2-14　贴片式压电驱动器纵弯复合运动示意图

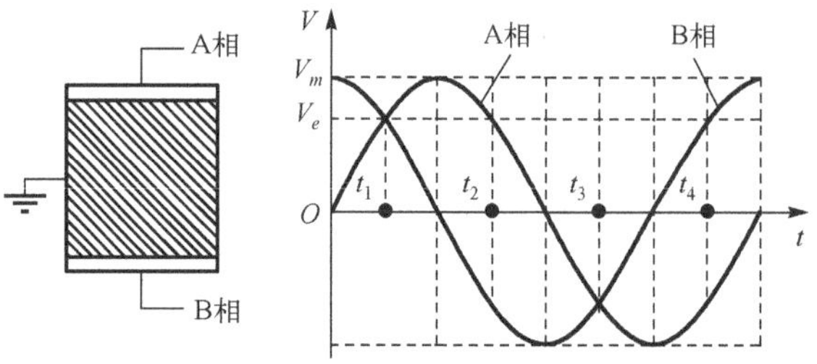

图 2-15　贴片式压电驱动器纵弯复合激励方法及电极连接方式

夹心式压电驱动器的基本结构通常为两个金属端盖将压电陶瓷夹持于中间，因形似三明治，称这种结构为夹心式结构(sandwich structure)。典型纵弯复合运动的夹心式压电驱动器的结构如图 2-16 所示，压电陶瓷分为两组：两整片陶瓷为纵振陶瓷，其极化方向相反；四半片陶瓷为弯振陶瓷，沿梁轴线方向相邻的两半片陶瓷极化方向相反，位于梁轴线同一位置上的两半片陶瓷极化方向亦相反。所有压电陶瓷均沿厚度方向极化，且每片陶瓷上的各区域极化方向一致。夹心式压电驱动器纵弯复合激励方法的电极连接方式如图 2-17 所示，纵振陶瓷连接 A 相交流电压，弯振陶瓷连接 B 相交流电压，两相交流电压存在一定的相位差(此处相位差为 90°)。两组陶瓷各自产生有规律的交替伸缩振动，实现对压电复合梁的纵向振动和弯曲振动的分别激励。

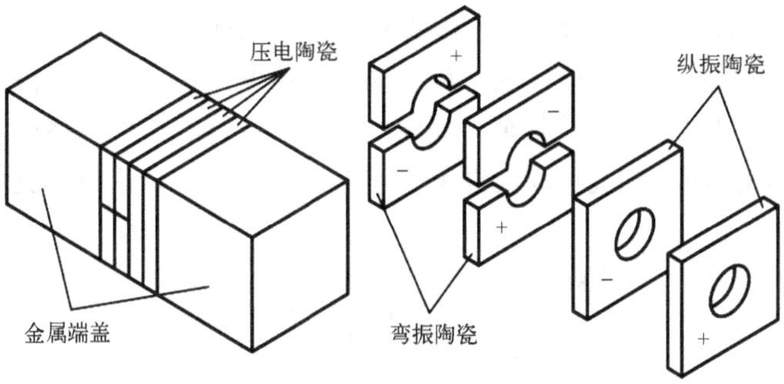

图 2-16　夹心式压电驱动器结构示意图

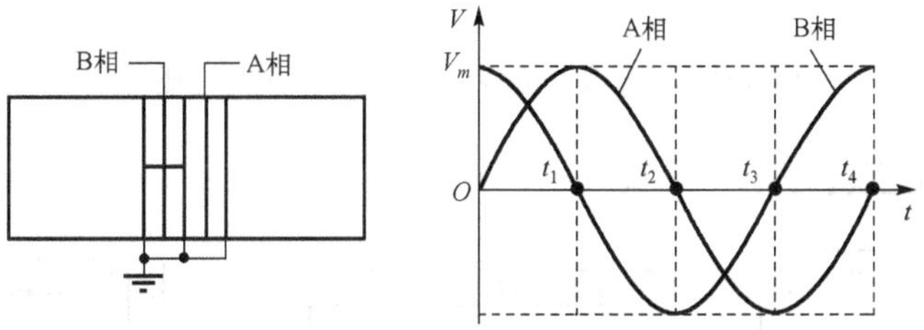

图 2-17　夹心式压电驱动器纵弯复合激励方法及电极连接方式

图 2-18 为采用夹心式压电驱动器纵弯复合激励方法的复合梁在一个激励周期内的运动变化示意图。当 $t=t_1$ 时刻，$V_A=V_m$ 且 $V_B=0$，则纵振陶瓷受激励伸长，弯振陶瓷未受激励无主动应变，所以压电复合梁整体伸长至纵振极限位置；当 $t=t_2$ 时刻，$V_A=0$ 且 $V_B=-V_m$，则纵振陶瓷未受激励无主动应变，弯振陶瓷受激励，使得弯振中性面上侧陶瓷伸长，下侧陶瓷缩短，所以复合梁整体向下弯曲至弯振极限位置；当 $t=t_3$ 时刻，$V_A=-V_m$ 且 $V_B=0$，则纵振陶瓷受激励缩短，弯振陶瓷未受激励无主动应变，所以复合梁整体缩短至纵振极限位置；当 $t=t_4$ 时刻，$V_A=0$ 且 $V_B=V_m$，则纵振陶瓷未受激励无主动应变，弯振陶瓷受激励，使得弯振中性面上侧陶瓷缩短，下侧陶瓷伸长，所以复合梁整体向上弯曲至弯振极限位置。

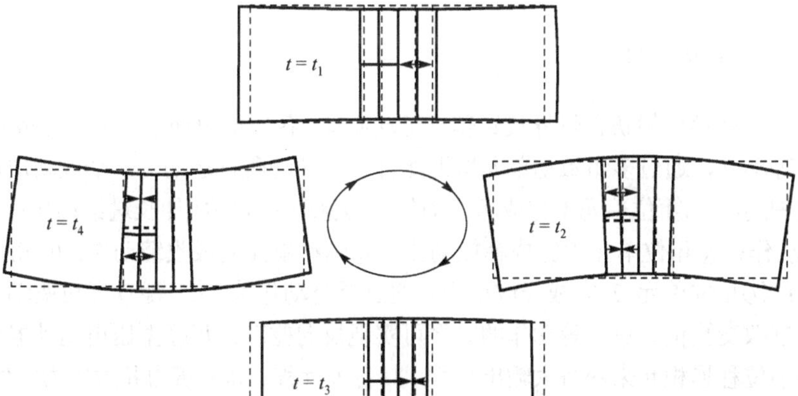

图 2-18　夹心式压电驱动器纵弯复合运动示意图

压电致动单元的微小机械变形通常为十几微米，这导致其行程较短，将压电致动单元和具有导向功能的柔性位移放大机构组合可放大输出运动并实现换向，工作原理如图 2-19 所示。柔性位移放大机构主要分为杠杆式、桥式和混合式三种，如图 2-20 所示，其中杠杆式柔性位移放大机构易于建模，横向刚度大，但运动线性度低；相比之下，桥式柔性位移放大机构的运动线性度高，但理论建模较复杂，横向刚度小；混合式柔性位移放大机构融合了它们的优点，可实现大横向刚度和高运动线性度，但是这同时使其理论建模更加复杂。

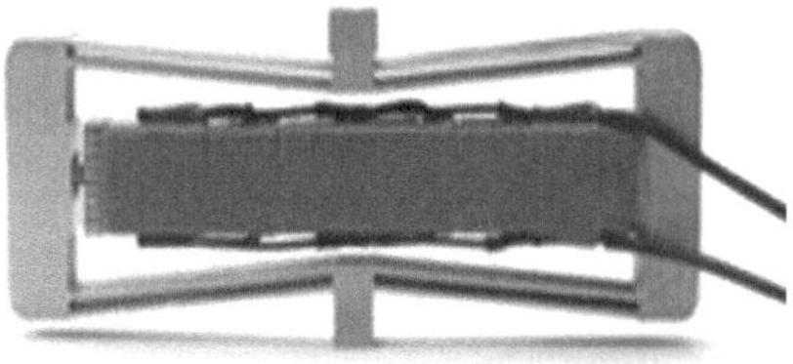

图 2-19　压电致动单元与柔性位移放大机构组合的压电驱动器工作原理

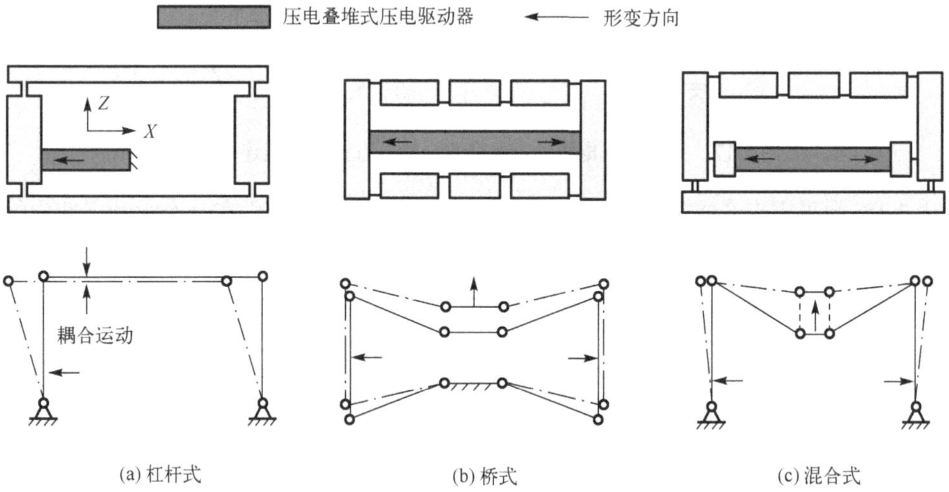

图 2-20　典型柔性位移放大机构

2. 尺蠖型压电驱动器

尺蠖型压电驱动器模仿自然界尺蠖爬行运动原理，各压电致动单元分别完成箝位、进给、释放、收缩等动作，通过多组致动单元协调配合实现蠕动爬行运动。一个致动周期的致动动作如图 2-21 所示：①箝位单元 1 完成箝位动作；②驱动单元完成伸长进给动作；③箝位单元 2 完成箝位动作；④箝位单元 1 完成释放动作；⑤驱动单元完成收缩动作；⑥箝位单元 1 完成箝位动作；⑦箝位单元 2 完成释放动作。通过重复动作②~⑦，驱动器可驱动自身实现步进运动。通过改变箝位、进给等动作的时序可实现反向驱动。尺蠖型压电驱动器将每个运动周期内的微小位移累积起来获得大输出行程，具备大行程、高分辨力和大出力的优点。但是，由于采用多足压电致动单元，尺蠖型压电驱动器的结构和驱动较为复杂。

3. 行走驱动型压电驱动器

受自然界生物行走运动的启发，压电驱动器行走驱动原理被提出，通过多个驱动足配合

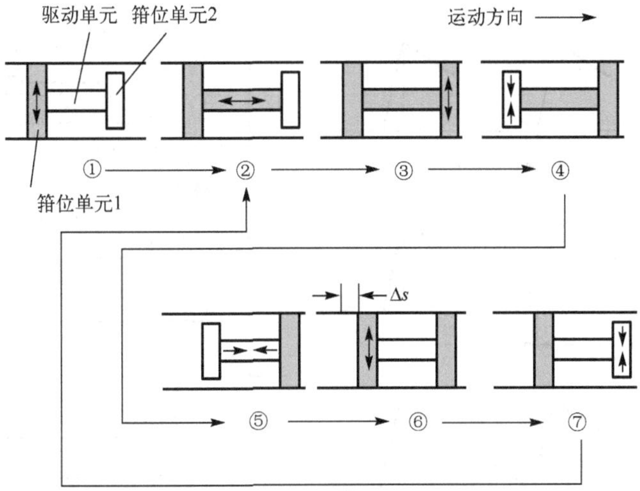

图 2-21　尺蠖型压电驱动器的工作原理

实现步进致动。致动原理类似于多足动物的行走运动，如图 2-22(a)所示，驱动足以空间矩形轨迹完成抬起、前进等动作，通过静摩擦力驱动动子实现步进运动，如图 2-22(b)所示。通过重复以上动作，驱动器可驱动自身实现大行程步进运动。通过切换前进和后退动作即可实现反向驱动。类似于尺蠖型压电驱动器，行走驱动型压电驱动器通过多驱动足配合实现步进运动，同样具备大行程、高位移分辨力和大出力的优点，以及结构和驱动比较复杂的缺点。

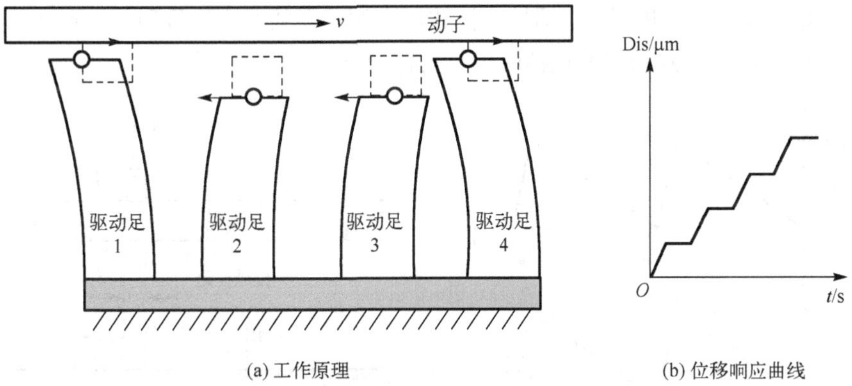

图 2-22　行走驱动型压电驱动器工作原理

4. 惯性驱动型压电驱动器

惯性驱动型压电驱动器充分利用了压电元件快速响应的特点，基于惯性原理实现致动效果，可分为惯性冲击式和惯性摩擦式两种。惯性冲击式压电驱动器的定子与动子为一个整体，当压电单元快速伸长时，利用其惯性实现驱动器的整体移动；当压电单元缓慢缩短时，驱动器整体保持静止。惯性冲击式压电驱动器激励信号和一个致动周期内的动作如图 2-23 所示，驱动器的输出速度与惯性单元密切相关，设计驱动器时须严格考虑惯性单元质量与驱动器总质量之间的关系。

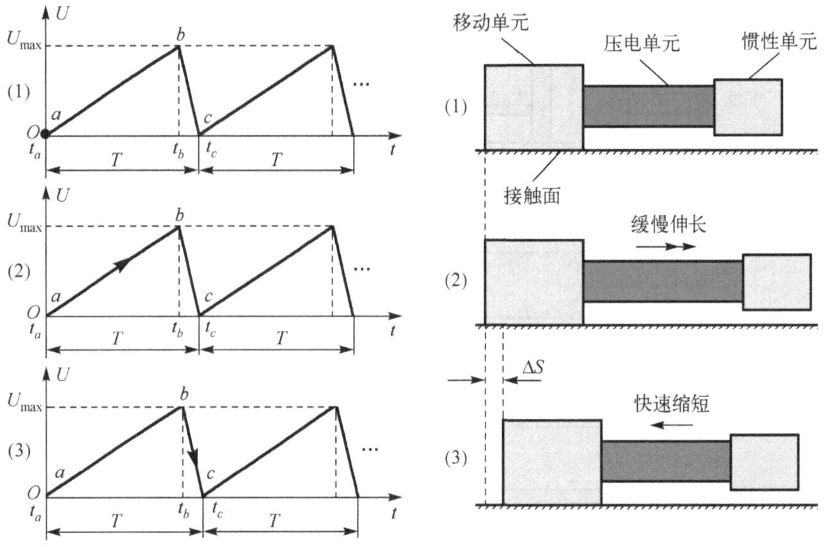

(a) 激励信号　　(b) 惯性冲击式工作原理

图 2-23　惯性冲击式压电驱动器的激励信号与工作原理

惯性摩擦式压电驱动器的定子与动子为分离状态，对于该类压电驱动器而言，一般将惯性单元视为定子，将移动单元视为动子。当驱动器定子缓慢动作时，其动子跟随定子移动；当驱动器定子快速动作时，其动子由于惯性保持静止。利用定子的“慢-快”周期性动作即可驱动动子实现“黏-滑”步进运动。惯性摩擦式压电驱动器的激励信号和一个致动周期内的动作如图 2-24 所示，一个致动周期包括两步，具体如下。

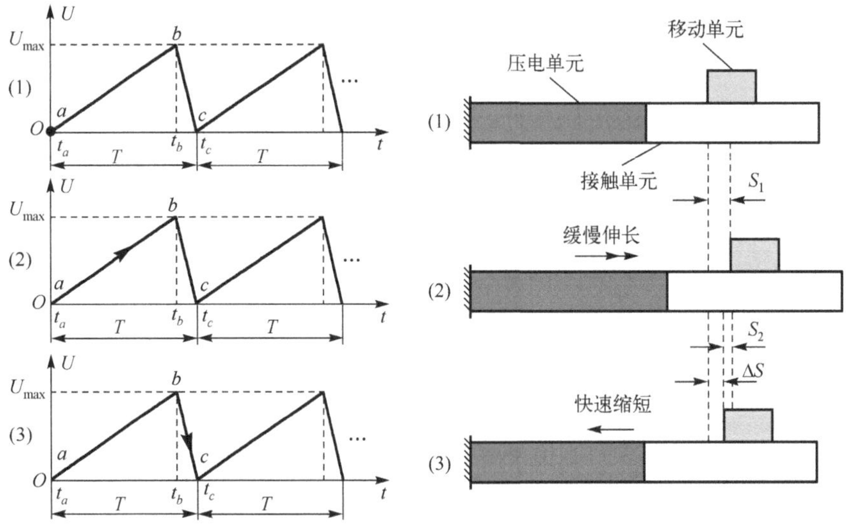

(a) 激励信号　　(b) 惯性摩擦式工作原理

图 2-24　惯性摩擦式压电驱动器的激励信号与工作原理

(1)给压电驱动器施加如图 2-24(a)所示的缓慢上升的电压激励信号，定子缓慢动作并通过静摩擦力驱动动子跟随其缓慢前进。

(2)给压电驱动器施加快速下降的电压激励信号，定子快速动作并返回其初始位置，动子由于惯性保持静止。

施加周期性的激励信号即可驱动动子实现连续步进运动。其中，在一个致动周期内，第一步动子好似黏附在定子上一起运动，第二步定子与动子之间发生滑移运动，因此惯性摩擦致动也称为黏-滑致动。

惯性驱动型压电驱动器通过黏-滑致动原理工作，实现大尺度步进输出，通过改变激励信号的对称性可实现反向运动，一个自由度仅需一个致动单元驱动，具有结构和激励信号简单的特点。但是受制于黏-滑致动原理，惯性驱动型压电驱动器存在着固有的位移回退问题，并且输出力较小，通常应用在微米级精度、牛顿级出力要求的场景。

5. 超声驱动型压电驱动器

超声驱动型压电驱动器工作在高频谐振状态下，具有更高的速度和输出功率，也得到了广泛的研究和应用，并且已经实现了商业化，按基本振动模态可分为行波驱动型、驻波驱动型和模态复合型三种。

行波超声压电驱动器，也称为行波超声电机，是指利用压电陶瓷在定子弹性体中激励出弯曲振动行波，从而使定子弹性体驱动表面的质点产生具有驱动作用的椭圆轨迹运动。具体而言，定子弹性体中的行波是由两组相同振型的驻波叠加而成的。根据振动叠加原理，两组驻波不仅是相同振型，还应具有空间和时间上的正交关系，即具有空间上的 1/4 波长差以及时间上的±90° 相位差，通过改变两组驻波的相位差可以改变行波的行进方向，进而实现动子的双向运动输出。驱动足设置在定子弹性体表面上并以椭圆轨迹运动，利用定子与动子间的摩擦力驱动动子，其工作原理如图 2-25 所示。驱动足椭圆运动轨迹的形状可由两相激励信号的电压幅值控制，单独调整两相激励信号的电压幅值将产生额外的驻波振动，对驱动足的椭圆轨迹运动具有副作用，因此椭圆运动轨迹长短轴的运动相互耦合，其形状通常无法改变，这导致行波超声压电驱动器输出扭矩和速度难以灵活调整。此外，根据行波的传播特性，圆周形定子弹性体更易产生理想行波，该特性使得行波超声压电驱动器通常用于驱动动子以实现旋转运动。

驻波超声压电驱动器，也称为驻波超声电机，是指利用压电陶瓷在定子弹性体中激励出弯曲振动驻波，将驱动齿布置于驻波的特定位置，使得驱动齿端面质点随驻波的周期振动而

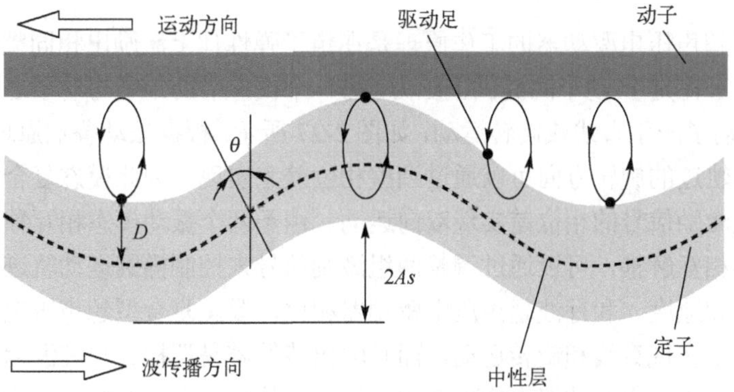

(a) 驱动原理

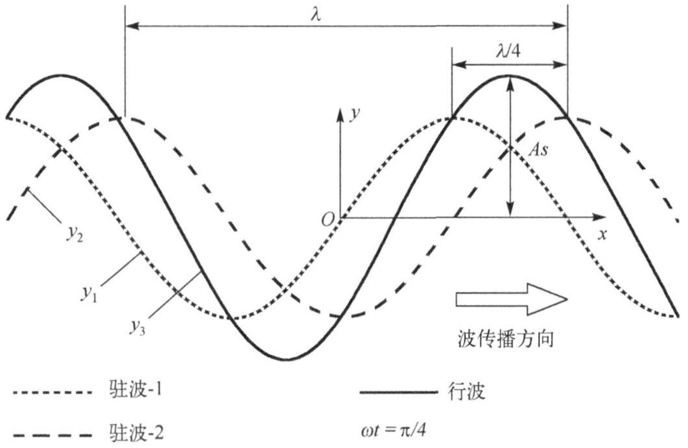

(b) 行波生成方法

图 2-25　行波超声压电驱动器工作原理

产生椭圆或斜线等具有驱动作用的运动轨迹，工作原理如图 2-26 所示。与行波超声压电驱动器更容易在轴对称结构的定子中激励出行波相比，驻波超声压电驱动器在任何形状的定子中都可以轻松获得驻波。驻波超声压电驱动器通常仅由一相激励信号即可在定子中激励出驻波振动，并通过合理布置驱动齿位置或设计定子形状来获得具有驱动作用的运动轨迹；但是，驻波超声压电驱动器驱动足的周期性斜线轨迹运动方向是不变的，通常只能实现单向驱动。

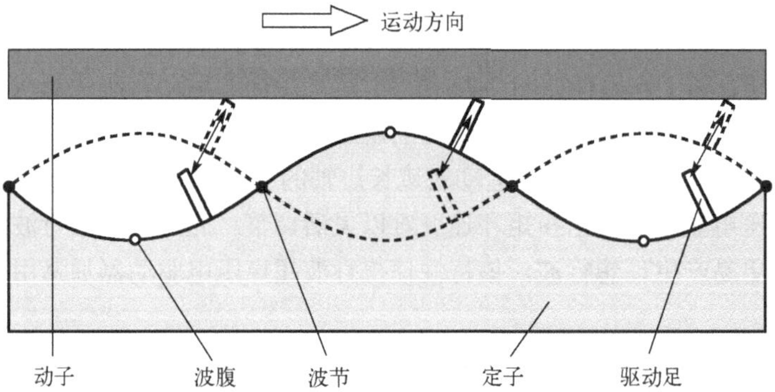

图 2-26　驻波超声压电驱动器工作原理

模态复合型超声压电驱动器的工作原理是在定子弹性体上激励出相同频率的振动模态，通常一个模态用于在定子/动子间提供正压力，另一个模态借助定子与动子之间的摩擦来提供驱动力，从而使动子产生直线或旋转运动，如图 2-27 所示。根据振动叠加原理和李萨如曲线，驱动足椭圆运动轨迹的旋转方向可以通过调整相位差来实现，因此模态复合型超声压电驱动器通过改变两组激励信号的相位差实现双向运动。由于两个振动模态相互独立，椭圆运动轨迹长短轴的运动相互解耦，可以通过调整两组激励信号来控制椭圆运动轨迹的形状，进而灵活控制输出扭矩和速度。和行波超声压电驱动器相比，模态复合型超声压电驱动器定子和动子形状灵活，易于实现直线和旋转运动，而且输出特性容易调控。与驻波超声压电驱动器相比，模态复合型超声压电驱动器在实现双向一致运动特性方面具有较大的优势。

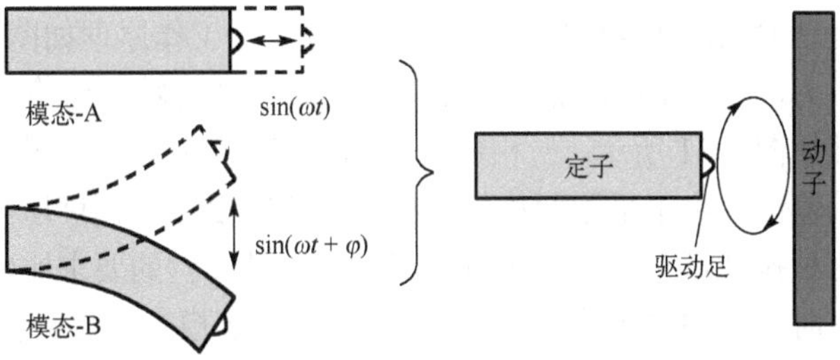

图 2-27　模态复合型超声压电驱动器工作原理

模态复合型超声压电驱动器可分为纵-扭、纵-弯、纵-纵和弯-弯等模态复合类型，图 2-28 展示了纵-扭复合型超声压电驱动器工作原理，纵向振动用于调节正压力，扭转振动用于驱动动子实现旋转运动输出。其余模态复合型超声压电驱动器也采用类似的原理实现致动，纵-弯复合型超声压电驱动器工作原理如图 2-29 所示，纵向振动用于调节正压力，弯曲振动用于

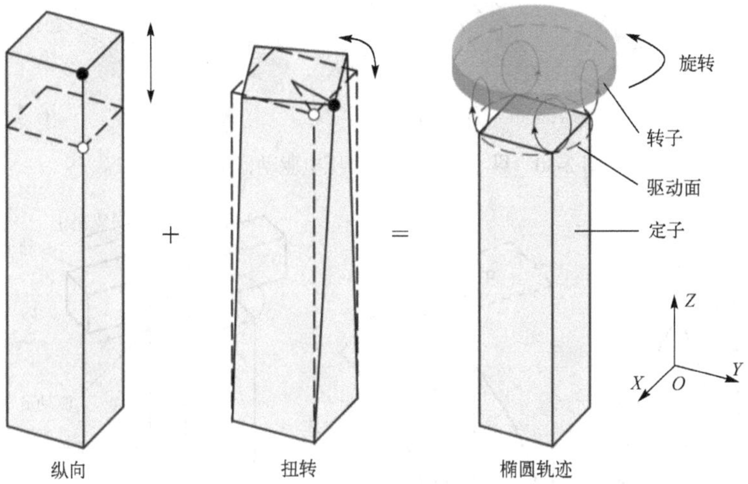

图 2-28　纵-扭复合型超声压电驱动器工作原理

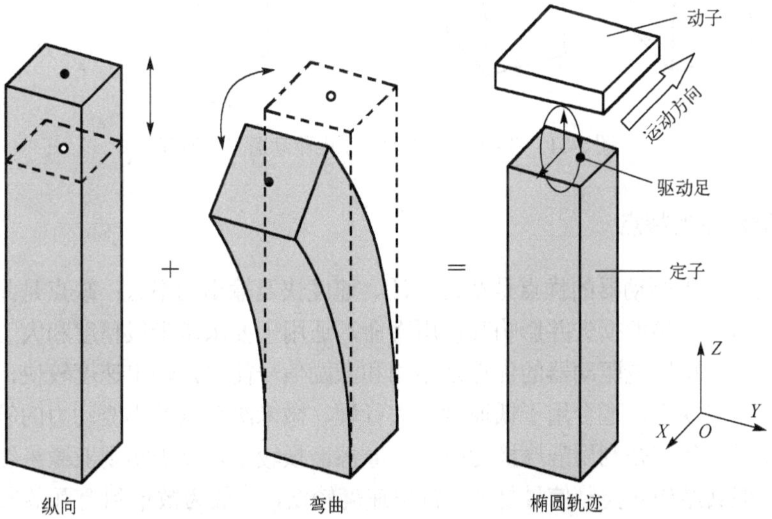

图 2-29　纵-弯复合型超声压电驱动器工作原理

驱动动子实现旋转运动输出；纵-纵复合型超声压电驱动器工作原理如图 2-30 所示，一相纵向振动用于调节正压力，另一相纵向振动用于驱动动子实现旋转运动输出；弯-弯复合型超声压电驱动器工作原理如图 2-31 所示，一相弯曲振动用于调节正压力，另一相弯曲振动用于驱动动子实现旋转运动输出。由于采用两种振动模态，模态复合型超声压电驱动器通常需要模态简并设计，保证两种振动模态的频率相近，对整个设计过程的要求比较严苛。但是，当采用两种同型振动模态时，无须频率简并，如纵-纵和弯-弯等模态复合类型，其中，纵-纵复合型超声压电驱动器可以实现直线和旋转致动，因为需要两个正交的纵振压电振子，其整体尺寸较大；而弯-弯复合型超声压电驱动器可通过紧凑结构激励两个弯振模态，结构较简单，综合性能最优，是应用潜力最大的一种模态复合型超声压电驱动器。

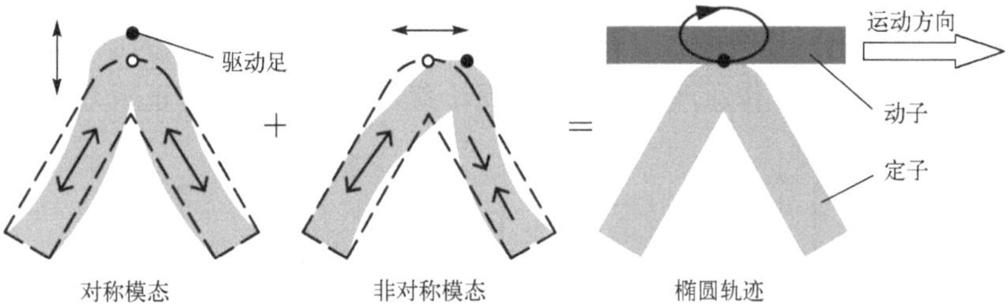

图 2-30　纵-纵复合型超声压电驱动器工作原理

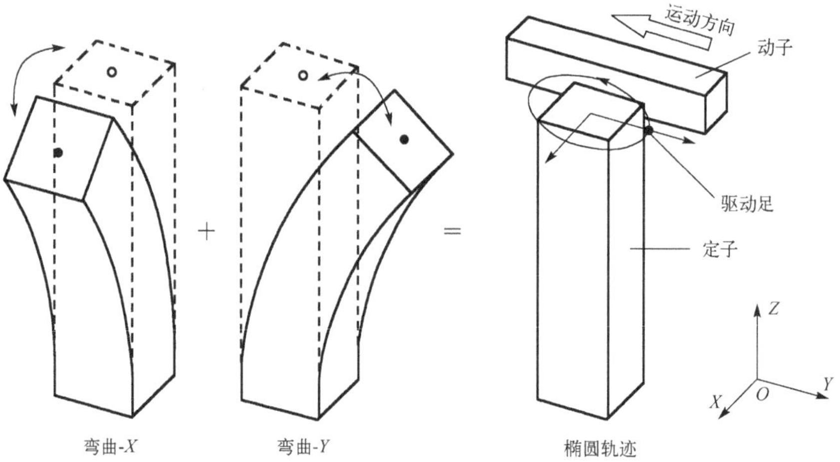

图 2-31　弯-弯复合型超声压电驱动器工作原理

2.2.2　压电驱动器的特点

超声驱动型压电驱动器的优点是结构灵活、速度快及输出功率大；缺点是易发热、驱动足存在磨损，这导致精度损失并影响其使用寿命，适用于要求微米级精度和大工作范围输出的领域。惯性驱动型压电驱动器的优点是结构和激励信号简单，输出速度较快，但存在位移回退、输出力小等缺点，适合用于低速度、大行程、微米级精度及小驱动力的领域。行走驱动型压电驱动器的优点是利用静摩擦力驱动，摩擦磨损较小，易于实现亚微米级分辨力，步距重复性好，但其结构和控制信号复杂，输出速度较低，一般为数十到上百微米/秒。使用压电叠堆直接致动的直驱型压电驱动器的优点是输出力大，易于实现纳米级分辨力，激励信号简单，易于控制，但存在输出行程小的缺点，虽然可通过结合柔性位移放大机构放大输出位移，但同时导致了复杂的结构及较差的动态性，如表 2-1 所示。由此可见，工作在单种驱动模式下的压电驱动器不能同时实现大行程和纳米级分辨力的运动输出。

表 2-1　不同驱动模式下压电驱动器的特性对比

驱动模式	结构复杂性	输出性能	驱动力类型	缺点
超声驱动	中等	米/秒级输出速度、大行程、亚微米级分辨力、上百牛级输出力	滑动摩擦力	易发热，驱动足存在磨损，精度损失
惯性驱动	简单	毫米 / 秒级输出速度、大行程、亚微米级分辨力、牛级输出力	滑动和静摩擦力	位移回退，驱动足存在一定磨损，输出力较小
尺蠖/行走驱动	复杂	数十到上百微米/秒输出速度、大行程、亚微米级分辨力、数十牛级输出力	静摩擦力	结构以及激励信号复杂
直接驱动	简单	微米级行程、亚纳米级分辨力、千牛级输出力	轴向力	行程小
直接驱动(驱动单元结合放大机构)	复杂	数百微米级行程、纳米级分辨力、数十牛级输出力	轴向力	行程较小、结构较复杂

综合而言，压电驱动技术由于其独特的致动原理和技术特点，在研究应用中表现出如下优点。

(1) 位移分辨力高。压电驱动器依靠压电材料在逆压电效应下的机械变形实现位移输出，通过激励信号的调控，可轻易达到纳米级位移分辨力。

(2) 响应速度快。由于压电材料的电气时间常数很小，压电驱动器的响应时间可达毫秒级甚至更小。

(3) 出力密度高。截面尺寸为 10mm×10mm 的压电叠堆式压电驱动器的最大推力达 7000N，超声驱动型压电驱动器的出力密度可以达到电磁电机的 5～10 倍。

(4) 低速大推力。压电驱动无需减速机构即可直接驱动负载实现低速运动输出，可以实现系统质量、体积的减小及构型的简化，以小体积实现大推力输出。

(5) 构型多样。压电陶瓷元件工作模式的多样性、压电陶瓷元件极化方式的多样性、定子弹性体运动形式的多样性和定子弹性体振动模态的多样性使得压电驱动器呈现构型多样的典型特点，易于满足不同运动形式、不同结构尺寸及不同机械输出能力的差异化需求。

(6) 断电自锁。基于摩擦驱动的压电驱动器在断电后，定子与动子之间的接触力会转换为静摩擦力，可以完成自锁，从而实现动子系统的姿态保持，不需要额外的锁紧装置。

(7) 无电磁干扰，且不受电磁干扰。由于压电驱动器无铁心和线圈，不产生磁场，也不受外界磁场干扰，因此抗电磁干扰性强，特别适用于对电磁敏感的场合。

(8) 环境适应性好。压电驱动器能在高压、低温、高温及真空环境中正常工作，也可工作在如核辐射、高磁场等恶劣环境中。

(9) 运动形式多样化。压电驱动实现直线运动输出和旋转运动输出无本质差异，主要依赖于动子系统的设计。此外，采用单个定子来实现多自由度运动输出也较为简单。

2.3　压电驱动器的迟滞与蠕变特性

压电驱动技术虽然具有多种特性优势，但是工作过程中也面临着迟滞和蠕变等问题，存在显著的非线性特性。迟滞特性是外加电压与输出位移之间的一种非线性关系，会导致严重的开环定位误差，误差范围可达压电驱动器运动行程的 10%～15%。蠕变特性是指在压电驱动器激励电压不变时，其位移响应产生缓慢漂移的现象。这些非线性特性导致了压电驱动器精准数学模型较难建立，并且造成了传统控制方法不适用的问题，难以发挥压电驱动技术响应速度快等优点。

2.3.1　压电驱动器的迟滞特性

压电驱动器的迟滞特性是指由于晶体极化效应的存在，输出位移与激励电压之间呈现非线性关系，在输出的升程和回程曲线之间形成明显的动态滞后误差。该现象的产生是因为压电材料内部电荷极化使得材料具有记忆性，所以位移输出不仅受当前电压输入的影响，还受历史输入的影响，因此即使在相同电压输入下，不同历史条件也可能导致不同的输出位移，如图 2-32 所示，并且迟滞特性受输入信号的频率影响较大，随着频率的增加，迟滞现象会更加明显，该特性往往使得压电驱动器的动态输出能力有所降低，进而影响整个系统的性能水平及稳定性。因此，建立描述压电驱动器迟滞特性的迟滞模型并做针对性的补偿是十分必要的，目前的迟滞模型主要分为两类：物理模型和现象学模型，如图 2-33 所示。

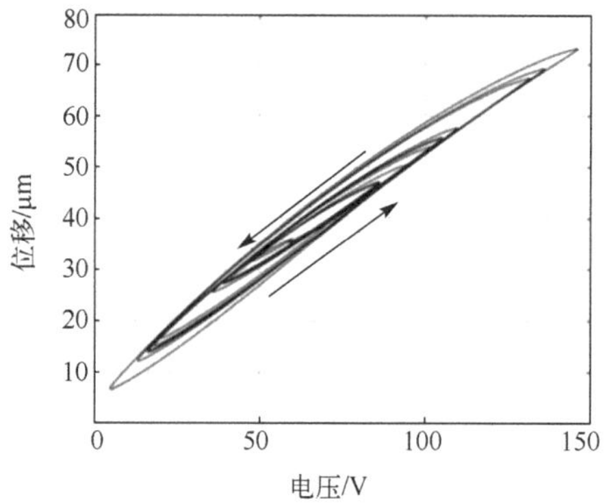

图 2-32　迟滞现象

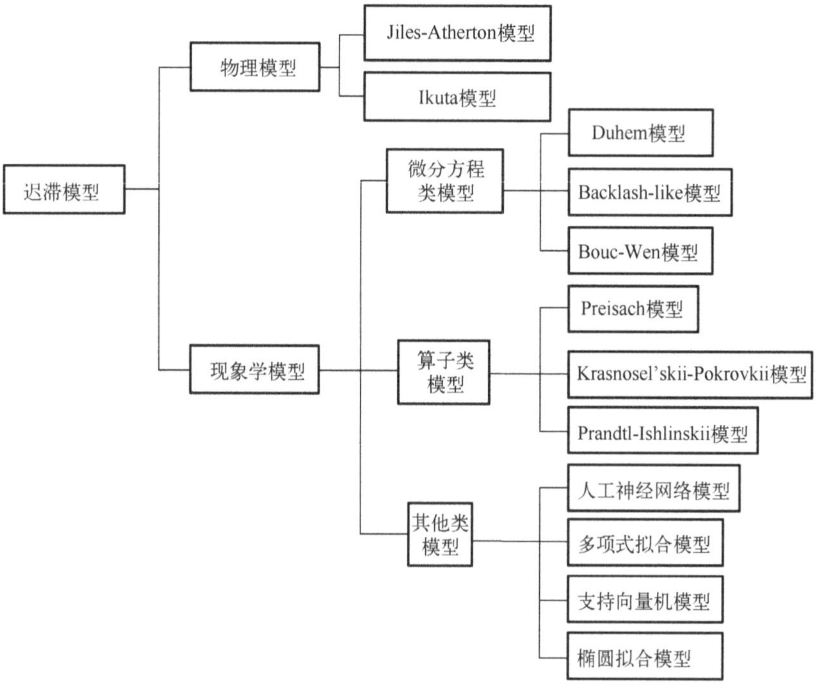

图 2-33　迟滞模型分类

1. 物理模型

物理模型即利用压电材料内部的物理机理，结合数学关系推导出压电驱动器内部的机电关系。物理模型需要熟知所用材料内部的机电关系然后进行严格推导，建模过程极其烦琐，难以推广与应用。最著名的迟滞物理模型是 Jiles-Atherton 模型，该模型是 Jiles 和 Atherton 为了描述铁磁体磁滞现象而提出的。之后 Smith 和 Ounaies 在 Jiles-Atherton 模型的基础上提出了一种用于描述压电驱动器迟滞的畴壁模型，该模型是一个常微分方程式，可用于构造线性控制器设计中的逆补偿器。这些基于材料内部物理机理的物理模型相对复杂，不能适用于不同的材料或者同一材料不同组分的情况，并且基于物理的迟滞模型目前还没有逆模型，缺乏一般性，应用较少。

2. 现象学模型

现象学模型利用类似于物理模型的行为，但是不需要研究物理机理，只需要根据输入与输出数值建立精确的数学模型。现象学模型能够准确地描述迟滞行为，可用于迟滞补偿控制器的开发与设计，是目前研究压电驱动器迟滞行为最普遍的方法。现象学模型主要分为基于微分方程的迟滞模型、基于算子的迟滞模型以及其他类迟滞模型。

基于微分方程的迟滞模型常用的有 Backlash-like 模型、Bouc-Wen 模型和 Duhem 模型。这类模型都可以表示为一阶微分方程，是用滞后的方式将输入与输出联系起来的。通过这种方式，可以将状态变量引入压电驱动器的动态方程中，从而用于控制器的开发，但难以获得一般解。

基于算子的迟滞模型是指利用加权基本迟滞算子的积分而形成的一类模型。依据基本迟滞算子的差异，该类迟滞模型包括 Preisach 模型、Krasnosel' skii-Pokrovkii 模型(简称 K-P 模型)和 Prandtl-Ishlinskii 模型(简称 P-I 模型)。Preisach 模型本质上是一些 Relay 算子(图 2-34)的并行连接，是由许多算子与其对应辨识得到的权值密度系数相乘再结合构成的，其原理如图 2-35 所示，可用于各种迟滞现象建模；但是由于二重积分的存在，模型的识别和实现比较复杂，并且在数值分析方面该模型是不可逆的，因此通常采用数值方法来获得模型的近似反演。K-P 模型是在 Preisach 模型的基础上改进而来的，但是仍然保留了 Preisach 模型中的双重积分，难以得到解析逆，在实际应用中，积分计算难以处理，较为复杂，且容易造成误差累积，不利于控制器的设计。P-I 模型也是在 Preisach 模型基础上改进提出的，但具有解析逆，

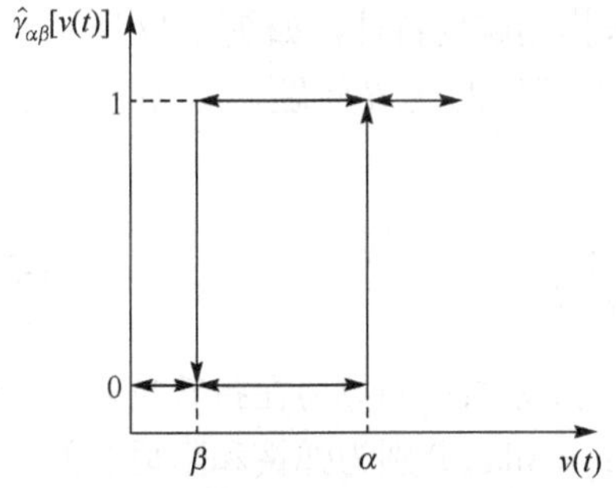

图 2-34　Relay 算子的几何图形

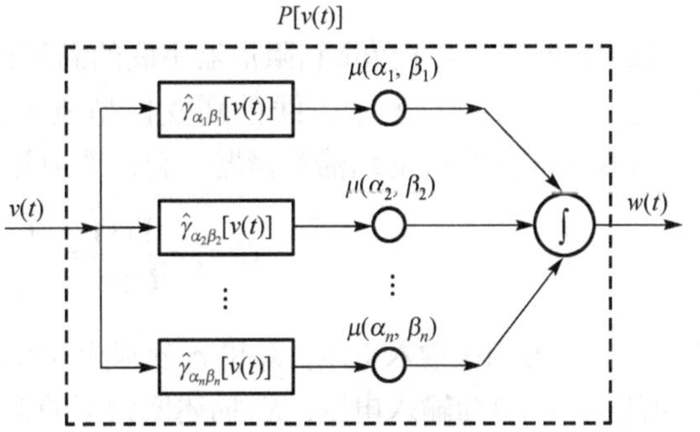

图 2-35　Preisach 模型原理图

极大拓展了该模型的实用性，得到了广泛的研究和应用，但是其只能描述对称迟滞特性，不能用来描述压电驱动器的不对称行为。

除了以上基于微分方程和基于算子的迟滞模型外，还有一些其他方法用来描述压电驱动器的迟滞现象。例如，人工神经网络、模糊系统和支持向量机等智能建模方法已应用于预测迟滞。由于数学描述的简单性，基于多项式函数的模型被开发出来预测压电驱动器与速率无关的迟滞特性。由于压电陶瓷的迟滞曲线和椭圆曲线很相似，故利用椭圆曲线来建立迟滞模型具有函数表达简单的突出优势。

以上的各类迟滞模型都可以有效地描述特定情况下压电驱动器的迟滞行为，但到目前为止，还没有一个通用的模型来完全表示压电驱动器的迟滞行为。

2.3.2　压电驱动器的蠕变特性

压电驱动器的蠕变是指当其激励电压不变时，驱动器位移响应产生缓慢漂移的现象，如图 2-36 所示。该现象主要影响压电驱动器的绝对定位精度，因此建立描述压电驱动器蠕变特性的蠕变模型并做针对性的补偿也是十分必要的，目前主要有线性和非线性两种蠕变模型来描述这种现象。

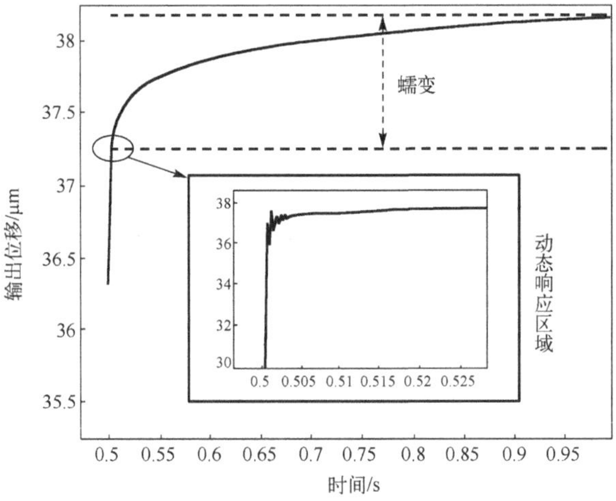

图 2-36　蠕变现象示意图

1. 线性蠕变模型

D. Croft 等提出了弹簧和阻尼器串联的黏弹性模型来描述蠕变特性，如图 2-37 所示，模型表达式如式(2-31)所示。线性蠕变模型避免了非线性模型的无界问题，且便于与基于 Prandtl-Ishlinskii 模型的迟滞补偿器一起构造逆补偿器。

$$G(s)=\frac{Y(s)}{U(s)}=\frac{1}{K_0}+\sum_{i=1}^{n}\frac{1}{c_i s+k_i} \tag{2-31}$$

式中，$U(s)$为频域输入电压；k_i和 c_i分别为弹性系数和刚度系数；$Y(s)$为在拉普拉斯域中测量的响应；$U(s)$为输入电压；K_0描述低频下的弹性行为；k_i和 c_i分别为弹簧和阻尼器的刚度系数和阻尼系数。

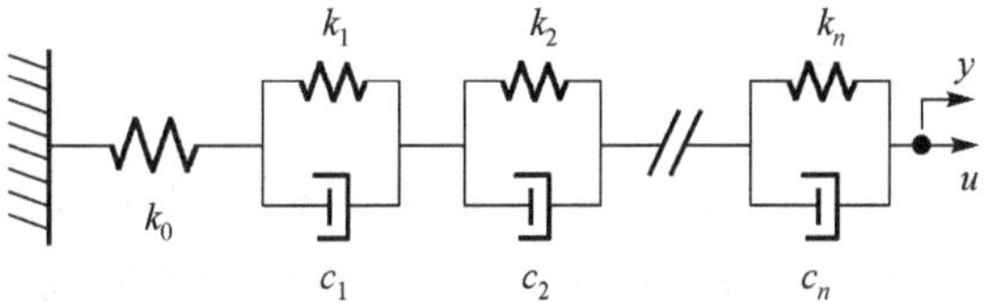

图 2-37　黏弹性蠕变模型

2. 非线性蠕变模型

非线性蠕变模型的表达式如式(2-32)所示，也称为对数模型：

$$y(t)=y_0\left[1+\gamma\lg\left(\frac{t}{t_0}\right)\right] \tag{2-32}$$

式中，$y(t)$为压电驱动器输出位移；t_0为蠕变效应明显时对应时间；y_0为t_0时的位移；γ为决定对数响应速率的系数。

t_0、y_0、γ的值由实验测试得到。该对数模型可以近似描述蠕变现象，但这种非线性蠕变模型的实现有些复杂，由于y_0和γ的值取决于时间参数t_0的选择，即使t_0的值已经选好，γ也很难根据所施加电压的历史记录来确定，并且随着时间t变得极小或者极大，模型的输出变得无界。

2.4　典型压电驱动器的运动控制技术

压电驱动器输出性能受到驱动器固有迟滞、蠕变和振动等非线性动力学的影响，迟滞往往带来系统定位精度和重复性的衰减，蠕变则影响系统的静态定位性能，二者已成为影响压电驱动定位系统性能的关键因素，因此压电驱动器本身固有的非线性特性补偿控制已成为精密压电驱动技术领域最受关注的控制内容。其次，受多自由度压电驱动器结构形式的影响，多个运动自由度之间可能存在交叉耦合问题，该问题给多自由度解耦运动控制带来了难题。因此，针对这些问题展开针对性的控制技术研究有着重要的理论意义和应用价值。典型的压电驱动定位系统通常由压电驱动器、驱动模块(如功率放大器)、传感检测模块、控制模块(上位机、控制算法等)等组成，图 2-38 所示为一种压电平台运动控制系统的示意图。

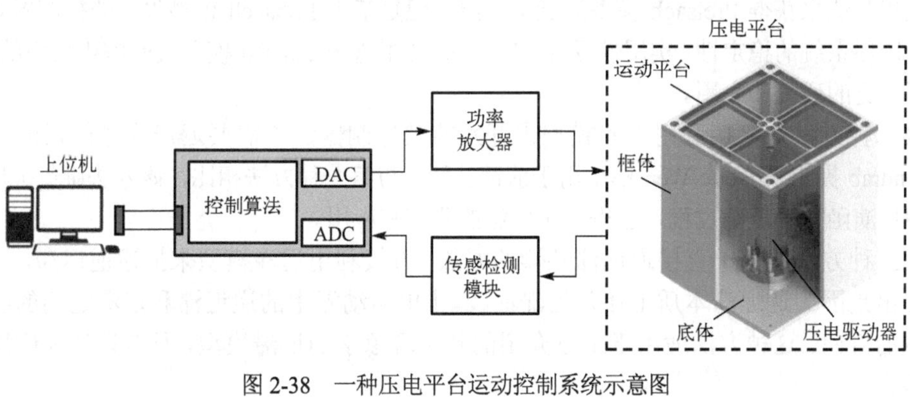

图 2-38　一种压电平台运动控制系统示意图

2.4.1　压电驱动器运动控制策略

压电驱动器运动控制的主要目的是改善由迟滞和蠕变等特性引起的运动误差，相关控制策略主要有前馈控制、反馈控制和前馈-反馈控制三种，对应的基本框图如图 2-39 所示。

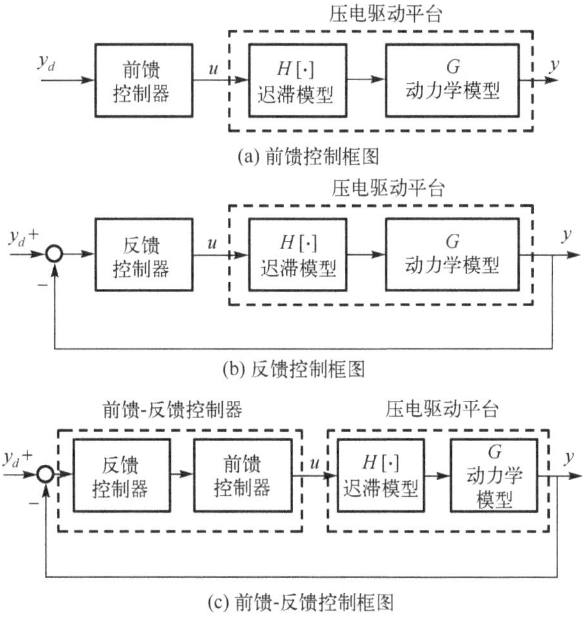

图 2-39　控制策略基本框图

1. 前馈控制

前馈控制是在已知系统动力学模型的基础上，通过对模型求逆设计前馈控制器来控制系统的输入，可用于补偿蠕变和振动特性，但针对迟滞的补偿控制效果不够好，因此通过建立精确的迟滞模型，然后设计前馈控制器来补偿迟滞是十分必要的。目前大致有三种方法可用于设计能够补偿迟滞的前馈控制器。

第一种方法是求迟滞模型的反演函数。迟滞模型反演函数的构造主要针对基于算子的迟滞模型，即 Preisach 和 P-I 模型。由于 Preisach 模型无法解析可逆，因此通常采用数值方法，使用迭代算法来获得 Preisach 模型的近似反演，但是基于 Preisach 模型设计的控制器难以证明所得闭环系统的稳定性，实用性受限。与 Preisach 模型相比，P-I 模型具有解析可逆的优点，得到了广泛的研究和应用。

第二种方法是直接利用迟滞模型来开发前馈控制器，不需要迟滞模型的反演函数。Rakotondrab 提出了 Bouc-Wen 模型用于前馈补偿，与第一种方法相比，该方法避免了构造迟滞模型反演函数的复杂过程，也得到了广泛的研究和应用。

第三种方法是基于直接逆迟滞补偿的方法，直接利用迟滞模型来描述逆迟滞。这一概念的提出是因为逆迟滞本质上还是迟滞曲线。压电驱动器中的逆迟滞和迟滞之间的区别在于曲线的方向。这种方法适用于上述介绍的基于现象学的迟滞模型，具有设计和应用简单的优势。

2. 反馈控制

前馈控制方法不能用来校正位置误差和消除外部干扰，一般采用反馈控制来减小不确定性和干扰的影响。反馈控制根据测量得到的实时信息来校正位置误差，在存在非线性或没有动态建模的情况下也能保证系统的控制性能。控制系统稳定性是设计控制器首要考虑的问题，迟滞非线性对系统稳定性影响较大，因此为具有迟滞非线性的动力学系统开发反馈控制器挑战较大，尤其是在迟滞特性未知的情况下。目前主要有两种方法来设计压电驱动器的反馈控制器，可以通过是否在控制设计中使用迟滞模型来区分。第一种方法是不使用迟滞模型，直接开发反馈控制器，其中迟滞通常被视为有界非线性扰动。第二种方法是基于迟滞模型设计控制器，以减小迟滞对控制性能的影响，一般方法是将所采用的迟滞模型分解成两项，包括控制动作的线性项和类似扰动的有界非线性项。

反馈控制技术主要有 PID、现代控制技术和智能控制技术，其中 PID 控制涵盖了对瞬态和稳态响应的处理，是控制理论中最为有效、最为成熟的控制方法之一，为工业应用提供了最简单和最有效的解决方案。目前包括积分控制器、比例积分(proportional integral，PI)控制器和 PID 控制器在内的各种 PID 控制器已经广泛应用于商用压电驱动装置的控制。为了实时调节增益参数，自动调节 PID 控制器和动态 PID 控制器被提出。为了改善 PID 控制器的性能，处理迟滞非线性扰动的基于鲁棒观测器的 PID 控制器和带有扩展状态观测器的非线性 PID 控制器被开发出来。PID 控制方法虽然有很多优势，但是比例系数 K_P、积分系数 K_I 和微分系数 K_D 在实际应用中没有很好的方法来确定，通常都是依靠使用者的经验来确定的。现代控制技术包括重复控制、H_∞ 控制、滑模控制(sliding mode control，SMC)和自适应控制等，其主要挑战是在存在模型不确定性和迟滞非线性的情况下，保持整个系统稳定性的同时提高性能。通过 P-I 模型描述迟滞非线性，设计重复控制器可增强具有周期性期望的压电驱动系统的跟踪性能。利用有界延迟和增益来强调迟滞，基于 Smith 预估器的 H_∞ 控制器可用于压电驱动装置的高精度跟踪控制。由于滑模控制易于设计并且对未知干扰具有鲁棒性，因此滑模控制是控制压电驱动平台的一种流行的鲁棒控制方法，但通常需要系统模型参数变化范围的支持来保证稳定性，这可能涉及无限增益反馈。神经网络控制、模糊控制和迭代控制等智能控制技术由于其对非线性系统具有输入输出映射或通用函数逼近的特性和能力，也可用于压电驱动装置的高精度跟踪控制。

3. 前馈-反馈控制

前馈-反馈控制结合了前馈控制与反馈控制的优点，通常用于压电驱动装置的高精度和高速控制。因为蠕变现象可以通过传统的反馈控制方法补偿，所以在前馈-反馈控制方法中，通常没有必要开发用于蠕变补偿的前馈控制器。因此，根据前馈控制器的不同，压电驱动装置有三种前馈-反馈控制方案：前馈控制器仅用于迟滞补偿，前馈控制器仅用于振动补偿，以及前馈控制器用于迟滞和振动补偿。

第一种方案将前馈控制器用于迟滞补偿，采用反馈控制器来校正蠕变非线性和建模不确定性。这种通过结合基于不同迟滞模型的前馈补偿器和不同反馈控制策略的方法，已经有了大量研究。在这种控制方案中，迟滞通常被前馈控制器近似补偿，并且设计反馈控制器来减小迟滞模型反演不准确和系统不确定性引起的残余误差。尽管这种方案在实验中显示出良好的结果，但是实验结果取决于所识别的参数，并且通常很难证明所得闭环系统的稳定性。

第二种方案中，前馈控制器用于振动补偿，通常利用陷波滤波器、输入整形控制器和基于反转的控制器。因为大多数应用中复杂的迟滞非线性不能仅假设为简单的扰动，所以这种方案很难获得鲁棒稳定性结果。

结合第一种和第二种方案，第三种前馈-反馈控制方案中的前馈控制器被开发用于迟滞和振动补偿。这种控制方案通常将逆迟滞补偿器放置于前馈回路中来补偿迟滞，然后利用谐振控制器来抑制振动动力学，最后设计一个反馈控制器来最小化跟踪误差。这种控制方案在压电驱动装置的高带宽控制方面最具优势。

2.4.2　压电驱动器多轴交叉耦合控制

压电驱动器的交叉耦合是指其多个运动自由度在激励时产生的轴间耦合现象，该现象是限制压电驱动多自由度定位系统运动精度的一个重要因素。减小交叉耦合的根本在于压电驱动器的结构设计，通过合理的构型设计以尽可能减小多自由度运动输出的交叉耦合误差是最基本的研究内容。然而，即使从基本构型和原理上实现无耦合运动输出，但是加工和装配环节仍然不可避免地引起交叉耦合。此外，多自由度压电驱动器的交叉耦合误差还与其工作频率有关，高频激励引起的交叉耦合误差相较于低频工况更加显著。因此在实际应用中，减小多自由度压电驱动器的交叉耦合误差的有效方案是采用补偿控制策略。

目前典型的交叉耦合补偿控制策略主要包括基于耦合模型的补偿控制和无需耦合模型的补偿控制。前者需要开展耦合模型辨识，并基于辨识出的耦合模型开展控制器设计，而后者无须进行耦合建模。根据补偿控制器的结构，基于耦合模型的补偿控制通常采用前馈控制和基于多输入多输出的反馈补偿控制。基于多输入多输出的反馈补偿控制是将压电驱动器视为多输入多输出模型来进行参数辨识，并基于所辨识的模型开展相应的多输入多输出控制器设计，从而利用闭环反馈补偿控制实现对轴间交叉耦合运动的有效抑制。无需耦合模型的补偿控制思路则是将耦合作为输出端干扰，通过设计控制器来消除该干扰以达到减小交叉耦合误差的目的，常用消除耦合干扰的方法有自适应控制、滑模控制、LQC 等方法。

2.4.3　二维压电平台迟滞动力学建模

本节以二维压电平台为典型运动控制对象，介绍其动力学建模与运动控制。二维压电平台结构如图 2-40 所示，压电驱动器采用贴片式结构，工作在弯-弯复合运动状态下，由于末端输出的二维弯曲运动远小于其轴向长度，因此输出运动可近似为二维直线运动，进一步驱动运动平台实现二维运动输出；运动平台采用叶型弯曲梁实现导向和运动解耦。

利用弹性梁理论建立贴片式压电驱动器的动力学模型，进一步将二维压电平台等效为质量-弹簧-阻尼系统，建立整体结构的动力学模型。该模型可用于描述压电平台在电压激励下的运动响应。在迟滞建模方面，采用基于椭圆的迟滞模型来描述迟滞特性。利用实验测得的数据对迟滞模型参数进行识别，可以有效地确定模型的参数，使其与实际系统的迟滞特性相匹配。最后，将迟滞模型与整体结构的动力学模型串联，完成迟滞动力学复合建模，如图 2-41 所示。该模型综合考虑了压电系统的迟滞特性和整体结构的动力学特性，可为后续前馈控制器的设计提供理论基础。

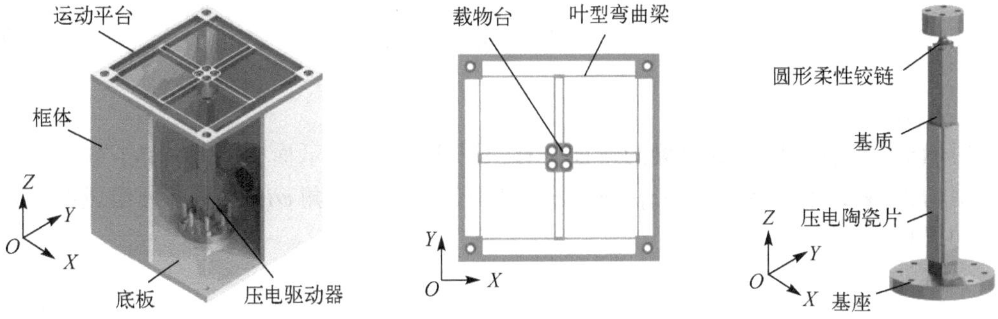

(a) 二维压电平台基本结构　(b) 运动平台结构　(c) 压电驱动器结构

图 2-40　二维压电平台结构图

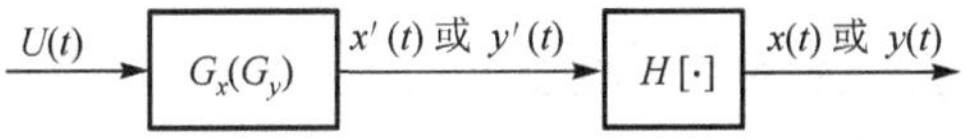

图 2-41　迟滞动力学复合模型框图

1. 贴片式压电驱动器动力学建模

贴片式压电驱动器 X 方向和 Y 方向的弯曲致动原理一样，因此以 X 方向弯曲为例建立压电驱动器的动力学模型，根据其几何特征，采用 Timoshenko（铁摩辛柯）梁模型结合压电本构方程对压电驱动器进行动力学建模。

压电驱动器的简化物理模型如图 2-42 所示，将贴有压电陶瓷的部分（l_4）作为压电复合梁来处理，右端没有压电陶瓷的部分可以等效为集中质量 m_0，如式（2-33）所示，其质心到压电复合梁右端的距离设为 L_{eq}，集中质量 m_0 绕复合梁末端的转动惯量设为 J。

$$m_0=\rho_m\left\{w_m^2 l_5+\frac{\pi D_1^2}{4}l_6+\int_0^{2R}\pi\left[R+\frac{t_1}{2}-\sqrt{R^2-(x-R)^2}\right]^2\mathrm{d}x+\frac{\pi D_2^2}{4}l_8\right\} \tag{2-33}$$

$$L_{eq}=\rho_m\left\{\left[w_m^2 l_5\frac{l_5}{2}+\frac{\pi D_1^2}{4}l_6\left(l_5+\frac{l_6}{2}\right)+(l_5+l_6+R)\right]\int_0^{2R}\pi\left[R+\frac{t_1}{2}-\sqrt{R^2-(x-R)^2}\right]^2\mathrm{d}x\right.$$
$$\left.+\frac{\pi D_2^2}{4}l_8\left(l_5+l_6+l_7+\frac{l_8}{2}\right)\right\}\Big/m_0 \tag{2-34}$$

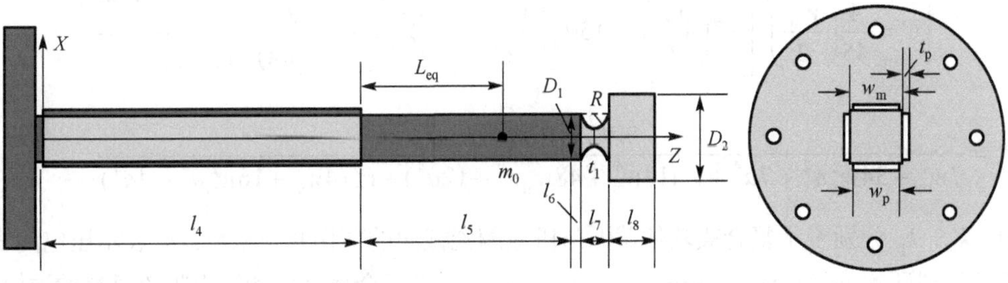

图 2-42　压电驱动器简化物理模型

$$J=\frac{1}{3}m_0L_{\mathrm{eq}}^2 \tag{2-35}$$

式中，ρ_{m} 表示基体的密度。

用 $\varphi(z,t)$ 来表示压电复合梁的弯曲位移，用 $\theta(z,t)$ 来表示横截面的转角。转角 $\theta(z,t)$ 是由剪切力 **N** 引起的剪切角 $\gamma(z,t)$ 和弯矩 M 引起的截面转角 $\psi(z,t)$ 两部分组成的，基本关系如式(2-36)所示。

$$\frac{\partial u}{\partial z}=\theta=\psi+\gamma \tag{2-36}$$

$$\begin{cases}M=EI\dfrac{\partial\psi}{\partial z}\\[2ex] EI=\dfrac{E_{\mathrm{m}}w_{\mathrm{m}}^4+2E_{\mathrm{p}}t_{\mathrm{p}}w_{\mathrm{p}}(w_{\mathrm{p}}^2+4t_{\mathrm{p}}^2+3w_{\mathrm{m}}^2+6w_{\mathrm{m}}t_{\mathrm{p}})}{12}\end{cases} \tag{2-37}$$

$$\begin{cases}\gamma=\dfrac{N}{kGA}\\[2ex] GA=G_{\mathrm{m}}A_{\mathrm{m}}+G_{\mathrm{p}}A_{\mathrm{p}}\end{cases} \tag{2-38}$$

式中，A 表示压电复合梁的横截面积(m^2)；$A_{\mathrm{m}}=w_{\mathrm{m}}^2$；$A_{\mathrm{p}}=4w_{\mathrm{p}}t_{\mathrm{p}}$；$M$ 表示压电复合梁的截面弯矩(N·m)；EI 表示压电复合梁的等效抗弯刚度($\mathrm{N\cdot m^2}$)；N 表示压电复合梁截面处的剪切力(N)；GA 表示压电复合梁的抗剪刚度($\mathrm{N\cdot m^2}$)；$G_{\mathrm{m}}=\dfrac{E_{\mathrm{m}}}{2(1+\nu)}$；$G_{\mathrm{p}}=\dfrac{E_{\mathrm{p}}}{2(1+\nu)}$，$\nu$ 表示压电复合梁的泊松比；k 表示压电复合梁的剪切修正系数。

根据铁摩辛柯梁理论假设，不同形状截面剪切修正系数不同。对于提出的贴片式压电驱动器来说，其复合梁部分的基体截面为正方形，外表面环绕四片相同的压电陶瓷片，可以等效为圆环截面，则基体截面与压电陶瓷截面对应的剪切修正系数分别如式(2-39)和式(2-40)所示。

$$\begin{cases}k_{\mathrm{m}}=\dfrac{8(1+\nu_{\mathrm{m}})\left(\dfrac{w_{\mathrm{m}}}{2}\right)^6}{9C}\\[3ex] C=\dfrac{4}{45}\left(\dfrac{w_{\mathrm{m}}}{2}\right)^4\left[-7\left(\dfrac{w_{\mathrm{m}}}{2}\right)^2-15\nu_{\mathrm{m}}\left(\dfrac{w_{\mathrm{m}}}{2}\right)^2\right]+\displaystyle\sum_{n=1}^{\infty}\dfrac{16\nu_{\mathrm{m}}\left(\dfrac{w_{\mathrm{m}}}{2}\right)^3[n\pi-\tanh(n\pi)]}{(n\pi)^5(1+\nu_{\mathrm{m}})}\end{cases} \tag{2-39}$$

$$k_{\mathrm{p}}=\frac{6(w_{\mathrm{m}}^2+a^2)(1+\nu_{\mathrm{p}})^2}{7w_{\mathrm{m}}^4+34w_{\mathrm{m}}^2a^2+7a^4+\nu_{\mathrm{p}}(12w_{\mathrm{m}}^4+48w_{\mathrm{m}}^2a^2+12a^4)+\nu_{\mathrm{p}}^2(4w_{\mathrm{m}}^4+16w_{\mathrm{m}}^2a^2+4a^4)} \tag{2-40}$$

式中，k_{m}、k_{p} 分别表示复合梁基体截面与压电陶瓷截面的剪切修正系数；a 表示压电陶瓷截面等效为圆环的外径(m)，$a=w_{\mathrm{m}}+t_{\mathrm{p}}$；$\nu_{\mathrm{m}}$、$\nu_{\mathrm{p}}$ 分别表示金属基体和压电陶瓷材料的泊松比。

如图 2-43 所示，对压电复合梁上的一微元段 dz 进行受力分析，根据力平衡和力矩平衡可得如下关系式：

$$\frac{\partial N(z,t)}{\partial z}\mathrm{d}z=\rho_{\mathrm{e}}A\mathrm{d}z\frac{\partial^2 u(z,t)}{\partial t^2} \tag{2-41}$$

$$N(z,t)\mathrm{d}z-\frac{\partial M(z,t)}{\partial z}\mathrm{d}z=\rho_{\mathrm{e}}I\mathrm{d}z\frac{\partial^2 \psi(z,t)}{\partial t^2} \tag{2-42}$$

式中，ρ_{e} 表示压电复合梁的等效密度(kg/m^3)，$\rho_{\mathrm{e}}=\dfrac{\rho_{\mathrm{m}}w_{\mathrm{m}}^2+4\rho_{\mathrm{p}}t_{\mathrm{p}}w_{\mathrm{p}}}{w_{\mathrm{m}}^2+4t_{\mathrm{p}}w_{\mathrm{p}}}$，$\rho_{\mathrm{p}}$ 表示压电陶瓷材料的密度(kg/m^3)。

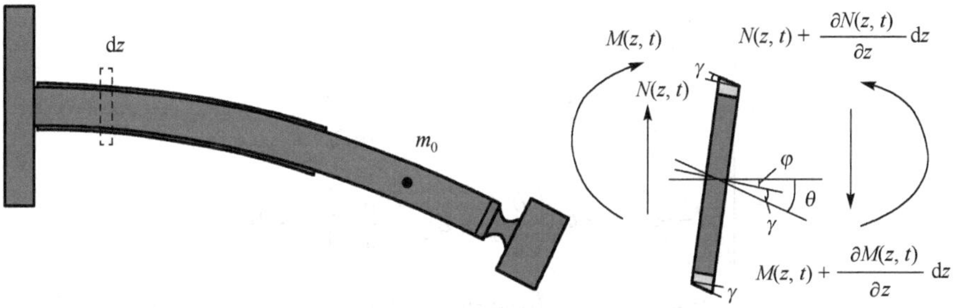

图 2-43　压电复合梁变形分析与受力分析

联立以上关系式，简化后可得压电复合梁的自由振动微分方程：

$$\rho_{\mathrm{e}}A\frac{\partial^2 u}{\partial t^2}+EI\frac{\partial^4 u}{\partial z^4}-\rho_{\mathrm{e}}I\left(\frac{E}{kG}+1\right)\frac{\partial^4 u}{\partial z^2\partial t^2}+\frac{\rho_{\mathrm{e}}{}^2 I}{kG}\frac{\partial^4 u}{\partial t^4}=0 \tag{2-43}$$

为了便于求解响应位移，利用 Galerkin 离散方法将式(2-43)的解表达为如下形式：

$$\begin{cases}\varphi_i(z)=a_1\sin\lambda_i z+b_1\cos\lambda_i z+c_1\sinh\lambda_i z+d_1\cosh\lambda_i z\\ r_i(t)=a_2\sin\omega_i t+b_2\cos\omega_i t\end{cases} \tag{2-44}$$

式中，a_n、b_n、c_n、d_n 均为常数；$\varphi_i(z)$ 表示压电复合梁第 i 阶固有振型的振型曲线；$r_i(t)$ 表示压电复合梁上任一点位移随时间的响应函数；ω_i、λ_i 分别表示系统第 i 阶固有频率及无量纲频率，后者由前者决定。

根据固有振型的正交性，可以得到固有振型的正交性方程：

$$\begin{cases}\varphi_i(z)M\varphi_j(z)=\delta_{ij}\\ \varphi_i(z)K\varphi_j(z)=\omega^2\delta_{ij}\end{cases} \tag{2-45}$$

式中，δ_{ij} 表示克罗内克函数(Kronecker delta)，当 $i=j$ 时，$\delta_{ij}=1$，当 $i\neq j$ 时，$\delta_{ij}=0$。

将压电复合梁的质量与刚度代入式(2-45)，可以得到压电复合梁的固有振型正交性条件，如式(2-46)所示：

$$\begin{aligned}\delta_{ij}=&\rho_{\mathrm{e}}(w_{\mathrm{m}}^2+4w_{\mathrm{p}}t_{\mathrm{p}})\int_0^{l_4}\varphi_i(z)\varphi_j(z)\mathrm{d}z+m_0[\varphi_i(l_4)+\varphi_i'(l_4)L_{\mathrm{eq}}][\varphi_j(l_4)+\varphi_j'(l_4)L_{\mathrm{eq}}]\\&+J[\varphi_i'(l_4)+\varphi_i''(l_4)L_{\mathrm{eq}}][\varphi_j'(l_4)+\varphi_j''(l_4)L_{\mathrm{eq}}]\end{aligned} \tag{2-46}$$

$$\delta_{ij}\omega_i^2=\frac{E_{\rm m}w_{\rm m}^4+2E_{\rm p}t_{\rm p}w_{\rm p}(w_{\rm p}^2+4t_{\rm p}^2+3w_{\rm m}^2+6w_{\rm m}t_{\rm p})}{12}\int_0^{l_4}\varphi_i''(z)\varphi_j''(z){\rm d}z +\left[\frac{E_{\rm m}}{2(1+v)}w_{\rm m}^2+4\frac{E_{\rm p}}{2(1+v)}w_{\rm p}t_{\rm p}\right]\int_0^{l_4}\varphi_i'(z)\varphi_j'(z){\rm d}z \tag{2-47}$$

根据压电复合梁两端边界情况，左端为固定端，右端为自由端，并连接着一个转动惯量为 J 的等效集中质量 m_0，可以得到以下关系：

$$\begin{cases} u(0,t)=0 \\ \left.\dfrac{\partial u}{\partial z}\right|_{(0,t)}=0 \\ EI\left.\dfrac{\partial^2 u}{\partial z^2}\right|_{z=l_4}+L_{\rm eq}m_0\left.\left(\dfrac{\partial^2 u}{\partial t^2}+L_{\rm eq}\dfrac{\partial^3 u}{\partial z\partial t^2}\right)\right|_{z=l_4}=0 \\ EI\left.\dfrac{\partial^3 u}{\partial z^3}\right|_{z=l_4}-m_0\left.\left(\dfrac{\partial^2 u}{\partial t^2}+L_{\rm eq}\dfrac{\partial^3 u}{\partial z\partial t^2}\right)\right|_{z=l_4}=0 \end{cases} \tag{2-48}$$

结合正交性条件和边界条件可获得压电驱动器的各阶模态振型与固有频率。当压电驱动器工作在低频非共振模式下时，可以只利用其一阶振型及固有频率来计算其响应位移，i 值取 1。

接下来，利用拉格朗日方程对广义坐标 $r(t)$ 进行求解，表达如下：

$$\frac{\partial}{\partial t}\left(\frac{\partial L}{\partial \dot r}\right)-\left(\frac{\partial L}{\partial r}\right)=\frac{\delta W}{\delta r} \tag{2-49}$$

$$L=T-U \tag{2-50}$$

式中，L 表示拉格朗日函数；T 表示总动能；U 表示总势能；δW 表示非有势力做的虚功。

压电驱动器振动过程中的总动能 T 由压电复合梁产生的动能 $T_{\rm p}$ 和右端等效集中质量产生的动能 T_0 两部分组成，如式(2-51)～式(2-53)所示：

$$T=T_{\rm p}+T_0 \tag{2-51}$$

$$T_{\rm p}=\frac{1}{2}\rho_{\rm e}\int_{V_{\rm e}}\left(\frac{\partial u(z,t)}{\partial t}\right)^2{\rm d}V_{\rm e} \tag{2-52}$$

$$T_0=m_0\left(\frac{\partial u(z,t)}{\partial t}+L_{\rm eq}\left.\frac{\partial^2 u(z,t)}{\partial z\partial t}\right|_{z=l_4}\right)^2+J\left(\frac{\partial^2 u(z,t)}{\partial z\partial t}+L_{\rm eq}\left.\frac{\partial^3 u(z,t)}{\partial z^2\partial t}\right|_{z=l_4}\right)^2 \tag{2-53}$$

式中，$V_{\rm e}$ 表示压电驱动器复合梁部分的体积($\rm m^3$)。

压电驱动器的总势能 U 主要包括内部弹性势能 $U_{\rm i}$ 和电势能 $U_{\rm V}$ 两部分，因为重力势能的影响很小，所以忽略不计。$U_{\rm i}$ 表达式如式(2-55)所示，$U_{\rm V}$ 表达式如式(2-59)所示：

$$U=U_{\rm i}+U_{\rm V} \tag{2-54}$$

$$U_{\rm i}=\frac{1}{2}\int_{V_{\rm m}}\sigma^{\rm m}\varepsilon^{\rm m}{\rm d}V_{\rm m}+\frac{1}{2}\int_{V_{\rm p}}\sigma^{\rm p}\varepsilon^{\rm p}{\rm d}V_{\rm p} \tag{2-55}$$

式中，σ^{m}、σ^{p} 分别表示金属基体部分的正应力、压电部分的正应力；ε^{m}、ε^{p} 分别表示金属基体部分的正应变、压电陶瓷部分的正应变；V_{m} 表示金属基体的体积；V_{p} 表示压电陶瓷部分的体积。

通过胡克定律可以确定金属基体部分的正应变和正应力，由其本构方程可以确定压电陶瓷部分的正应变和正应力，分别如式(2-56)和式(2-57)所示：

$$\begin{cases}\sigma^{\mathrm{m}} = E_{\mathrm{m}}\varepsilon^{\mathrm{m}} \\ \varepsilon^{\mathrm{m}} = -x\dfrac{\partial \psi}{\partial z}\end{cases} \tag{2-56}$$

$$\begin{cases}\sigma^{\mathrm{p}} = E_{\mathrm{p}}\varepsilon^{\mathrm{p}} - e_{31}E_3 \\ D_3 = e_{31}\varepsilon^{\mathrm{p}} + \eta_{33}E_3\end{cases} \tag{2-57}$$

式中，e_{31} 表示压电常数；η_{33} 表示介电常数；x 表示压电复合梁中任一点与中性面之间的距离(m)；D_3 表示沿压电陶瓷片极化方向的电位移(C/m^2)；E_3 表示施加在压电陶瓷片上的电场强度。

电场强度 E_3 的表达式为

$$E_3 = -\frac{V(t)}{t_{\mathrm{p}}} \tag{2-58}$$

式中，$V(t)$ 表示施加在压电陶瓷片上的激励信号。

电势能为

$$U_{\mathrm{V}} = -\frac{1}{2}\int_{V_{\mathrm{p}}} E_3 D_3 \mathrm{d}V_{\mathrm{p}} \tag{2-59}$$

虚功由压电驱动器机械阻尼做的虚功 δW_{c} 与正压电效应做的虚功 δW_{M} 组成：

$$\begin{cases}\delta W_{\mathrm{M}} = M_{\mathrm{p}}\delta \left.\dfrac{\partial u(z,t)}{\partial z}\right|_{z=l_4} \\ M_{\mathrm{p}} = -\displaystyle\int_{A_{\mathrm{p}}} \sigma^{\mathrm{p}}|x|\mathrm{d}A_{\mathrm{p}}\end{cases} \tag{2-60}$$

$$\delta W_{\mathrm{c}} = -\int_0^{l_4} c_{\mathrm{b}}\frac{\partial^2 u}{\partial z\partial t}\mathrm{d}z\delta u \tag{2-61}$$

式中，A_{p} 表示压电陶瓷横截面的面积；c_{b} 表示机械阻尼系数，$c_{\mathrm{b}} = 2m\omega\xi$，$\xi$ 为模态阻尼系数，在非共振工作情况下取经验值 0.01。

将式(2-44)代入上述动能、势能和虚功的表达式中，可以得动能结果为式(2-62)、势能结果为式(2-63)、虚功为式(2-64)：

$$T = C_0\dot{r}^2(t) \tag{2-62}$$

$$U = C_1 r^2(t) - C_2 r(t)\ddot{r}(t) + C_3\ddot{r}^2(t) - C_4 r(t)V(t) + C_5\ddot{r}(t)V(t) - C_6 V^2(t) \tag{2-63}$$

$$\frac{\delta W}{\delta r(t)}=C_7 r(t)-C_8\ddot{r}(t)-C_9 V(t)-C_{10}\dot{r}(t) \tag{2-64}$$

式中，C_n 为系数，具体表达式为

$$C_0=\frac{1}{2}\rho_e({w_m}^2+4w_p t_p)\int_0^{l_4}\varphi^2(z)\,dz+m_0(\varphi(l_4)+L_{eq}\varphi'(l_4))^2+J(\varphi'(l_4)+L_{eq}\varphi''(l_4)) \tag{2-65}$$

$$C_1=\left(\frac{E_m w_m^4}{24}+\frac{E_p t_p w_p(w_p^2+4t_p^2+3w_m^2+6w_m t_p)}{12}\right)\int_0^{l_4}\varphi''(z)^2\,dz \tag{2-66}$$

$$C_2=\left(\frac{E_m w_m^4}{12}\frac{\rho_m}{k_m G_m}+\frac{E_p t_p w_p(w_p^2+4t_p^2+3w_m^2+6w_m t_p)}{6}\frac{\rho_p}{k_p G_p}\right)\int_0^{l_4}\varphi''(z)\varphi(z)dz \tag{2-67}$$

$$C_3=\left(\frac{E_m w_m^4}{24}\left(\frac{\rho_m}{k_m G_m}\right)^2+\frac{E_p t_p w_p(w_p^2+4t_p^2+3w_m^2+6w_m t_p)}{12}\left(\frac{\rho_p}{k_p G_p}\right)^2\right)\int_0^{l_4}\varphi^2(z)dz \tag{2-68}$$

$$C_4=e_{31}w_p(w_m+t_p)\int_0^{l_4}\varphi''(z)dz \tag{2-69}$$

$$C_5=e_{31}w_p(w_m+t_p)\frac{\rho_p}{k_p G_p}\int_0^{l_4}\varphi(z)dz \tag{2-70}$$

$$C_6=2\frac{w_p l_4}{t_p}\eta_{33} \tag{2-71}$$

$$C_7=\frac{E_p t_p w_p(w_p^2+4t_p^2+3w_m^2+6w_m t_p)}{6}\varphi''(l_4)\varphi'(l_4) \tag{2-72}$$

$$C_8=\frac{E_p t_p w_p(w_p^2+4t_p^2+3w_m^2+6w_m t_p)}{6}\frac{\rho_p}{k_p G_p}\varphi(l_4)\varphi'(l_4) \tag{2-73}$$

$$C_9=\frac{e_{31}\left(w_p t_p(w_m+t_p)+\frac{w_p^2 t_p}{2}+\frac{w_m^3}{4}\right)\varphi'(l_4)}{t_p} \tag{2-74}$$

$$C_{10}=c_b\int_0^{l_4}\varphi^2(z)dz \tag{2-75}$$

将式(2-50)～式(2-75)代入式(2-49)可得

$$\ddot{r}(t)+\eta\dot{r}(t)+\upsilon r(t)=\zeta V(t) \tag{2-76}$$

式中，η、υ、ζ 为系数，具体如下：

$$\begin{cases}\eta=\dfrac{C_{10}}{2C_0-C_2+C_8}\\ \upsilon=\dfrac{2C_1-C_7}{2C_0-C_2+C_8}\\ \zeta=\dfrac{C_4-C_9}{2C_0-C_2+C_8}\end{cases}\tag{2-77}$$

2. 平台动力学建模

如图 2-44 所示，载物台采用叶型弯曲梁实现导向和运动解耦，底端与压电驱动器固连，根据这些弹性元件与载物台的连接布置关系，平台的结构动力学可以等效为质量-弹簧-阻尼系统。平台的振动微分方程为

$$\begin{cases}M\dfrac{\mathrm{d}^2x}{\mathrm{d}t^2}+C\dfrac{\mathrm{d}x}{\mathrm{d}t}+Kx=F\\ M=\rho_{\mathrm{m}}h(w_{\mathrm{wp}}^2-4\pi R_1^2)\\ C=2\xi\sqrt{K_{\mathrm{wp}}M}\\ K=K_{\mathrm{wp}}+K_{\mathrm{a}}\\ F=K_{\mathrm{a}}K_{\mathrm{q}}r(t)\\ K_{\mathrm{q}}=\varphi(l_4)+\varphi'(l_4)(l_5+l_6+l_7+l_8)\end{cases}\tag{2-78}$$

式中，w_{wp} 表示载物台的边长(m)；R_1 表示平台与驱动器连接所用螺钉的外径(m)；K_{wp} 表示运动平台刚度；K_{a} 表示驱动器刚度；$r(t)$ 表示压电复合梁上任一点的位移时间响应函数；$\varphi(l_4)$ 表示压电复合梁在末端的振幅。

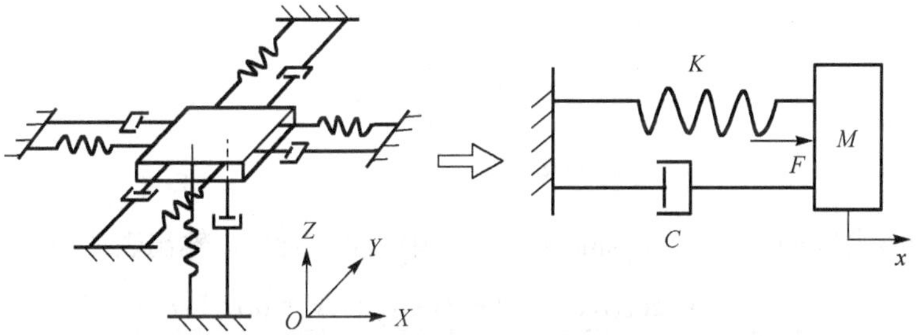

图 2-44　平台等效机械振动系统

二维压电平台由于在结构上的对称性，X 轴与 Y 轴方向的结构动力学一致，即传递函数 $G_x=G_y$，根据以上驱动器及平台的结构动力学推导，二维压电平台的整体结构动力学表达为传递函数的形式：

$$G_x=G_y=\frac{K_{\mathrm{q}}\zeta K_{\mathrm{a}}}{(S^2+\eta S+\upsilon)(MS^2+CS+K)}\tag{2-79}$$

3. 迟滞建模

由于迟滞曲线与椭圆形状相似，因此基于椭圆的迟滞模型描述迟滞现象较为准确，且模

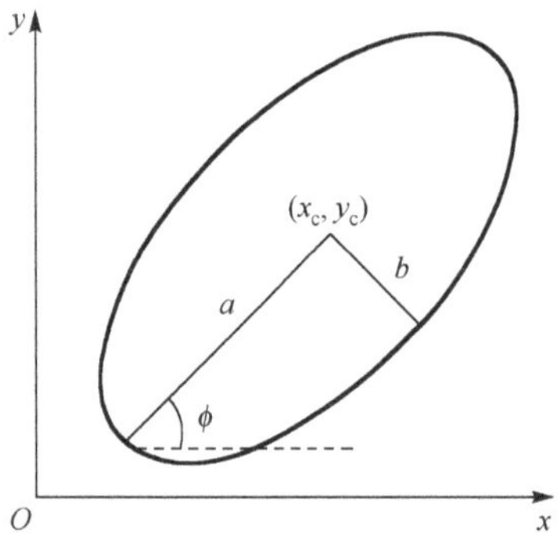

图 2-45　椭圆曲线图

型简单、参数少。如图 2-45 所示，椭圆曲线上的点坐标设为 $X_i=(x_i,y_i)^{\mathrm{T}}, i\in(1,2,\cdots)$，表达为参数的形式为

$$\begin{cases} X_i = X_0 + \boldsymbol{R}(\phi)A\boldsymbol{P}(\theta_i) \\ X_0 = (x_c, y_c)^{\mathrm{T}} \\ \boldsymbol{R}(\phi) = \begin{pmatrix} \cos\phi & -\sin\phi \\ \sin\phi & \cos\phi \end{pmatrix} \\ \boldsymbol{A} = \mathrm{diag}(a,b), \quad a>b \\ \boldsymbol{P}(\theta_i) = (\cos\theta_i, \sin\theta_i)^{\mathrm{T}} \end{cases} \tag{2-80}$$

式中，X_0 表示中心坐标；$\boldsymbol{R}(\phi)$ 表示旋转矩阵，ϕ 表示椭圆长轴与 X 轴之间的夹角；a、b 分别表示椭圆长轴与短轴的长度；$\boldsymbol{P}(\theta_i)$ 表示 θ_i 从 0 到 2π 时的参数矩阵。

用椭圆曲线描述迟滞现象时，椭圆的 X 轴坐标为输入信号 $x'(t)$，椭圆的 Y 轴坐标为输出位移 $x(t)$，因此输入信号与输出位移可以分别表示为

$$\begin{cases} x'(t) = x'_0 + x'_A \sin(2\pi f t + \alpha_1) \\ x(t) = x_0 + x_A \sin(2\pi f t + \alpha_2) \end{cases} \tag{2-81}$$

式(2-80)与式(2-81)的参数对应关系为

$$\begin{cases} x'_A = \sqrt{a^2\cos^2\phi + b^2\sin^2\phi} \\ x_A = \sqrt{a^2\sin^2\phi + b^2\cos^2\phi} \\ 2\pi f t = \theta \\ \alpha_1 = \arctan\left(\dfrac{b}{a}\tan\phi\right) \\ \alpha_2 = \arctan\left(-\dfrac{b}{a}\cot\phi\right) \\ \alpha_2 < \alpha_1 \end{cases} \tag{2-82}$$

当输入的形式为 $x'(t)=x'_0+x'_A\sin(2\pi f t)$ 时，根据式(2-81)，输出表达为

$$x(t) = x_0 + \frac{x_A\cos(\alpha_2-\alpha_1)(x'(t)-x'_0)}{x'_A} + \frac{x_A\sin(\alpha_2-\alpha_1)x'(t)}{x'_A 2\pi f} \tag{2-83}$$

对式(2-83)进行离散化，设采样时间间隔为 T_s：

$$x(kT_s) = x_0 + \frac{x_A\cos(\alpha_2-\alpha_1)(x'(kT_s)-x'_0)}{x'_A} + \frac{x_A\sin(\alpha_2-\alpha_1)}{x'_A 2\pi f}x'(\dot{k}T_s) \tag{2-84}$$

输入信号 $x'(t)$ 的导数近似表达为

$$x'(\dot{k}T_s) = \frac{x'(kT_s) - x'\left[(k-1)T_s\right]}{T_s} \tag{2-85}$$

将式(2-85)代入式(2-84)得输出为

$$x(kT_s) = p_1(x'_A, f)x'(kT_s) + p_2(x'_A, f)x'[(k-1)T_s] + p_3(x'_A, f) \tag{2-86}$$

一般 $x'_0 = 0$，则

$$\begin{cases} p_1(x'_A, f) = \dfrac{x_A \cos(\alpha_2 - \alpha_1)}{x'_A} + \dfrac{x_A \sin(\alpha_2 - \alpha_1)}{x'_A 2\pi f T_s} \\ p_2(x'_A, f) = -\dfrac{x_A \sin(\alpha_2 - \alpha_1)}{x'_A 2\pi f T_s} \\ p_3(x'_A, f) = x_0 \end{cases} \tag{2-87}$$

因此，这种迟滞模型是基于椭圆曲线，输入 $x'(t)$ 与输出 $x(t)$ 之间的一种映射关系，表达为 $H[\cdot]$，迟滞模型框图如图 2-46 所示。

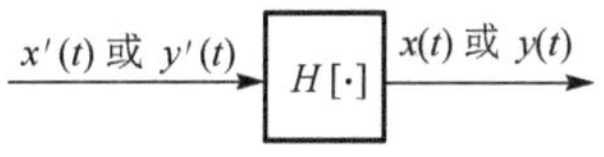

图 2-46　迟滞模型框图

4. 迟滞模型参数识别

迟滞模型需要识别的参数为 b、ϕ、x_0，具体识别步骤如下。

(1) 对结构动力学模型求逆，将输入信号施加到逆结构动力学模型后再施加到二维压电平台上，目的是抵消掉结构动力学的影响，使得输入输出信号的差异皆由迟滞造成。

(2) 获得输入数据 $x'(t)$ 或 $y'(t)$ 与输出位移数据 $x(t)$ 或 $y(t)$，对迟滞模型进行参数识别，获得具体参数，如图 2-47 所示。

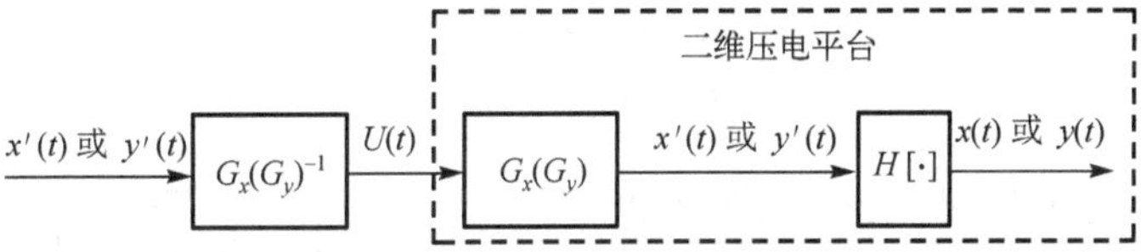

图 2-47　参数识别数据来源图

2.4.4　二维压电平台运动控制

以二维压电平台为被控对象，以前馈-反馈控制方法为例，展示控制系统的建立步骤以及控制效果。前馈控制器为逆迟滞动力学复合模型，反馈控制采用 PI 控制理论。

1. 实验系统

实验系统如图 2-48 所示，利用上位机软件和实验系统硬件实现对二维压电平台的闭环控制，进行定位性能、轨迹跟踪等实验测试。该实验系统包含上下位机及 A/D、D/A 板卡、ATA4052 功率放大器、二维压电平台样机、电容位移传感器及其控制盒。系统利用上位机中的软件产生用于驱动压电驱动器的激励信号，利用 PCI-1721 板卡进行 D/A 转换后，再经 ATA4052 功率放大器进行放大后施加到压电陶瓷上。

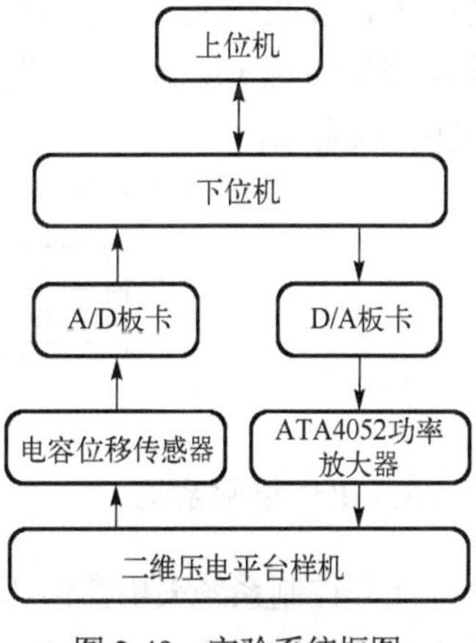

图 2-48　实验系统框图

二维压电平台样机产生的位移通过电容位移传感器测量、信号处理器处理后被 PCI-1716 板卡采集进行 A/D 转换，转换后的数据通过上位机进行存储、处理、分析。

2. 前馈控制器设计

在迟滞动力学复合建模的基础上设计前馈控制器，前馈控制器为逆迟滞动力学复合模型。首先需要对结构动力学求逆，结构动力学传递函数如式(2-79)所示，将其表达在频域上为

$$G_x(\mathrm{j}\omega)=G_y(\mathrm{j}\omega)=\frac{K_\mathrm{q}\zeta K_\mathrm{a}}{((\mathrm{j}\omega)^2+\eta\mathrm{j}\omega+\upsilon)(M(\mathrm{j}\omega)^2+C\mathrm{j}\omega+K)} \tag{2-88}$$

其幅值与相位值分别为

$$|G_x(\mathrm{j}\omega)|=|G_y(\mathrm{j}\omega)|=\frac{K_\mathrm{q}\zeta K_\mathrm{a}}{\sqrt{(M\omega^4-i_2\omega^2+i_4)^2+(i_1\omega^3-i_3\omega)^2}} \tag{2-89}$$

$$\angle G_x(\mathrm{j}\omega)=\angle G_y(\mathrm{j}\omega)=\left(\arctan\frac{i_1\omega^3-i_3\omega}{M\omega^4-i_2\omega^2+i_4}\right)\Big/\omega \tag{2-90}$$

式中

$$\begin{cases} i_1=C+\eta M \\ i_2=K+\eta C+\upsilon M \\ i_3=\eta K+\upsilon C \\ i_4=\upsilon K \end{cases} \tag{2-91}$$

则逆结构动力学传递框图可以表示为图 2-49，即对输入信号的幅值除以正结构动力学的幅值，对输入信号的相位延迟正结构动力学的相位值。

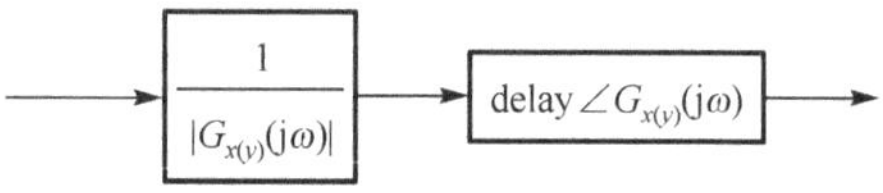

图 2-49　逆结构动力学传递框图

由于逆迟滞曲线本质上也是一种迟滞曲线，即可以直接利用迟滞模型来描述逆迟滞，具体做法为将迟滞模型的输入输出信号交换再进行参数识别，得到逆迟滞模型。整体前馈控制系统框图如图 2-50 所示，输入信号为期望位移 x_d，经过前馈控制器后产生对应的激励信号，施加到二维压电平台上，得到实际位移 x。

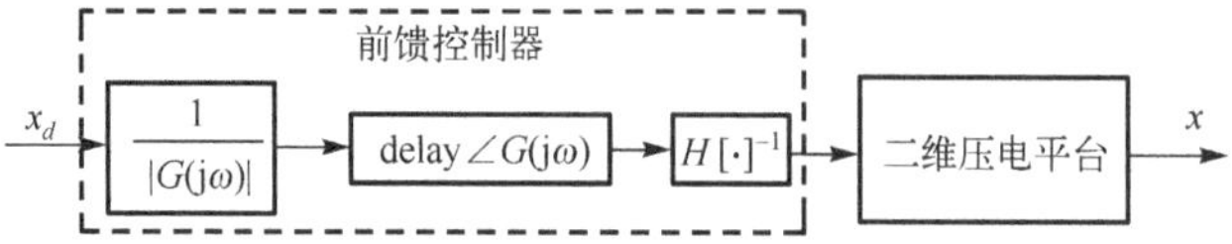

图 2-50　前馈控制系统框图

3. 闭环控制系统

闭环控制系统采用前馈-反馈控制，前馈控制器为逆迟滞动力学复合模型，反馈控制采用经典 PID 控制理论，整个闭环控制系统框图如图 2-51 所示。

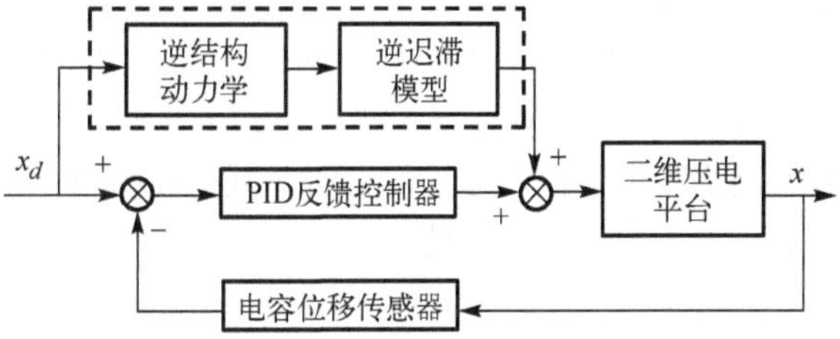

图 2-51　闭环控制系统框图

4. 闭环控制系统实验验证

1) 点位控制能力

在行程范围内分别沿 X 方向和 Y 方向每隔一定距离进行点位控制重复性测量，测试结果如图 2-52 所示：X 方向点位控制重复性可达行程的 0.055%，最大偏差为行程的 0.024%；Y 方向点位控制重复性可达行程的 0.06%，最大偏差为 0.025%，验证了平台闭环控制系统具有较高的点位控制精度。

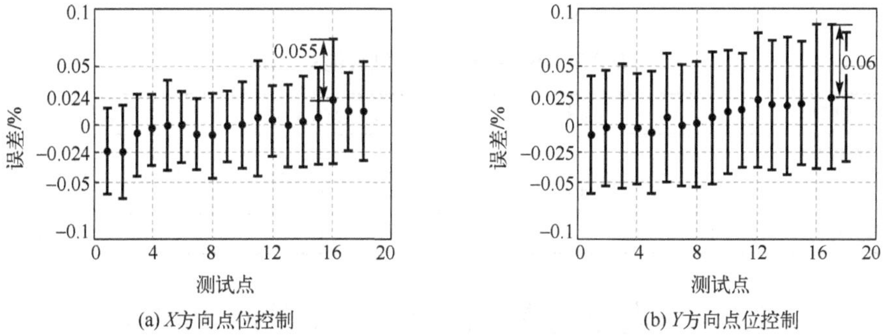

图 2-52　X、Y 方向点位控制测试结果

2) 轨迹跟踪

将期望轨迹分别输入前馈、反馈和前馈-反馈控制系统。迟滞补偿结果如图 2-53 所示。前馈控制迟滞率为 1.5%，反馈控制迟滞率为 0.5%，前馈-反馈控制迟滞率为 0.1%，前馈-反

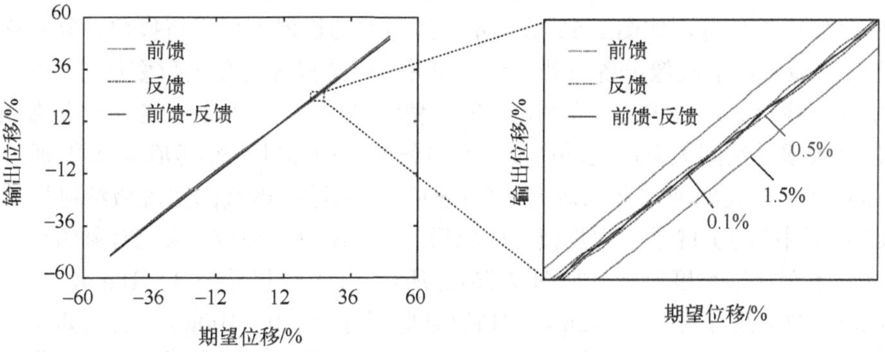

图 2-53　迟滞补偿结果对比图

馈控制比单独的前馈或反馈控制具有更好的迟滞补偿效果。轨迹跟踪结果如图 2-54 所示，前

馈控制轨迹跟踪误差为行程的 1.3%(相对误差)，反馈控制相对误差为 0.2%，前馈-反馈控制相对误差为 0.1%，前馈-反馈控制比单独的前馈或反馈控制具有更小的轨迹跟踪误差。表 2-2 以迟滞率、最大跟踪误差和均方根跟踪误差三个指标总结了不同控制器的控制性能。与独立前馈或反馈控制方法相比，前馈-反馈控制方法的迟滞率减小 60%以上，最大跟踪误差和均方根跟踪误差减小 50%以上，大大提高了跟踪精度。

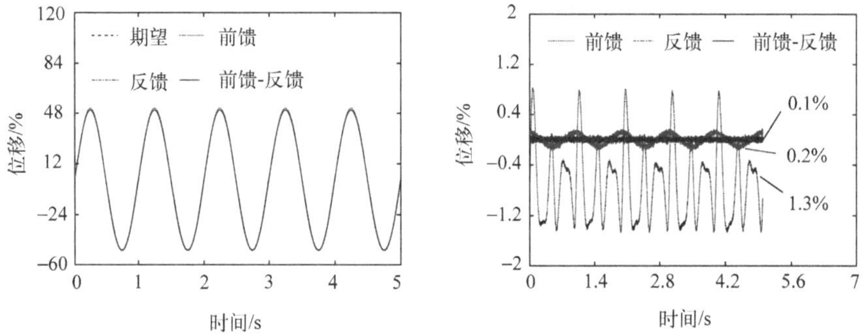

(a) 正弦跟踪轨迹　　(b) 正弦轨迹跟踪误差

图 2-54　轨迹跟踪结果对比图

表 2-2　不同控制器的控制性能对比表

控制方法	迟滞率/%	最大跟踪误差/%	均方根跟踪误差/%
前馈控制	1.5	1.3	0.92
反馈控制	0.3	0.2	0.08
前馈-反馈控制	0.1	0.1	0.01

2.5　压电驱动在智能机器人中的应用实例

得益于独特的驱动特性，压电驱动技术在智能机器人领域得到了广泛的应用，主要包括需要微纳米操控精度的微纳制造、光学仪器和生物体操控领域。典型压电驱动的智能机器人如图 2-55 所示，主要包括压电移动机器人、视觉反馈装置和不同功能的压电操控器。通过具有纳米级定位能力的压电移动机器人配合不同功能的压电操控器可以完成待操控对象的跨尺度操控任务，如图 2-56(a)所示，压电移动机器人用于待操控对象的移动与定位，视觉反馈装置用于成像设备自动对焦成像并反馈待操控对象的位姿信息，压电操控器在视觉引导下执行夹取、移动、穿刺、注射等精细操控任务。例如，在微纳制造领域，压电移动机器人通过空间大范围运动完成微纳材料轮廓扫描以研究其基本形貌，通过推拉及移动样品对其进行拉伸或屈曲以研究其机械性能，通过微纳铣削实现微纳材料的断裂成形，通过大范围移动实现平面大规模打印成形；在生命科学领域，研究对象的尺寸范围已经扩大到纳米至毫米尺度范围，如图 2-56(b)所示，DNA 尺寸为 1～10nm，病毒尺寸为 10～100nm，细菌尺寸为 1～10μm，动植物细胞尺寸为 10～100μm，受精卵尺寸为 1～10mm，对它们进行表征、检测和操控，可用于基因工程、细胞图谱工程及药物运输等，如细胞的推拉穿刺取样、生物组织特定位置 DNA 的提取等，如图 2-56(c)所示。

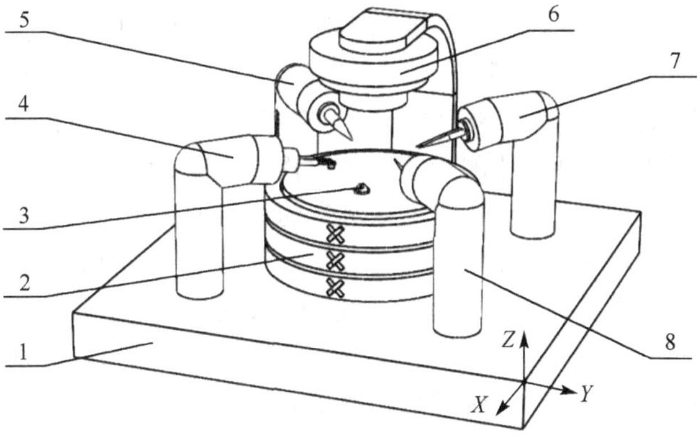

图 2-55　典型压电驱动的智能机器人

1-工作平台；2-压电移动机器人；3-待操控对象；4-压电切割操控器；5-压电吸取操控器；6-视觉反馈装置；7-压电夹取操控器；8-压电注射操控器

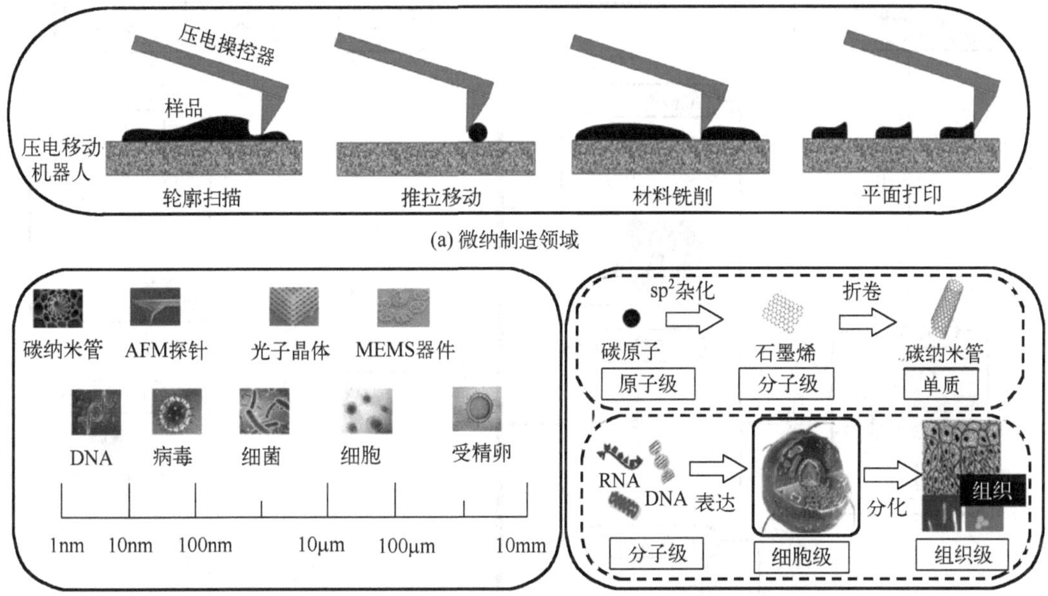

(b) 生命科学领域　　　(c) 生物体跨尺度操控应用领域

图 2-56　压电驱动的智能机器人应用领域

分析上述相关领域的发展需求，压电移动机器人须具备毫米级工作范围、纳米级定位精度、牛顿级输出力、多自由度输出以及毫秒级响应速度；压电操控器应具备多维度和跨尺度的作业能力、平稳的速度输出，且操控力达牛顿级；视觉反馈装置则应具有亚微米级对焦分辨力、秒级对焦时间以及位姿信息快速反馈能力。因此，进一步发挥压电驱动技术的独特优势，深入开展压电移动机器人、压电操控器和基于视觉反馈的压电驱动自动对焦及成像方法研究，是智能机器人技术领域的一个重要发展方向。

面向实际应用，典型压电驱动的智能机器人系统不仅包括压电移动机器人和压电操控器等执行单元，还应包括驱动、传感和控制等单元，如图 2-57 所示。其中，驱动单元用于产生激励电压并施加在执行单元上，产生预期的运动。激励电压的精准控制是压电驱动元件产生精密运动的基础，也是完成操控任务的基本保障。传感单元用于测量机器人和操控器的运动状态，评估运动性能，并与控制单元配合实现运动控制。综合考虑机器人的运动精度、行程、输出力、电学状态等因素，传感单元通常包括用于小范围高精度位移测量的电容位移传感器、用于大范围低精度位移测量的激光位移传感器、用于输出力和扭矩测量的应变式力和扭矩传感器、用于压电元件反馈电荷测量的电荷放大器，它们能够实现机器人系统的多维跨尺度运动测量。控制单元用于采集传感器反馈的运动状态数据，依据设定的算法产生控制指令并将其传递到功率放大器上输出激励信号。控制单元与驱动单元和传感单元间的连接由 D/A 转换卡和 A/D 转换卡完成，二者充当数据接口，分别将下位机产生的数字信号控制指令转换成模拟信号，传递给功率放大器；将传感器产生的模拟信号测量值转换成数字信号，传递给下位机。

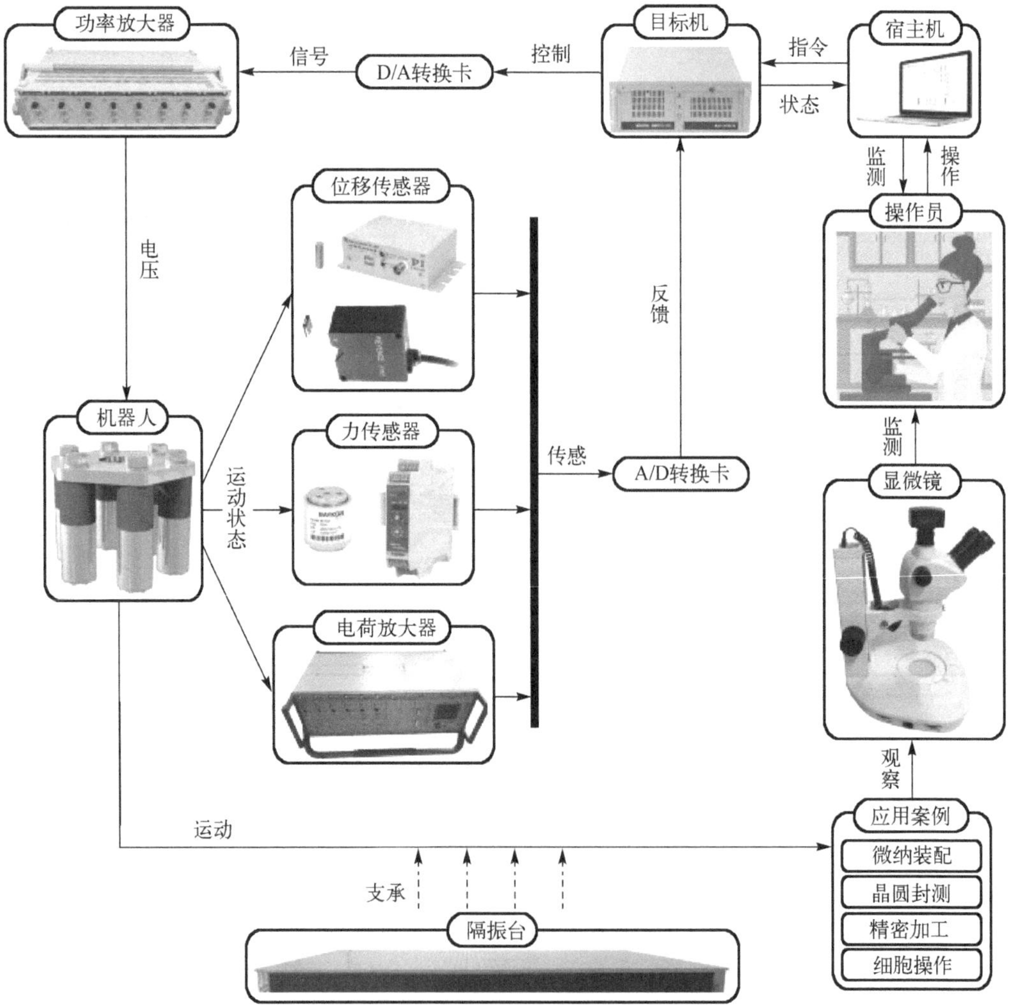

图 2-57　典型压电驱动的智能机器人系统组成

在明确典型压电驱动的智能机器人系统的基础上，介绍一些应用实例，主要包括压电驱动的智能机器人系统可完成的不同操控任务，如微纳装配、微电子器件封测、微结构加工、多细胞批量操作等。

2.5.1　机器人在微纳装配中的应用

在微纳装配领域，利用压电驱动机器人将微小元器件精准地装配到基体上，实现微纳尺度的高效装配。用于微纳颗粒搬运的机器人装置如图 2-58 所示，待操控微纳颗粒在原始位置处呈无序杂乱摆放，直径为 150μm，需要被搬运到远距离的目标位置处并排列成规则的图案。要实现对待操控微纳颗粒的精准拾起与放置，机器人系统的定位精度至少要优于 100μm；此外，还应具备较大的运动行程才能在初始位置和目标位置之间做往复运动，同时还要实现较快的运动速度和多自由度运动以便缩短搬运时间和排列复杂图案。机器人是最主要的运载部件，其任务是携带观测器和操控器在微纳颗粒的初始位置和目标位置间做往复运动，实现操控器末端与微纳颗粒之间的精准定位。此外，一台数字显微镜和两个微纳吸持针安装固定在机器人上，分别充当观测器和操控器，其中数字显微镜用于观察微纳吸持针与微纳颗粒的相对位置，将采集到的显微图像传输给视觉反馈系统，对机器人的位置进行控制；微纳吸持针通过导气管与气泵连接，其末端可以产生负压或正压，以便将杂乱摆放的微纳颗粒逐个吸起，运输到目标位置后再吹落放置，从而排列成规则的图案。

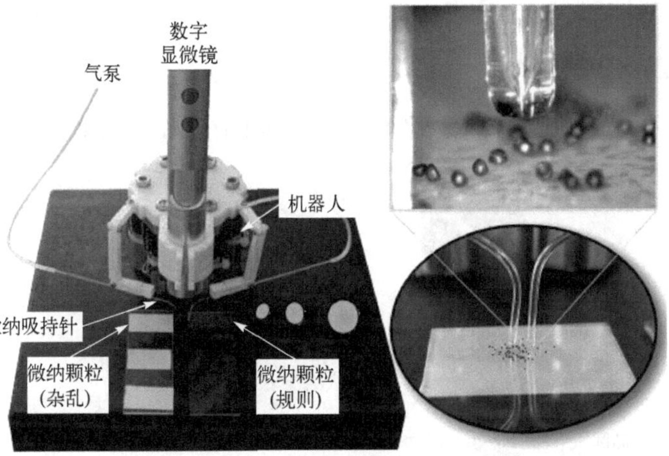

图 2-58　用于微纳颗粒搬运的机器人装置图

微纳颗粒搬运过程如下：机器人将微纳颗粒逐个吸起，搬运到目标位置处，然后将微纳颗粒吹落。如此往复，最终将 9 个微纳颗粒排列成规则的“田”字形，如图 2-59 所示。可以看出，机器人携带数字显微镜观测器和操控器在大范围内实现了快速精准的定位运动，能够将微纳颗粒搬运组装成预期的规则图案。

2.5.2　机器人在微电子器件封测中的应用

半导体行业中的大规模集成电路制造领域和微电子器件封测领域也需要运动部件实现大范围内的高精度运动。以晶圆探针检测应用为例，检测过程中，需要控制多个探针与光刻后晶圆上的几个特定焊盘做紧密接触，在某些探针上施加测试电压，并利用另外几个探针检测响应电压，以此判断该晶圆单元是否存在逻辑运算错误。如果存在错误，则证明此单元存在缺陷，需要做好标记，避免进入下一工序，以免造成制造资源的浪费。由于一个晶圆上刻蚀有几百甚至上千个芯片单元，一片晶圆的面积很大，但是每一个芯片单元上的焊盘面积却极小，尺寸只能达到微米级，因此晶圆或者探针的驱动装置必须要实现高精度和大行程的兼备。用于晶圆探针检测的机器人装置如图 2-60 所示，使用的晶圆焊盘尺寸为 5μm×5μm，晶圆探针的针尖直径约为 2μm。要实现探针针尖与晶圆焊盘的精准定位，机器人的定位精度必须达到 3μm 以下，同时还要实现覆盖晶圆全面积的运动行程和多自由度运动。由于晶圆上的芯片单元在空间上周期性规则排布，而且相邻焊盘组之间的距离比较近，因此探针或晶圆的运动速度对整体的操作效率影响不大。机器人是主要驱动部件，探针保持固定不动，机器人携带晶圆在探针下做大范围平面运动以实现探针与焊盘组之间的精准定位，同时还能驱动晶圆的抬升和下落，以便控制焊盘组与探针的接触和分离。机器人、晶圆、探针共同放置在一台体视数码显微镜的视野下，显微镜可以将采集到的显微图像传输到视觉反馈系统，实现对机器人的位置控制。

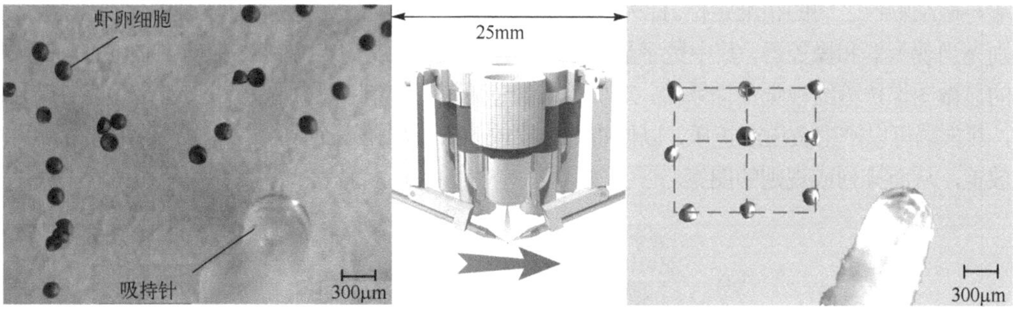

图 2-59　机器人在微纳颗粒搬运中的显微时序图像

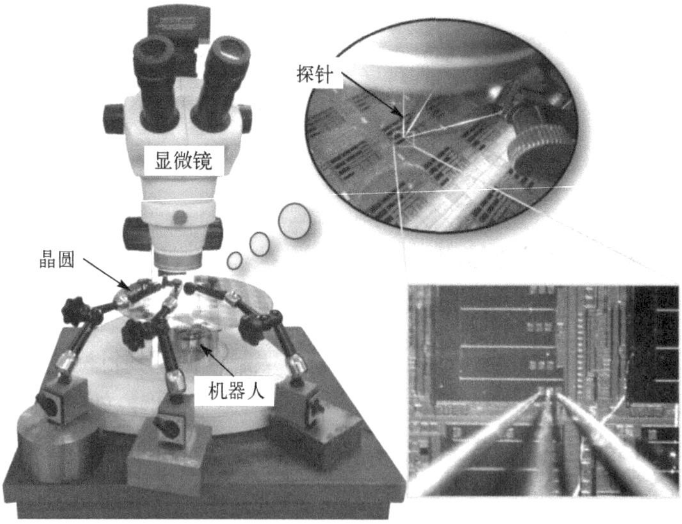

图 2-60　用于晶圆探针检测的机器人装置图

当机器人驱动晶圆上的目标焊盘组与探针实现精准定位时，机器人抬升晶圆，实现焊盘组与探针的接触；当模拟检测完成时，机器人驱动晶圆下落，实现焊盘组与探针的分离，然后使下一组焊盘与探针实现精准定位。如此往复，即可完成所有芯片单元的检测。控制探针对两个芯片单元内九个焊盘组的检测过程如图 2-61 所示，机器人能够驱动晶圆精密运动，并控制多个焊盘组逐个与探针实现精准定位和接触，完成芯片单元的周期性检测。

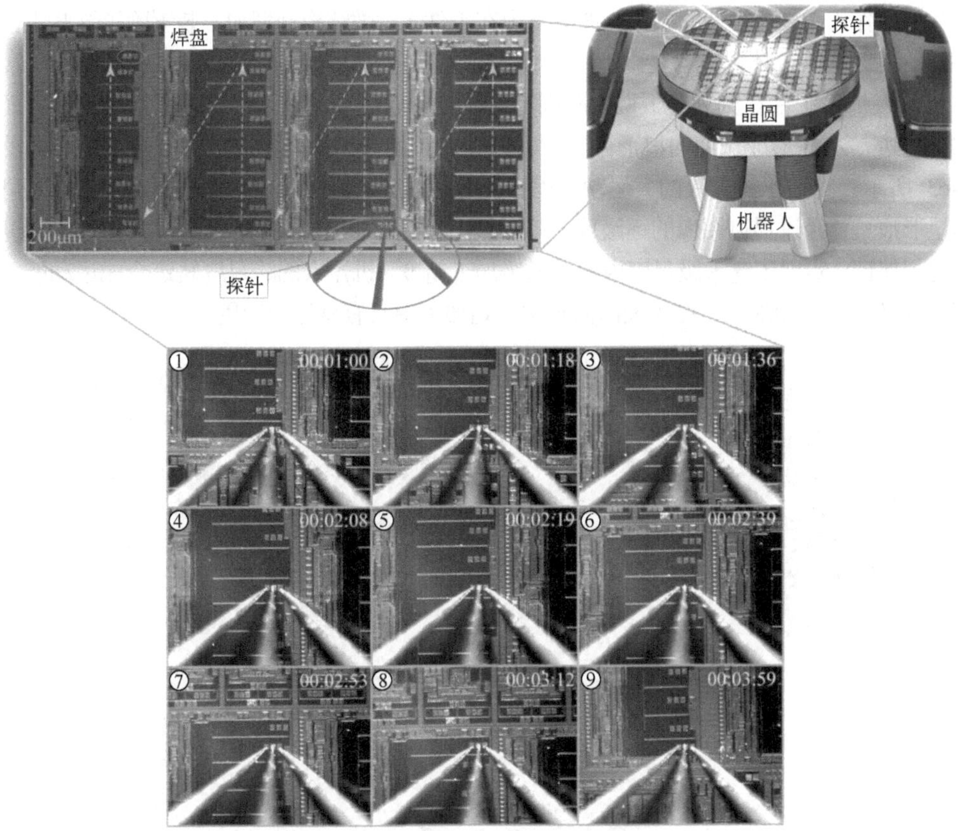

图 2-61　机器人在晶圆探针检测中的显微时序图像

2.5.3　机器人在微结构加工中的应用

用于大表面微结构刻划加工的机器人装置如图 2-62 所示，以平面度精度高、材料一致性

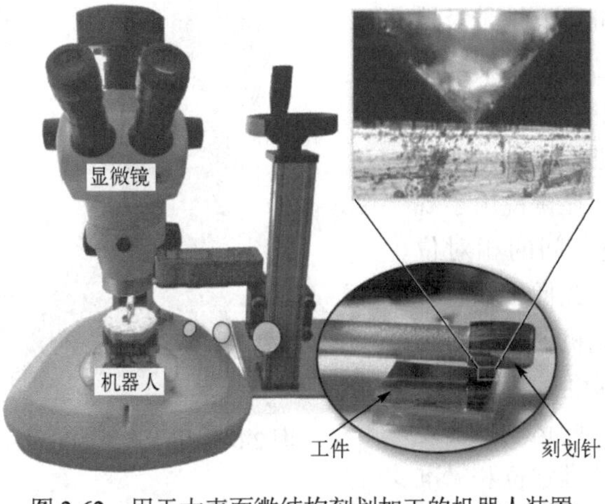

图 2-62　用于大表面微结构刻划加工的机器人装置

好的覆铜硅片为刻划工件，使用硬度高、尖端直径小的金刚石探针作为刻划刀具。工作过程中刻划针保持固定，机器人为主要驱动部件，携带工件产生精密运动轨迹，在刻划针尖端与铜层

的相互挤压作用下，将设计的微结构图案复现在工件上。微结构刻划加工装置除了这些主要组成部件外，还包括一台体视数码显微镜，该显微镜用于观察和测量加工得到的微结构。

机器人携带工件在刻划针下做大范围星形轨迹合成运动，刻划针尖端压紧在工件表面，留下加工痕迹，从而形成预期的星形微结构。刻划得到的微结构在不同放大倍数下的显微图像如图 2-63 所示。得益于机器人的大运动行程和高运动精度，刻划针在工件表面加工出肉眼可见大小的星形痕迹。经过显微图像的逐级放大可以看出，尽管加工痕迹的范围较大，但加工精度依旧能够得到保证，实现了毫米级尺度内的微米级加工精度。机器人的跨尺度轨迹合成运动能力实现了跨尺度微结构刻划加工，在大表面微结构刻划加工中具有良好的应用。

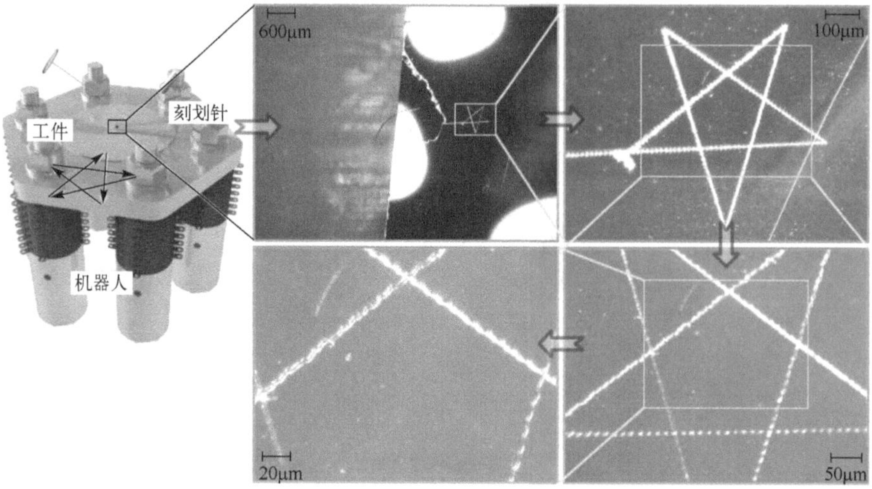

图 2-63　机器人用于大表面微结构刻划加工得到的工件显微图像

2.5.4　机器人在多细胞批量操作中的应用

用于多细胞批量注射的机器人装置如图 2-64 所示，将多个细胞通过负压固定在吸持板上，机器人携带吸持板和细胞做大范围精密定位运动，实现细胞与穿刺针的对准；操控器携带穿刺针做大行程精密进给运动，实现穿刺针对细胞的刺入。显微镜用于观察穿刺针针尖与细胞之间的相对位置，并将采集到的显微图像传输给视觉反馈系统，用于控制机器人的对准位置和操控器的刺入深度。

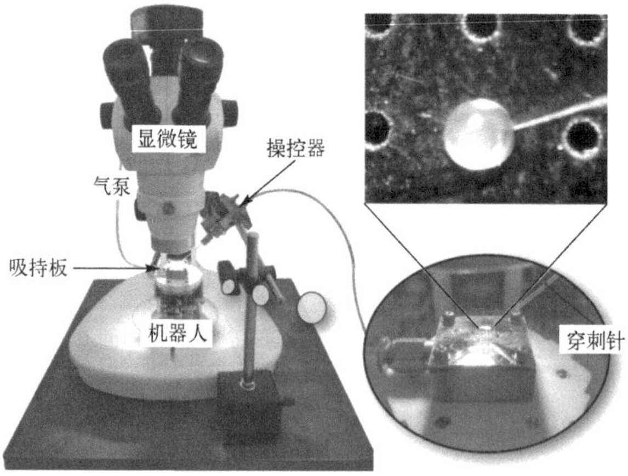

图 2-64　用于多细胞批量注射的机器人装置

机器人和操控器共同运动，实现细胞与穿刺针之间的精准定位和精准穿刺。参照显微镜采集到的细胞与穿刺针的相对位置，首先控制机器人携带吸持板和细胞运动，将一个目标细胞移动到穿刺针针尖的穿刺范围内，实现精密对准后保持固定不动；然后控制操控器将针尖刺入目标细胞，精准控制刺入深度，达到预期深度后保持固定不动，停留一段时间以模拟注射过程；最后控制操控器携带穿刺针退出，使针尖脱离该目标细胞，继续进行下一个目标细胞的对准、刺入、退出动作。重复这样的操作流程，即可实现多细胞的自动化批量穿刺注射。对四个细胞的穿刺注射过程如图 2-65 所示。机器人和操控器具备大范围精密定位运动能力，展现出在多细胞批量操作领域中的应用。

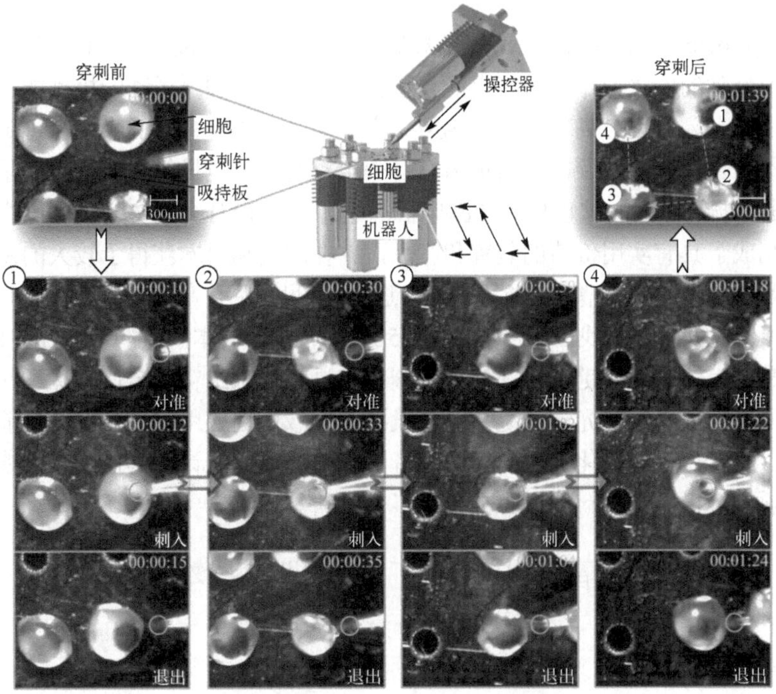

图 2-65　机器人在多细胞批量注射中的显微时序图像

思　考　题

2-1　简述压电驱动技术的主要分类和特点。

2-2　简述压电驱动技术的工作原理。

2-3　简述压电驱动技术的典型应用领域。

2-4　简述压电驱动技术的发展方向。

第 3 章　音圈电机驱动及控制技术

微课

音圈电机(voice coil motor, VCM)是一种特殊形式的直接驱动电机，其工作原理基于通电导体在磁场中受到的安培力，能够将电能直接转换为直线或圆弧运动的机械能，无需任何中间转换机构，具有高效率、高精度、快响应、高稳定性、长寿命、低噪声、可定制化等技术优势，在多种场合发挥了重要的应用价值。音圈电机是直线电机的一个分支，早期应用之一是作为扬声器的振动部件，这也称为音圈电机的起源。从 1971 年开始，音圈电机进入独立应用阶段，被制成了具有实用价值的装置和产品，并在欧美和日本获得了较大的发展，广泛应用于磁盘、激光唱片定位等精密定位系统中。进入 21 世纪后，音圈电机的种类开始呈现多样化发展，性能日益完善，如我国生产的 WB-952A 键合机、日本生产的 KAIGOFB-106A 键合机、德国生产的 HK BJ820 键合机都使用音圈电机进行微米级精确定位。除了在半导体设备中的应用外，音圈电机还在光学系统和医疗设备等领域广泛应用。音圈电机目前朝着高性能化、集成化、智能化、绿色化等方向发展。音圈电机的本体设计及其控制设计涉及多学科交叉融合，必须综合机械、材料、电力电子等多个学科。

3.1　音圈电机的工作原理与基本结构

3.1.1　音圈电机的工作原理

音圈电机的工作原理是通电线圈在磁场中受到安培力的作用，在安培力的作用下，通电线圈会发生运动，如图 3-1 所示。该力的大小取决于磁场强度、电流大小以及磁场和电流的方向，当通入交变电流时，通电线圈将做往复直线运动。安培力 F 的表达式为

$$F = NBlI \tag{3-1}$$

式中，N 表示通电线圈的匝数；B 表示磁场强度(T)；l 表示线圈每匝有效长度(m)；I 表示通电线圈的电流(A)。

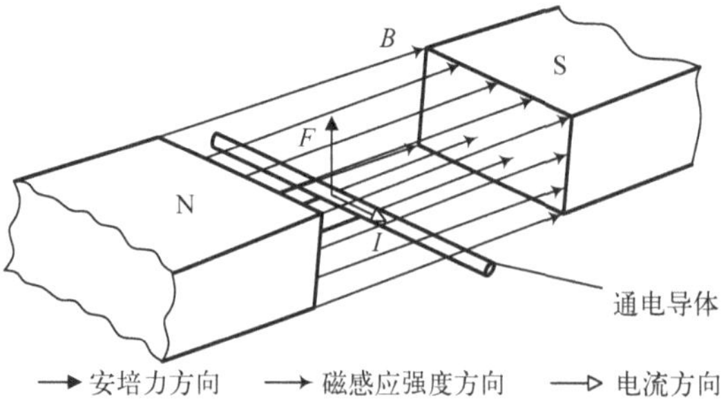

图 3-1　安培力原理图

3.1.2　音圈电机的基本结构

图 3-2 所示为音圈电机的基本结构，音圈电机主要由通电线圈、线圈支架、永磁体和磁轭四部分组成。通电线圈作为音圈电机的动子，在永磁体中通电后，会受安培力作用并产生垂直于线圈平面方向的运动，可通过控制线圈电流的方向来控制线圈运动的方向，通过控制线圈电流的大小来控制线圈所受推力的大小。

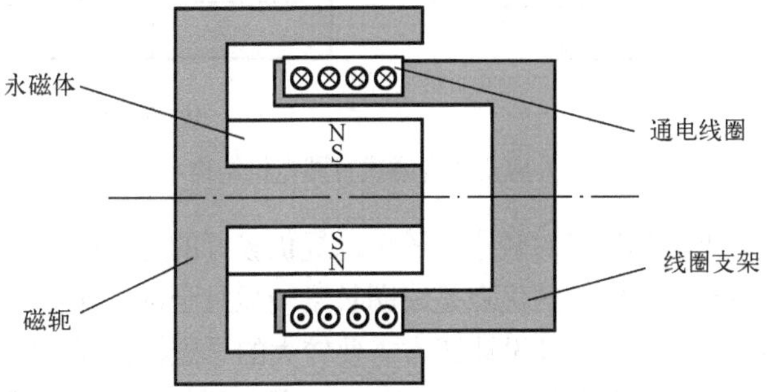

图 3-2　音圈电机基本结构

3.2　音圈电机的分类及特点

3.2.1　音圈电机的分类

音圈电机可以根据永磁体位置、动子、线圈行程和外形的不同进行分类。根据永磁体的位置，可以分为外磁式和内磁式。根据动子的形式，可以分为动圈式和动磁式；相对于动磁式结构，动圈式结构简单，线性推力容易控制，但存在飞线问题。根据线圈行程，可分为长音圈式和短音圈式。根据外形的不同，可以分为平板形，圆筒形和弧形；相对于圆筒形结构，平板形和弧形结构简单，但是推力比圆筒形结构小。

1. 外磁式与内磁式结构

图 3-3 所示为外磁式和内磁式音圈电机的结构示意图：当永磁体安装于通电线圈外部时称为外磁式结构，相反则称为内磁式结构。由于外磁式音圈电机的永磁体安装于通电线圈外部，存在电磁干扰的问题，通常需要设计磁屏蔽装置。相比之下，内磁式音圈电机利用外壳作为磁屏蔽装置，永磁体、工作气隙和磁轭形成磁回路，其端部漏磁也明显少于外磁式音圈电机，得到了广泛的研究和应用。

2. 长音圈式与短音圈式结构

图 3-4 所示为长音圈式和短音圈式音圈电机的结构示意图：当通电线圈的轴向长度超出工作气隙轴向长度时称为长音圈式结构，相反则称为短音圈式结构。长音圈式结构的音圈长度通常大于工作气隙长度与最大行程长度之和，这种设计可以充分利用磁密，但由于只有部分线圈处于工作气隙中，因此电功率的利用不是非常充分。该结构的优点是可以允许较小的

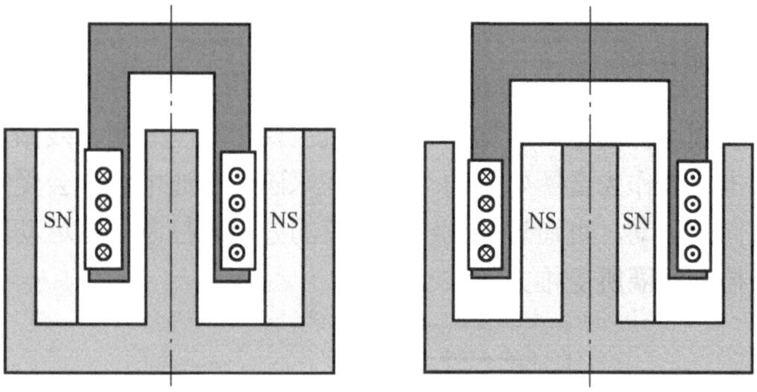

(a) 外磁式　　(b) 内磁式

图 3-3　外磁式和内磁式音圈电机结构示意图

磁铁系统，从而使得电机的体积相对较小，还可以提供较好的力功率比，且散热性能较好。与长音圈式结构相比，短音圈式结构的优点是线圈长度较短且全部工作在气隙中，因此电能利用率较高，功耗容易控制。不过，这种设计通常需要较大的导磁板，因此电机的体积可能会相对较大。短音圈式结构的动子质量轻、响应速度快，但是铁磁机构较大，成本也相对较高。

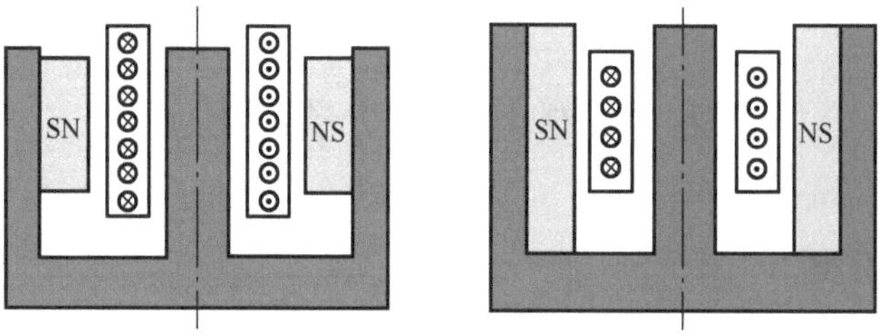

(a) 长音圈式　　(b) 短音圈式

图 3-4　长音圈式和短音圈式音圈电机结构示意图

3. 动圈式与动磁式结构

图 3-5 所示为动圈式和动磁式音圈电机结构示意图：动圈式结构中通电线圈作为动子，动磁式结构中永磁体则作为动子。动圈式音圈电机质量和惯性较小，动态响应速度较快，但存在机械强度较低、易出现故障、易发热和飞线等问题。动磁式音圈电机具有功率密度高、无摩擦等优势，但是结构复杂，要考虑磁场耦合、推力非线性和涡流损耗等问题。

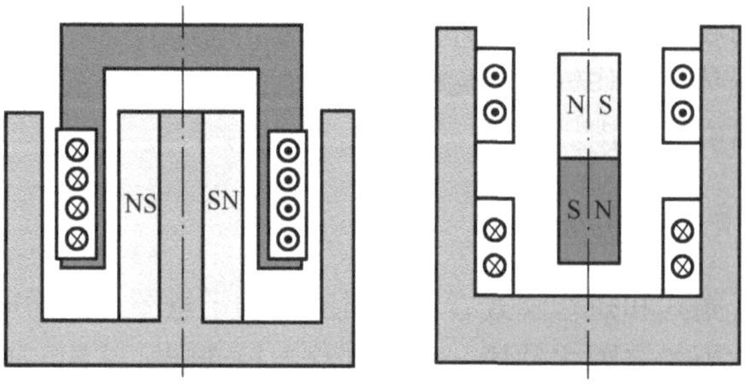

(a) 动圈式　　(b) 动磁式

图 3-5　动圈式和动磁式音圈电机结构示意图

4. 平板形、圆筒形与弧形结构

根据音圈电机外形的不同，可将其分为平板形、圆筒形与弧形三类，如图 3-6 所示。平板形和弧形音圈电机具有结构简单的特点，制造工艺成熟，但存在永磁体利用率低和漏磁等问题；由于其产生的推力较小，在 PCB 印刷等低推力密度场合得到了广泛的应用。相比之下，圆筒形音圈电机对永磁体利用率较高，可以产生较大推力，但圆环形状的永磁体开模加工和充磁成本较高，且其行程也较短。

(a) 平板形　(b) 圆筒形　(c) 弧形

图 3-6　平板形、圆筒形和弧形音圈电机

5. 新型结构音圈电机

音圈电机响应速度为毫秒级，定位精度高且可达 10nm，在磁盘存储、光学仪器和医疗设备等领域得到了广泛的应用。随着相关领域的发展，也对音圈电机提出了更高的性能需求。音圈电机是一种没有铁心的结构，较大的有效气隙导致了较低的磁通密度，这严重影响了其输出推力，因此基于提高磁通密度来改善音圈电机输出推力的方法被广泛研究，涌现了很多新型结构的音圈电机。

音圈电机的磁路结构可以分为单极型、单面多极型和双面多极型三种，如图 3-7 所示。对于传统的单极型磁路结构，只有一段磁轭，存在左右磁路不对称的问题，可能会出现偏心现象。与传统单极型相比，采用单面多极型磁路结构可以改善偏心问题，在相同体积和永磁材料下，能够在一定程度上增大气隙磁通密度，改善电机推力。双面多极型磁路结构可以在一定程度上增大气隙磁通密度，改善电机推力，但气隙磁通密度提升有限，永磁体利用率较低。

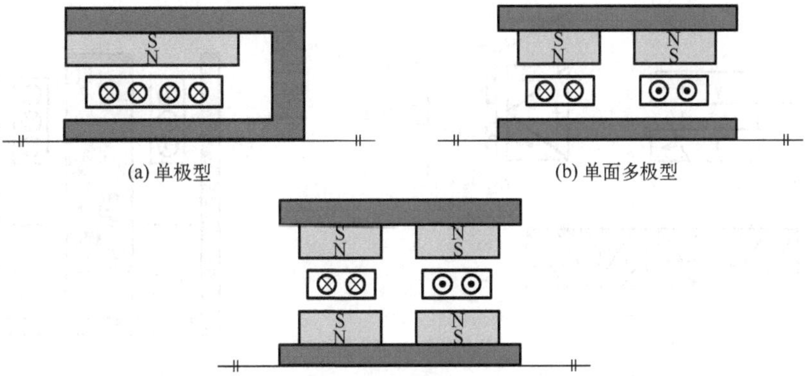

(a) 单极型　(b) 单面多极型

(c) 双面多极型

图 3-7　音圈电机的磁路结构示意图

图 3-8 所示为轴向充磁音圈电机结构，永磁体沿着电机的轴线方向充磁，可在电机的气隙中产生较高的磁通密度，从而提高电机的推力和力常数。轴向充磁结构通常能够产生更大的磁通密度，具有明显的聚磁效果，对于需要高推力和高精度的应用场合非常有利。此外，有研究提出在轴向充磁的基础上，在音圈电机的中央放置一个磁芯以增加径向磁通，以进一步提高电机的输出力，如图 3-9 所示。另外，径向充磁音圈电机的永磁体沿着电机半径方向充磁，其气隙磁通密度均匀性较好，但是相比于轴向充磁结构，其磁通密度和推力较低。综合而言，对于需要高推力和快速响应的场合，轴向充磁结构更合适；对于需要均匀力输出的应用，径向充磁结构会更适合。此外，一些采用非常规形状和充磁方向的永磁体结构的音圈电机被研制了出来，如图 3-10 所示，在一定程度上会增大音圈电机的气隙磁通密度，但是制造和加工形状不规则的永磁体具有一定的困难。

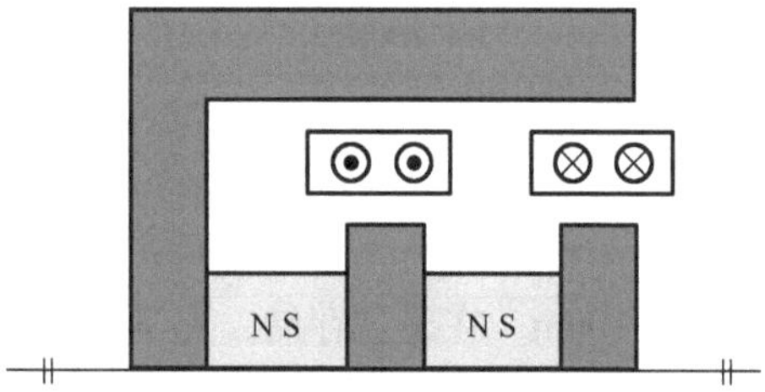

图 3-8　轴向充磁音圈电机结构示意图

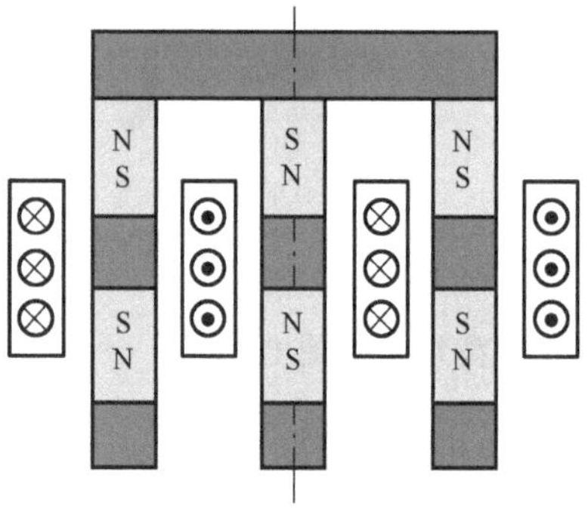

图 3-9　音圈电机结构

图 3-11 所示为集中通量型音圈电机的基本结构，其采用径向轴向混合的磁极阵列结构。电机内部是一个一端封闭的空心圆柱磁铁，圆柱内部形成 N 极，圆柱的外部形成 S 极。紧贴磁体外部由一个一端封闭的软铁圆柱壳罩住，软铁壳的开口端伸出磁体开口端。由软铁制成的圆柱芯在磁体内部紧紧贴合，并从其开口端伸出。壳的内表面与圆柱芯的外表面之间的环形空间形成气隙，圆柱状线圈可在气隙中沿轴向运动。这种设计允许磁体面大于气隙面，不会引起泄漏，几乎从磁体表面发出的所有磁力线都通过气隙。

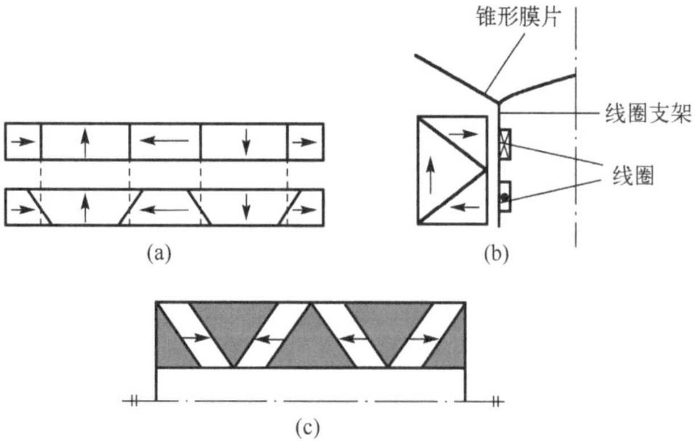

图 3-10　非常规结构的永磁体

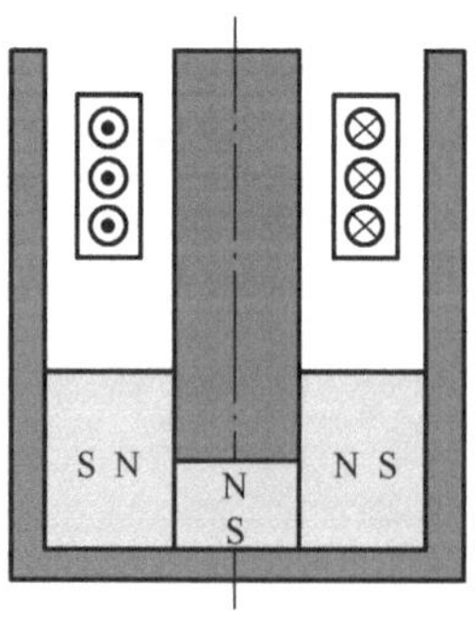

图 3-11　集中通量型音圈电机结构图

音圈电机的永磁体充磁方向也会影响气隙磁通密度，图 3-12 所示为采用多个不同充磁方向的环形永磁体组合定子结构的音圈电机。气隙磁通密度的均匀性由径向充磁的永磁体保证，气隙磁通密度的幅值由上下两个永磁体保证。这种永磁体可以用各向同性黏结材料来实现制造。这种结构的巧妙之处在于将产生均匀径向磁场的结构与产生高振幅磁场的结构结合起来。此外，即使在永磁体体积保持不变的情况下，也可以优化装置，调整环形永磁体高度和极化方向等参数。

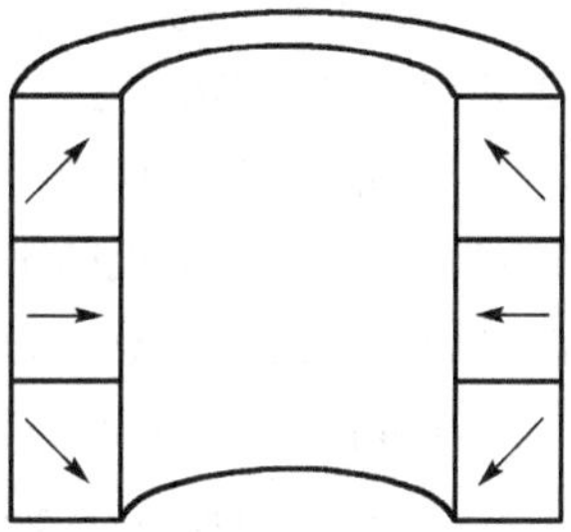

图 3-12　多个不同充磁方向的环形永磁体组合定子结构的音圈电机示意图(箭头方向为充磁方向)

3.2.2　音圈电机的特点

音圈电机具有如下特点。

(1) 高效率：音圈电机驱动具有较高的能量转换效率，工作中能耗较低。

(2) 高精度：音圈电机利用磁场或通电线圈产生的安培力驱动，其定位精度主要取决于反馈及控制系统，采用先进的定位和反馈算法，定位精度可达到 10nm。

(3) 快响应：音圈电机的响应速度快，响应时间可以达到毫秒甚至更小，瞬时加速度可达 300g，能够精确地控制位置和速度，适用于需要快速响应的应用场景。

(4) 高稳定性：音圈电机具有较高的效率和较大的扭矩密度，能够在高速运转时保持稳定的性能。

(5) 长寿命：音圈电机具有较长的使用寿命，可以工作在高负荷和恶劣环境中，故障率低，具有较高的可靠性。

(6) 低噪声：音圈电机的运行噪声低，适合在需要低噪声的场合使用。

(7) 可定制化：音圈电机可以根据客户要求，进行不同尺寸、功率、转速等性能的定制，以适应不同应用场景的需求。

综合而言，音圈电机也有以下缺点。

(1) 输出力矩相对较小：音圈电机的推力密度相对较低，不适合承受大负载。

(2) 线圈磨损：音圈电机线圈会因为长时间的摩擦或碰撞而出现磨损，影响使用寿命。

(3) 散热问题：动圈式音圈电机的散热能力较差，动音圈产生的热量会使运动部件的温度升高，影响驱动特性。

(4) 体积较大：音圈电机主要由通电线圈、线圈支架、永磁体和磁轭四部分组成，体积较大，难以实现小型化设计。

3.3　音圈电机的迟滞特性与端部效应

在音圈电机驱动控制系统中，建立系统模型是音圈电机实现高精运动控制的关键，但音圈电机存在的非线性特性对系统建模带来了一定的挑战，因此研究并改善音圈电机非线性特性，对于实现高精运动输出具有重要的意义。目前，音圈电机存在的非线性特性主要包括迟滞特性和端部效应等。

音圈电机的迟滞特性主要由两个因素导致：一个为音圈电机中强磁材料存在残留磁场产生了磁力，这使实际所需的驱动电压与理想的供给驱动电压之间存在差异；另一个为音圈电机在高频信号驱动下，磁体电流、摩擦力和重力场等非线性因素。

音圈电机的端部效应如图 3-13 所示，永磁体 1 和永磁体 2 产生三条磁路，分别为磁路 1、磁路 2 和磁路 3，当磁力线穿过通电线圈时，在安培力的作用下动子产生运动输出。但当动子运动到端部区域时，通电线圈 2 进入磁路 3，此时在磁场的作用下会产生一个与安培力相反的驱动力，进而使电机的推力减小，阻碍动子的运动。如果通电线圈 2 进入端部区域的有效距离增加，该反向的驱动力也将增大，使电机的推力进一步减小并且推力的波动性增加，使其稳定性降低。此外，末端气隙磁阻的变化会显著影响以末端气隙磁阻为主的磁路的性能。为了增大音圈电机的推力，提高运动稳定性，必须抑制其端部效应。

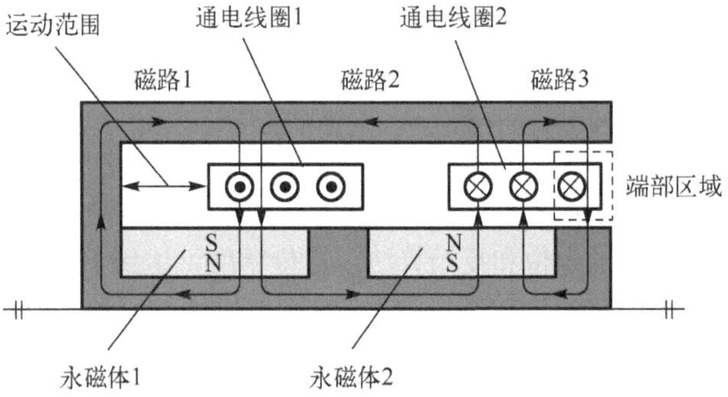

图 3-13　音圈电机的端部效应

为了减少音圈电机的端部效应，可以对音圈电机的结构进行优化，主要分为增加铁轭和去除端铁两种。图 3-14(a)所示为在音圈电机底部增加铁轭以抑制端部效应的基本结构，该结构可有效抑制端部效应并优化推力特性，但端部气隙磁阻仍然存在。图 3-14(b)所示为在音圈电机尾端增加铁轭以抑制端部效应的基本结构，该结构能有效增大气隙磁通密度和推力密度。采用增加铁轭的方案虽然可以减弱音圈电机的端部效应，但同时也使其体积增大。图 3-14(c)所示为去除音圈电机端铁以抑制端部效应的基本结构，该结构增大了端部气隙磁阻，减少了反向磁通，进而抑制了音圈电机的端部效应。

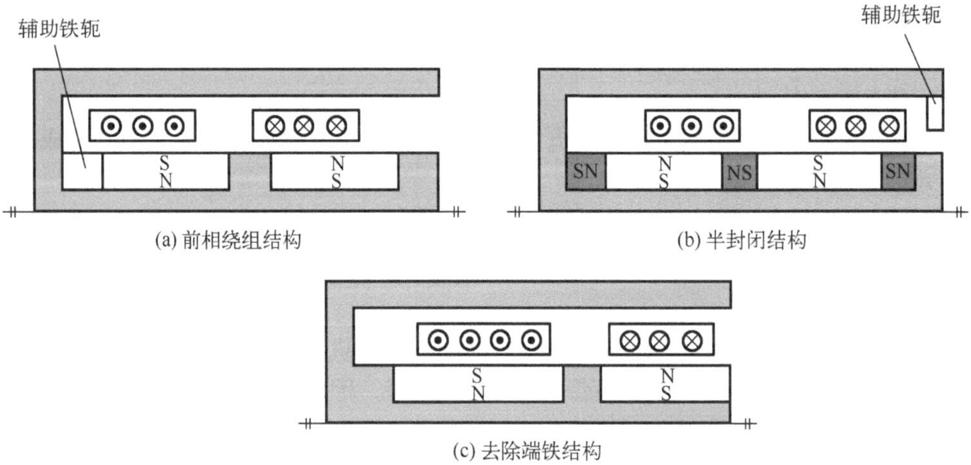

(a) 前相绕组结构　(b) 半封闭结构

(c) 去除端铁结构

图 3-14　音圈电机端部效应抑制方法

3.4　典型音圈电机的运动控制技术

音圈电机通常工作在超精密运动领域，负载扰动、驱动信号波动、电机非线性和系统的振动干扰等因素都会影响运动控制系统的精度，因此针对音圈电机运动控制技术领域的这些问题展开相关研究，有着重要的理论意义和应用价值。

3.4.1　音圈电机控制系统组成

音圈电机控制系统的组成通常包括以下几个关键部分：音圈电机本身及其驱动模块，可根据控制信号调整电流的大小和方向，从而控制音圈电机的运动；负责处理输入信号并生成控制电机运动指令的控制器，可以是基于 PID 算法的控制器，也可以是更高级的控制算法，如模型预测控制(MPC)、自适应控制或滑模变结构控制；用于监测音圈电机的实际位置或速度的反馈装置，通常是光电编码器、霍尔传感器、光栅尺或 LVDT 位移传感器等；为整个系统提供电力的电源模块。音圈电机基本运动控制系统如图 3-15 所示。

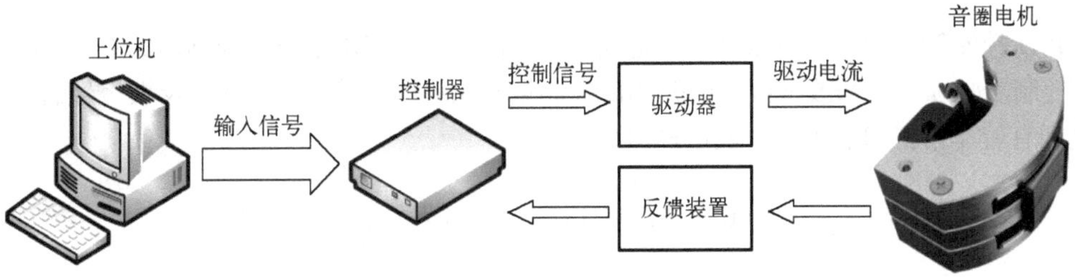

图 3-15　音圈电机基本运动控制系统示意图

3.4.2　音圈电机控制方法

在音圈电机控制中，控制目标可分为力控制、速度控制和复合控制。力控制旨在调节音圈电机输出力，使其保持在设定的目标值上。基于音圈电机的输出力与线圈电流成正比，因此通过调节电流大小可以直接控制输出力。力控制系统通常采用高精度力传感器实时测量音圈电机的实际输出力，并将测量值反馈给控制器，控制器依据目标值和实际值之间的误差调节电流大小，形成一个闭环控制系统。速度控制的目标是调节音圈电机的运动速度，以实现恒定或预设的速度。该控制方法通常通过速度传感器实时测量电机速度，并依据速度反馈调节输入电流或电压，实现对速度的控制。复合控制则是将力控制和速度控制结合在一起，用于满足复杂和多变的任务需求。这种方法通过多种控制器或复合控制算法实现多模式切换，如模糊控制或神经网络控制，能够实现系统的自适应控制。复合控制的优势在于其灵活性，适合应用于机器人系统、多自由度运动平台和其他需要动态控制的设备。然而，其设计复杂度高，需要高性能硬件支持以及大量的传感器反馈数据。

通常采用 PID 控制策略、自寻优 PID 控制策略、模糊 PID 控制策略等实现对音圈电机的输出力、速度的控制。下面分别对不同的控制策略进行详细说明。

1. PID 控制策略

PID 算法在实际应用中广泛应用在音圈电机控制系统中。PID 控制是由比例(P)、积分(I)和微分(D)三个部分组成的，其原理如图 3-16 所示。

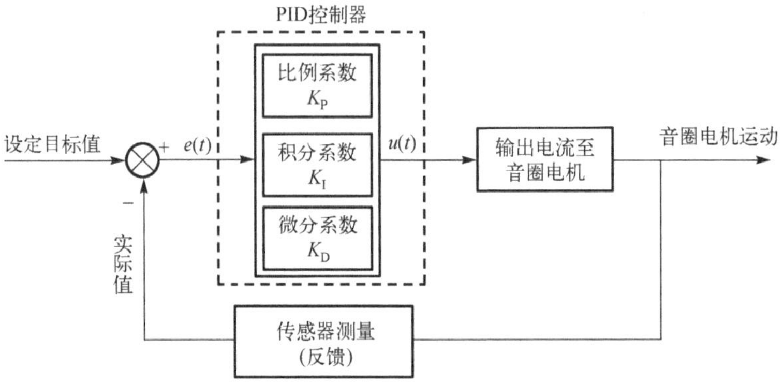

图 3-16　PID 控制策略原理图

PID 控制策略因为具有很好的稳定性和可靠性而广泛应用于电机控制领域中，其缺点是 PID 控制器必须人为修改参数。根据 PID 控制策略原理图，其系统响应与反馈信号的采样频率之间有着非常密切的关系，表达式如下：

$$u(t)=K_P\left(e(t)+\frac{1}{T_I}\int e(t)+T_D\frac{de(t)}{dt}\right) \tag{3-2}$$

式中，$e(t)$ 表示输入的误差，即输入的信号与输出的反馈信号的差值；$u(t)$ 表示系统响应结果；K_P 表示比例系数；T_I 表示积分时间常数；T_D 表示微分时间常数。

将式(3-2)时域方程经过拉普拉斯变换，可以得到 PID 的传递函数：

$$H(s)=\frac{R(s)}{E(s)}=K_P\left(1+T_D s+\frac{1}{T_I s}\right) \tag{3-3}$$

式中，比例系数、积分时间常数和微分时间常数之间互不影响，它们在控制器中的作用是：微分参数在控制系统中是根据误差的变化率来调节的，在系统中能够修正信号，从而使系统更快地做出反应，减少调节时间，起着超前调节的作用；比例参数在控制系统中是根据误差的大小进行调节的，作用是减少偏差；积分参数在控制系统中是根据误差积累量来调节的，作用是消除系统积累的误差。PID 控制策略通过对信号采样，根据信号输入和输出的反馈值求得偏差值，然后通过比例、积分、微分三个环节对偏差值进行调节，做出及时的调整，从而达到控制输入信号的目的。

2. 自寻优 PID 控制策略

PID 控制策略的参数需要人为不断地调整，而自寻优 PID 控制策略具有自主学习的能力，控制器件算法不断地调整比例参数、积分参数和微分参数的值，从而匹配到最合适的、最优性能的目标函数，并能保存相对应的参数，该控制策略实现的难点在于选择并计算出最优化的目标函数。自寻优 PID 控制策略原理如图 3-17 所示。

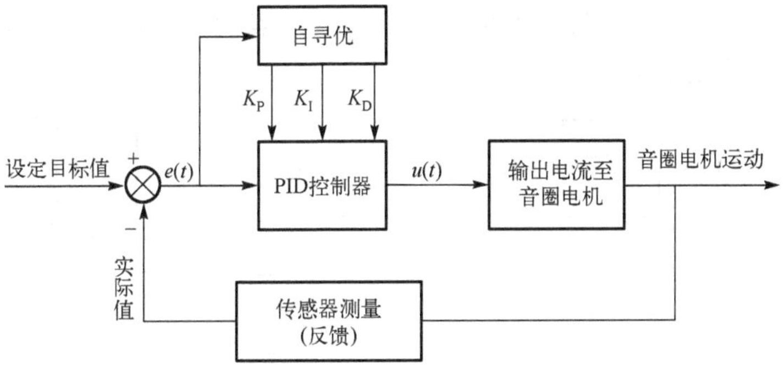

图 3-17　自寻优 PID 控制策略原理图

基于音圈电机闭环控制系统的性能指标一般包括系统的精度、动态响应和系统稳定性。根据整体系统框架设计要求，需要给程序一个初始值，然后逐次计算迭代，最后可以计算出系统需要的最优的 PID 参数。值得注意的是，该控制策略在每次系统开始运行前，需要进行自优化运行，这样可以充分了解实验环境对设备的要求，并提前做出修改。也就是说，即使系统硬件设备出现了变化，也能够做出修改，并不会影响整个控制系统的运行，即自寻优 PID 控制策略的优点在于其具有很强的抗干扰能力和自适应能力。

3. 模糊 PID 控制策略

模糊 PID 控制，即利用模糊规则对 PID 的三个参数进行实时的更新优化，目的是弥补常规 PID 参数无法实时调整的缺点。模糊 PID 控制策略过程包括模糊化、模糊推理、解模糊等部分。音圈电机通过位置传感器采集到电机位移信息，确定当前的偏差以及当前的偏差和上次偏差的变化值，进而根据给定的模糊规则对音圈电机位移进行模糊推理，最后通过对模糊参数进行解模糊处理，实时输出 PID 控制的参数。模糊 PID 控制策略原理如图 3-18 所示。

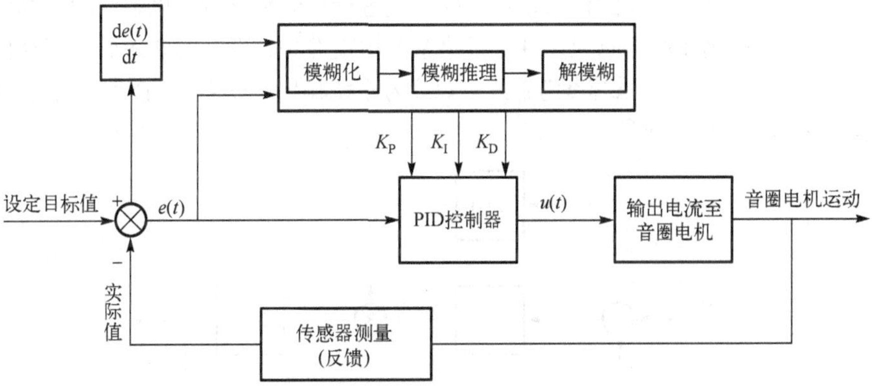

图 3-18　模糊 PID 控制策略原理图

3.4.3 音圈电机点位/调速控制实例

下面介绍一种典型的音圈电机控制策略，其控制系统的构成如图 3-19 所示，主要包括音圈电机、DSP 开发系统、驱动器、可调直流电源和光栅尺等。控制系统由两个闭环组成，分别为位置环和电流环。该系统以专用控制芯片 DSP2808 为核心，其主要作用是运行控制算法和采集位置环系统数据。充分利用 DSP2808 芯片的功能接口，可对位置信号高速、可靠地进行检测，便于控制系统的集成与实现。

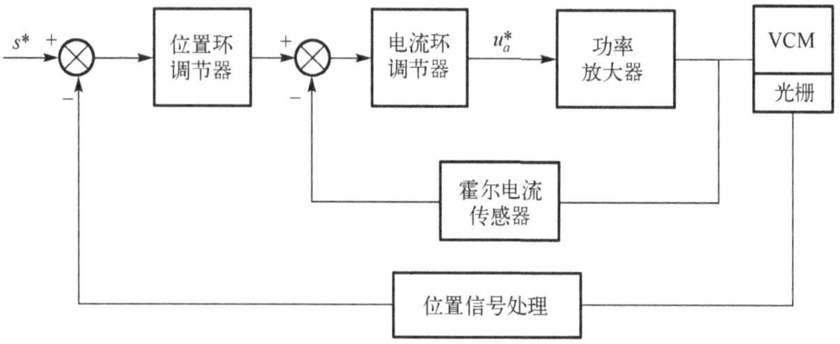

图 3-19　音圈电机控制系统框图

该控制策略的位置环由 DSP 控制器实现，采用高精度的光栅尺作为系统的位置反馈传感器，利用 DSP 控制器进行误差补偿和 PID 伺服控制算法的运行，以提高音圈电机的运动控制精度。采用模拟电路实现该控制策略的电流环控制，由 DSP 控制器输出给定的电流信号，该电流信号经过 D/A 变换，与霍尔电流传感器检测到的电流信号进行比较，之后经过 PI 调节，通过硬件产生三角波信号，生成 PWM 波形，对 H 桥电路进行电流控制，以满足电流环实时控制的需要，同时保证电流内环和位置外环有足够的带宽，以使闭环控制系统具有较快的动态响应速度。

控制系统的电流环采用 PID 控制，位置环采用带位置前馈的 PID 控制。在高精度伺服控制系统中，要想进一步提高系统的跟踪性能，可以在系统的反馈控制回路中加入前馈通路，组成前馈控制和反馈控制相结合的系统。只要参数选择得当，不但可以保持原有系统的稳定性，极大地减小乃至消除稳态误差，而且可以抑制几乎所有的可测量扰动，大大提高系统的跟踪性能。其中，前馈控制器的作用是对目标位置进行滤波和预测，以超前的控制作用补偿系统的动态滞后，提高系统的响应速度，解决系统稳定性和精度之间的矛盾。其结构框图如图 3-20 所示，图中 $R(s)$ 为系统参考输入，$x(s)$ 为系统输出，$G_1(s)$ 为前馈控制器，$G_2(s)$ 为 PID 控制器，$G_3(s)$ 为控制对象。

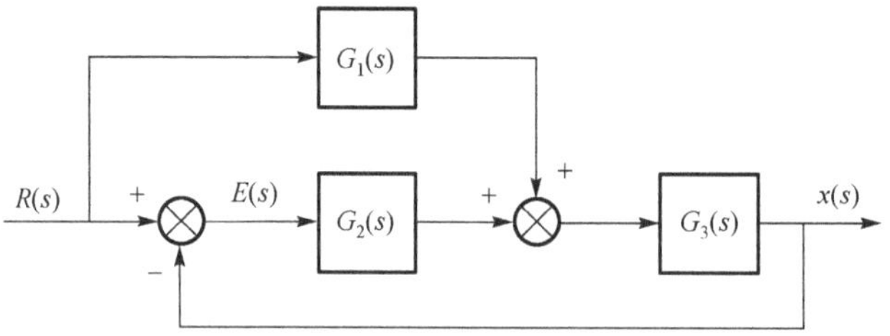

图 3-20　位置前馈 PID 控制框图

系统的闭环传递函数为

$$H(s)=\frac{x(s)}{R(s)}=\frac{G_1(s)G_3(s)+G_2(s)G_3(s)}{1+G_2(s)G_3(s)} \tag{3-4}$$

从理论上分析，当 $G_1(s)=1/G_3(s)$ 时，$H(s)=1$。这说明系统的输出完全复现输入(不管输入如何变化)，系统的稳态误差和暂态误差始终为零，即系统误差对输入具有完全不变性。

正弦跟踪特性是为了验证位置伺服系统的动态响应的精确性和快速性。给定典型音圈电机系统的闭环传递函数，如式(3-5)所示，位置给定信号为频率是 25Hz、峰值是 2mm 的正弦波，所得的仿真波形如图 3-21 所示。

$$H(s)=\frac{246.49s^2+246490s+12314500}{s^3+33.86s^2+271139s+12324500} \tag{3-5}$$

当位置环加位置前馈时，位置环的正弦跟踪特性仿真波形图如图 3-22 所示。第一个波形为幅值 2mm 的正弦位置指令信号，中间的波形是测量的直线电机位移输出响应曲线，最下

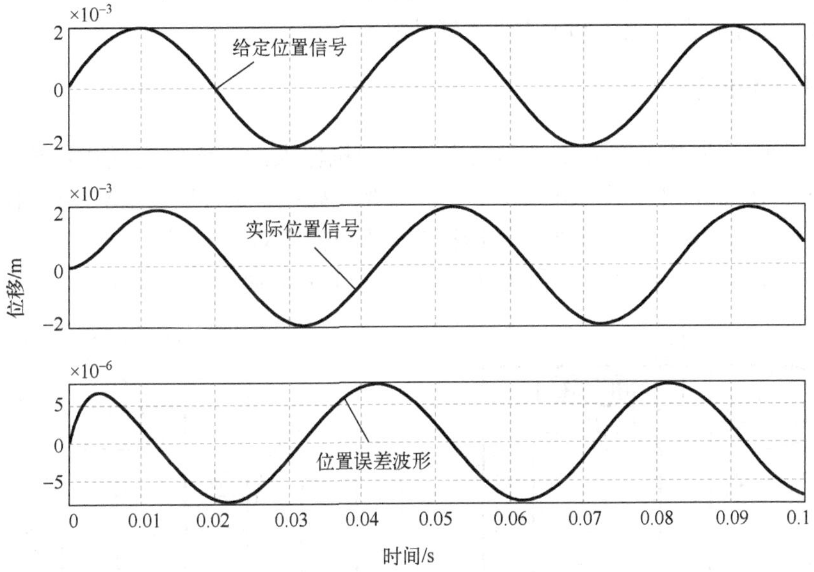

图 3-21　正弦跟踪特性仿真波形图

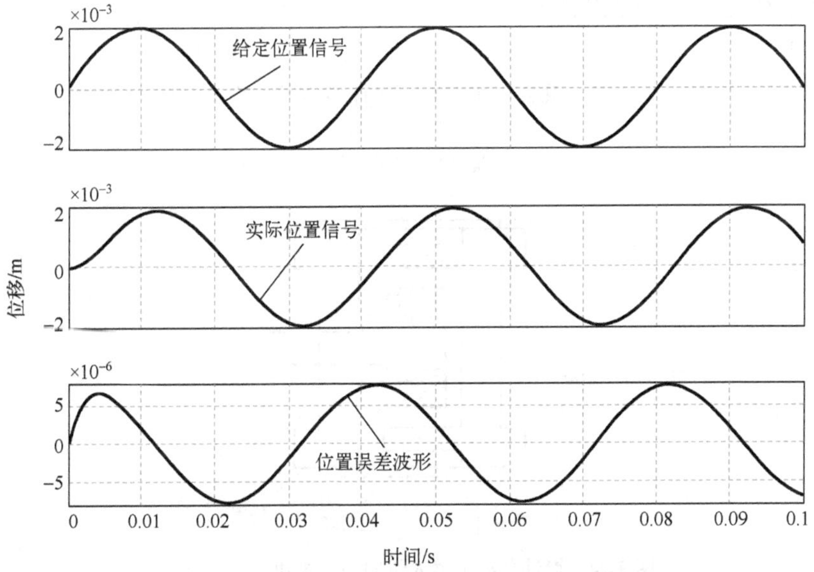

图 3-22　有位置前馈时正弦跟踪特性仿真波形图

面的波形是仿真时给定位置和实际位置之间的偏差曲线。

由正弦跟踪特性仿真波形图 3-21 和图 3-22 可知，在加入前馈控制之前，系统对正弦输入信号的响应存在着较大的跟踪误差；在加入前馈控制之后，从图中可看出，跟踪误差有所减小。无位置前馈和有位置前馈的跟踪误差最大为 8μm，后者的最大值为 7.4μm。当增大有位置前馈时的给定正弦波频率时，跟踪误差明显增大。

3.5 音圈电机在智能机器人中的应用实例

得益于独特的驱动特性，音圈电机在智能机器人领域得到了广泛的应用，主要包括微纳移动机器人、小型跳跃机器人和眼内手术辅助机器人等。

3.5.1 微纳移动机器人

图 3-23 所示为基于音圈电机驱动微纳移动机器人的平面行走模块结构，其尺寸为 40mm×30mm×18mm，由 2 个压电叠堆、2 个 U 形电磁铁、簧片以及基本部件组成。音圈电机用于驱动纵向微动模块实现机器人无摩擦的竖直方向运动，该模块结构如图 3-24 所示，由线圈、2 个永磁体、簧片以及基座和动板组成。动板和基座通过簧片连接，2 个永磁体分别安

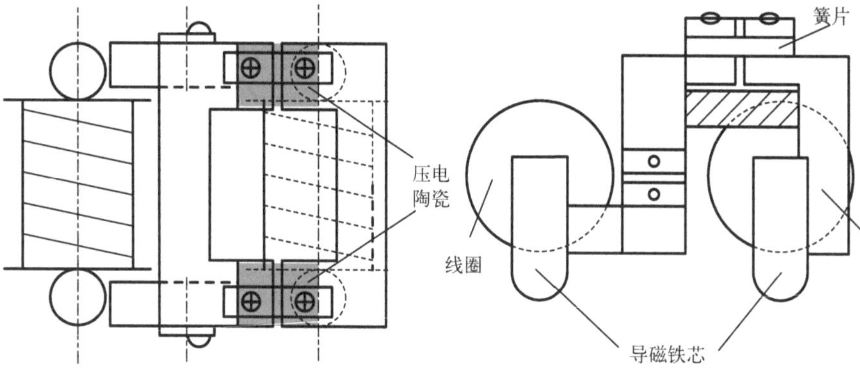

图 3-23 微纳移动机器人平面行走模块结构示意图

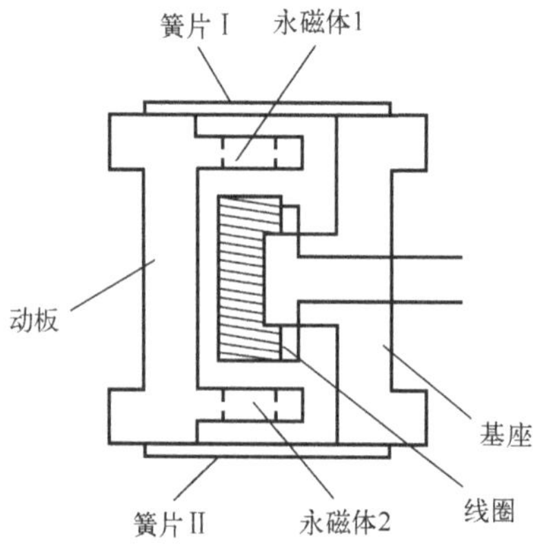

图 3-24 微纳移动机器人纵向微动模块结构示意图

装在动板上下端，线圈安装在基座上，且位于 2 个永磁体之间。线圈的中心轴线与 2 个永磁体的中心轴线在同一条竖直线上，以使线圈和永磁体的磁力线分布均匀。该模块基本运动机理如图 3-25 所示，给线圈通电，线圈形成上下两个磁极。当线圈上下磁极分别为 S 和 N 时，线圈上方的永磁体与线圈相互排斥，下方的永磁体与线圈相互吸引，从而使得动板竖直向上运动，直至永磁体与线圈之间的相互作用力与平行簧片变形的反力平衡。通过将电流反向，可实现动板竖直向下运动。

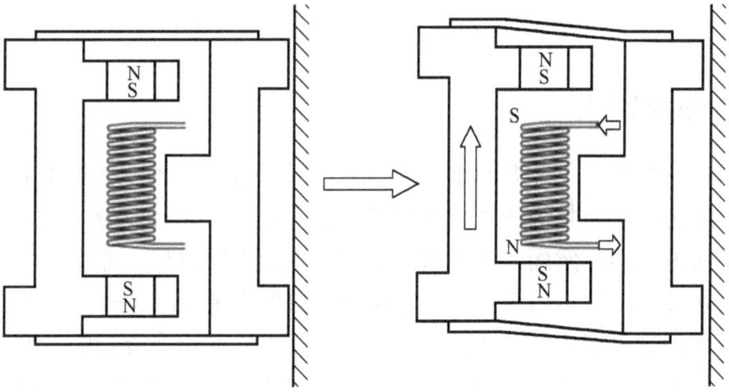

图 3-25　纵向微动模块基本运动机理示意图

3.5.2　小型跳跃机器人

图 3-26 所示为基于音圈电机驱动的小型跳跃机器人，其由铁心、永磁体、底板、线圈和线圈支架五部分组成。铁心和底板采用高磁导率和饱和磁通密度的软铁制成；线圈的材料为特氟龙，具有耐高温和密度低的特性，它有粗端和细端，其中粗端直径大于底板内径，以防止线圈从铁心、永磁体和底板形成的空腔中滑出，细端则可以自由通过。圆形永磁体用于产生磁场，铁心和底板作为导磁器，将径向磁通集中在线圈运动的狭窄气隙中。该小型跳跃机器人的运动过程如图 3-27 所示。运动由起飞阶段和飞行阶段组成。在起飞阶段，当线圈携带电流时，在安培力的作用下，由铁心、永磁体和底板组成的运动部分将高速向上运动。同时，由线圈和线圈成形器组成的定子将与地面保持接触(图 3-27(a)和(b))。在飞行阶段，定子完全展开后(图 3-27(c))，在运动部分惯性的帮助下离开地面，跳跃机构完成跳跃运动(图 3-27(d)和(e))。该小型跳跃机器人尺寸为 Φ14mm×6 mm，质量为 4.94g，跳跃高度约为 65mm。

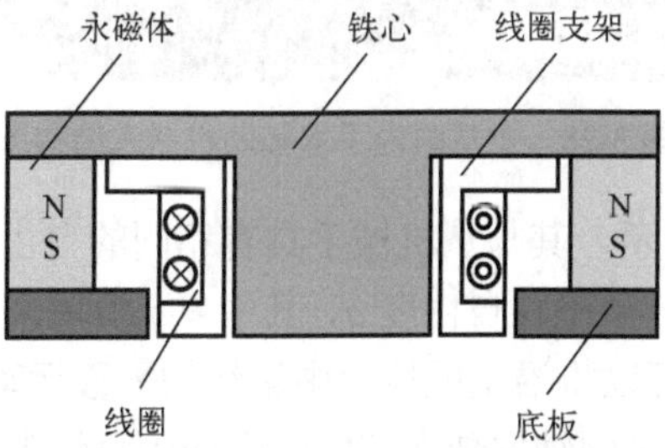

图 3-26　小型跳跃机器人结构示意图

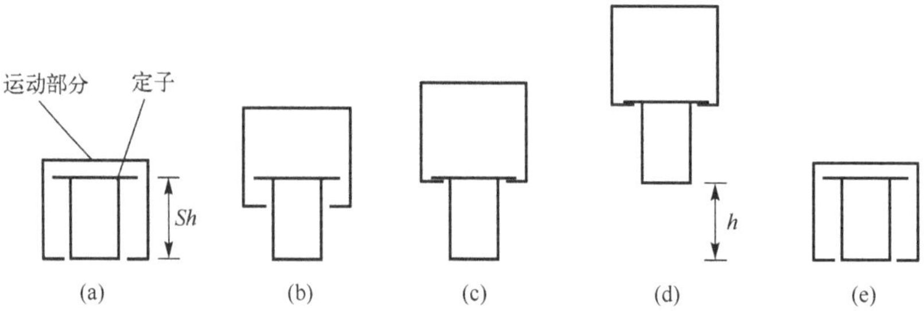

图 3-27　小型跳跃机器人运动过程示意图

3.5.3　眼内手术辅助机器人

在眼内手术中，外科医生需要对细小而脆弱的组织进行手术，这需要精细的操作和稳定的手部运动，因此它被认为是最具挑战性的显微手术之一。到目前为止，大多数眼内手术都是由外科医生手动进行的。然而，手术效果受到诸多因素的挑战，如生理性手颤、疲劳、力感缺失、运动空间狭窄、视觉效果差等。近年来，机器人辅助显微外科手术以其高精度、可重复性和灵巧性受到越来越多的关注。一种采用音圈电机作为力反馈的新型主从机器人系统来辅助眼内手术，如图 3-28 所示。该手术辅助机器人的主机械手和从机械手采用同构设计，实现对系统的直观控制。与现有的眼内手术辅助机器人系统采用商用主机械臂与自设计从机械臂相结合的异构设计相比，该手术辅助机器人能够以更简单直观的主从运动映射实现更好的人机工程。实时力反馈由主机械手中的一个线性音圈电机和两个磁颗粒制动器提供。主机械手采用串并联混合机构设计，实现了用于产生力反馈/扭矩的执行机构的固定布局，消除了串行电机布局中电机惯量对力反馈性能的影响。

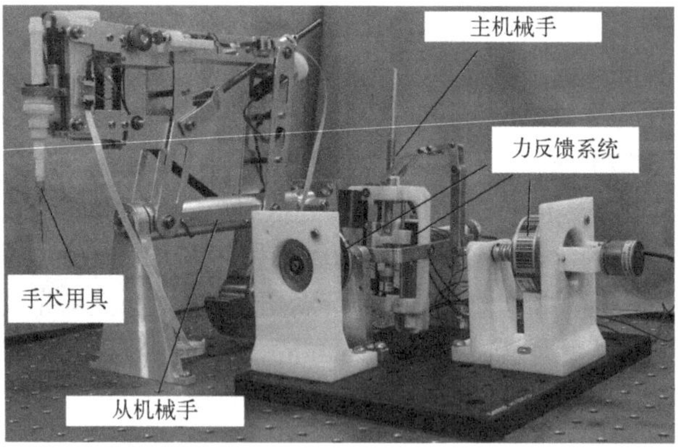

图 3-28　主从眼内手术辅助机器人结构图

主机械手如图 3-29(a)所示，其与从机械手具有相同的自由度和构型，包括绕 O 点的三个旋转自由度(φ、ψ 和 θ)和一个平移自由度 q，其中 θ-q 模块采用串行设计。通过安装在 θ-q 框架上下两端的同步滑轮，可以将沿主触控笔中轴线的平移运动 q 转换为无侧隙的旋转运动(图 3-29(b))。因此，可以通过同轴安装在其中一个同步滑轮上的光学编码器测量平移运动，并将测量的旋转运动映射到从机械手的平移运动 q。由于线性音圈电机具有良好的电流-力特性，因此用于产生 q 自由度的力反馈。电机在 q 自由度产生的线性力反馈可以直接作用在主触控笔上，无需任何传动机构。绕主触控笔轴线的旋转运动 θ 由与 q 自由度相同类型的光学编码器测量，然后映射到从机械手的旋转运动 θ。在 θ-q 框架上安装平衡砝码，以平衡线性音圈电机的重量(总计 93g)。由于采用了具有一个线性音圈电机和两个磁颗粒制动器的力反馈系统，该手术辅助机器人在进行操作时 3 自由度力分量的合力降低了 30%以上，峰值(无反馈 19.3 mN 和有反馈 12.6 mN)和平均值(无反馈(7.0±4.8) mN 和有反馈(4.8±3.0) mN)，证明了该力反馈系统在保证手术安全方面发挥了重要的作用。

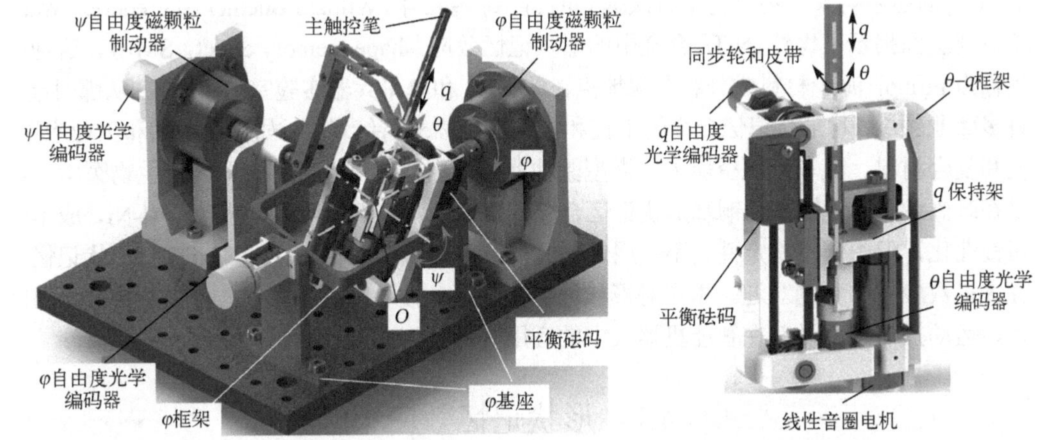

(a) 主机械手结构图　　(b) 力反馈系统示意图

图 3-29　主机械手及力反馈系统示意图

思　考　题

3-1　简述音圈电机的工作原理和基本结构组成。

3-2　简述音圈电机的主要分类和特点。

3-3　解释音圈电机的迟滞特性和端部效应，简述如何进行优化设计。

3-4　简述音圈电机的控制系统组成和控制方案。

微课

第 4 章　形状记忆合金驱动及控制技术

形状记忆合金最早是由 Arne Ölander 于 1932 年发现的，“形状记忆”一词则是由 Vernon 于 1941 年描述牙科聚合物材料中首次提到的。直到 1962 年，William Buehler 和 Frederick Wang 才从机理层面揭示了镍钛(NiTi)合金中的形状记忆效应(shape memory effect，SME)，这种材料也称为 nitinol(源于材料成分和发现地点，即 NiTi 和海军兵器实验室的组合)。从那时起，在许多商业领域，对形状记忆合金的工程和技术应用需求持续增加，如在消费品和工业应用、结构和复合材料、汽车、航空航天、微型驱动器和微电子机械系统、机器人、生物医学，甚至是在时尚业。尽管铁基和铜基形状记忆合金，如 Fe-Mn-Si、Cu-Zn-Al 和 Cu-Al-Ni，成本低且可商业化，但由于不稳定性、不实用性(如脆性)和较差的热机械性能，NiTi 基形状记忆合金在大多数应用中更受欢迎。本章对形状记忆合金驱动技术的工作原理、分类及特点、滞回特性、运动控制技术及其在智能机器人中的应用实例等方面展开介绍。

4.1　形状记忆效应

形状记忆合金是一种金属合金，当经历相变的记忆过程时，可以恢复到原来的形状(或大小)，这取决于温度或磁场，这种转变现象称为形状记忆效应。这些材料的基本应用非常简单，材料可以很容易地通过施加外力而变形，当通过外部或内部加热(焦耳加热)或其他相关刺激(如磁场)加热超过一定温度时，材料将收缩或恢复到其原始形状。

形状记忆合金可以存在于两个不同的相中，即马氏体相和奥氏体相，具有三种不同的晶体结构(即孪晶马氏体、去孪晶马氏体和奥氏体)，见图 4-1。奥氏体组织在相对高温下稳定，马氏体组织在相对较低温度下稳定。当形状记忆合金被加热时，它开始从孪晶马氏体/去孪晶马氏体转变为奥氏体，这种由于温度升高而形成的相变过程称为奥氏体相变。奥氏体开始温度(A_s)是诱发奥氏体相变的开始温度，奥氏体结束温度(A_f)是奥氏体相变完成时的温度。一旦发生奥氏体相变，形状记忆合金开始收缩，内部晶相组织将转变为奥氏体组织，进而恢复到其原始形状。即使是在高负载下，仍有可能发生奥氏体相变，因此形状记忆合金表现出高驱动能量密度，这也是形状记忆合金驱动器的优势之一。在冷却过程中，形状记忆合金开始从奥氏体转变为孪晶/去孪晶马氏体，这种因温度降低而产生的相变过程称为马氏体相变。马氏体开始温度(M_s)是诱发马氏体相变的开始温度，马氏体结束温度(M_f)是马氏体相变完成时的温度。在无应力状态下，上述冷却过程中，马氏体相变经历了从奥氏体转变为孪晶马氏体的自协作过程，这一过程没有应变产生，即形状记忆合金形状没有发生改变。而在应力状态下，外界应力将诱发晶相组织从孪晶马氏体向去孪晶马氏体转变。综合而言，形状记忆合金具有三种晶体结构，也就对应着应力诱发的转变可分成以下两种，即孪晶马氏体向去孪晶马氏体转变、奥氏体向去孪晶马氏体转变。一般地，在恒温条件下，孪晶马氏体向去孪晶马氏体转变的过程是不可逆的，该过程称为重定向过程，从宏观角度观察，形状记忆合金被拉伸变形。在恒温条件下，奥氏体向去孪晶马氏体转变的过程则是可逆的，应力诱发转变时形状记忆合金被拉伸变形，在撤去应力后，形状记忆合金将自行恢复到原始形状，这一过程称为超弹性。当温度超过临界值时，应力将不再诱发形成去孪晶马氏体。

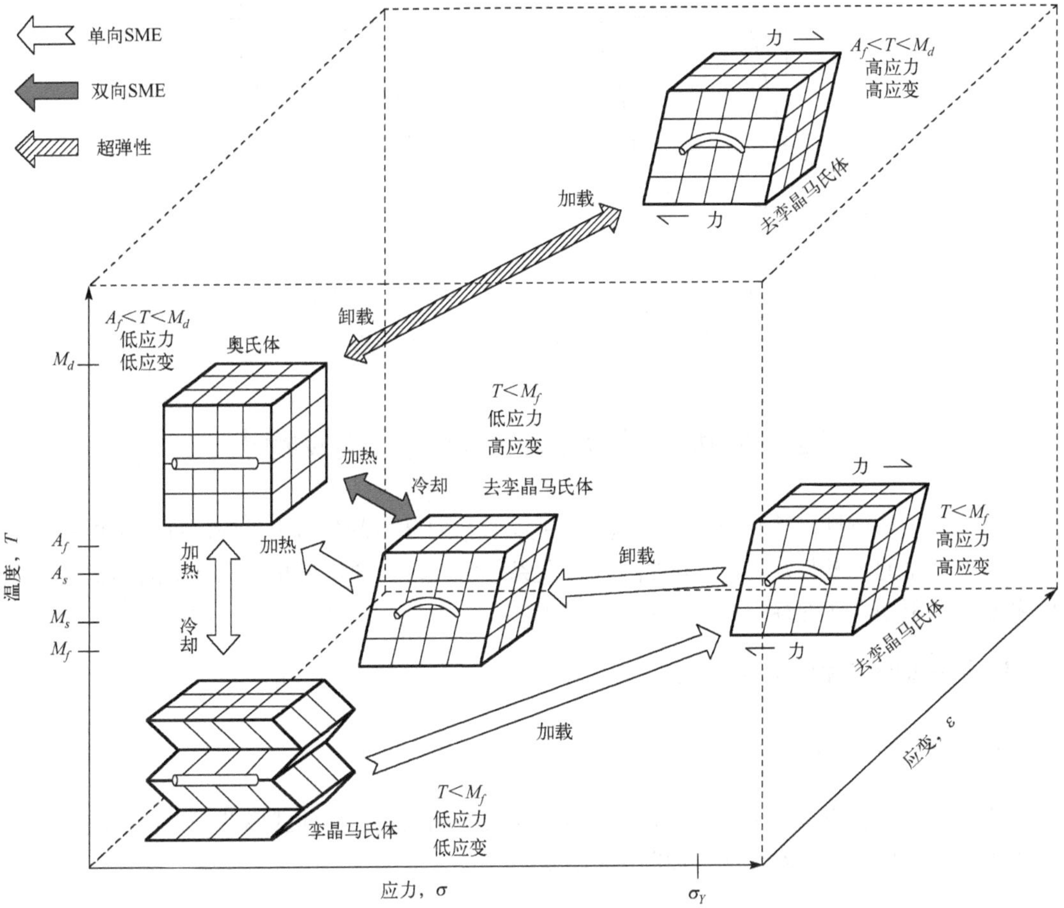

图 4-1　形状记忆合金晶相及结构

这些形状变化效应称为形状记忆效应和超弹性(或伪弹性)，可分为以下三种。

(1) 单向形状记忆效应：如图 4-2(a) 所示，单向形状记忆合金在外力消除后保持变形状态，加热后恢复到原来的形状，冷却后无法自行变形，仍需要外力产生变形。这一效应对应的微观组织变化为施加的外力诱发孪晶马氏体向去孪晶马氏体转变，外力消除后，内部组织保持为去孪晶马氏体，升高温度后诱发产生奥氏体相变，降温后产生马氏体相变，内部组织为孪晶马氏体。

(2) 双向形状记忆效应或可逆形状记忆效应：除了单向形状记忆效应外，双向形状记忆合金在高温和低温下都能记住其形状，原因在于，经过特殊“训练”后，形状记忆合金在冷却后的内部组织变为去孪晶马氏体，发生了自行变形。然而相同的材料，双向形状记忆合金的可恢复应变通常是单向形状记忆合金提供的可恢复应变的一半左右。这种特殊的训练方法包括以下两种，即自发和外部负荷辅助诱导。

(3) 超弹性或伪弹性：如图 4-2(b) 所示，在 A_f 和 M_d 之间施加机械载荷后，形状记忆合金恢复到原来的形状，不需要任何热激活。

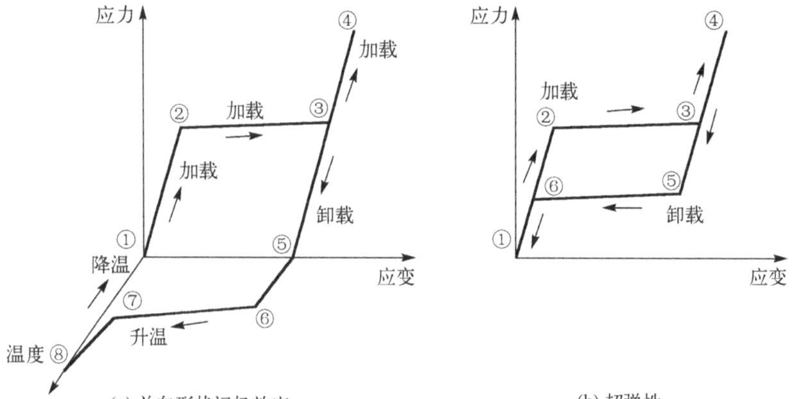

(a) 单向形状记忆效应　　(b) 超弹性

图 4-2　形状记忆合金应力-应变曲线

4.2　形状记忆合金驱动器的分类及特点

由于其独特特性，形状记忆合金驱动器能够直接对环境刺激做出反应，推动了更先进、更廉价驱动器的开发与发展，并降低了机械复杂性和尺寸。通常形状记忆合金的形状记忆效应主要用于驱动，伪弹性主要用于隔振和减振。

4.2.1　形状记忆合金驱动器的分类

1. 不同设计方式的形状记忆合金驱动器

根据基本设计方式，形状记忆合金驱动器主要分为三种：单向式驱动器设计、偏置式驱动器设计和拮抗式驱动器设计，如图 4-3 所示。

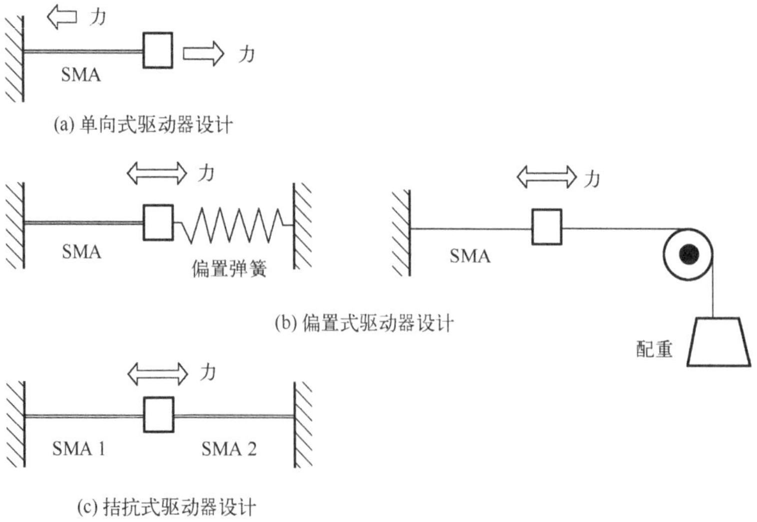

图 4-3　不同设计方式的形状记忆合金驱动器

单向式驱动器设计的形状记忆合金驱动器可分为自由恢复型和受限恢复型。对于自由恢复型，形状记忆合金驱动器被拉伸，然后在不施加(或最小)应力的情况下释放，并在受热时收缩回其原始形状；对于受限恢复型，形状记忆合金驱动器受热时不会变形并产生应力。

对于多次循环操作或动作，设备需要频繁而快速地收缩并返回到其原始位置。由于形状记忆合金只能在一个方向上收缩，因此需要使用偏置弹簧(或预紧弹簧)、自重或差动布置中的另一个形状记忆合金元件将形状记忆合金返回到其中性位置。采用偏置式驱动器设计的形状记忆合金驱动器在初始应力情况下，在马氏体相产生形变，在加热过程中，转变为奥氏体相，并恢复其原始形状；在冷却过程中，驱动器在偏向力的作用下返回到其原始位置，并为后续的驱动做好准备。驱动过程中的最大允许应力对应于奥氏体相达到的最大应力。在自重配置中，施加在驱动器上的应力保持不变，而施加在偏置弹簧上的应力或力随着位移增大而线性增加，并依赖于弹簧常数。尽管偏置式驱动器设计中存在作用力不一致的问题，但由于其结构紧凑、结构简单、重量轻等优点，往往比自重驱动器更受青睐。但在偏置弹簧作用的形状记忆合金驱动器中，主动单元为一个形状记忆合金，其固有的滞后效应将对输出产生强烈的影响。

采用拮抗式驱动器设计的形状记忆合金驱动器使用相反的驱动器来产生主动偏置力，其中两个形状记忆合金元件被交替激活，一个形状记忆合金元件加热时，另一个形状记忆合金元件冷却，这可以降低迟滞效应的影响。采用拮抗式驱动器设计的形状记忆合金驱动器的另一个优势在于，两个形状记忆合金元件都能被控制，能够主动控制两个方向的运动，与偏置式形状记忆合金驱动器相比，具有更大的可控驱动范围。由于加热和制冷交替工作，带宽也可能略有增加。拮抗式驱动器设计由于简单和有效，通常应用于形状记忆合金驱动器。

2. 不同运动类型的形状记忆合金驱动器

以运动类型进行分类，形状记忆合金驱动器可分为两种运动：直线运动和旋转运动。如图 4-4 所示，形状记忆合金驱动器基本驱动单元包括线性单元和旋转单元。

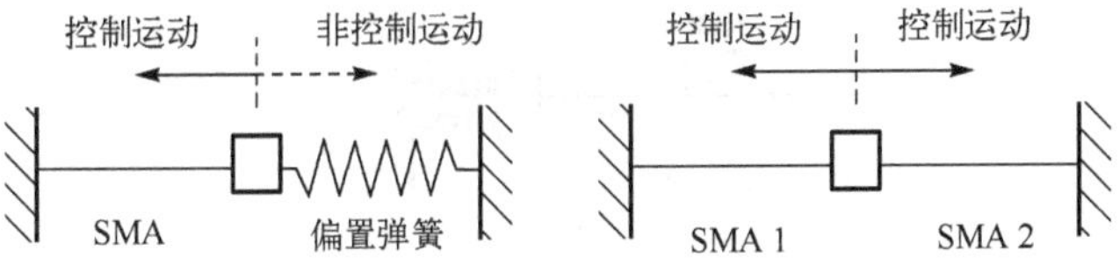

(a) 直线运动

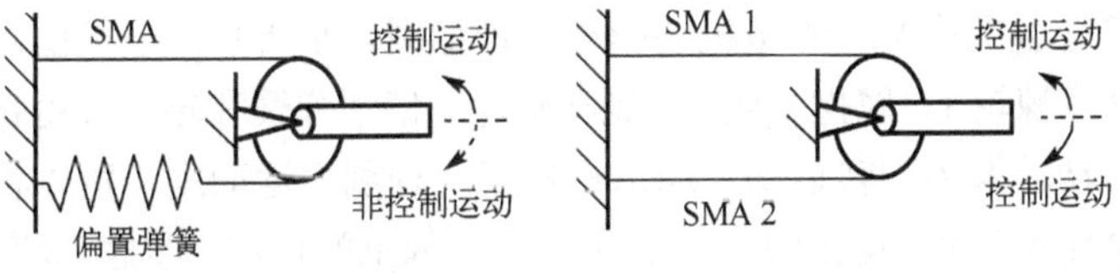

(b) 旋转运动

图 4-4　不同运动类型的形状记忆合金驱动器

3. 连续运动型形状记忆合金驱动器

上述类型的形状记忆合金驱动器只能提供固定范围内的变化，并不具有大范围连续运动能力。下面将介绍几种具有连续运动能力的驱动器。

对于形状记忆合金丝在冲击型驱动器中的应用，通过对形状记忆合金丝进行强化加热可获得快速收缩，加热后的空气自然冷却可实现逐渐延伸。在没有偏置力的情况下，形状记忆合金丝在加热后会松弛，因此需要施加偏置力来重复形状记忆合金丝的收缩和拉伸过程。偏置力可通过重力、弹簧作用力或对抗布置的形状记忆合金丝张力获得。利用这些偏置方法，可以在冲击型驱动器结构的基础上设计出多种构型的形状记忆合金驱动器，如图 4-5 所示。在这些驱动器中，形状记忆合金丝和偏置弹簧取代了压电元件。由于形状记忆合金丝不能快速延伸，图 4-5(a)所示的这种驱动器只能朝向惯性体做单向移动。为实现双向移动，两根形状记忆合金丝和偏置弹簧的组合构成对称机构，通过切换两根形状记忆合金丝的激活来实现双向移动，如图 4-5(b)所示。图 4-5(c)中的结构与图 4-5(a)的结构相比，主体与惯性体的重量差异明显，不必担心失稳问题，但结构组装难度更大。利用重力作为偏置力的结构如图 4-5(d)所示，惯性体受重力作用将两根形状记忆合金丝对角拉伸后悬挂放置。该结构可以通过控制两根形状记忆合金丝的激活来实现双向运动。图 4-5(e)中的驱动器由一个可移动物体(动子)和一个由弹簧支撑并由形状记忆合金丝水平驱动的线性输出轴(驱动轴)组成。通过重复形状记忆合金丝的快速收缩和逐渐伸长过程，可移动物体向轴的左端水平移动。

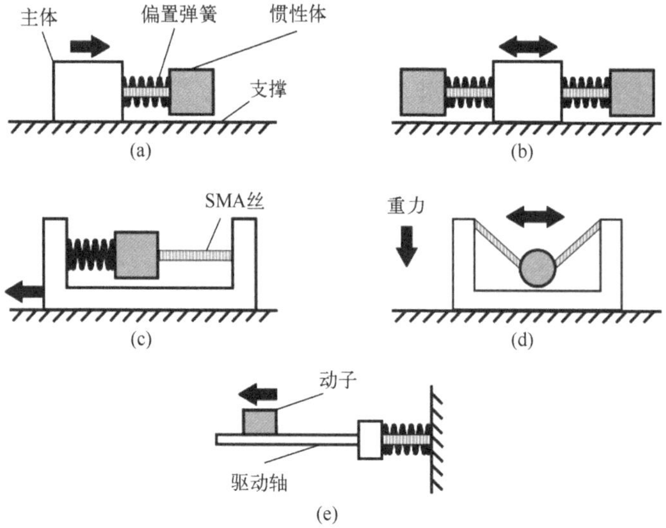

图 4-5　冲击型形状记忆合金驱动器构型

基于形状记忆合金的广义尺蠖电机的驱动原理如图 4-6 所示，电机由六个部分组成：形状记忆合金丝、摩擦棘轮 1、摩擦棘轮 2、制动棘轮、偏置弹簧和轴。采用棘爪机构将形状记忆合金丝的直线运动转换为回转运动。棘爪机构是一种刚性运动副，可以将形状记忆合金丝产生的驱动力完全转换为轴的输出力矩。此外，由于棘爪的作用，摩擦棘轮只能逆时针旋转，这意味着旋转驱动器的失速扭矩是无限的。

基于形状记忆合金的多相旋转电机的驱动原理如图 4-7 所示，三根相同的形状记忆合金丝与构成电机三相的弹簧串联固定在凸轮上，弹簧的另一端连接到相距 1、2 和 3 均为 120°的固定点上。如果施加外力使凸轮旋转，则弹簧会伸缩以适应固定点和凸轮之间距离的变化。弹簧和形状记忆合金丝的张力得到适当的平衡，从而使凸轮上三相产生的合力最小。在相处于相同温度的静态条件下，凸轮在所有位置都几乎是平衡和稳定的，并且它只要很小的外力就可以驱动电机旋转。

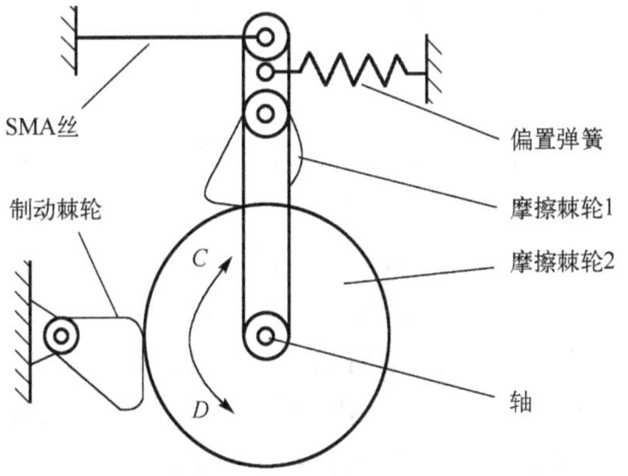

图 4-6　基于形状记忆合金的广义尺蠖电机的驱动原理图

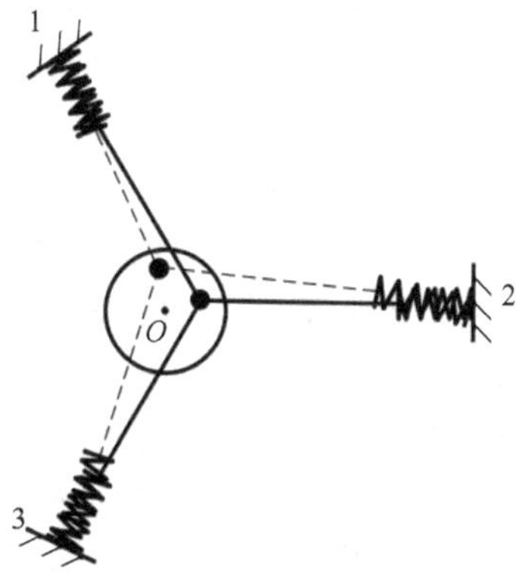

图 4-7　基于形状记忆合金的多相旋转电机的驱动原理图

4.2.2　形状记忆合金驱动器的特点

形状记忆合金驱动器的优点包括高功率输出、静音、无污染、自传感、低驱动电压、结构简单和易于小型化等，具体总结如下。

(1) 高功率输出：目前，NiTi 形状记忆合金是形状记忆合金驱动器中最有潜力的一种。NiTi 形状记忆合金在 $10J/cm^3$ 时表现出的工作密度，是电动马达的 25 倍。

(2) 静音：形状记忆合金驱动器的静音驱动特性是医药、娱乐等非工业领域的另一个重要特性。

(3) 无污染：由于形状记忆合金驱动器不需要减速齿轮等摩擦机构，因此它在工作时不扩散粉尘，也不会产生噪声。根据在超净室内的实验结果，形状记忆合金驱动器工作时的清洁度远远好于 10^3 级，因此微型形状记忆合金驱动器在微电子、生物技术和医疗等对清洁度要求较高的特定领域是有潜在应用的。

(4) 自传感：相变过程中形状记忆合金的电阻变化可以作为形状记忆合金相变的监控变量。电阻反馈不仅提高了伺服驱动器的线性度和鲁棒性，而且能够监控位置和力。这一独特之处使得微型形状记忆合金驱动器系统的实现变得容易。

(5) 低驱动电压：以 NiTi 形状记忆合金为例，焦耳加热所需的电压远低于压电驱动和静电驱动所需的电压。低驱动电压的这一优势，决定了其能够使用常规电源，如 5V 和 12V。这种电源兼容性对于硅基微驱动器的实际应用是非常重要的。

(6) 结构简单和易于小型化：与其他智能材料相比，具有更大的可恢复应变和电加热的优势。这种优势简化了驱动器结构，减少了系统零件的数量。形状记忆合金驱动器通过相变直接输出位移，视为直接驱动线性驱动器，无需任何传动系统。这个特点有利于极小型驱动器系统的小型化。

此外，NiTi 形状记忆合金还具有生物相容性和高耐磨性。对于需要大位移和高出力，且对响应时间或高工作带宽不敏感的驱动器设计，NiTi 形状记忆合金是合适的候选。在适当的训练下，循环次数高达上百万次。

但是形状记忆合金驱动器仍有以下缺点。

(1) 低能量效率：根据卡诺循环，形状记忆合金的理论效率为 10%～15%。在实际应用中，由于形状记忆合金驱动器是在低温下工作的热机，因此其效率往往小于 1%。热能转换为机械能的效率很低，大部分热能耗散到环境中，因此形状记忆合金驱动器的应用限制在对能源效率不敏感的场合中。

(2) 退化和疲劳：形状记忆合金驱动器的长期性能和可靠性取决于较多的因素，如工作温度、应力、应变和累计的相变循环次数。形状记忆合金在执行机构循环时表现出软化行为(即减少可恢复的应变量)。增加应力和应变都会减少形状记忆合金材料的寿命，因此选择适当的工作边界条件对于从形状记忆合金材料中获得高抗疲劳性和高可靠性至关重要，不允许超过形状记忆合金材料的推荐疲劳强度和应变(即最大载荷为 350MPa，安全设计载荷为 100MPa 和 3%～4%的应变)。热效应在确定疲劳寿命方面具有很高的相关性，特别是对于 NiTi 形状记忆合金。形状记忆合金驱动器易发生长时间过热、过应力和过应变。为了保证在到达屈服点和机械断裂之前的大量循环(约 10^6 次)中安全运行，应防止元件过热。

(3) 响应差和精度差：形状记忆合金具有相对较高的热容和密度，因此难以将热量快速传递到有源元件中，更重要的是，难以将热量传递出有源元件，这导致了严重的带宽问题。响应速度由加热和冷却速率决定。形状记忆合金驱动器由于加热和冷却的限制，以及固有的热滞现象，其响应要弱于压电和磁致伸缩材料，驱动频率一般小于 100Hz。较大的滞后回环以及相变非线性，也使得形状记忆合金驱动器难以精确控制。多数研究都在小于 1Hz 的低跟踪频率下实现形状记忆合金驱动器的位置或力的控制。阶跃响应的上升时间较长，精度较差，误差幅值通常大于工作行程的 1%。

4.3　形状记忆合金的滞回特性

形状记忆合金在加热和冷却阶段之间表现出热滞效应。该效应是由奥氏体和马氏体之间相变温度的差异导致的。在热滞效应较大的情况下，需要更快的冷却速度才能使形状记忆合金迅速恢复至原始形状。在众多的唯象滞回模型中，Preisach 模型、Krasnosel'skii-Pokrovskii 模型和 Prandtl-Ishlinskii 模型在形状记忆合金驱动器的滞回建模中得到了广泛的应用。由于辨识和反演问题的数学复杂性直接取决于唯象滞回建模方法的类型，因此在上述模型中选择合适的唯象滞回模型来模拟形状记忆合金驱动器的滞回行为是至关重要的。此外，唯象滞回建模方法在描述形状记忆合金滞回行为方面的准确性直接影响整个补偿器的作用效果。本节比较了上述唯象滞回模型在描述和预测形状记忆合金驱动器滞回行为方面的准确性。

4.3.1　Preisach 模型

Preisach 模型是描述滞回特性最成功的数学模型之一。形状记忆合金满足该模型的两个关键特征：小回环特征和擦除特征。主要假设是：系统可以认为是各种加权迟滞继电器 $\gamma_{\alpha\beta}$ 的并行求和，如图 4-8 所示。$\mu(\alpha,\beta)$ 代表继电器 $\gamma_{\alpha\beta}$ 的权重，每个继电器由切换值 (α,β) 表征，$\alpha \geqslant \beta$。继电器的集合为半平面 $P=\{(\alpha,\beta)|\alpha \geqslant \beta\}$，如图 4-9 所示。继电器的垂直段是不可逆的，只能在一个方向上进行遍历，而水平段是可逆的。

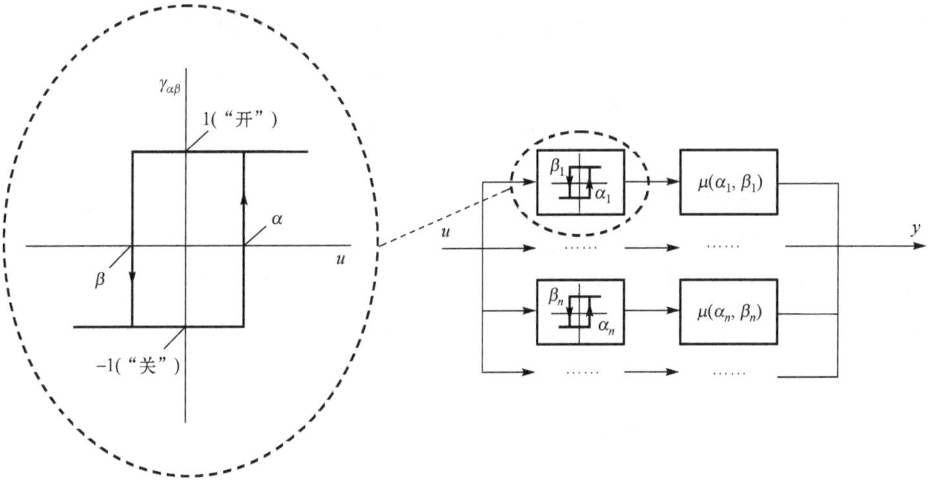

图 4-8　Preisach 模型示意图

这些继电器的行为以及 Preisach 模型仅针对连续输入 u 定义。当 u 随时间变化时，每个单独继电器根据当前输入值调整其输出，因此标准的 Preisach 模型具有如下表达式：

$$y(t)=\iint_{P}\mu(\alpha,\beta)\gamma_{\alpha\beta}[u(t)]\mathrm{d}\alpha\mathrm{d}\beta \tag{4-1}$$

式中，$y(t)$ 是输出的测量值；$u(t)$ 是输入；$\gamma_{\alpha\beta}[u(t)]$ 是继电器滞后算子；$\mu(\alpha,\beta)$ 是描述算子分布的权函数。继电器滞后算子的输出只有 1 和−1：

$$\gamma_{\alpha\beta}[u(t)]=\begin{cases}-1, & u(t)<\beta\\ 1, & u(t)>\alpha\\ \text{保持}, & \beta\leqslant u(t)\leqslant\alpha\end{cases} \tag{4-2}$$

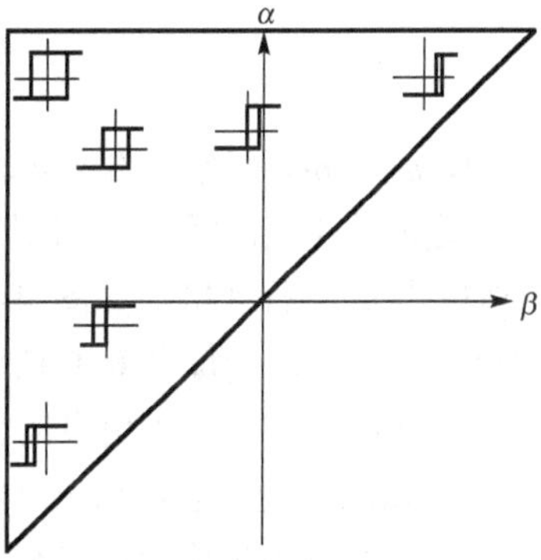

图 4-9　Preisach 平面

4.3.2　Krasnosel'skii-Pokrovskii 模型

一般来说，算子的时间连续性对于物理考虑是重要的，参数连续性对于设计良好的识别方法是重要的。然而，Preisach 算子的核在时间空间和参数空间上都不具有连续性。为了得到一个连续算子而不是像 Preisach 算子那样跳跃不连续，Krasnosel'skii 和 Pokrovskii 认为 Preisach 算子是任何合理的函数。称为 K-P 核的 K-P 模型的初等算子是广义 Play 算子的特例，是 Preisach 平面上的连续函数，并且在其主循环内具有小环。设 P 为发生滞后的 Preisach 平面：

$$P=\{p(p_1,p_2)\in\mathbf{R}^2:U_{\min}\leqslant p_1\leqslant p_2\leqslant U_{\max}-a\} \tag{4-3}$$

式中，$U_{\max}$ 和 $U_{\min}$ 分别是输入 $u(t)$ 的正饱和值和负饱和值；正参数 a 是核的上升常数。

如果 $C[0,T]$ 表示区间 $[0,T]$ 上的连续分段单调函数的空间，则初等 K-P 滞后算子的映射关系为

$$k_p(u,\xi_p):C[0,T]\rightarrow y[0,T] \tag{4-4}$$

式中，ξ_p 是核的初始条件，由 p 参数化，并记忆核之前的极值输出；$y[0,T]$ 是输出的函数空间。

对于给定的 $u(t)$，初等 K-P 滞后算子 $k_p(u,\xi_p)$ 映射点 $p(p_1,p_2)\in P$ 到区间$[-1,1]$：

$$k_p(u(t),\xi_p)(t)=\begin{cases}\max\limits_{p\in P}\{\xi_p, r(u(t)-p_2)\}, & u(t)\text{非递减}\\ \max\limits_{p\in P}\{\xi_p, r(u(t)-p_1)\}, & u(t)\text{非递增}\end{cases} \tag{4-5}$$

式中，$r(x)$是利普希茨连续脊函数。每当输入 $u(t)$ 的速率改变符号时，记忆变量 $\xi_p(t)$ 都会根据核 k_p 更新。对于固定的输入 $u(t)\in C[0,T]$，K-P 核在时间空间和参数空间上都具有连续性。这些优点使得 K-P 模型作为一种更有效的实用模型来描述和模拟智能材料，特别是形状记忆合金驱动器的滞回行为。然后，在递减的情况下，连续脊函数为定义如下的连续分段线性函数：

$$r(x)=\begin{cases}-1, & x<0\\ 1+\dfrac{2x}{a}, & 0\leqslant x\leqslant a\\ 1, & x>a\end{cases} \tag{4-6}$$

基于上述方程，初等 K-P 滞后算子如图 4-10 所示。通过比较 Preisach 初等算子和初等 K-P 滞后算子，与只有两个分支的Preisach核不同，K-P核由一族曲线组成，这些曲线族被曲线$r(u-p_2)$和 $r(u-p_1)$所限制，如图 4-10 所示。包络曲线 $r(u-p_2)$和 $r(u-p_1)$连接 p_1 和 p_2+a。当输入 $u(t)$随时间变化时，核输出将沿着两条包络曲线$r(u-p_2)$和$r(u-p_1)$之间的水平线或者这些有界曲线。

K-P 滞后模型可以表示为 Preisach 平面上的 K-P 核的积分：

$$y(t)=\iint_P k_p(u(t),\xi_p)\mu(p_1,p_2)\mathrm{d}p_1\mathrm{d}p_2 \tag{4-7}$$

式中，$\mu(p_1,p_2)$是核 k_p 的密度，用于对核的输出进行加权。Preisach 平面中每一点 $p(p_1,p_2)$都与特定的核 k_p 相关联，并且具有特定的密度 $\mu(p_1,p_2)$，因此 K-P 滞后模型可以解释为无穷多个加权核的并行连接，如图 4-11 所示。$\mu(p_1, p_2)\geqslant 0$，确保单调输入上的单调输出，前提是 $r(x)$不减小。由于每个 K-P 核可以表示为无穷加权 Preisach 继电器的积分，因此 K-P 核提供了比 Preisach 初等算子更多的关于非线性的信息。此外，由于 K-P 滞后模型的核具有记忆效应，可以记录滞后输入输出行为的所有先前极值，因此 K-P 滞后模型比 Preisach 模型使用更少的单元来准确地模拟智能材料的滞后行为。

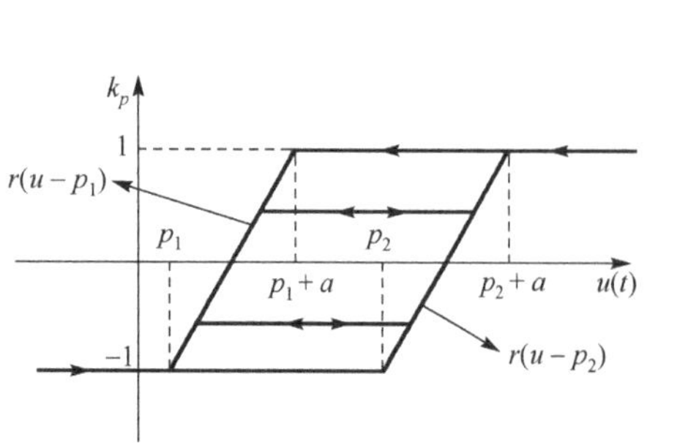

图 4-10　初等 K-P 滞后算子

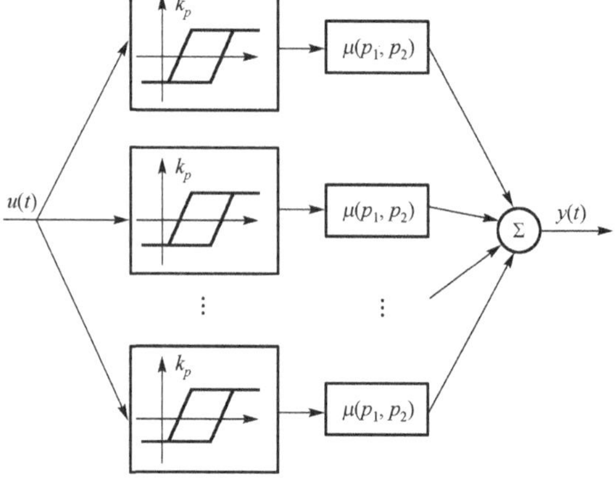

图 4-11　K-P 滞后模型作为并行连接的加权核

由于 K-P 滞后模型是经典 Preisach 模型的子类，因此擦除性和同余性是利用该模型表示迟滞非线性的充要条件。形状记忆合金驱动器具有很大的擦除性，但一致性不完全满足。然而，偏差并不显著，这在一定程度上影响了经典 Preisach 模型或 K-P 滞后模型对形状记忆合金驱动器迟滞行为的预测精度。

4.3.3　P-I 模型

P-I 模型是一种功能强大的基于算子的唯象模型，可用于压电、磁致伸缩和形状记忆合金驱动器迟滞非线性行为的建模。与 Preisach 和 K-P 滞后模型不同，该模型的特点是可解析并可逆，因此作为补偿迟滞非线性行为的前馈控制器时，更为简单。与 K-P 滞后模型一样，P-I 模型是根据 Play 或 Stop 算子定义的，具有决定滞后形状的密度函数。虽然 P-I 模型是 Preisach 模型的子类和扩展，但由于经典 Play 算子的无界性，该模型的第一种形式称为经典 P-I 模型，不能描述具有输出饱和的系统。此外，由于 Play 算子的对称性质，当输入-输出滞回曲线中存在不对称时，如在形状记忆合金驱动器中所观测到的现象，应用经典的 P-I 模型会导致相当大的误差。为了弥补这些缺点，有很多研究对经典 P-I 模型进行了一些改进。通过在经典 P-I 模型中集成多个死区算子可表征某些智能驱动器的迟滞非线性。改进的 P-I 迟滞算子将经典的 P-I 迟滞算子和具有非对称函数的无记忆非线性函数串联在一起，以描述智能驱动器(如形状记忆合金驱动器)中存在的饱和不对称迟滞非线性。

经典 P-I 模型使用带有密度函数的经典 Play 迟滞算子来描述材料的迟滞行为。该算子由输入 u 和确定迟滞算子宽度的阈值 r 表征，是一个连续率相关算子。假设 $C_m[0, T]$是分段单调连续函数的空间，并且输入 $u(t) \in C_m[0,T]$，在每个子区$[t_i,t_{i+1}]$上是单调的，其中 $0 = t_0 < t_1 < \cdots < t_i < t_{i+1} < \cdots < t_N = T$，则经典 P-I 模型的输出式为

$$y_{\text{classical}}(t) = qu(t) + \int_0^R p(r) F_r[u](t)\mathrm{d}r \tag{4-8}$$

式中，q 是正常数；$p(r)$ 是可积的正密度函数；r 是正阈值，$0 = r_0 < r_1 < \cdots < r_i < r_{i+1} < \cdots < r_N = R$；$F_r[u]$是经典的 Play 迟滞算子，对于 $t_i < t \leqslant t_{i+1}$ $(i = 0,1,\cdots,N-1)$，可解析表示为

$$\begin{cases} F_r[u](t) = f_r(u(0),0) = w(0) \\ F_r[u](t) = f_r(u(t), F_r[u](t_i)) \end{cases} \tag{4-9}$$

式中，

$$f_r(u,w) = \max\{u - r, \min(u + r, w)\} \tag{4-10}$$

由于在实际应用中，使用有限个 Play 迟滞算子来建模迟滞行为，因此经典 P-I 模型的输出也可以表示为

$$y_{\text{classical}}(t) = qu(t) + \sum_{i=1}^{N} p(r_i) F_{r_i}[u](t)\Delta r \tag{4-11}$$

式中，$\Delta r = r_i - r_{i-1}$ 是正常数。

为了使经典 P-I 模型的响应适应真实的迟滞非线性，q 和密度函数 $p(r_i)$ 的值是由特定驱动器的实验数据通过求解最小化问题得到的。由于经典的 Play 迟滞算子具有对称无界的性质，经典 P-I 模型不能表征具有输出饱和或非对称输入输出回路的系统的行为。为了消除这

些缺点，使用非线性 Play 迟滞算子替代广义 Play 迟滞算子。输入 u 的增加和减少分别沿曲线γ_l和γ_r增加和减少Play迟滞算子的输出。具有约束的γ_l和γ_r函数是输入域上的连续包络函数，$\gamma_l<\gamma_r$。对于 $t_i<t\leqslant t_{i+1}(i=0,1,\cdots,N-1)$，广义 Play 迟滞算子的输出可解析表示为

$$\begin{cases}S_r[u](t)=g_r(u(0),0)=z(0)\\S_r[u](t)=g_r(u(t),S_r[u](t_i))\end{cases}\tag{4-12}$$

式中，

$$g_r(u,z)=\max\{\gamma_l(u)-r,\min(\gamma_l(u)+r,z)\}\tag{4-13}$$

因此，广义 P-I 模型可以表示为

$$y_{\text{classical}}(t)=H[u(t)]+\int_0^R p(r)S_r[u](t)\mathrm{d}r\tag{4-14}$$

式中，H 是非减的利普希茨连续函数正常数。在有限数量的广义 Play 迟滞算子的情况下，式(4-14)将表示为

$$y_{\text{classical}}(t)=H[u(t)]+\sum_{i=1}^{N}p(r_i)S_{r_i}[u](t)\Delta r\tag{4-15}$$

当选择相同的包络函数(即$\gamma_l(u)<\gamma_r(u)=u$)时，经典 P-I 模型是广义 P-I 模型的特例，$H[u(t)]=qu(t)$。

通过对上述三种模型的对比分析可知，尽管与 Preisach 和 Krasnosel'skii-Pokrovskii 模型不同，Prandtl-Ishlinskii 模型的辨识过程是一个耗时的过程，但当这些模型的输出与实验数据相比较时，其建模效果是最好的。由于 Prandtl-Ishlinskii 模型在解析上是可逆的，并且可以很容易地作为前馈控制器来补偿形状记忆合金驱动器的迟滞非线性行为，因此它是对形状记忆合金驱动器迟滞行为进行建模和补偿的最佳模型。

4.4　典型形状记忆合金驱动器的运动控制技术

形状记忆合金驱动器通常被认为速度慢、精度不高、难以连续控制，其运动控制是一项具有挑战性的任务。早期的驱动器普遍是开环系统，通常仅用于被动或开关应用。这种类型的控制对于只需要两种状态的机构来说是适用的，如只有开启和关闭的阀门。然而，多数应用需要闭环控制来处理环境条件和外力变化而导致的不可预测的扰动。为实现形状记忆合金驱动器更快、更准确的控制，必须设计和实施有效的控制系统。由于形状记忆合金存在迟滞和非线性，控制器设计有必要进行相对应的补偿设计，来提高驱动器的可控性和跟踪精度。

4.4.1　形状记忆合金驱动器系统模型

基于形状记忆合金驱动器系统模型可设计专用控制器，实现更好的控制效果。形状记忆合金的特性可以用四个基本变量来描述：温度、输出力(应力)、位移(应变)和电阻。然而，由于一阶热传递延迟和相变滞后，形状记忆合金的传递函数中包含了非线性项，如图 4-12 所示。当形状记忆合金视为驱动器的一部分时，可以假设所产生的输出力和位移为驱动器的输

出变量，温度和电阻为内部状态变量，其中，电阻与形状记忆合金内部的相变程度有着直接关系。分析形状记忆合金驱动器致动过程，系统模型可分解为本构方程、相变动力学方程、热力学方程三部分。

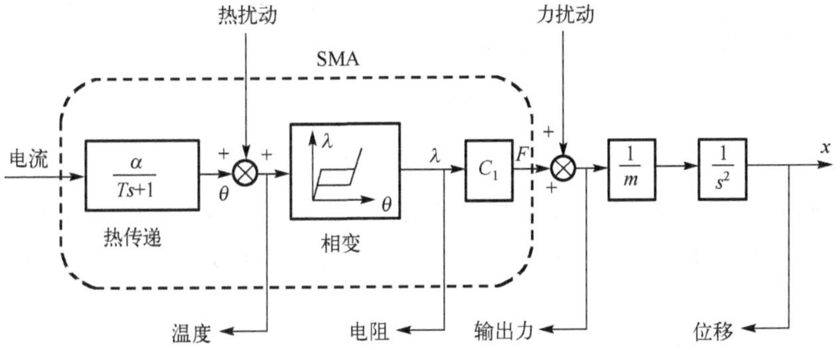

图 4-12　形状记忆合金驱动器基本框图

1. 本构方程

本构模型大致可分成三类：微观力学模型、唯象模型和单晶本构模型。到目前为止，大多数研究使用的是唯象模型。唯象模型是基于形状记忆合金的输入和输出之间的关系，通过马氏体体积分数、应变和温度等内部状态变量来描述的。唯象模型避免了自由能等理论难以测量的参数，并且使用了常见的工程材料常数。因此，本节将介绍两种代表性的唯象模型：基于实验确定关系的 Kuribayashi 模型和 Tanaka 本构模型。

1) Kuribayashi 模型

Kuribayashi 通过实验确定了形状记忆合金丝的力和应变在小变形下存在线性关系。此外，在恒定应变下，力和输入电压也存在着类似的线性行为。因此，将力、应变和电压的微小变化——Δf、Δx 和 Δu，写成微分形式，即

$$\Delta f = \alpha_0 \Delta u + \beta_0 \Delta x \tag{4-16}$$

式中，α_0 和 β_0 表示增益常数。式(4-16)为动态系统的稳定状态。通过在拉普拉斯域中增加一阶 $G(s)$ 和 $H(s)$，获得了动态模型：

$$\Delta f(s) = \alpha_0 G(s) \Delta u(s) + \beta_0 H(s) \Delta x(s) \tag{4-17}$$

2) Tanaka 本构模型

Tanaka 本构模型中假设形状记忆合金材料的热力学可以用内部变量 ε、T、ξ 来描述，其中，ε 为应变，T 为温度，ξ 为马氏体体积分数。Liang 进一步推导了本构方程，其微分形式为

$$\mathrm{d}\sigma = \frac{\partial \sigma}{\partial \varepsilon}\mathrm{d}\varepsilon + \frac{\partial \sigma}{\partial \xi}\mathrm{d}\xi + \frac{\partial \sigma}{\partial T}\mathrm{d}T \tag{4-18}$$

式中，σ 表示形状记忆合金的应力。式(4-18)对时间求积分，可得到与时间无关的本构方程，其形式为

$$\sigma - \sigma_0 = E(\varepsilon - \varepsilon_0) + \Omega(\xi - \xi_0) + \Theta(T - T_0) \tag{4-19}$$

式中，变量的下角标“0”表示该变量的初始值；E 表示材料的杨氏模量；Ω 表示相变张量；Θ 表示热膨胀系数。相变张量 Ω 与形状记忆合金的最大残余应变 ε_L 和杨氏模量 E 有关，即 $\Omega=-\varepsilon_L\cdot E$。形状记忆合金的杨氏模量在马氏体相和奥氏体相间发生变化，实验证据表明杨氏模量很大程度上取决于马氏体体积分数，因此 Liang、Rogers、Sato 和 Tanaka 认为式(4-19)中的 E 和 Ω 实际上是马氏体体积分数 ξ 的函数，表达式为

$$E(\xi)=\xi E_M+(1-\xi)E_A \tag{4-20}$$

$$\Omega=-\varepsilon_L E(\xi) \tag{4-21}$$

式中，E_M、E_A 分别表示马氏体和奥氏体的杨氏模量。马氏体体积分数分成两部分：温度诱发的孪晶马氏体体积分数 ξ_T 和应力诱发的去孪晶马氏体体积分数 ξ_S。三者之间的关系为

$$\xi=\xi_T+\xi_S \tag{4-22}$$

式中，ξ、ξ_T、ξ_S 的约束条件分别为 $0\leqslant\xi\leqslant1$，$0\leqslant\xi_T\leqslant1$，$0\leqslant\xi_S\leqslant1$。将式(4-22)代入式(4-18)中，得到含有 ξ_T 和 ξ_S 的本构方程微分形式：

$$\mathrm{d}\sigma=\frac{\partial\sigma}{\partial\varepsilon}\mathrm{d}\varepsilon+\frac{\partial\sigma}{\partial\xi_T}\mathrm{d}\xi_T+\frac{\partial\sigma}{\partial\xi_S}\mathrm{d}\xi_S+\frac{\partial\sigma}{\partial T}\mathrm{d}T \tag{4-23}$$

Brinson 将式(4-23)进一步推导，获得了具有比例关系的本构方程，形式如下：

$$\sigma-\sigma_0=E(\xi)\varepsilon-E(\xi_0)+\Omega(\xi)\xi_S-\Omega(\xi_0)\xi_{S0}+\Theta(T-T_0) \tag{4-24}$$

$$E(\xi_0)=\xi_0 E_M+(1-\xi_0)E_A \tag{4-25}$$

$$\Omega(\xi_0)=-\varepsilon_L E(\xi_0) \tag{4-26}$$

式中，ξ_0 表示去孪晶马氏体体积分数的初始值。至此，适用于形状记忆合金的一维本构模型构建完成。将形状记忆合金的材料参数代入式(4-24)～式(4-26)，即可获得形状记忆合金的应力-应变关系。显然，形状记忆合金的应力和应变受 ξ 和 T 的影响，因此仍需要进一步分析，确定 ξ 和 T 之间的函数关系。

2. 相变动力学方程

相变动力学方程用于分析 ξ 在外界载荷作用下的变化规律。孪晶马氏体、去孪晶马氏体和奥氏体在特定约束下可以相互转变。相变动力学方程能够通过合适的数学关系式描述三者之间的转变关系。马氏体体积分数 ξ 对相变温度和临界应力有很强的依赖性。最早由 Tanaka 等在定性研究形状记忆合金材料的应力-应变关系时提出了包含马氏体体积分数 ξ 与相变温度 T 的指数函数形式相变动力学方程。相变时可认为马氏体体积分数 ξ 为

$$\xi=\begin{cases}\exp[G_a(T-A_s)+J_a\sigma], & \dot{T}\geqslant0\\ 1-\exp[G_m(T-M_s)+J_m\sigma], & \dot{T}<0\end{cases} \tag{4-27}$$

式中，G_a、J_a、G_m、J_m 分别表示与相变温度有关的材料常数。

指数函数的自变量取值为 $(-\infty,0]$ 时，值域为 $(0,1]$，这与马氏体体积分数的约束条件 $0\leqslant\xi\leqslant1$ 类似。然而 Tanaka 假设 $\xi=0.99$ 时奥氏体相变结束，$\xi=0.01$ 时马氏体相变结束，这使得式(4-27)中存在一个明显的缺陷。自变量的取值为半闭区间，导致在相变温度区间内，

马氏体体积分数的变化为(0,1)，也就是说，通过式(4-27)计算的马氏体体积分数在相变起始点和终止点与未相变区域的端点不重合，显然这不符合马氏体体积分数变化的连续性。通过式(4-27)计算的马氏体体积分数在标记点处出现了跳跃，因此使用指数函数形式的相变动力学方程需要格外注意马氏体体积分数的相变端点值。由于指数函数形式的相变动力学方程存在端点跳跃缺陷，Liang 和 Rogers 用一组特定的余弦函数方程来替代式(4-27)中的相变动力学方程，实现了ξ在相变过程中的函数连续性。考虑跳跃缺陷问题，Brinson 将马氏体体积分数细分为温度诱发马氏体体积分数和应力诱发马氏体体积分数，进而改进了相变动力学方程，即 Brinson 方程。Brinson 方程分为两部分：转变至去孪晶马氏体的相变公式和转变至奥氏体的相变公式，具体的表达式如下。

(1) 向去孪晶马氏体转变。

当约束条件满足 $T>M_s$，且$\sigma_s^{\mathrm{cr}}+C_M(T-M_s)<\sigma<\sigma_f^{\mathrm{cr}}+C_M(T-M_s)$时，

$$\xi_S=\frac{1-\xi_{S0}}{2}\cos\left\{\frac{\pi}{\sigma_s^{\mathrm{cr}}-\sigma_f^{\mathrm{cr}}}\left[\sigma-\sigma_f^{\mathrm{cr}}-C_M(T-M_s)\right]\right\}+\frac{1+\xi_{S0}}{2} \tag{4-28}$$

$$\xi_T=\xi_{T0}-\frac{\xi_{T0}}{1-\xi_{S0}}(\xi_S-\xi_{S0}) \tag{4-29}$$

式中，ξ_{T0}表示孪晶马氏体体积分数的初始值。

当约束条件满足 $T<M_s$，且$\sigma_s^{\mathrm{cr}}<\sigma<\sigma_f^{\mathrm{cr}}$时，

$$\xi_S=\frac{1-\xi_{S0}}{2}\cos\left(\frac{\pi}{\sigma_s^{\mathrm{cr}}-\sigma_f^{\mathrm{cr}}}(\sigma-\sigma_f^{\mathrm{cr}})\right)+\frac{1+\xi_{S0}}{2} \tag{4-30}$$

$$\xi_T=\xi_{T0}-\frac{\xi_{T0}}{1-\xi_{S0}}(\xi_S-\xi_{S0})+\varDelta_{T\xi} \tag{4-31}$$

式中，

$$\varDelta_{T\xi}=\begin{cases}\dfrac{1-\xi_{T0}}{2}[\cos(a_M(T-M_f))+1], & M_f<T<M_s\ \text{且}\ T<T_0\\ 0, & \text{其他}\end{cases} \tag{4-32}$$

$$a_M=\frac{\pi}{M_s-M_f} \tag{4-33}$$

(2) 向奥氏体转变。

当约束条件满足 $T>A_s$，且$C_A(T-A_f)<\sigma<C_A(T-A_s)$时，有

$$\xi=\frac{\xi_0}{2}\left\{\cos\left[a_A\left(T-A_s-\frac{\sigma}{C_A}\right)\right]+1\right\} \tag{4-34}$$

$$\xi_S=\xi_{S0}-\frac{\xi_{S0}}{\xi_0}(\xi_0-\xi) \tag{4-35}$$

$$\xi_T = \xi_{T0} - \frac{\xi_{T0}}{\xi_0}(\xi_0 - \xi) \tag{4-36}$$

$$a_A = \frac{\pi}{A_f - A_s} \tag{4-37}$$

Brinson 方程保证了相变区域和非相变区域间的连续性，并且较为完整地描述了温度和应变对马氏体体积分数的作用关系，因此 Brinson 方程大量应用于形状记忆合金驱动器的理论建模中。

3. 热力学方程

在多年的研究中，目前形状记忆合金的热力学行为主要包括两种模型：唯象模型和经验模型。

1）唯象模型

现象学模型可以与实验相结合，以指导经验模型的开发。首先认为温度场是空间均匀的，利用空间均匀性假设，温度场仅与时间有关。根据能量守恒定律，唯象模型沿形状记忆合金丝的所有位置均有效，为

$$\rho\frac{I^2}{A^2} - h\frac{P}{A}(T - T_{\text{amb}}) + \lambda\frac{\partial\xi}{\partial t} = C_v\dot{T} \tag{4-38}$$

式中，ρ 为形状记忆合金丝的电阻率；I 为流经形状记忆合金丝的电流；A 为形状记忆合金丝的横截面积；h 为对流换热系数；P 为形状记忆合金丝的截面周长；T_{amb} 为环境温度；λ 为单位体积的形状记忆合金在相变过程中释放或吸收的总潜热；C_v 为形状记忆合金的热容。研究表明，辐射换热对模型的影响几乎可以忽略不计，因此辐射效应不在本节的讨论范围内。

由于相变是主要因素，需要将应变 ε 和材料参数 ρ、C_v 写成关于温度 T 的函数形式，如

$$\varepsilon \equiv \varepsilon(\bar{T}, T), \quad \rho \equiv \rho(\bar{T}, T), \quad C_v \equiv C_v(\bar{T}, T) \tag{4-39}$$

$$\bar{T} = \begin{cases} \dfrac{1}{2}(A_s + A_f), & \dot{\xi} < 0 \\ \dfrac{1}{2}(M_s + M_f), & \dot{\xi} > 0 \end{cases} \tag{4-40}$$

假设形状记忆合金丝初始温度与环境的初始温度相同，并在初始温度下，认为形状记忆合金丝的状态是完全马氏体，于是：

$$T(0) = T_{\text{amb}}, \quad \xi\left(\frac{1}{2}(A_s + A_f), T_{\text{amb}}\right) = 1 \tag{4-41}$$

常见的形状记忆合金丝截面为圆形，周长和面积计算公式分别如下：

$$P = 2\pi r, \quad A = \pi r^2 \tag{4-42}$$

式中，r 为形状记忆合金丝半径。

假设在应力和温度均匀分出的条件下，形状记忆合金丝的体积在相变期间保持恒定，恒等式如下：

$$V(\bar{T}, T) = V_M \tag{4-43}$$

式中，V 为给定温度 T 下的体积；V_M 为形状记忆合金丝在完全马氏体状态下的体积。

在给定温度 T 下的半径 r 为

$$r(\overline{T},T)=\frac{r_M}{\sqrt{1+\varepsilon(\overline{T},T)}} \tag{4-44}$$

式中，ε 为相对于完全马氏体状态的应变，表达式如下：

$$\varepsilon(\overline{T},T)=\frac{L(\overline{T},T)}{L_M}-1 \tag{4-45}$$

式中，L 为给定温度 T 下的长度；L_M 为完全马氏体状态下的长度。一般只有在奥氏体相变过程中，ε 的数值才发生变化，因此可做出以下假设：

$$\varepsilon(\overline{T},T)=(\xi(\overline{T},T)-1)\varepsilon_{\max} \tag{4-46}$$

$$0\leqslant\xi(\overline{T},T)\leqslant 1 \tag{4-47}$$

式中，$\varepsilon_{\max}$ 为奥氏体相变完成后恢复的最大应变值。联立式(4-42)～式(4-45)，将式(4-38)改写成

$$\frac{\partial T}{\partial t}=\dot{T}(\overline{T},T)=\frac{\rho(\overline{T},T)\dfrac{I^2(1+\varepsilon(\overline{T},T))^2}{\pi^2r^2M}-2h\dfrac{\sqrt{1+\varepsilon(\overline{T},T)}}{rM}(T-T_{\mathrm{amb}})}{C_v(\overline{T},T)-\lambda f(\overline{T},T)} \tag{4-48}$$

在没有相变的情况下，式(4-48)有解析解，潜热 $\lambda=0$。如果在某个时间段内，形状记忆合金丝没有发生相变，$t_1\leqslant t$，则式(4-48)退化为

$$T(t)=T_{\mathrm{ss}}+(T(t_1)-T_{\mathrm{ss}})\mathrm{e}^{-\beta(h)(t-t_1)} \tag{4-49}$$

式中，T_{ss} 为稳态温度。$\beta(h)$ 和 T_{ss} 的表达式分别为

$$\begin{aligned}\beta(h)&=\frac{2h}{C_v(\overline{T},T(t_1))}\frac{\sqrt{1+\varepsilon(\overline{T},T(t_1))}}{r_M}\\ T_{\mathrm{ss}}&=T_{\mathrm{amb}}+\frac{\rho(\overline{T},T(t_1))}{C_v(\overline{T},T(t_1))}\frac{I^2(1+\varepsilon(\overline{T},T(t_1)))^2}{\pi^2r_M^4\beta(h)}\end{aligned} \tag{4-50}$$

由于假定 SMA 丝的材料和几何参数与马氏体体积分数有关，式(4-48)所示的唯象模型是非线性的，没有解析解，可使用一种简单的欧拉改进多边形法来对该微分方程进行数值求解。基于时间增量 τ，定义第 n 个时间步长结束时的时间 $t\equiv t_n=n\tau$(n 为整数，$n\geqslant 0$)。第 n 个时间步长结束时的温度 $T(t_n)\equiv T_n$，由式(4-48)推导得

$$T_n=T_{n-1}+\tau\dot{T}(\overline{T},T^*) \tag{4-51}$$

$$T^*=T_{n-1}+\frac{\tau}{2}\dot{T}(\overline{T},T_{n-1}) \tag{4-52}$$

2)经验模型

形状记忆合金经历一个完整的相变周期(加热和冷却)后，在加热过程中，温度在奥氏体相变期间基本保持不变，相似的现象也在冷却过程中出现。通过唯象模型可以知道，在非相变期间，温度 T 与时间 t 为指数函数关系，因此经验模型的通式为

$$T=\begin{cases}\bar{T}, & t_1\leqslant t<t_2 \text{ 和 } \dot{\xi}\neq 0\\ T_{\mathrm{ss}}^{\exp}+(T^{\exp}(t_1)-T_{\mathrm{ss}}^{\exp})\mathrm{e}^{-\beta(\alpha)(t-t_1)}, & t_1\leqslant t<t_2 \text{ 和 } \dot{\xi}=0\end{cases} \tag{4-53}$$

式中，第一个等式在相变过程中成立；第二个等式在没有相变的情况下成立。相较于唯象模型，经验模型中的类对流系数 α 取代了对流换热系数 h。对于唯象模型中的 h 和经验模型中的 α，需要进一步通过分析获得。在加热过程中，式(4-48)用来计算获得稳态温度，对应于 $\dot{T}(\bar{T},T)\to 0$。当将计算得到的稳态温度设定为与实验测得的温度相等时，可确定对流换热系数 h。确定冷却过程的对流换热系数 h 的难度更大。冷却时激励源消失，理想状态下温度下降速度 $\dot{T}(\bar{T},T)$ 恒定，此时可确定 h。但由于温度变化速度相较于稳态温度，表征难度大，在测量中误差偏大，因此可通过最小二乘法对参数 h 进行拟合。类对流系数 α 也通过最小二乘法拟合确定。

4. 电阻率与对流换热系数

普通金属导线的电阻率为 $\rho=R\pi r^2/L$，而对于形状记忆合金丝来说，其电阻率也与马氏体体积分数有关，即

$$\rho=\frac{\pi r_M^2}{L_M}\frac{U}{I(1+\varepsilon)^2} \tag{4-54}$$

式中，第一项涉及形状记忆合金丝在马氏体体积分数下的几何参数；第二项涉及给定材料参数下的电压、电流和应变。

对流换热系数 h 根据努塞特数 Nu 确定。公式 $Nu = f(Pr\cdot Gr)$ 表明 Nu 可通过特定函数求得，因此只须确定 Pr 和 Gr，这两个变量分别表示普朗特数、格拉斯霍夫数：

$$Pr=\frac{\mu C_p}{k} \tag{4-55}$$

$$Gr=\frac{g\beta(T-T_{\mathrm{amb}})l^3}{v^2} \tag{4-56}$$

式中，μ 为动力黏度；g 为重力加速度；β 为体积热膨胀系数；v 为流体的运动黏度。形状记忆合金丝有水平和竖直两种工作方式，对应的 Nu 的计算方式也略有不同，具体计算方式可通过传热学相关书籍确定。

综上所述，形状记忆合金驱动器系统模型由本构方程、相变动力学方程和热力学方程组成，如图 4-13 所示。

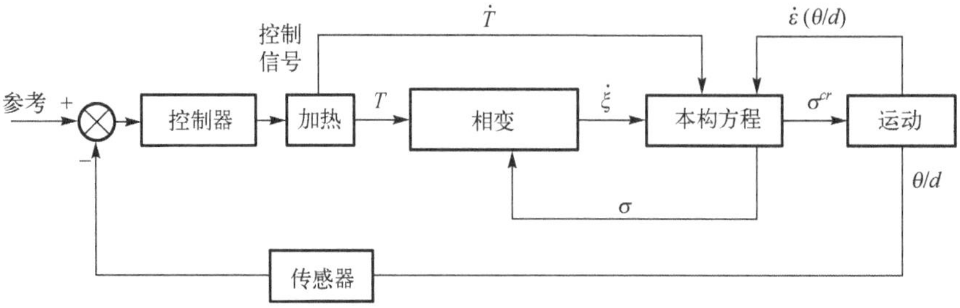

图 4-13　形状记忆合金驱动器系统框图

4.4.2　形状记忆合金驱动器控制系统组成

形状记忆合金驱动器控制系统由控制模块、执行模块和传感模块三部分构成，如图 4-14 所示，其中，上位机用于软件交互，控制器用于计算和控制电流值，所输出的信号通过 D/A 转换电路、可编程电源和信号放大器进行转换增益后施加到形状记忆合金上。在该驱动器控制系统中，首先需要根据实际工况来确定信号放大器增益，将可编程电源和形状记忆合金所需电流/电压值通过增益系数进行匹配。其次，将传感器信号范围与控制模块输出范围通过仪表放大器进行增益转换。偏置信号的作用是测量形状记忆合金电阻，须保持电路始终为非零电压状态。由于传感器采集到的原始信号往往是有噪声的，因此通过低通滤波器滤除测量噪声。低通滤波器的时间常数要远低于形状记忆合金驱动器的时间常数，以保证控制器的响应速度明显快于驱动器。温度传感器和电阻传感器获取形状记忆合金本身状态，输出传感器获取形状记忆合金驱动器输出状态，这些状态通过低通滤波器和 A/D 采集电路转换成控制器识别的数字信号后进行计算和反馈。

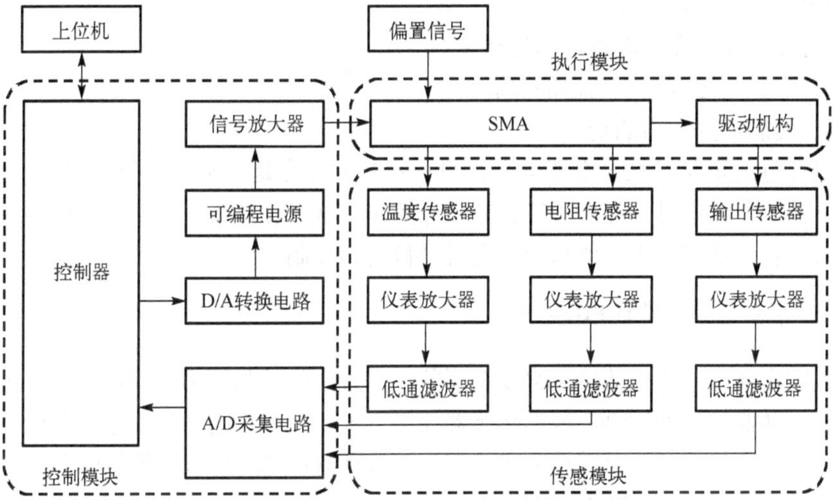

图 4-14　形状记忆合金驱动器控制系统组成图

4.4.3　形状记忆合金驱动器控制方法

当形状记忆合金驱动器在实际应用中时，必须确定要测量的变量并进行反馈，以构建伺服机构。根据反馈变量的不同，将形状记忆合金驱动器控制方法分为两类。

外部变量反馈：使用外部两个输出变量中的一个(位移或输出力)进行反馈控制。前者可通过位移传感器进行测量并反馈位置信息，来构成伺服系统。后者可通过力传感器实现反馈。然而，当驱动器的冷却条件改变而发生温度扰动时，或者当运行期间负载波动时，这些方法可能会导致形状记忆合金过热，加剧疲劳，导致性能下降，特别是在微型驱动器中，温度扰动会产生相当大的影响。

内部状态变量反馈：使用形状记忆合金驱动器的两个内部状态变量中的一个进行反馈，即温度或电阻。然而，用于测量形状记忆合金温度的传感器必须与形状记忆合金隔离，使用非接触式测量方法，因为接触式测量将对形状记忆合金的温度分布造成极大的干扰，并且很难精确测量小体积的形状记忆合金温度。即使克服了这些困难，在相变过程中仍然会出现温度-应变应力滞后现象，这意味着通过测量温度不能准确地知道内部状态。因此，温度反馈方法是不实用的，特别是在微型形状记忆合金驱动器中。

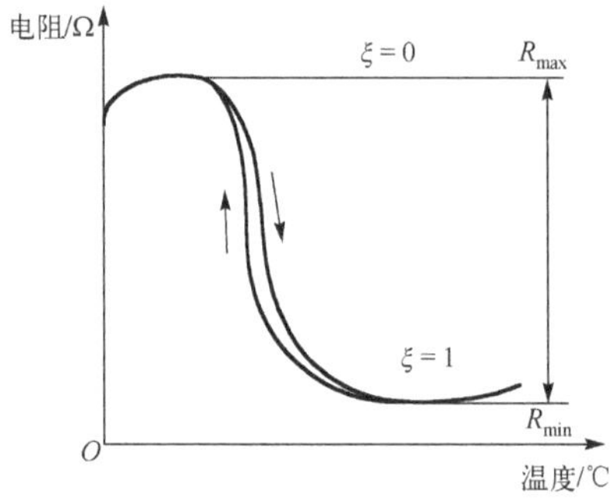

图 4-15　NiTi 形状记忆合金电阻-温度曲线示意图

图 4-15 为 NiTi 形状记忆合金的电阻-温度曲线示意图。NiTi 形状记忆合金在马氏体相和奥氏体相之间发生转变。在相变过程中，电阻随温度呈负梯度变化，且滞后性很小。电阻被认为是马氏体相的近似线性函数，可以使用归一化电阻作为反馈变量，因此使用电阻作为内部状态反馈信号更具有优势，可以直接控制形状记忆合金的相变，其具有以下几个有利的控制特性。

(1) 避免形状记忆合金过热。

(2) 具有抵抗加热和冷却条件的鲁棒性。

(3) 减小形状记忆合金驱动器的滞后。

(4) 具有传感位置和力的功能。

要实现可行的形状记忆合金驱动器，(1)～(3) 的优点是必不可少的。此外，第 (4) 项意味着，当位置或力固定时，都有可能具有开环控制。这一优点适合实现任何位置或力传感器都不能使用的超小型伺服驱动器系统，也就是自传感控制。

1. 基于外部变量反馈的 PID 控制

闭环反馈系统中，通过传感器来反馈形状记忆合金丝的收缩力和收缩位移，进而实现形状记忆合金驱动器的运动控制。根据传感器使用方式，又可将闭环反馈系统分成基于外界传感器反馈和基于内部传感器反馈这两种类型。本节介绍常见的基于外界传感器反馈的 PID 控制系统，如图 4-16 所示。PID 控制器输出 v 为

$$v = K_P + \frac{K_I}{s} + K_D s \tag{4-57}$$

式中，K_P 为比例增益；K_I 为积分增益，等效于 K_P/T_I；K_D 为导数增益且等效于 $K_P T_D$。PID 控制器的系统响应较快，但存在较高的超调。

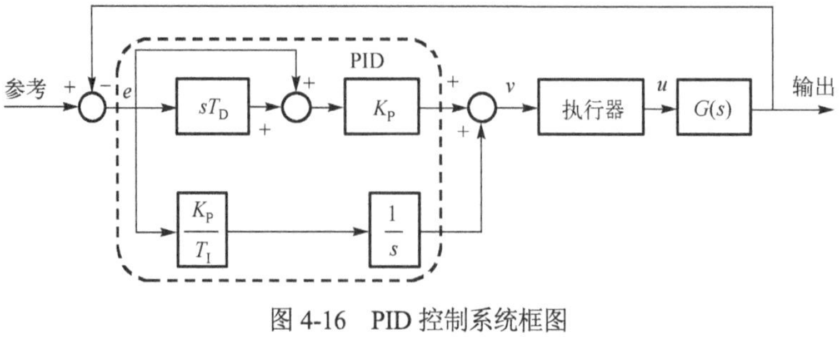

图 4-16　PID 控制系统框图

2. 基于外部变量反馈的抗饱和 PID 控制

传统 PID 控制器无法处理积分器饱和问题，在实际应用中，这种现象可能会导致不期望的输出，并减慢驱动器的响应速度。马氏体体积分数反映了形状记忆合金相变的饱和现象，这是一种非线性效应，可导致较大的积分项，需要较长的时间才能返回期望值。该问题必须通过设计能够处理输出反馈环断裂的控制器来解决。为解决该问题，抗饱和 PID 控制器被提出。带有抗饱和的 PID 控制器框图，如图 4-17 所示。当输出饱和时，抗饱和模块将开始工作，以限制控制信号的变化率。在抗饱和 PID 控制器作用下，驱动器的输出会产生一条额外的反馈路径，并通过增益 $1/T_t$ 反馈给积分器输入。通过引入抗饱和模块，可以显著消除超调，驱动器可以在更短的时间内达到期望输出。然而，抗饱和 PID 控制系统的正弦跟踪性能较差，这意味着该方案不适用于超高频率响应的驱动器。在今后的研究中，应该更多地关注具有更高频率响应应用的先进控制策略。

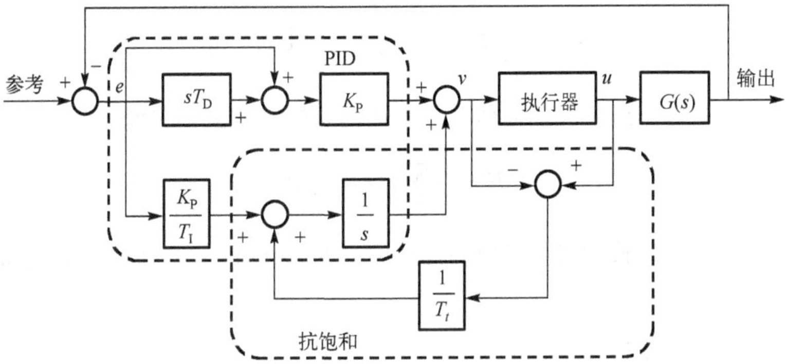

图 4-17　抗饱和 PID 控制系统框图

3. 基于外部变量反馈的带死区 PI 控制

为防止形状记忆合金驱动器过热，需要注意的是，控制器应当在目标输出与实际输出差值较小时，停止加热。图 4-18 为形状记忆合金驱动器带有死区的 PI 控制系统框图。该控制系统的基本原理是：根据驱动器的目标输出与实际输出之间的误差，通过 PI 控制器计算出合理的参数来减小误差，使其接近零。未采用微分项的原因是，在阶跃式目标输出运动下，该控制的作用效果较小。为了实现稳定的输出和防止过热，在 PI 控制器中引入了死区定义。当驱动器到达死区时，驱动器保持该输出，直到设定新的目标输出后，PI 控制器重新开始工作。

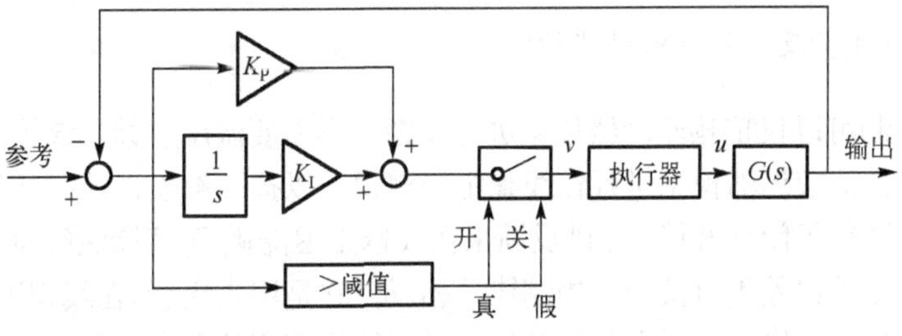

图 4-18　带有死区的 PI 控制系统框图

4. 基于外部变量反馈的 BP 神经网络拓展的 PID 控制

普通 PID 控制器中，PID 参数是通过实验不断优化所确定的，但对于未知的工作环境和工作状态，初始的固定参数将不再适用于更多的实验条件，并且形状记忆合金材料具有强非线性和迟滞问题，传统 PID 控制并不能很好地控制驱动器精度。为提高 PID 控制器的鲁棒性，可采用 BP 神经网络对 PID 参数进行实时优化。如图 4-19 所示，这套控制系统由 BP 神经网络和 PID 控制器共同构成。定义 $e(k)$ 为 k 时刻的驱动器输出期望值与真实值的差值。将 $e(k-1)$、$e(k)$ 和 $e(k+1)$ 这 3 个时刻的差值作为 BP 神经网络的输入值 x，将 PID 的控制参数增量 ΔK_{P}、ΔK_{I} 和 ΔK_{D} 作为 BP 神经网络的 3 个输出 O。设定隐含层节点数为 l，隐含层的输出为

$$H_j^t = f(w_{ij}x_t + a_j),\quad i=1,2,\cdots,l,\quad j=1,2,\cdots,l \tag{4-58}$$

式中，f 为隐含层激活函数；w_{ij} 为输出层与隐含层之间的权值；a_j 为隐含层阈值。输出层的预测输出为

$$O_k^t = \sum_{j=1}^{l} H_j^t p_{jk} - b_k,\quad k=1,2,\cdots,q \tag{4-59}$$

式中，p_{jk} 为隐含层与输出层之间的权值；b_k 为输出层的阈值。损失函数为

$$E_t = \frac{1}{2}\sum_{k=1}^{l}(O_k^t - Y_k^t)^2 \tag{4-60}$$

式中，Y_k^t 为实际输出。调整学习率以更新神经网络的迭代补偿，当训练集的累积误差达到停止条件时，迭代停止。

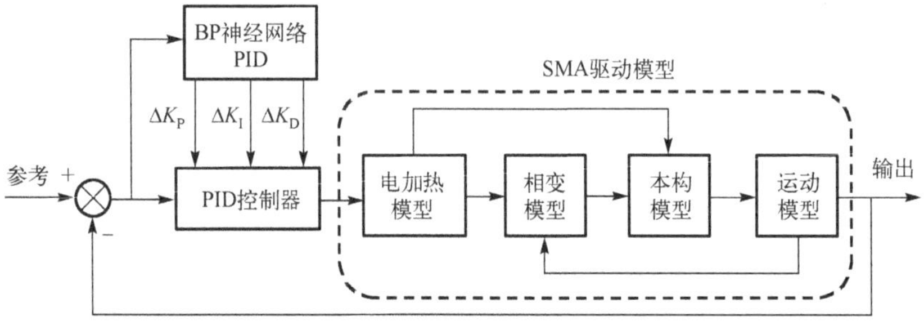

图 4-19　BP 神经网络拓展的 PID 控制系统框图

相比于传统 PID 控制和模糊 PID 控制，BP 神经网络拓展的 PID 控制能够降低超调量，缩短调节时间，降低稳态误差，具有更好的鲁棒性。

5. 基于外部变量反馈的迟滞补偿控制

迟滞补偿控制可以仅依赖驱动器位移进行反馈，不需要温度反馈。该控制方法依赖于迟滞补偿，并利用自适应迟滞模型进行在线整定和辨识，以提高补偿性能。此外，该控制方法根据迟滞非线性进行了闭环补偿，提供反馈来在线修正迟滞模型，以准确预测驱动器的响应。在反馈补偿中，跟踪误差不直接用于控制律，相反，它是用来更新(在线识别)迟滞模型的，以解释模型与实际输入输出关系之间的差异。逆运算将期望的参考轨迹映射成温度信号。当可以测量温度时，自适应热力学模型命令电流来控制形状记忆合金的温度以跟随所需的温度。

对于无法获得测量温度的情况，使用简化的热力学模型的积分(仅基于对热参数的粗略估计)来代替实际的测量温度。

如图 4-20 所示，参考位移信号 $r(t)$ 通过迟滞模型逆映射到参考温度 T_r。式(4-61)和式(4-62)表示自适应热力学模型。式(4-61)计算所需的加热 u，式(4-62)的积分确定 $\hat{T}$。电流信号 i 输出到形状记忆合金丝。值得注意的是，u 的约束区间为$[0, i_{\max}^2]$，其中 $i_{\max}$ 是预先定义好的电流安全极限，下限表示形状记忆合金丝的电流停止时，可以实现最快的冷却。a_m 和 b_m 是增益常数，当两者相等时，表明 $\hat{T}$ 接近 T_r。α 和 β 是取决于形状记忆合金丝电流和电阻的物理参数。

$$u = -\frac{a_m - \alpha}{\beta}\hat{T} + \frac{b_m}{\beta}T_r \tag{4-61}$$

$$\dot{\hat{T}} = -\alpha_m \hat{T}_m + \beta_m T_r \tag{4-62}$$

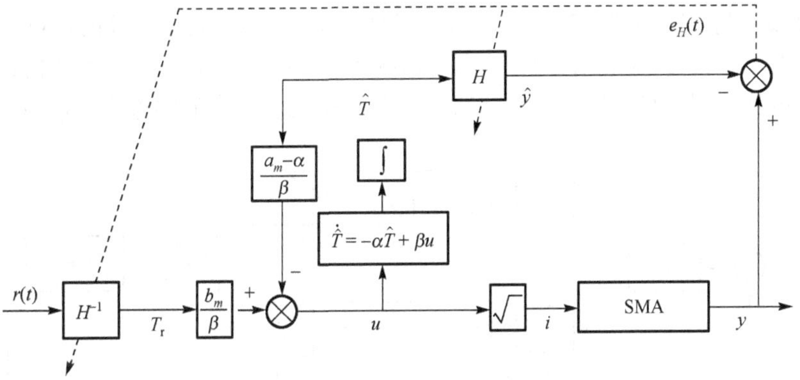

图 4-20　迟滞补偿控制系统框图

6. 基于内部变量电阻反馈的 PID 控制

任何外置的传感器都会显著增加驱动器的整体尺寸。目前，主流的替代方案是利用形状记忆合金内部电阻作为传感信号，实现自感知控制。下面将介绍基于内部传感器反馈的运动控制常用方案：采用电阻反馈的收缩力自感知控制。通过多项式拟合建立形状记忆合金收缩力 F 和电阻 R 的映射关系。由于固有滞回特性，收缩力和电阻的映射模型分成加热阶段和冷却阶段。用于反馈的电阻需要经过归一化处理，以增加模型鲁棒性。归一化的电阻由最大电阻和最小电阻计算得到，公式如下：

$$\lambda = \frac{R - R_{\min}}{R_{\max} - R_{\min}} \tag{4-63}$$

加热阶段和冷却阶段的多项式映射模型，分别表示如下：

$$F = g_h(\lambda), \quad F = g_c(\lambda) \tag{4-64}$$

相较于形状记忆合金应力-应变的滞回曲线，收缩力与电阻的加热和冷却的曲线十分接近。此时，形状记忆合金的滞回特性对于电阻的影响较小，因此可简化收缩力和电阻的建模步骤。将加热阶段和冷却阶段的多项式模型平均，得到收缩力与电阻之间的简化模型，如下所示：

$$F = g_a(\lambda) = 0.5 \times (g_h(\lambda) + g_c(\lambda)) \tag{4-65}$$

在映射模型的基础上，实现了如图 4-21 所示的 PID 控制器来控制收缩力。采用模糊逻辑算子在线调度整定 PID 增益。在瞬态过程中，根据误差 e 及其一阶导数的值来确定合适的 PID 增益。

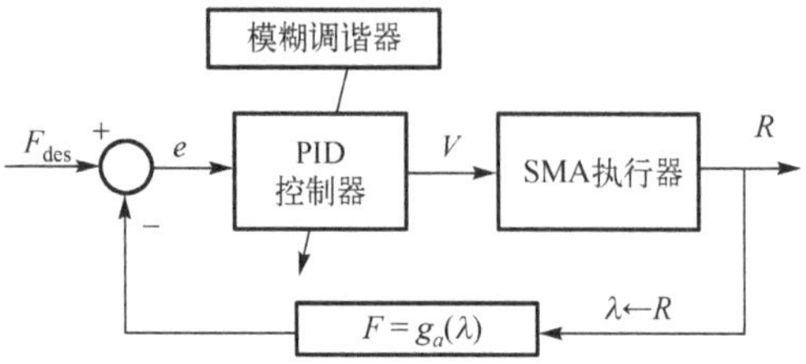

图 4-21　电阻反馈控制系统框图

电阻反馈控制技术避免了额外的传感器及其响应延迟的问题。尽管控制误差稍大，但有利于驱动器紧凑化和集成化。利用该建模方法的工作量很小，只需要确定滞回曲线，并且通过简单多项式拟合就可以有效地集成到控制系统中。

7. 外部变量和内部变量电阻组合反馈的 PID 控制

组合反馈控制方案如图 4-22 所示，该方案兼有外部反馈和内部反馈的优点。结合电阻和位置反馈的控制方案可以在没有力传感器的情况下直接控制形状记忆合金的刚度和传感力。基于该方案可将微型形状记忆合金驱动器应用于位置-力复合控制的微型手爪中。

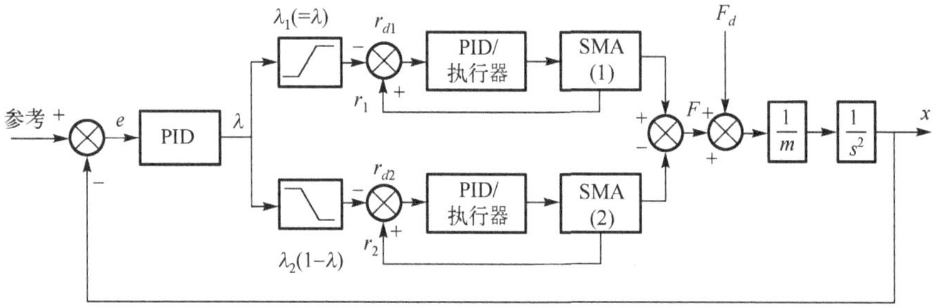

图 4-22　电阻和位置组合反馈控制系统框图

4.4.4　形状记忆合金驱动器点位/调速控制系统实例

这里介绍了一种利用比例积分控制策略来进行 NiTi 形状记忆合金驱动器闭环点位控制的系统实例。实验设备包括形状记忆合金丝(直径为 0.2mm，长度为 80mm)、机械结构、用于固定形状记忆合金丝的夹具、配重块、计算机、控制器、可编程电源、LVDT(线性可变位移传感器)、电流传感器和数据采集卡。图 4-23 为用于对形状记忆合金驱动器进行电热机械表征的实验测试台示意图。形状记忆合金丝固定在夹具之间，下端连接着 LVDT 的移动元件。通过悬挂配重的方式对形状记忆合金丝加载，确保形状记忆合金丝处于单轴拉伸应力状态。

形状记忆合金丝的位移由 LVDT 测量，负责提供形状记忆合金丝电流的电源由计算机、控制器控制。使用数据采集卡以 100Hz 的频率采集通过形状记忆合金丝的电流、产生的电压和位移数据。使用数据处理软件如 MATLAB Simulink 对获得的数据进行实时处理，并使用截止频率为 5Hz 的二阶离散滤波器消除噪声。

使用该测试台对形状记忆合金丝的收缩量-电流表征。为了进行表征，在 140MPa 应力下对形状记忆合金丝施加斜坡电流，电流最大值设定为 600mA，并获得收缩量-电流曲线图。为了研究的普适性，在建模中，使用绝对应变作为变量而不是收缩量。在特性测试中获得应变-电流和绝对应变-电流曲线图，然后利用 Sigmoid 型函数进行曲线拟合，建立形状记忆

合金丝的绝对应变-电流关系模型。对加热和冷却曲线进行建模的方程分别为

$$\varepsilon = \varepsilon_l \left[1 - \frac{1}{1 + \mathrm{e}^{(-a_M(I_M - I))}} \right] \tag{4-66}$$

$$\varepsilon = \varepsilon_l \left[1 - \frac{1}{1 + \mathrm{e}^{(-a_A(I - I_A))}} \right] \tag{4-67}$$

在上述关系中，首先确定变量马氏体相变的起始电流和终止电流 m_s、m_f，奥氏体相变的起始电流和终止电流 a_s、a_f，以及最大可恢复应变 ε_L，然后求出模型中使用的参数：

$$\begin{aligned} & a_A = 5/(a_s - a_f), \quad a_M = 5/(m_s - m_f) \\ & I_A = 0.5/(a_s + a_f), \quad I_M = 0.5/(m_s + m_f) \end{aligned} \tag{4-68}$$

在控制形状记忆合金丝应变的控制系统设计中，首先使用简单的线性模型对形状记忆合金丝进行建模。然后，在模拟和测试装置上的实验中，使用计算出的参数来控制非线性真实模型。在 PI 控制中，发送到被控对象或被控系统的控制信号是通过将期望的应变和实际值之间的误差与比例增益和积分增益相乘而产生的。使用图 4-24 中给出的 PI 控制器的框图，可以得到以下关系：

$$\varepsilon_m = \varepsilon_e \cdot G_c(s) \cdot G_{i\varepsilon}(s) \tag{4-69}$$

$$\varepsilon_e = \varepsilon_d - \varepsilon_m \tag{4-70}$$

$$\varepsilon_m = (\varepsilon_d - \varepsilon_m) \cdot G_c(s) \cdot G_{i\varepsilon}(s) \tag{4-71}$$

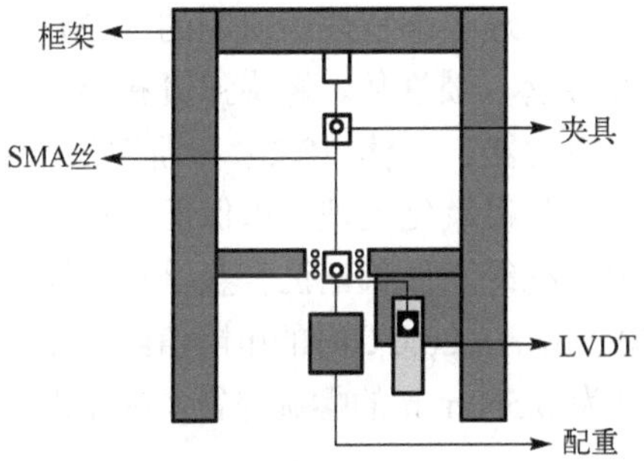

图 4-23　表征实验测试台示意图

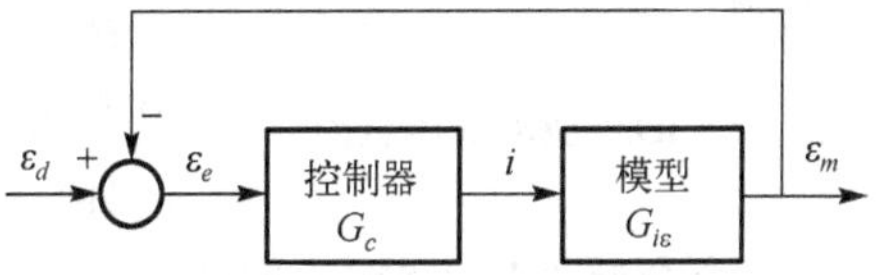

图 4-24　PI 控制器框图

在图 4-24 中，i 表示电流；ε_d、ε_m 和 ε_e 分别表示期望应变、测量应变和应变误差；G_c 和 $G_{i\varepsilon}$ 分别表示控制器和模型传递函数。闭环控制系统的整体传递函数如式(4-72)所示：

$$G_s(s) = \frac{\varepsilon_m}{\varepsilon_d} = \frac{G_c(s) \cdot G_{i\varepsilon}(s)}{1 + G_c(s) \cdot G_{i\varepsilon}(s)} \tag{4-72}$$

假设应变-电流模型为简单的线性模型 $\varepsilon = K_1 \cdot i$，则被控对象传递函数简单地得到 $G_{i\varepsilon} = K_1$。此外，PI 控制模块的传递函数如式(4-73)所示：

$$G_c(s) = K_\mathrm{P} + \frac{K_\mathrm{I}}{s} = \frac{K_\mathrm{P} \cdot s + K_\mathrm{I}}{s} \tag{4-73}$$

式中，K_P 和 K_I 分别表示控制器的比例增益和积分增益。利用 $G_c(s)$，期望应变值和测量应变

值之间的系统传递函数可转换为

$$G_s(s)=\frac{\varepsilon_m}{\varepsilon_d}=\frac{G_c(s)\cdot G_{i\varepsilon}(s)}{1+G_c(s)\cdot G_{i\varepsilon}(s)}=\frac{K_1K_{\mathrm{P}}\cdot s+K_1K_{\mathrm{I}}}{(K_1K_{\mathrm{P}}+1)s+K_1K_{\mathrm{I}}} \tag{4-74}$$

控制器参数可通过各种技术进行调整。在这方面，最常用的技术之一是闭环传递函数的极点置换。根据这种技术，可以使用指定的多项式(如巴特沃思多项式和切比雪夫多项式)来放置极点。这些多项式可用于放置闭环控制系统的极点，使系统在所需带宽内保持稳定。使用巴特沃思多项式得到的系统响应通常优于使用切比雪夫多项式得到的响应，因此在本设计中使用巴特沃思多项式。将闭环特性多项式等价于一阶巴特沃思多项式方程，可得

$$\frac{K_1K_{\mathrm{P}}+1}{K_1K_{\mathrm{I}}}s+1=\frac{s}{\omega_c}+1 \tag{4-75}$$

考虑要消除线性模型中 1%的应变误差需要近 300mA 的电流，比例增益 K_{P}选为 300，带宽 ω_c选为 0.05Hz。利用这些值计算出积分增益 K_{I}为 55。利用计算出的控制器参数对非线性模型进行仿真，并使用阶跃指令进行测试，指令执行后的应变误差约为 0.005%。

4.5　形状记忆合金驱动在智能机器人中的应用实例

冲击驱动机构(IDM)驱动器是一种利用元件快速变形时产生的冲击力(惯性力)和摩擦力的精确定位装置。目前，IDM 驱动器已应用于数码相机，以实现自动对焦、变焦和图像稳定。本节将介绍一种 Hattori 等利用形状记忆合金丝快速收缩特性所研制的 IDM 驱动器。图 4-25 所示为由主体、惯性体、螺旋弹簧和形状记忆合金丝组成的 IDM 驱动器。主体(19.2g)和惯性体(7.9g)由铝制成，其表面经过阳极氧化处理，以保证主体和形状记忆合金丝之间的电气绝缘。形状记忆合金丝直径和长度分别为 0.1mm 和 70mm，在 20.0℃时的电阻值约为 12Ω。此外，还使用了刚度为 0.5N/mm 的螺旋弹簧，在室温下对形状记忆合金丝施加 1.5N 的预紧力。

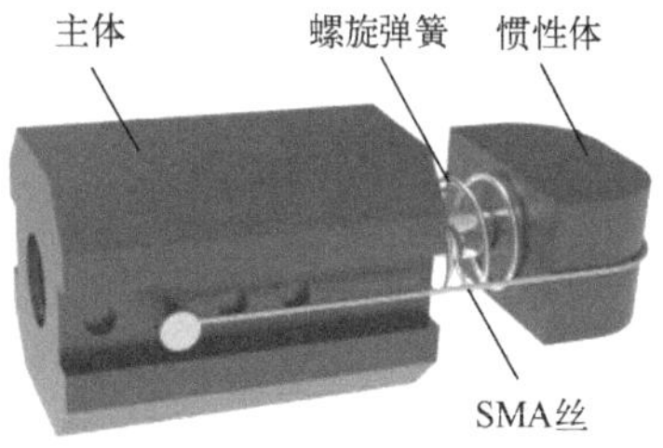

图 4-25　IDM 驱动器示意图

图 4-26(a)所示为驱动器的侧视图和俯视图，其尺寸约为 20mm×20mm×40mm，纵向长度根据形状记忆合金丝的张力而变化。主体上的几个螺孔便于调整导线长度。形状记忆合金丝呈 U 形连接；导线穿过惯性体上的凹槽，以简化装配和校准。横截面如图 4-26(b)所示。主体中内置的线性衬套和连接惯性体的轴使惯性体能够稳定、平滑地线性运动，并保持惯性体的方向平直。这些导线通过接线端子用塑料螺钉和垫圈拴在一起，以避免漏电。

通过对形状记忆合金丝施加高电压可以实现快速加热，但这可能会导致过热，从而导致驱动器性能下降，甚至会烧毁形状记忆合金丝，因此需要很短的加热时间和足够的冷却时间来避免过热。此外，还需要对形状记忆合金丝进行循环驱动，以获得连续的步进式运动。因此，图 4-27 所示的输入电压可用于实现快速加热和逐渐冷却的循环。将加热时间和冷却时间之比定义为占空比。形状记忆合金丝的快速加热可以通过输入电压的振幅、占空比和频率来控制。

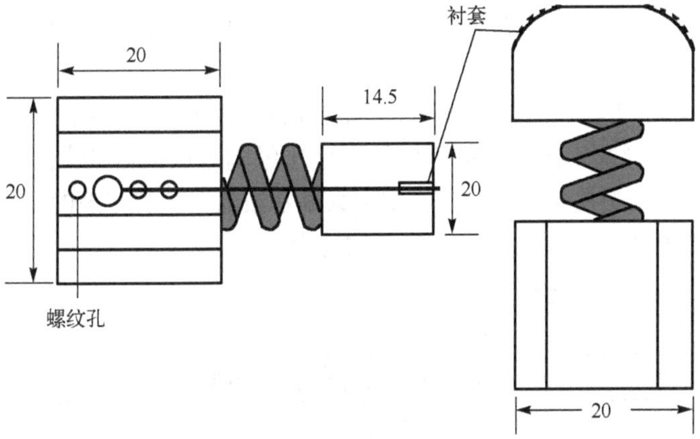

(a) 侧视图和俯视图(单位：mm)

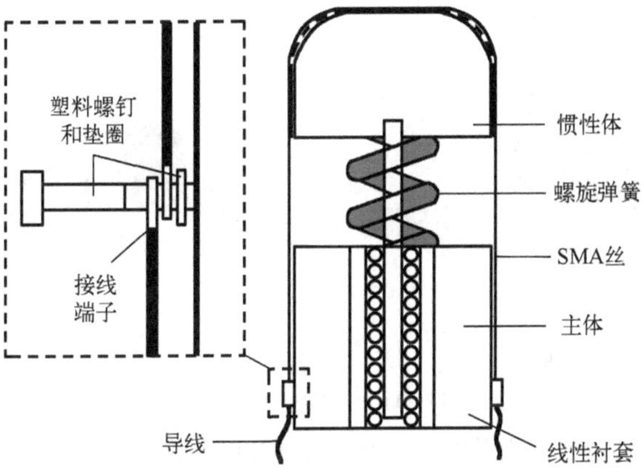

(b) 剖视图

图 4-26　驱动器的侧视、俯视和剖视示意图

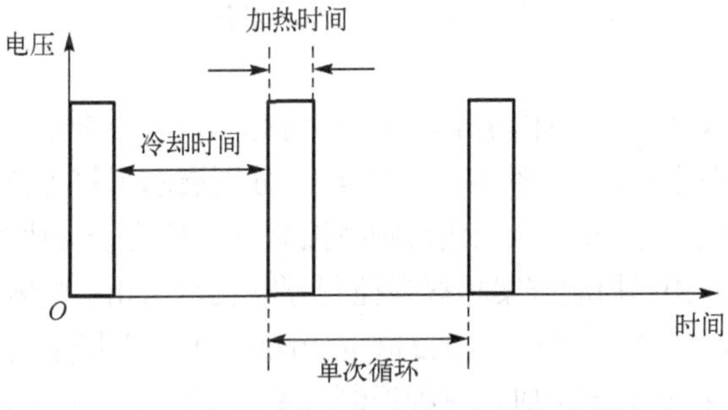

图 4-27　施加到形状记忆合金丝的输入电压形式

评估导致形状记忆合金丝过热的最高温度有助于设计驱动器和输入电压。与最高温度相关的输入电压振幅可通过形状记忆合金丝的热传导模型计算得到，该模型包括电加热容和自然对流(即空气冷却)。然而，传热方程中需要考虑一些与温度有关的参数，如比热容和对流系数，这些参数一般很难从理论上确定。为了进一步精确模拟，需要考虑奥氏体和马氏体之间不同的相变方程，因为不同的相变会导致形状记忆合金丝的滞后行为。因此，要从理论上估算出输入电压的最大振幅以安全驱动所提出的驱动器并不容易。输入电压最大振幅可以根

据经验确定，也可以通过监测电阻的变化规律确定。例如，图 4-15 中的电阻极小值点即为最高温度引起的。

图 4-28(a)显示了实验系统的示意图。固定在底座上的两个激光位移传感器测量主体和惯性体的位移。由波形发生器形成的不同输入电压经功率放大器放大后施加到形状记忆合金丝上。这些实验数据是在驱动实验过程中用数字示波器采集和记录的。如图 4-28(b)所示，样机放置在钢制的 V 形底座上，其静摩擦系数约为 0.26。

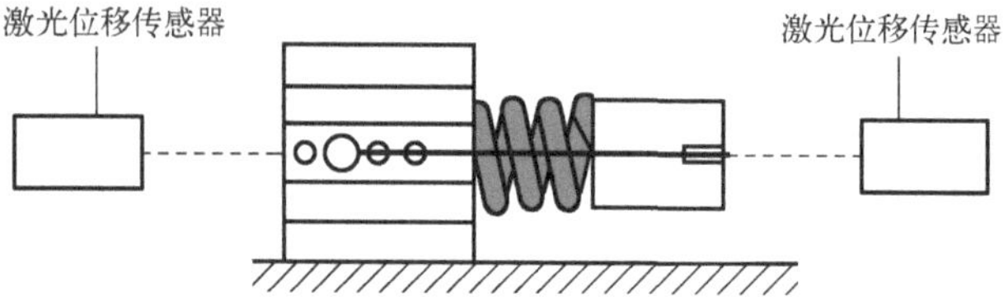

(a) 实验系统示意图

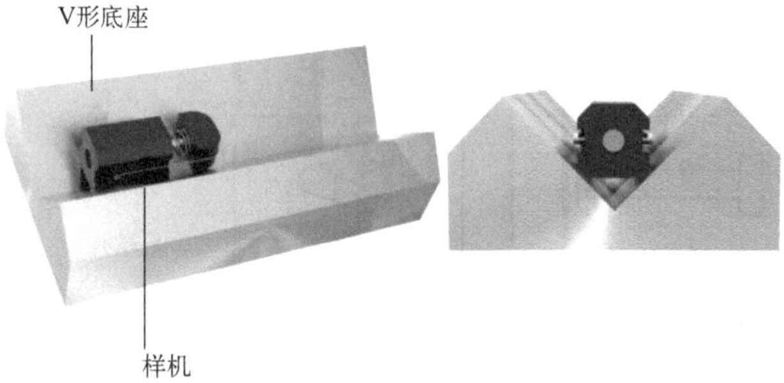

(b) 样机在V形底座上运动

图 4-28　用于验证基于形状记忆合金丝的 IDM 驱动器可行性的实验系统

图 4-29 显示了主体的位移(图 4-29(a))、基于主体位置的惯性体的相对位移(图 4-29(b))以及输入电压的波形(图 4-29(c)：频率为 1Hz，占空比为 1.0%)。在图 4-29(a)中，正位移表示主体向惯性体运动(预期运动)，也表示整个驱动器的运动。图 4-29(b)的正值表示惯性体被吸向主体。

在位置定位实验中，将 IDM 驱动器移动至相对起始位置 0.5mm 处，并分别采用电压信号的振幅、占空比和频率进行控制。图 4-30～图 4-32 分别展示了每种控制方案下的定位结果。对于反向定位，较高频率下的较小步长使得频率控制方案相比于其他控制方案具有更小的过冲和静差；对于响应性，频率控制方案与振幅控制方案表现出相似的响应(即驱动器首次到达目标位置所需的时间)，而占空比控制方案的响应相对较低，因此频率控制方案是实现精确负向定位最有效的方法。在正向定位时，三种控制方案表现出了类似的响应性和步长，如考虑过冲和收敛性能，振幅控制方案略优于其他控制方案。综上所述，使用振幅控制方案与频率控制方案结合的方式，可实现驱动器的快速精确定位。首先使用振幅控制方案使驱动器尽可能快地到达目标位置并减小过冲，然后切换控制器方案至频率控制，以多个连续步距精准接近目标位置。

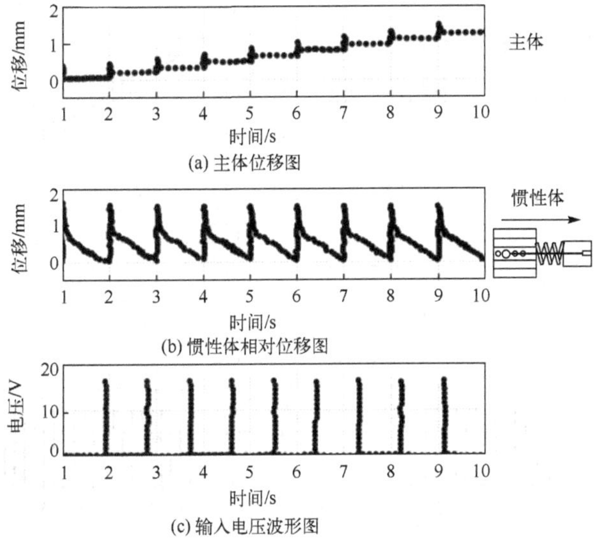

图 4-29　在频率为 1Hz、占空比为 1.0%、电压为 16.0V 时的驱动器位移

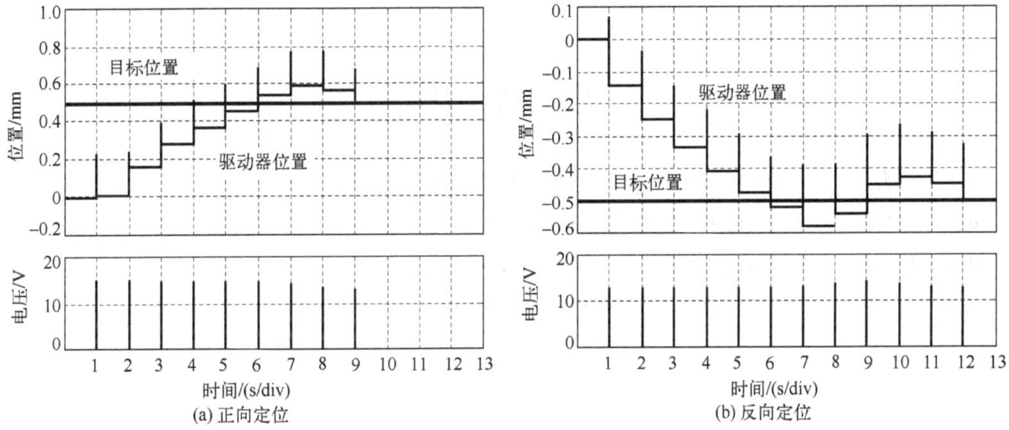

图 4-30　振幅控制型阶跃响应

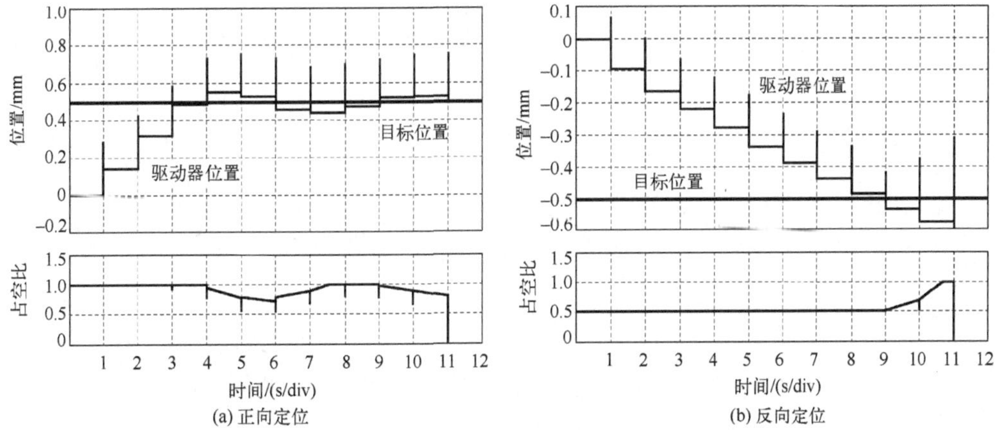

图 4-31　占空比控制型阶跃响应

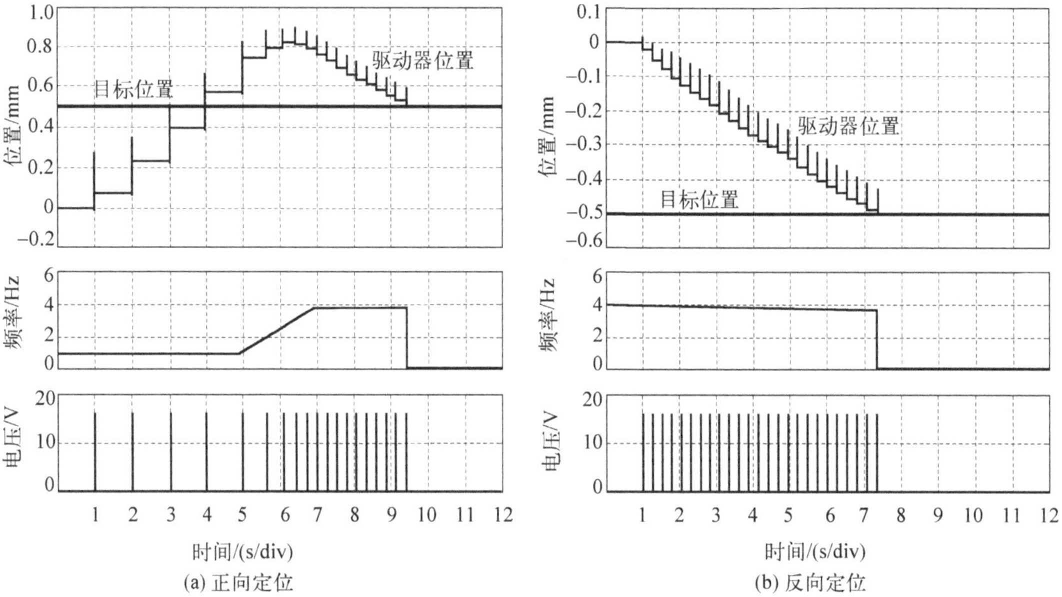

图 4-32　频率控制型阶跃响应

思　考　题

4-1　形状记忆合金材料的“记忆”特性的内涵是什么？

4-2　形状记忆合金驱动分类和各自的特点是什么？

4-3　形状记忆合金驱动器滞回特性的具体内涵是什么？

4-4　形状记忆合金驱动器滞回特性如何控制补偿？

第 5 章　介电弹性体驱动及控制技术

微课

介电弹性体是一类在电场作用下能够发生形变的材料，具有大应变、高能量密度和快速响应等特点。美国 *Science* 期刊在 1986 年首先对电活性聚合物材料进行了报道。20 世纪末至 21 世纪初，随着理论的深入，介电弹性体的电-力耦合变形机制被逐渐揭示。研究人员一直在探索新的介电弹性体材料，以提高其性能。叠层式介电弹性体驱动器能够在不增加驱动电压的情况下提升输出力和能量；新型干叠法工艺的开发使得介电弹性体驱动器的制备更加高效，可大面积生产，良率高，性能损失小。介电弹性体的应用领域也在不断拓展，包括生物医学、软体机器人、可调透镜、微流控压力泵、柔性传感器和能量收集装置等。尽管介电弹性体具有广阔的应用前景，但仍面临一些技术挑战，如高驱动电压、稳定性问题、环境耐受性以及安全问题等。未来的研究可能会集中于开发更低驱动电压、更高稳定性和环境耐受性的介电弹性体材料，以及更高效的叠层工艺，以推动介电弹性体的商业化应用。介电弹性体的研究和发展是一个跨学科的领域，涉及材料科学、化学、物理学、机械工程和电子工程等多个学科。

5.1　电致伸缩效应及介电弹性体驱动的工作原理

5.1.1　电致伸缩效应

电致伸缩是指电介质材料在施加电场时发生弹性形变的现象，这种形变可以是膨胀、收缩、扭曲等，其大小取决于电场强度和电介质材料的性质。电致伸缩效应的核心机制与逆压电效应类似：当电介质置于电场中时，其分子会发生极化，沿着电场方向，一个分子的正极与另一个分子的负极相互吸引，导致整个电介质在这个方向上发生收缩，直到内部的弹性力与电引力平衡为止。但电致伸缩效应与逆压电效应不同，后者是一次项的线性响应效应，只可能出现于无对称中心的固体电介质中，压电常数是一个三阶张量，描述各向异性电介质电致伸缩效应的物性参数则是一个四阶张量。

对于标准条件下的绝缘子，净电荷在宏观上为零。在原子水平上，晶体是由带正电的离子(阳离子)和带负电的离子(阴离子)组成的。当对材料施加电场时，阳离子和阴离子会根据电场本身重新排列它们的相对位置，如图 5-1 所示。我们利用唯象方程描述了材料的电致应变(λ)，其与施加的电场强度(E)或者极化强度(P)的平方成正比。在张量表示法中，用式(5-1)表示：

$$\lambda_{ij} = M_{ijkl} E_k E_l \tag{5-1}$$

或表示为

$$\lambda_{ij} = Q_{ijkl} P_k P_l \tag{5-2}$$

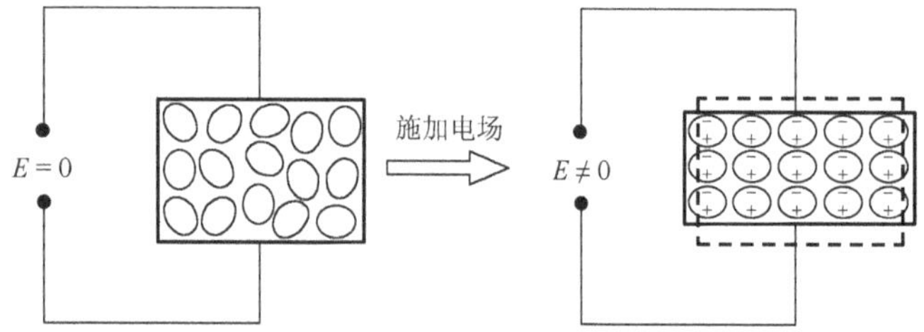

图 5-1　电致伸缩效应原理示意图

式中，M_{ijkl} (m^2V^{-2}) 和 Q_{ijkl} (C^2m^{-4}) 是电致伸缩系数。如前所述，其是四阶张量，这意味着电致伸缩发生在对称性的晶体中。其中，对于中心对称的电介质材料而言，电致伸缩还可以用式(5-3)表示：

$$\lambda_3 = Q_{33}P^2 \tag{5-3}$$

或者

$$\lambda_1 = Q_{31}P^2 \tag{5-4}$$

式中，λ_3 和 λ_1 分别是材料在厚度方向和横向方向的电致伸缩应变；Q_{33} 和 Q_{31} 分别是两个方向的电致伸缩系数。这里只给出了关于极化强度的关系，而极化强度和电场强度可以相互转换：

$$P = \varepsilon_0(\varepsilon_r - 1)E \tag{5-5}$$

式中，ε_0 和 ε_r 分别是真空介电常数和电介质材料的相对介电常数；E 是电场强度。

当把晶体材料极化时，其离子会从原来的位置移动，造成机械应变。正负离子的相对位移应相互抵消，净应变应为零。图 5-2 给出了离子晶体中的离子对电势，r_0 是阳离子与阴离子之间的平衡距离。可以看到，压缩一个离子对所需要的能量(U_c)通常要高于放大它所需要的能量(U_e)。

因此，极化通常会导致离子对键长的增加和电致伸缩系数的增大。然而，对于一些材料，如萤石，极化使离子对收缩，导致产生负电致伸缩系数。此外，离子对电势随材料的不同而变化。考虑带正电荷和负电荷的离子刚性模型，其势能函数可以描述为

$$\Delta U = U_r - U_{r_0} = f(r - r_0)^2 - g(r - r_0)^3 \tag{5-6}$$

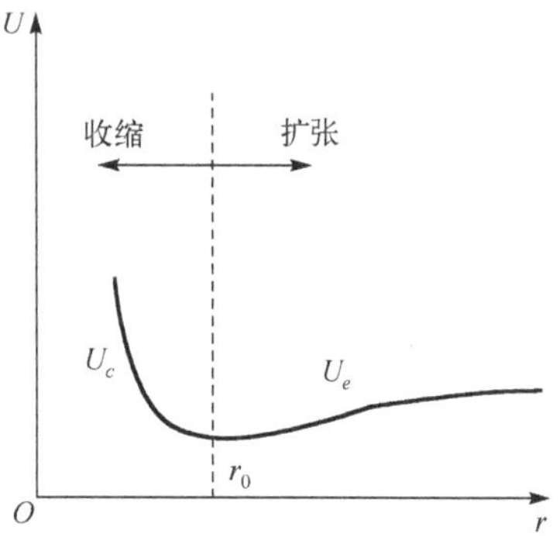

图 5-2　离子晶体中的离子对电势

式中，r 是阳离子和阴离子的相对距离；r_0 是平衡位置；f、g 分别是能量的谐波部分和非谐波部分。在电场的作用下，应变和电致伸缩系数分别如下：

$$\lambda_1 = \frac{3gq^2}{4f^3r_0}E_1^2 \tag{5-7}$$

$$Q_{11} = \frac{12gr_0^5}{fq^2} \tag{5-8}$$

式中，g/f 是非谐波和谐波对整体离子对势能的能量贡献之比。因此，高非谐波分量对应高电致伸缩系数，f 和 g 与材料的离子半径、电荷、晶体结构和对称性等微观特性有关。电致伸缩效应在一切固体电介质中都存在，但其大小不同。电致伸缩材料种类繁多，包括晶体、陶瓷、聚合物等。其中，晶体电致伸缩材料具有较大的电致伸缩系数，但其机械强度较差；陶瓷电致伸缩材料具有较好的机械强度，但其电致伸缩系数较小；聚合物电致伸缩材料具有较好的柔韧性，但其电致伸缩系数也较小。

5.1.2　介电弹性体驱动的工作原理

介电弹性体具有变形大、响应快、弹性模量低、能量密度高、重量轻、成本低等特点，已成为驱动软体机器人的主要材料之一。介电弹性体驱动器(DE actuator, DEA)是一种由介电弹性体智能材料作为驱动源的执行器，可将电能直接转换为机械能，所使用材料特性直接决定其驱动效果以及效率。理想的介电弹性体应具备以下特性。

(1) 低模量：材料灵活性强，容易变形。

(2) 低黏度：流动阻力小，提高响应。

(3) 高击穿电场强度：确保材料能够在高电场强度下不会被击穿。

(4) 高介电常数：材料在电场中具备较高的电能储存能力。

常用的介电弹性体材料可分为以下三类：丙烯酸酯、硅胶和聚氨酯(PU)，其中丙烯酸酯(如 VHB 4910 和 VHB 4905)因其易制备和价格低廉特性最为常用；硅胶比丙烯酸酯具备更强的变形能力，但由于其介电常数较低，需要更高的电场；聚氨酯通常具备更大的输出力，而且其介电常数较高，可以用较低的电场驱动。

DEA 通常由一个介电弹性体膜(DE 膜)组成，如图 5-3(a)所示，两侧涂有柔性电极，给 DE 膜电极通电产生电场，其面积扩张，厚度减小，发生形变。另外，介电弹性体还可用作机电能量转换器，将机械能转换为电能，如图 5-3(b)和(c)所示，相关特性可用于设计俘能器和传感器。

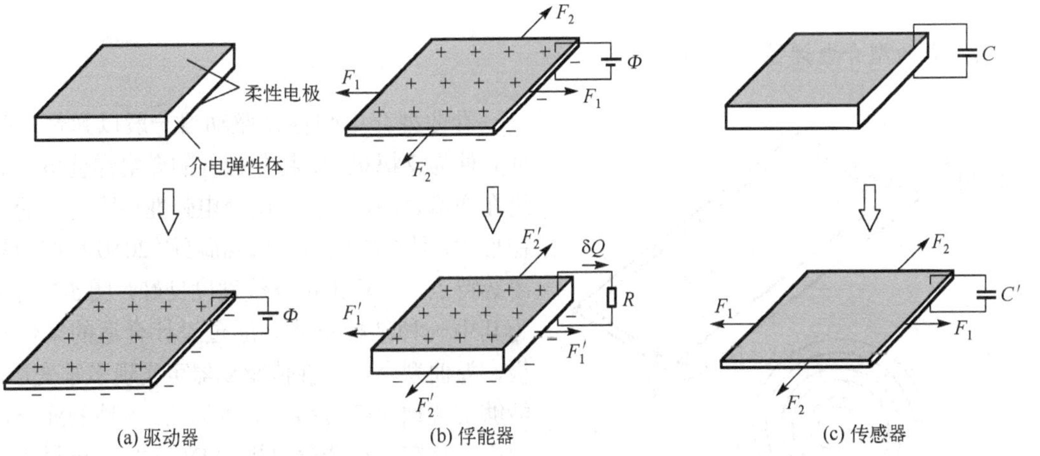

图 5-3　介电弹性体工作原理示意图

5.2　介电弹性体驱动器的分类及特点

5.2.1　介电弹性体驱动器的分类

自 20 世纪 90 年代末以来，介电弹性体驱动器得到了广泛的研究，根据基本结构可分为卷曲型、叠层式、膜片型、最小能量结构型和锥型驱动器。图 5-4 总结了目前介电弹性体驱动器的主要分类和典型结构示意图。

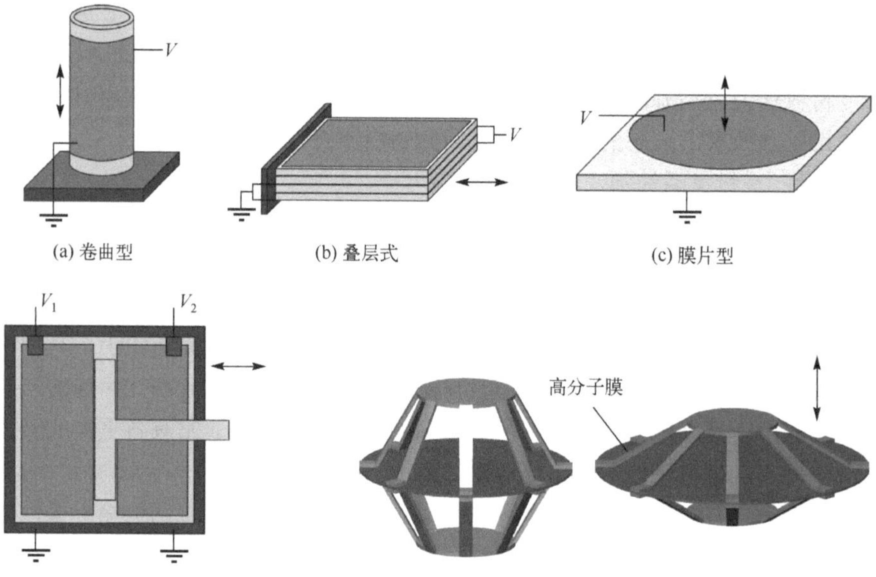

(a) 卷曲型　(b) 叠层式　(c) 膜片型

(d) 最小能量结构型　(e) 锥型

图 5-4　介电弹性体驱动器的主要分类和典型结构示意图(箭头方向为驱动方向)

1. 卷曲型介电弹性体驱动器

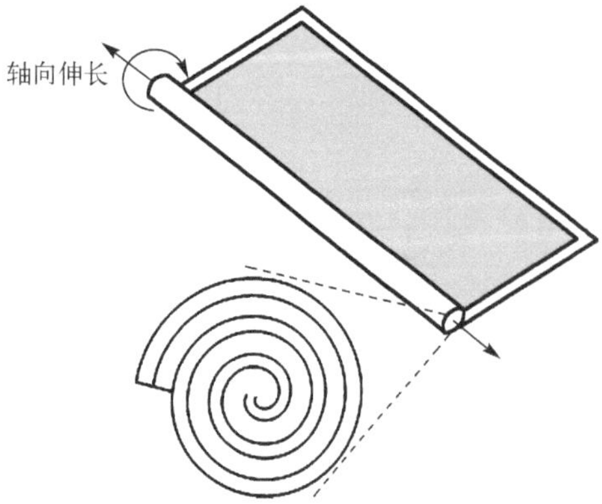

图 5-5　典型卷曲型介电弹性体驱动器结构示意图

卷曲型介电弹性体驱动器一般以弹簧等弹性元件为支撑机构，将预拉伸的介电弹性体膜缠绕在弹簧表面，或者采用介电弹性体膜卷曲的结构形式，具备输出力大(最高可达 20N)和结构紧凑等特点，且输出位移线性度良好，图 5-5 所示为其中一种结构形式。通过设计合适的柔性电极，卷曲型介电弹性体驱动器可实现多维变形，能够实现轴向延展和弯曲等运动。一些商业公司生产了具有波纹金属电极的 DE 材料，该材料可以进一步卷曲成圆柱形结构的介电弹性体驱动器。目前，一些卷曲型介电弹性体驱动器已成功用于驱动行走机器人和蛇形机器人。

2. 叠层式介电弹性体驱动器

叠层式介电弹性体驱动器是为了解决单层 DEA 输出力小、易失稳、结构刚度低等问题而发展起来的，通过将多层介电弹性体膜进行堆叠，多层薄膜的响应位移串联输出，不仅降低了每层所需的电压，同时提升了输出力。这种方法不需要像单层 DEA 那样依赖预拉伸和刚性框架来维持其状态，且具有自清洁功能和高疲劳寿命。叠层式介电弹性体驱动器按照构型可分为堆叠式、折叠式和螺旋式三种，如图 5-6 所示。堆叠式介电弹性体驱动器在无外部载荷的情况下收缩量可达 40%，但其电极厚度通常小于 1μm，无法承受侧向力。折叠式介电弹性体驱动器是由连续不断的 DE 通过折叠得到的，如图 5-6(b)所示，可通过在支架中安装柔性铰链使其具有折叠能力，改善侧向力承受能力。螺旋式介电弹性体驱动器将在螺旋平面上带有电极的 DE 窄条制成螺旋状，通过改变螺旋角度可以调节输出位移，螺旋角越大，驱动器的整体轴向应变就越高，其结构如图 5-6(c)所示。

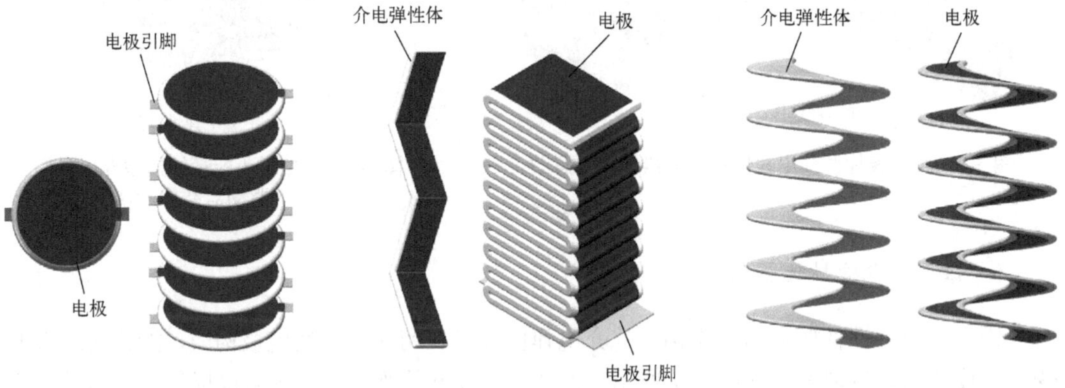

(a) 堆叠式介电弹性体驱动器　(b) 折叠式介电弹性体驱动器　(c) 螺旋式介电弹性体驱动器

图 5-6　典型叠层式介电弹性体驱动器结构示意图

3. 膜片型介电弹性体驱动器

膜片型介电弹性体驱动器可由薄膜形态变为半球形，如图 5-7 所示，该种介电弹性体膜的预应变较大，可以实现较大的弯曲变形输出，在泵、扬声器和盲文显示器等领域具有良好的应用前景。此外，膜片型介电弹性体驱动器也可设计为球形结构，在充入气体后，进一步拉伸介电弹性体膜，从而提高临界驱动电压。同时，采用球形结构的膜片型介电弹性体驱动器可以将介电弹性体膜的平面内电致变形转换为空间三维变形，驱动功能更加丰富。

4. 最小能量结构型介电弹性体驱动器

介电弹性体驱动器的形变与电驱动在力学上主要靠材料的恢复力、弹性框架的弹性与电场在材料中产生的电致变形力完成。由于拉伸后的介电弹性体膜在内部储存了一定的应变能，有收紧的趋势，当其从预拉伸架上取下时，就会在弹性框架的收紧作用下围绕某一个轴弯曲变形，呈现一种马鞍的形状，此时整个结构处在最小能量状态，形成具有一定弯曲角度的三维结构，如图 5-8 所示。最小能量是指驱动器在平衡状态时整个系统的能量最小，当受到外部电压刺激时会产生相应的变形，但是当外部电压刺激移除时，系统会再次恢复至最小能量状态。最小能量结构型介电弹性体驱动器(DEMES)是一种特殊设计，是指弹性框架和介电弹性体膜在最小自由能状态下的结合，并能够实现柔性旋转等运动过程，通过将预拉伸的介电弹性体黏合到柔韧的中空框架上，实现了无需刚性框架的预应变维持。DEMES 因其大变形、快速响应的特性，被认为是软体机器人领域的重要研究方向。例如，用于空间任务的介电弹性体三维最小能量结构(DE-TriMES)，可用于完成驱动复杂任务。

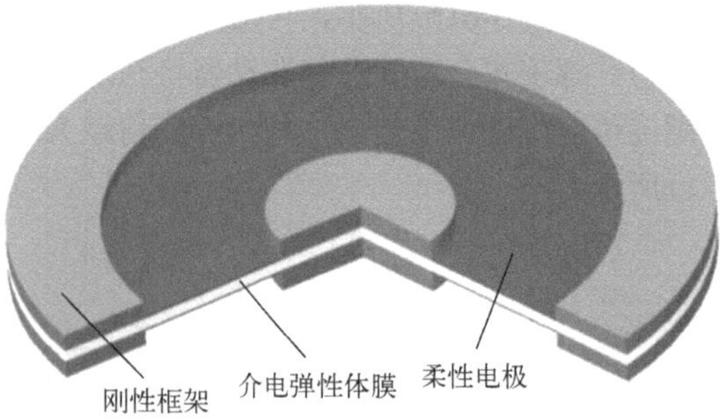

图 5-7　典型膜片型介电弹性体驱动器结构示意图

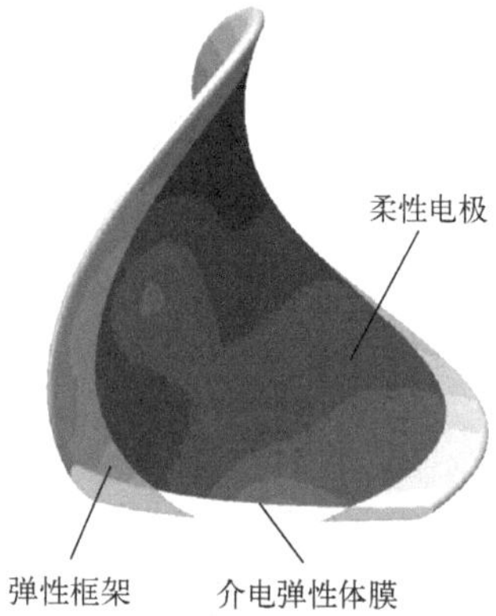

图 5-8　典型最小能量结构型介电弹性体驱动器结构示意图

5. 锥型介电弹性体驱动器

锥型介电弹性体驱动器通常由一片介电弹性体膜和两侧的柔性电极构成，能够实现大的变形和较高的能量密度，如图 5-9 所示。锥型介电弹性体驱动器不仅可以提供直线运动，而且如果特定电极被图案化并分别控制，还可以提供多自由度运动，适合用于需要柔软性和顺应性的场合。其关键的设计点是系统的偏置机制，主要包括质量、线性弹簧、非线性弹簧和其他弹性框架。在应用方面，锥型介电弹性体驱动器可用于软体机器人、人工肌肉、智能服装、柔性抓持器等领域。例如，它们可以用于驱动微型扑翼飞行器的结构，实现高效的运动输出。此外，它们还可以用于隔振和减振系统，通过主动控制策略有效地隔离振动，保护敏感设备或结构不受振动影响。

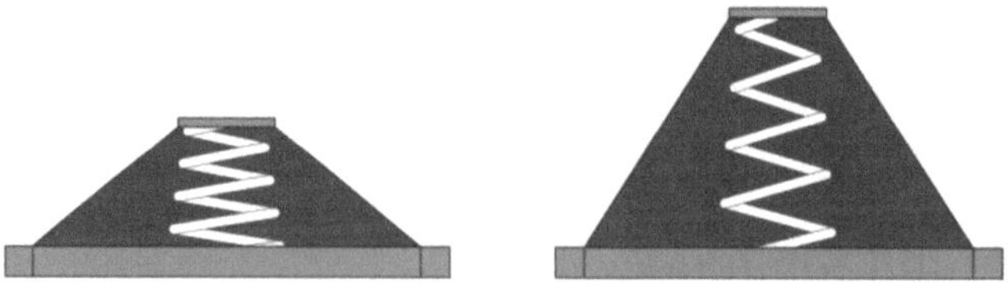

(a) 致动前　　(b) 致动后

图 5-9　典型锥型介电弹性体驱动器结构示意图

5.2.2　介电弹性体驱动器的特点

介电弹性体驱动器的优点包括大变形、质量轻、高柔性等，在软体机器人、智能驱动、医学修复、柔性电子等领域具有广阔的应用前景，具体优点总结如下。

(1) 大变形：介电弹性体在电场下可实现大幅形变，适合需要大变形的应用场景，如柔性电子设备和软体机器人等。

(2) 质量轻：介电弹性体材料通常是有机聚合物，具备轻质的特点，适合需要轻量化设计的应用领域，如航空航天、生物医学器械等。

(3) 高柔性：介电弹性体材料柔性较高，介电弹性体驱动器能够适用于复杂工作空间，可应用在如可穿戴设备和可变形结构等领域。

(4) 快响应：介电弹性体对电场的响应时间可达数十毫秒，适用于需位移响应快的场景，如振动控制等。

(5) 低成本：与一些其他智能材料相比，制备介电弹性体的成本相对较低。

(6) 可靠性：介电弹性体驱动器的设计相对简单，不涉及复杂的结构或机械部件，从而提高了系统的可靠性和稳定性。

当然，介电弹性体驱动器由于工作原理限制也存在如下局限。

(1) 高驱动电场：介电弹性体通过高电场来实现大变形，需要大激励电压(通常可达上千伏)，这增加了驱动系统的复杂性和安全性问题。

(2) 黏弹性问题：介电弹性体的黏弹性特性使得其在电场移除后恢复原状的速度较慢，这影响了驱动器的响应速度和控制精度。

(3) 低结构刚度：单层介电弹性体驱动器存在输出力小、易失稳、结构刚度低的问题，这限制了其在需要高稳定性和大输出力的应用中的使用。

(4) 预拉伸需求：为了实现大变形，介电弹性体驱动器通常需要预先拉伸，这增加了器件结构的复杂度。

5.3　介电弹性体驱动的滞回特性

介电弹性体驱动系统的滞回特性是指输入电压信号与输出位移之间产生的环状有记忆特性的非线性现象。滞回特性是介电弹性体驱动系统中最明显、对系统建模精度影响最大的非线性特性之一，具有多值性和非局部记忆的特点。在现有的唯象模型中，主要有基于算子的唯象模型和基于微分方程的唯象模型。

介电弹性体驱动系统具有独特的驱动原理，其特性在不同的输入信号下表现出不同的滞回行为，当输入信号为正时呈现出单环滞回特性；当输入信号为正负交替时，由于电致应力与输入电压的平方成正比，系统展现出双环蝶形滞回特性。以蝶形滞回特性为例，介绍介电弹性体的滞回过程。

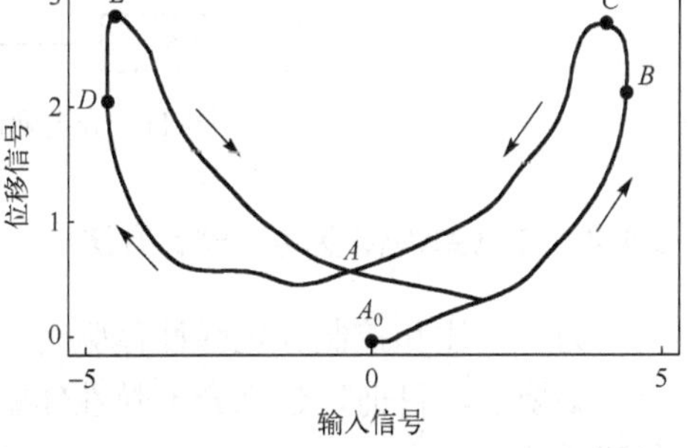

图 5-10　介电弹性体蝶形滞回曲线示意图

介电弹性体驱动器的蝶形滞回现象是指当施加在驱动器上的电压是一个输入幅度为正负交替的周期信号时，介电弹性体执行器的输入和输出响应呈现出由一个交叉点连接的两个方向相反的单环滞回曲线，输入输出间的关系形状如图 5-10 所示。蝶形滞回右侧回路 $A \to B \to C \to A$ 展现出逆时针方向，左侧回路 $A \to D \to E \to A$ 展现出顺时针方向。

此外，介电弹性体驱动器中蝶形滞回曲线的左右回路是不对称的，并且蝶形滞回行为的不对称性随输入振幅的变化而变化。当输入振幅变小时，蝶形滞回的不对称特性会变差。不对称特性给介电弹性体驱动系统中的蝶形滞回特性的建模带来了更多的挑战。介电弹性体驱动器表现出的双环动态滞回(蝶形滞回)特性反映了输入信号与输出信号之间一种非平滑且具有记忆特性的非线性关系。滞回非线性特性的存在通常会造成驱动器定位的不准确，当这些驱动器用于闭环控制系统中时，还会造成系统的振荡，甚至破坏系统的稳定性。滞回特性的理解对于介电弹性体在传感器、驱动器和执行器等应用中的设计和控制具有重要意义。研究这种材料的滞回行为有助于优化其在特定应用中的性能。

5.4　典型介电弹性体驱动器的运动控制技术

由于介电弹性体驱动器具有黏弹性，在高电压的驱动下表现出明显的非对称、率相关和应力相关的动态迟滞以及蠕变特性。此外，不同于其他智能材料驱动器，介电弹性体驱动器还存在着平方输入特性。因此，实现介电弹性体驱动器的动力学建模和运动控制具有很大的挑战性。

5.4.1　介电弹性体驱动器控制系统组成

介电弹性体驱动器的控制系统通常由信号发生器、高压放大器、继电器、位移传感器与上下位机控制器组成，如图 5-11 所示。高压放大器为驱动器提供所需的电压激励信号；控制器采用上下位机构架形式，上位机为计算机，下位机采用高性能处理器，用以处理数据以及运行控制模型，通过控制继电器的通断以交替控制介电弹性体驱动器的运动特性；位移传感器用于采集介电弹性体驱动器的位移信号，将该位移信号读取到计算机系统，用于反馈控制。

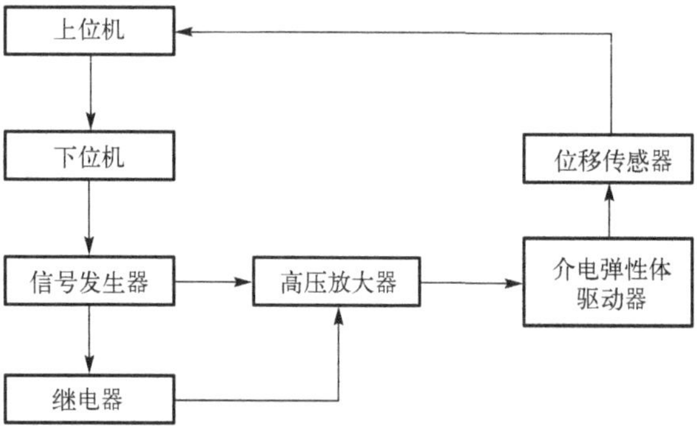

图 5-11　介电弹性体驱动器控制系统组成原理图

5.4.2　介电弹性体驱动器控制方法

为了描述和控制介电弹性体驱动器的运动特性，建立包含其滞回特性的动力学模型是十分必要的。目前，建立介电弹性体驱动器动力学模型主要有两种方法：机理建模法和唯象建模法。

机理建模法：借助物理学的基本原理和法则，以介电弹性体驱动器变形机制为基础，经过严格的数学推导得出能够描述其运动特性的动力学模型。目前，介电弹性体驱动器机理建模法主要有 2 种方法：基于虚功原理的建模方法和基于欧拉-拉格朗日方程的建模方法。

唯象建模法：不依赖于对象内在的物理原理，根据对象的输入输出数据进行建模，得到的模型参数没有明确的物理意义。

目前，针对介电弹性体驱动系统的滞回特性补偿控制方法主要分为开环逆补偿控制和闭环控制。开环逆补偿控制方法通过构造所建立非线性模型的逆模型，或者直接构造逆补偿器来补偿滞回特性。开环逆补偿控制具有结构简单和成本低的特点，并且可以避免使用传感器。然而，开环逆补偿控制精度完全取决于滞回模型的精度，并且逆补偿是开环控制，在系统存在扰动和参数变化的情况下难以保证控制精度。闭环控制方法是另一种常用于消除滞回特性的方法，根据是否考虑逆补偿控制可分为无逆补偿器和有逆补偿器的反馈控制方法。无逆补偿器的反馈控制方法即不对滞回特性进行逆补偿，将非线性特性看作未建模动态或者分解为线性部分加未建模动态进行控制器设计，其优势在于避免了对滞回模型逆函数的计算。

1. 开环逆补偿控制方法

介电弹性体驱动系统的驱动机理较为复杂，难以建立准确的机理模型，这使得基于机理模型的开环控制方法设计变得困难。相反，基于唯象模型的开环控制方法可以通过给被控对象引入逆补偿器来消除滞回特性。由于介电弹性体具有滞回非线性，表现出复杂的特性，需要针对不同特性的滞回非线性构建相应的滞回逆补偿器，以实现介电弹性体驱动系统中的开环逆补偿。图 5-12 所示为开环前馈补偿控制器模型框图，包括率相关滞回特性逆补偿器和蠕变特性逆补偿器，可有效消除介电弹性体驱动系统中率相关滞回特性和蠕变特性对系统性能的影响，为系统的控制和优化提供了一种有效手段。

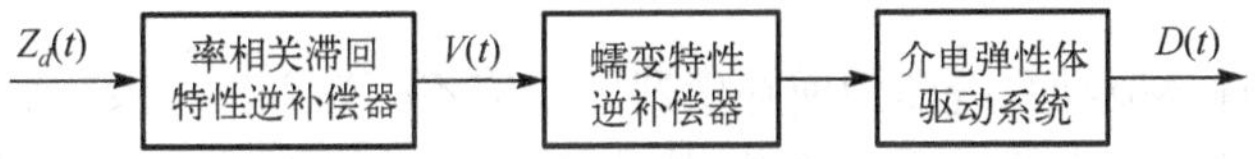

图 5-12　开环前馈补偿控制器模型框图

2. 反馈控制方法

由于没有反馈回路，开环逆补偿控制方法对于外界扰动和系统参数变化较为敏感，容易导致系统不稳定，且精度较差。相比而言，反馈控制方法是一种用于补偿滞回特性的有效方案，可以根据有无逆补偿器分为两种反馈控制方法：无逆补偿器和有逆补偿器反馈控制方法。

1) 无逆补偿器反馈控制方法

介电弹性体驱动系统的驱动机理较为复杂，难以建立准确的机理模型，这给滞回逆模型的建立带来了挑战。为应对这一挑战，无逆补偿器控制方法被提出，包括 PID 控制和滑模控制等。这些方法通过增强算法鲁棒性、模型线性化以及建立近似动力学模型等方式，实现对介电弹性体驱动系统的反馈控制。

(1) PID 控制：一种常用的反馈控制方法，广泛应用于自动控制系统中，通过对系统的误差进行测量和处理，调节控制器的输出。以介电弹性体定位系统为例，通过使用状态空间模型在预定义平衡点周围得到介电弹性体驱动系统的线性化模型，设计专用 PID 控制器，可实现定位系统的跟踪控制。

(2)滑模控制：虽然 PID 控制器能够对介电弹性体驱动系统进行较精准的控制，但是由于介电弹性体驱动系统中存在复杂的非线性特性，如应力相关、负载相关和温度相关等，PID 控制器很难实现对介电弹性体驱动系统的高精度控制。滑模控制是一种非线性控制方法，其主要思想是引入一条“滑模面”使得系统状态在该面上快速滑动，从而实现对系统的稳定控制。滑模控制广泛应用于具有非线性和不确定性的系统，具有较强的鲁棒性和抗干扰能力。

鉴于单独使用开环逆补偿控制方法或反馈控制方法都很难得到满意的效果，有研究人员提出了复合控制策略，即将开环逆补偿控制与反馈控制相结合。其主要思路为：用开环逆补偿控制方法补偿介电弹性体驱动器的复杂黏弹性(滞回、蠕变)，然后针对建模误差和外部扰动等不确定性设计反馈控制器，加强系统的鲁棒性。但这些方法同样存在没有充分分析与补偿介电弹性体驱动器的复杂黏弹性这一问题，并且也没有考虑介电弹性体驱动器的平方输入特性。

2)有逆补偿器反馈控制方法

逆补偿器的作用是逆向补偿系统的非线性特性，使得控制系统在非线性条件下能够更好地满足线性控制的要求。逆补偿器可根据系统的非线性特性进行设计，通过将非线性补偿信号与控制器的输出信号相加，实现对非线性的补偿或抑制。逆补偿器的设计通常需要根据系统的具体非线性特性进行分析和建模。一种常见的逆补偿器设计方法是使用逆模型，即根据已知的系统输入输出数据，建立系统的逆动力学模型，然后将逆动力学模型作为逆补偿器引入控制器中，以抵消系统的非线性影响。与无逆补偿器的反馈控制方法相比，有逆补偿器的反馈控制方法具有更好的控制精度，可以有效减小控制输入幅值。同时，逆模型的构建可以抵消非线性部分对控制系统的影响，将系统的非线性输入问题转换为传统的线性输入问题，因此传统的线性反馈控制方法可应用于介电弹性体驱动器的控制系统中，以提升控制性能和精度。

随着对介电弹性体驱动系统滞回逆补偿器的研究不断深入，一系列滞回逆补偿器被设计出来，旨在对介电弹性体驱动系统中的滞回特性进行补偿。图 5-13 所示为前馈-PI 控制器模型框图，该模型由前馈补偿器和 PI 反馈控制器组成，前馈补偿器基于系统的滞回非线性模型和蠕变模型构建而成，通过与 PI 反馈控制器的结合，能够实现对介电弹性体驱动系统的精确控制，减小滞回特性和蠕变特性对系统性能的影响。该控制方法也称为间接补偿法，通过间接逆补偿控制器与 PI 反馈控制器结合，共同实现介电弹性体驱动器的轨迹跟踪控制。

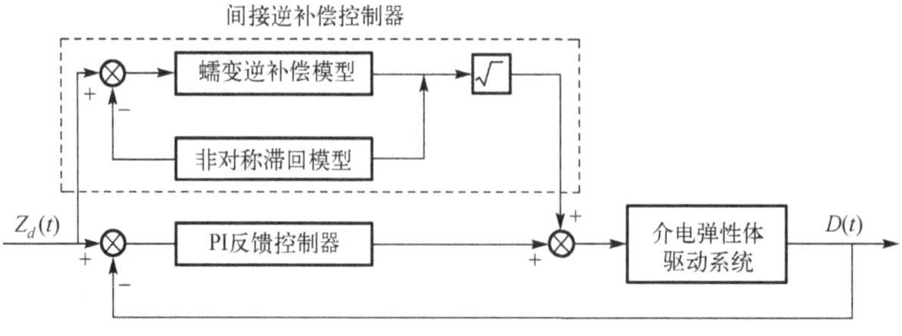

图 5-13 前馈-PI 控制器模型框图

图 5-14 所示为滑模控制器模型框图，将滑模控制与滞回逆补偿器相结合，实现对介电弹性体驱动系统的快速控制和对抗干扰性能的提升。基于系统的动态模型(包含非对称滞回特性、蠕变特性和滞回率相关特性)设计逆补偿前馈控制器以补偿系统的非线性特性。扩展状态观测器用于估计介电弹性体驱动系统的不可测状态以及包括建模误差、参数扰动和外部干扰在内的不确定性。与仅使用逆补偿前馈控制器的情况相比，该控制器可以在跟踪控制的初始阶段减小系统的振荡，在高频下提高跟踪曲线的频率，可实现介电弹性体驱动系统的高精度跟踪控制。

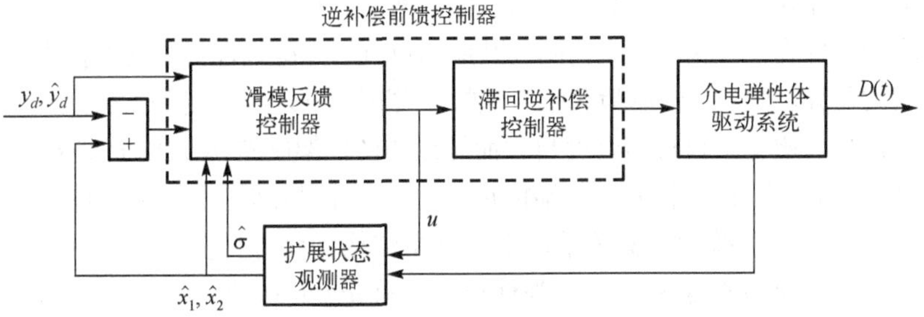

图 5-14　滑模控制器模型框图

5.4.3　介电弹性体驱动器点位控制系统实例

图 5-15 所示为介电弹性体驱动器的控制系统结构框图，以位移为输入、驱动电压为输出，利用唯象建模法建立了介电弹性体驱动器逆动力学模型，并将其作为逆补偿前馈控制器。其中，信号放大器用于放大介电弹性体驱动器激励信号的电压，传感器用于采集实时位移，控制模块用于处理反馈的位移信号和控制驱动器的激励信号。介电弹性体驱动器的黏弹性响应在时间域内可以分为两个区域，包括过渡区和稳定区：在过渡区有一种明显的漂移现象，称为黏弹性蠕变非线性，然后在稳定区变得可以忽略。黏弹性滞后非线性既是不对称的又是速率相关的。当输入电压的频率从 0.05Hz 变化到 1.5Hz 时，黏弹性滞后回线的宽度增加了约 320%，而其振幅几乎保持不变。

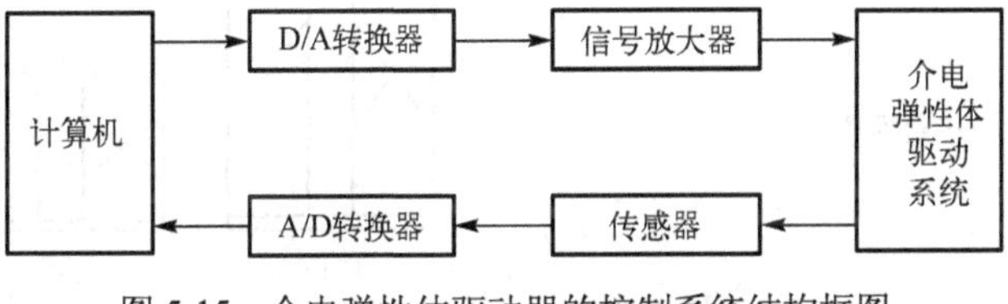

图 5-15　介电弹性体驱动器的控制系统结构框图

5.5　介电弹性体驱动在智能机器人中的应用实例

介电弹性体驱动器具有大应变、高能量密度、快速响应和良好的柔韧性等特性，在人工肌肉、智能服装、柔性机器人、医疗设备等领域具有广阔的应用前景。介电弹性体驱动器可以作为执行元件，通过电场驱动产生弯曲、扭转等运动，实现机器人的爬行、抓取等功能。在生物医疗领域，介电弹性体可以用于开发柔性的医疗设备，如人工心脏、药物输送系统等，它们能够更好地与人体组织相容，提高治疗的安全性和有效性。

图 5-16 所示为介电弹性体驱动的跳跃机器人，该机器人采用叠层式介电弹性体驱动器，可提供 30N 的峰值输出力。该机器人通过多次储能循环后完成跳跃运动，具体原理如下。当介电弹性体膜被预拉伸时，会产生与预拉伸方向相反的收缩力。当关闭驱动电压时，在拉伸状态下张力弹簧提供的预载力等于预拉伸介电弹性体膜的收缩力，达到平衡状态。当加载电压时，由于介电弹性体膜在平面方向上引起膨胀，收缩力减小。在这种情况下，内框架沿竖直方向向下移动，并且由弹簧提供的预载力不断减小，直到二者相等，此时达到新的平衡状态。当去掉电压时，介电弹性体膜的收缩力增加，此时，内框架沿竖直方向向上移动，并且由弹簧提供的预载力继续增加，直到二者相等，机构回到其原始位置。介电弹性体驱动器提供的输出力取决于两个力之间的差异。此外，使用齿轮啮合连接将菱形四杆连杆固定到支架上，限制和引导了执行器的运动，从而避免了执行器过度自由而导致的内框架倾斜和输出方向偏离。

图 5-17 所示为介电弹性体驱动的折纸机器人，最小能量结构型介电弹性体驱动器置于折纸机器人的褶皱处，以直接驱动其关节。最小能量结构型介电弹性体驱动器由覆盖有复合电极的介电弹性体膜、弹性框架和两个加强件组成。首先介电弹性体膜进行双向预拉伸，然后根据弹性框架空心区域的形状，在薄膜的上下表面涂覆与之相适应的柔性电极，接着将弹性框架和加强件粘贴在薄膜两侧的电极区域。预拉伸的介电弹性体膜的一部分应变能转换为弹性框架的弯曲变形能，最终驱动器稳定在最小能量状态。当薄膜两侧的电极通电时，薄膜将在厚度方向压缩并在长度和宽度方向膨胀，抵消薄膜内部预拉伸产生的部分内应力，使驱动器难以保持当前弯曲角度并破坏平衡状态。在弹性框架的恢复力作用下，驱动器将旋转一定角度朝向平面状态，并最终稳定在新的平衡状态。驱动器的变形角度和工作频率与驱动电压的大小和频率相关。当驱动电压为 5.4kV 时，五边形板的角度变化为 23°。

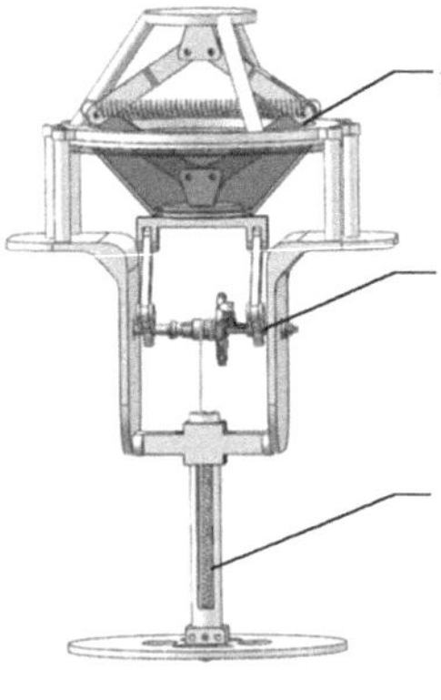

图 5-16　介电弹性体驱动的跳跃机器人

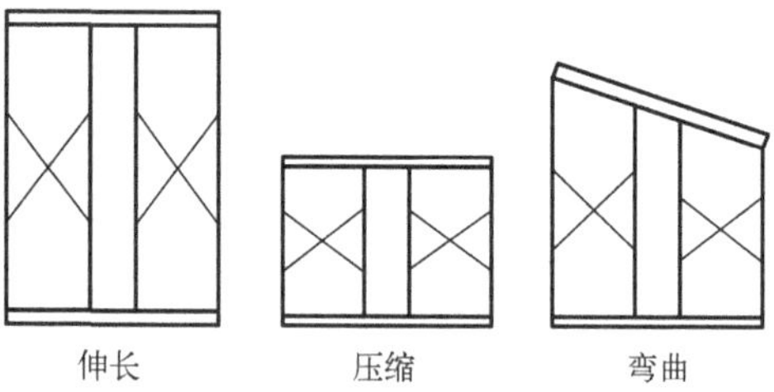

图 5-17　介电弹性体驱动的折纸机器人

图 5-18 所示为介电弹性体驱动的爬行软体机器人，该机器人能够进行倒立攀爬、垂直攀爬、水平爬行、转向运动以及在负载较重情况下移动。该机器人成功在倒置平面上以最大速度 39.55mm/s(0.53BL/s)攀爬，携带了 6.1g 负载(1.22 倍自重)，并且可以在垂直平面上携带负载并攀爬，其水平面最大转向速度达 16.19°/s。此外，尽管被 54.7kg 的成年人完全压扁(自重的 10940 倍)，机器人仍然能够恢复并保持运动，展现出卓越的灵活性和稳健性。

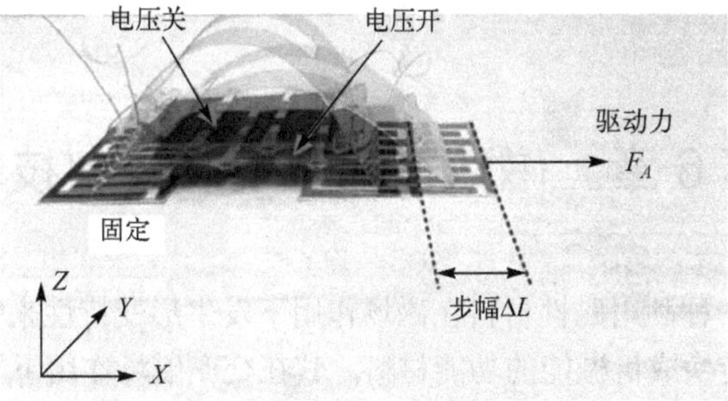

图 5-18　介电弹性体驱动的爬行软体机器人

思　考　题

5-1　介电弹性体驱动器的工作原理是什么？请描述其基本原理和实现方式。

5-2　介电弹性体驱动器相比传统的机械驱动器有哪些优势和劣势？请进行比较分析。

5-3　介电弹性体驱动器在智能机器人领域中的应用有哪些？请列举并描述其应用场景。

5-4　介电弹性体驱动器的发展趋势是什么？请预测其未来在智能机器人和人机交互领域的发展方向。

微课

第 6 章　磁致伸缩驱动及控制技术

磁致伸缩驱动是一种利用磁性材料在磁场作用下发生形变特性来实现驱动的技术。磁致伸缩材料是将电磁能转换成机械能的功能材料，其在交变磁场作用下，可反复产生伸长和收缩形变，具有应变大、输出力大、响应速度快、能量密度高和机电耦合系数大等优点。1972年，科学家发现了稀土-铁化合物(如 TbDyFe)具有比传统材料大得多的磁致伸缩效应，磁致伸缩系数可达到 1500～2000ppm(1ppm=10^{-6})。20 世纪 80 年代末，德国科学家利用超磁致伸缩材料开发了新型磁致伸缩驱动器，并在造纸工业中商业化应用。以磁致伸缩材料为驱动元件的磁致伸缩驱动器具有精度高、输出力大和响应速度快等优点。随着材料科学和电子技术的发展，磁致伸缩驱动器已广泛应用于航空航天、国防装备、医疗设备、微型驱动器和微电子机械系统、机器人及精密仪器制造等需求精密控制系统和微型驱动器的领域中。

6.1　磁致伸缩效应及磁致伸缩材料

6.1.1　磁致伸缩效应

在外部磁场作用下，铁磁材料和亚铁磁材料磁化状态改变时产生形变的现象称作磁致伸缩效应。磁致伸缩效应于 1842 年由著名物理学家焦耳(James Joule)发现，因此又称为焦耳效应。传统磁致伸缩材料的应变只有 10^{-6}～10^{-3}，超磁致伸缩材料的磁致伸缩系数可达 1.5×10^{-3}～2×10^{-3}，是传统磁致伸缩材料的 100 倍以上。

从微观角度看，在外部磁场的作用下，内部磁矩的旋转、磁畴壁的移动以及磁性区域的重新排列的过程导致磁致伸缩材料的晶格结构发生变化，这在宏观上表现为磁致伸缩应变。磁致伸缩效应有三种表现形式：①磁致伸缩元件沿着磁场方向的伸缩形变，称为纵向磁致伸缩；②磁致伸缩元件沿着垂直于磁场方向的伸缩形变，称为横向磁致伸缩；③磁致伸缩元件发生体积的压缩或膨胀，称为体积磁致伸缩。纵向和横向磁致伸缩又统称为线性磁致伸缩。

(1) 线性磁致伸缩：磁致伸缩材料磁化状态改变时，晶格自发变形而发生伸长或缩短的现象。当未达到磁化饱和状态时，产生的磁致伸缩主要是线性磁致伸缩。磁致伸缩的大小通常以磁化方向上产生的相对长度变化率来表示，以线性磁致伸缩系数 λ 表示，表达式为

$$\lambda=\frac{\Delta L}{L} \tag{6-1}$$

式中，ΔL 为磁致伸缩材料的长度变化量；L 为磁致伸缩材料的原始长度。

线性磁致伸缩系数 λ 是关于磁场强度 $\boldsymbol{H}$ 的偶函数。λ 的值随磁场强度大小的增大而增加，如图 6-1 所示。$\boldsymbol{H}_s$ 称为饱和磁场强度，λ_s 称为饱和磁致伸缩系数。大部分物质的 λ_s 很小，量级为 10^{-8}～10^{-6}。部分强磁性物质的 λ_s 大于 50×10^{-6}，称为磁致伸缩材料。

(2) 体积磁致伸缩：磁致伸缩材料磁化状态改变时，体积发生膨胀或收缩的现象。当磁

致伸缩材料达到磁化饱和状态时，产生的磁致伸缩主要是体积变化。一般情况下，体积磁致伸缩很小，实际用途也很小，因此一般磁致伸缩均指线性磁致伸缩。体积磁致伸缩的大小以体积磁致伸缩系数 ω 表示，其为磁体单位体积上发生的体积变化，表达式为

$$\omega = \frac{\Delta V}{V} \tag{6-2}$$

式中，ΔV 为磁致伸缩材料的体积变化量；V 为磁致伸缩材料的原始体积。

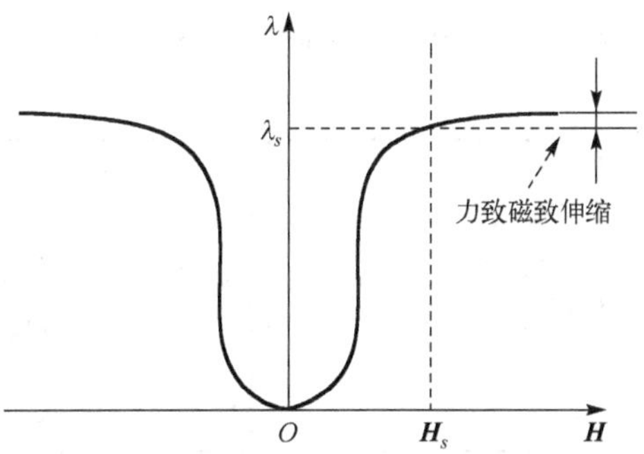

图 6-1　线性磁致伸缩系数与磁场强度的关系

6.1.2　磁致伸缩的机理

磁致伸缩是一种复杂的形变现象，基于自由能极小原理，磁性材料的磁化状态发生变化时，其自身的形状和体积都要改变，使系统的总能量最小。产生磁致伸缩主要有如下三个原因：自发形变(自发的磁致伸缩)、场致形变(磁致伸缩)、形状效应。

(1) 自发形变：自发磁化是铁磁体的基本特点，即铁磁体在任一小区域内的所有原子磁矩都按照一定的规则排列。自发磁化的根本原因在于相邻两个原子间的交换作用，铁磁体由顺磁状态变为铁磁状态时，交换作用会导致相邻的原子形成自旋平行的磁畴，这些磁畴受到能量因素的限制不会很大。铁磁体自发磁化过程会使得铁磁体的体积和形状发生改变。

交换作用会产生交换作用能 E_{ij}，其表达式为

$$E_{ij} = -2A_{ij}S_iS_j \tag{6-3}$$

式中，A_{ij} 为 i、j 原子之间的交换积分；S_i、S_j 分别为 i、j 原子的总自旋角动量。

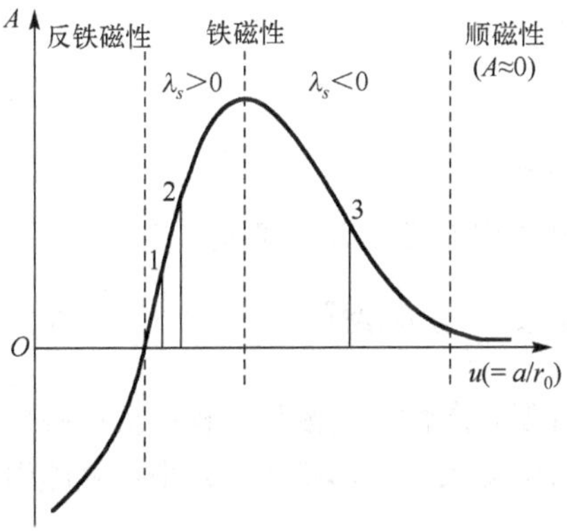

图 6-2　交换积分 A 与 a/r_0 的关系曲线

交换积分 A 与原子间距和电子轨道有密切关系。设 a 为近邻原子间的距离，r_0 为原子中未满壳层的半径，则交换积分 A 对 $u(u=a/r_0)$ 的关系曲线(Slater-Betle 曲线)如图 6-2 所示。

假设有一单畴晶体，在居里温度以上是球形的，其原子间距离为 a_1，对应图 6-2 中 1 点；当晶体温度冷却至居里温度以下时，其原子间距离变为 a_2，对应图 6-2 中 2 点。此过程中交换积分增大，由交换作用能式(6-3)可知此过程能量降低。由于系统在变化过程中总是使能量最小，因此球形晶体在由顺磁状态变为铁磁状态时，原子间距离不会再保持为 a_1，而会变为 a_2，即尺寸伸长。同理，若铁磁体的 A 与 a/r_0 的关系处于下降段，则铁磁体从铁磁状态变为顺磁状态，尺寸将缩短。

(2) 场致形变：在外部磁场作用下，磁性材料发生形状或尺寸变化的现象。这种变化是由材料内部磁畴中的磁矩倾向于与外部磁场方向对齐，导致材料中的原子或分子间距发生变化，从而引起材料的宏观变形。从能量角度分析，场致形变是由自旋与轨道耦合能和物

质的弹性能平衡而产生的，与磁化过程密切相关，并随应力变化而变化。一般所说的磁致伸缩是由场致形变引起的。场致形变原理如图 6-3 所示。

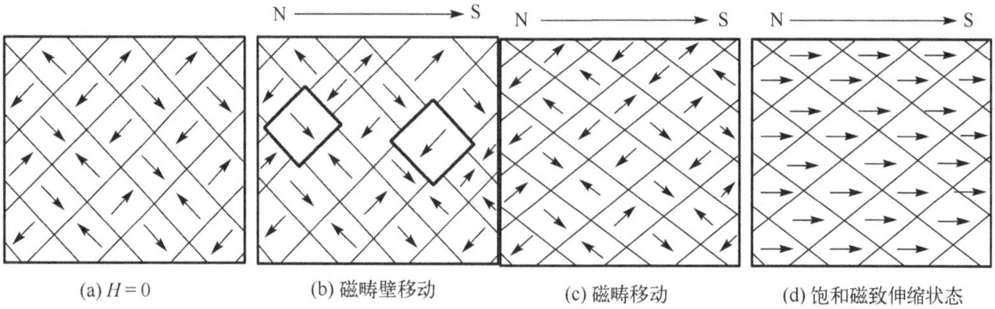

图 6-3　场致形变原理图

对于多畴结构的铁磁体，各磁畴在铁磁体内混乱排列，形状随机分布，多个磁畴的场致形变在各个方向上均有分布，宏观上铁磁体整体并不显示出在某一个方向上的伸缩变形。当外部磁场强度 H=0 时，各磁畴内的自发磁化方向不同。从整体上看，此时磁性材料的平均磁矩为零，因此磁性材料在宏观上表现为顺磁状态而不显示磁性。当外部磁场较弱时，磁化作用会使自发磁化区内的部分磁畴结构发生移动，同时，会有少数与外部磁场方向夹角较小的磁畴随外部磁场强度的变化而移动。当外部磁场强度继续增大至接近饱和磁场强度时，磁畴内的磁矩开始发生偏转直至与外部磁场方向相同，材料的长度开始变化。当外部磁场强度超过饱和磁场强度时，材料内部的各磁矩方向与外部磁场方向相同，材料长度将不会继续增加，此时材料达到饱和磁致伸缩状态。

(3) 形状效应：磁性材料在磁化后会在材料内产生磁场，使得材料内的总磁场强度总是小于外部磁场强度。当磁化均匀时，材料内产生磁场的磁场强度方向总与外部磁场强度的方向相反，其作用为削弱外部磁场，称为退磁场。退磁场强度 $\boldsymbol{H}_d$ 与磁化强度 $\boldsymbol{M}$ 有关，表达式为

$$\boldsymbol{H}_d = N_d \boldsymbol{M} \tag{6-4}$$

式中，N_d 为退磁因子，是无量纲常数，与磁性材料形状有关。

退磁场作用在物体的磁矩上时，会产生退磁能，单位体积退磁能 E_d 的表达式为

$$E_d = -\mu_0 \int_0^M \boldsymbol{H}_d \mathrm{d}\boldsymbol{M} = -\mu_0 \int_0^M N_d \boldsymbol{M} \ \mathrm{d}\boldsymbol{M} = -\frac{1}{2}\mu_0 N_d \boldsymbol{M}^2 \tag{6-5}$$

式中，μ_0 为真空磁导率。由式 (6-5) 可知，为了使退磁能降低，磁性材料磁化过程中要在磁化方向上伸长，以减小退磁因子 N_d，即形状效应引起的磁致伸缩效应。形状效应是由退磁能引起的，因此这一效应较小。

6.1.3　磁致伸缩材料

磁致伸缩材料的分类方式有多种，按照晶体状态进行分类，可分为单晶材料、多晶材料 (取向多晶材料、非取向多晶材料)、非晶材料等；按材料成分进行分类，可分为 Ni 基材料、Fe 基材料、铁氧体材料、稀土磁致伸缩材料等；按照发展阶段进行分类，可将材料分为传统磁致伸缩材料、超磁致伸缩材料 (巨磁致伸缩材料)。

磁致伸缩材料与压电陶瓷材料有诸多相似特性，区别在于磁致伸缩材料是在外部磁场作用下发生应变，而压电陶瓷材料是在外部电场作用下发生应变。常见传统磁致伸缩材料、超磁致伸缩材料以及压电陶瓷(PZT)等的物理参数如表 6-1 所示。

表 6-1　磁致伸缩材料与压电陶瓷(PZT)物理参数表

物理指标	传统磁致伸缩材料		传统铁氧体磁致伸缩材料	超磁致伸缩材料		Fe 基磁致伸缩材料	压电陶瓷
	Ni	FeCov (1J22)	NiCuCo 铁氧体	Terfenol-D	TDT	$Fe_{81.3}Ga_{18.7}$ 单晶	PZT
$\lambda_s/(\times10^{-6})$	−35～40	60～120	28	1500～2000	1600～2000	400～450	100～600
居里温度 T_C/℃	376	980	350	380	380	85	180～40
杨氏模量 E/GPa	21	35	16	25～35	5～5.7	57～297	4.6～6.0
抗拉强度 σ_b/MPa	500	450		28	28	580	76
机电耦合系数 K_{33}	0.3	0.3	0.25	0.7～0.72	0.7～0.72	0.6～0.7	0.45～0.72
能量密度 $\omega/(kJ\cdot m^{-3})$	0.03	0.25		30～50	30～50		0.23～1.0
工作电压 工作磁场	0.1kA/m		0.1kA/m	800kA/m	800kA/m	16kA/m	124V/cm
塑性与脆性	塑性	塑性	脆性	脆性	脆性	塑性	脆性

从表 6-1 中物理指标可以看出，相较于传统磁致伸缩材料和压电陶瓷，超磁致伸缩材料具有更大的能量密度、更高的机电耦合系数、更高的抗拉强度以及更好的塑性。这使得超磁致伸缩材料具有更大的输出位移、更好的负载能力及更好的能量转换效率。

综合而言，磁致伸缩材料也有以下缺点。

(1) 成本较高：一些高性能的磁致伸缩材料，如含有稀土元素的材料，因为使用了稀缺资源而成本较高。

(2) 驱动场要求：为了实现大磁应变，需要较高的磁场驱动，这限制了应用范围。

(3) 温度稳定性：磁致伸缩性能会受到温度变化的影响，尤其是在高温环境下。

(4) 材料疲劳：虽然磁致伸缩材料通常耐用，但在反复的磁场作用下会出现疲劳现象。

(5) 加工和制造复杂性：生产磁致伸缩材料需要复杂的工艺，这会增加制造成本和加工难度。

(6) 应用限制：虽然磁致伸缩材料应用广泛，但它们不适用于需要高精度或小尺寸的应用场景。

6.2　磁致伸缩驱动器的分类及特点

综合驱动原理和运动形式，磁致伸缩驱动器可分为直动型磁致伸缩驱动器、步进型磁致伸缩驱动器和薄膜型磁致伸缩驱动器等。直动型磁致伸缩驱动器利用磁致伸缩材料本身的形变直接输出，行程一般都比较小。步进型磁致伸缩驱动器根据尺蠖式运动原理，实现位移的累积输出，理论上可以实现无限大行程。薄膜型磁致伸缩驱动器则由磁致伸缩薄膜材料制成，具备易于微型化和集成化等特点。

6.2.1　直动型磁致伸缩驱动器

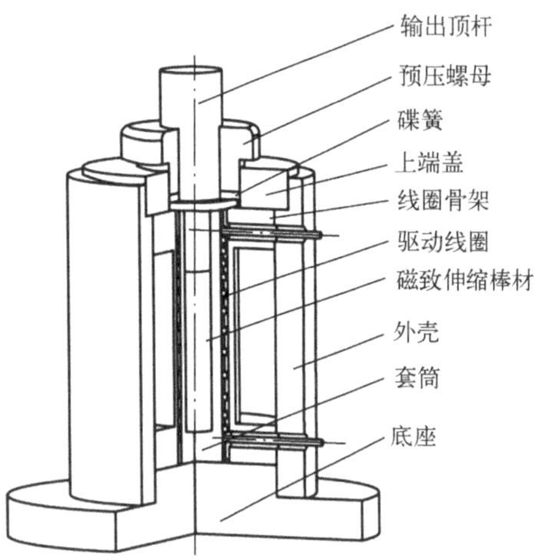

图 6-4　直动型磁致伸缩驱动器的结构示意图

直动型磁致伸缩驱动器在工程应用中最为常见，如图 6-4 所示，主要包括磁路结构(驱动磁场、偏置磁场)、驱动线圈(螺线管线圈)、预紧结构和冷却机构。通过对驱动线圈施加激励电流产生激励磁场，从而驱动磁致伸缩棒材实现直接运动输出。偏置磁场可以改善磁场分布和减弱倍频效应，通常选用驱动线圈或永磁体。预紧结构的作用是为磁致伸缩棒材提供　适当的预压应力，增大其应变量，对改善驱动结构的输出特性具有重要作用。冷却机构的作用是控制磁致伸缩驱动器的温度，以减小温度变化对磁致伸缩驱动器性能的影响。此外，驱动器的外壳均为导磁材料，一方面可以减少漏磁，另一方面可以降低驱动磁场对外部设备的干扰。

直动型磁致伸缩驱动器最大的缺点是行程小，通常采用位移放大机构对输出位移进行放大，实现行程拓展，工作原理如图 6-5 所示。常用的位移放大机构主要有机械式和液压式。常用的机械式位移放大机构一般利用杠杆原理对系统输出的位移进行放大，工作原理如图 6-5(a)所示，通常采用柔性铰链作为弹性元件，常见的有桥式和多级杠杆式等。机械式位移放大机构具有无间隙、无摩擦、响应速度快和分辨率高等优点，但同时也存在体积大、负载能力弱和抗冲击能力差等缺点。液压式位移放大机构工作原理如图 6-5(b)所示，其主要由截面积不等的大、小两个活塞，柔性铰链和密闭腔室组成。根据帕斯卡原理，大截面活塞移动时，通过充满密闭腔室的液压油推动小截面活塞移动，实现位移放大。

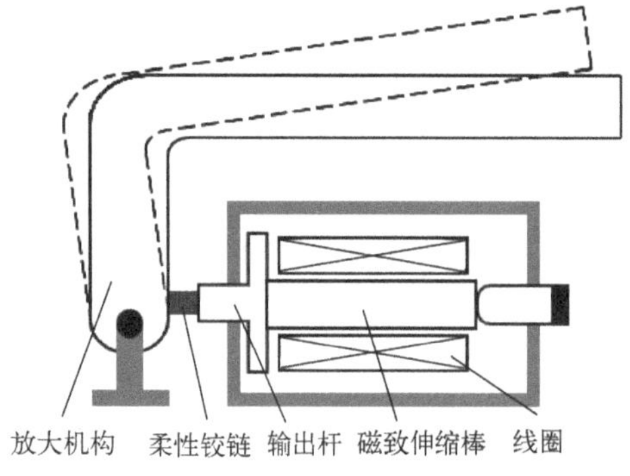

(a) 机械式位移放大机构工作原理

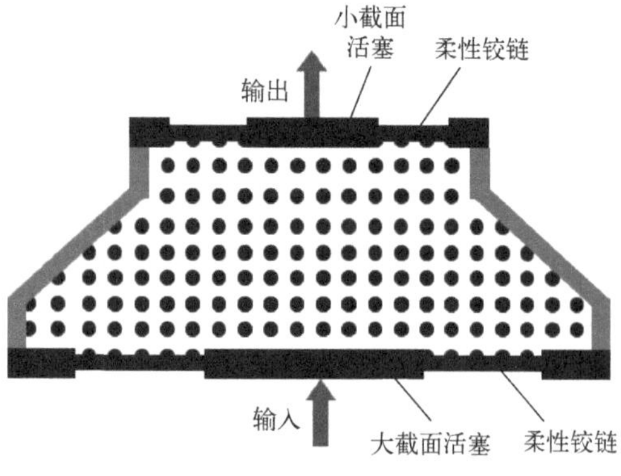

(b) 液压式位移放大机构工作原理

图 6-5　直动型磁致伸缩驱动器位移放大机构工作原理

直动型磁致伸缩驱动器具有结构简单、工作带宽大的特点，输出力可达数千牛顿，但受限于磁致伸缩材料的伸缩行程，最大位移仅可达亚毫米级，无法满足大行程输出需求。虽然可以采用位移放大机构增大行程，但会降低输出力和系统动态特性。

6.2.2 步进型磁致伸缩驱动器

步进型磁致伸缩驱动器相较于直动型磁致伸缩驱动器设计更为灵活多变，驱动器结构多种多样，有多种分类方法。按照运动原理可分为惯性式、箍位式和摩擦式等；按照运动输出方式可分为直线型、旋转型和多自由度型。

1. *惯性式磁致伸缩驱动器*

惯性式磁致伸缩驱动器利用磁致伸缩材料响应速度快的特点，基于惯性冲击原理，在磁致伸缩棒两端设置不同的质量块，当施加非对称波形的驱动信号时，磁致伸缩棒伸长和收缩时两个质量块受到的冲击力不同，从此实现系统的连续单向步进运动。步进型惯性式磁致伸缩驱动器基本结构如图 6-6(a)所示，典型激励信号如图 6-6(b)所示，其一个驱动周期内的动作如图 6-6(c)所示，具体如下。

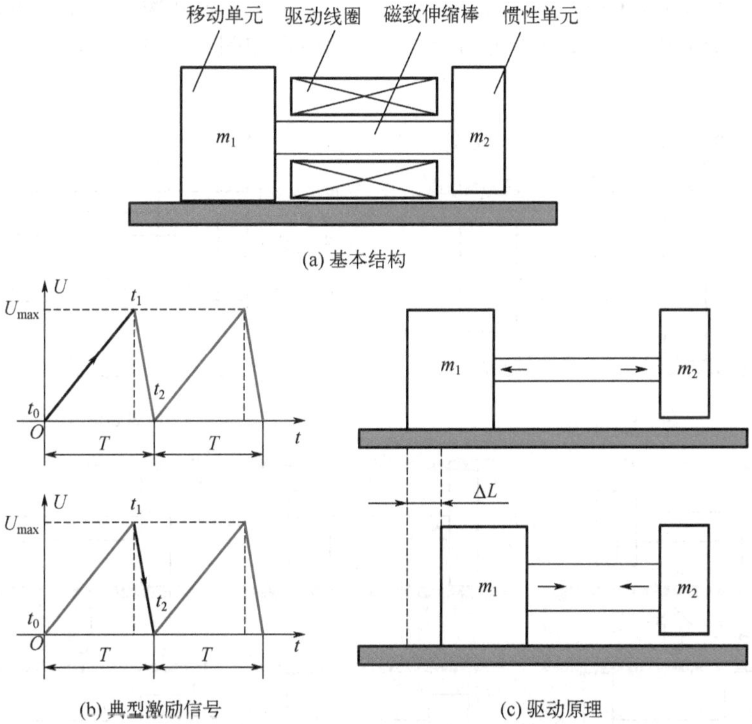

图 6-6　步进型惯性式磁致伸缩驱动器

(1) 初始阶段：在 t_0 时刻，无激励信号施加到磁致伸缩棒上，磁致伸缩棒不发生伸缩变形，移动单元和惯性单元均不产生运动，磁致伸缩驱动器保持在初始状态。

(2) 缓慢伸长阶段：在 $t_0 \sim t_1$ 期间，磁致伸缩驱动器的激励电压缓慢增加到最大值，磁致伸缩棒缓慢伸长至输出位移最大值。该阶段惯性单元的惯性力小于移动单元与地面之间的最大静摩擦力，惯性单元随磁致伸缩棒的伸长而产生相同的位移，移动单元不发生位移变化，磁致伸缩驱动器整体相对于接触面依然处于初始位置。

(3)快速缩短阶段：在 $t_1 \sim t_2$ 期间，激励电压从最大值快速减小，磁致伸缩棒快速缩短到初始位置。在运动过程中，惯性单元的惯性力大于移动单元与地面之间的摩擦力，移动单元产生一个位移 ΔL。

移动单元经一个激励周期后产生一定位移，即磁致伸缩驱动器发生一次冲击运动。通过施加连续多周期的激励信号即可实现磁致伸缩驱动器的连续驱动。通过改变激励信号每个周期中电压上升阶段和下降阶段的占比，即可改变锯齿波激励信号的对称度，从而交换缓慢伸长阶段和快速缩短阶段的运动过程，实现磁致伸缩驱动器的反向连续驱动。此外，通过改变施加到压电驱动器上的信号方向，也可实现磁致伸缩驱动器的反向连续驱动。

步进型惯性式磁致伸缩驱动器结构简单、紧凑，输出速度可达数毫米每秒，位移分辨力可以达到微米级，适用于要求微米级精度、毫米级行程的领域。

2. 箝位式磁致伸缩驱动器

箝位式磁致伸缩驱动器通过一对箝位结构和一个驱动结构的协调配合实现类尺蠖的箝位-进给动作，进而通过步距累积的方式实现大行程运动。箝位式磁致伸缩驱动器基本结构如图 6-7(a)所示，激励信号如图 6-7(b)所示，其驱动原理如图 6-7(c)所示。一个周期内的动作如下。

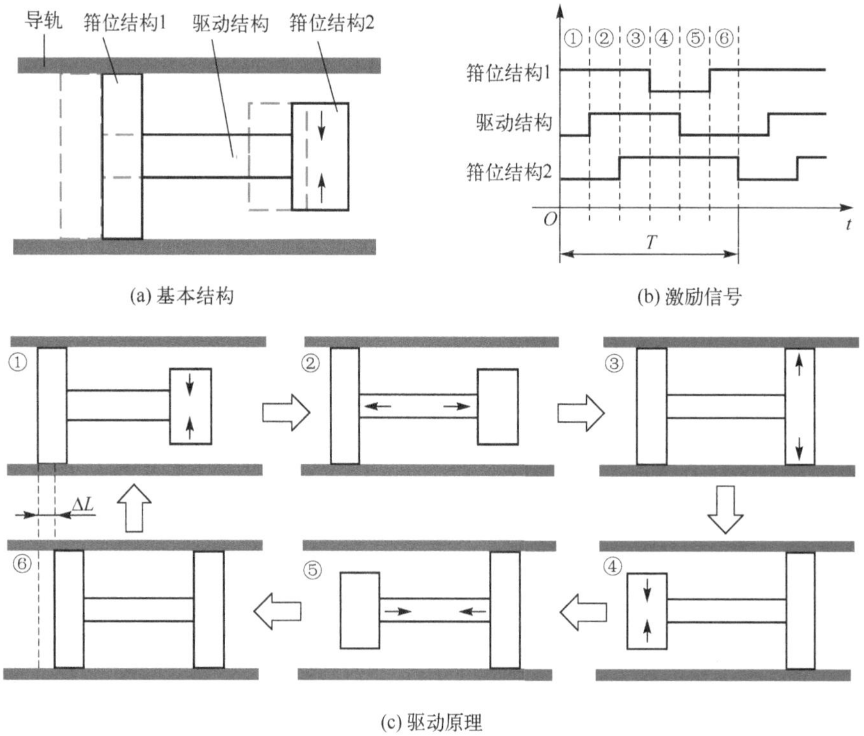

图 6-7　步进型箝位式磁致伸缩驱动器

(1)驱动结构、箝位结构 2 的激励电压为低电平，箝位结构 1 的激励电压为高电平，此时箝位结构 1 伸长并箝位于导轨上。

(2) 驱动结构激励电压变为高电平，此时驱动结构伸长，箝位结构 1、箝位结构 2 的激励电压不变。

(3) 箝位结构 2 的激励电压变为高电平，此时箝位结构 2 伸长并箝位于导轨上，驱动结构、箝位结构 1 的激励电压不变。

(4) 箝位结构 1 的激励电压变为低电平，此时箝位结构 1 缩短并从导轨上脱离，驱动结构、箝位结构 2 的激励电压不变。

(5) 驱动结构激励电压变为低电平，此时驱动结构缩短，箝位结构 1、箝位结构 2 的激励电压不变。

(6) 箝位结构 1 的激励电压变为高电平，此时箝位结构 1 伸长并箝位于导轨上，驱动结构、箝位结构 2 的激励电压不变。

上述六个阶段为箝位式磁致伸缩驱动器单驱动周期的动作过程，其经一个激励周期后发生一次尺蠖式运动。通过施加连续多个周期的激励信号，即可实现连续步进运动。

箝位式磁致伸缩驱动器结构相对复杂，利用静摩擦力驱动，通过小步距累积实现大行程运动输出，具有摩擦磨损较小、可实现纳米级位移分辨力、输出力可达数百牛顿以上等优点，适用于要求亚微米级精度、微米到毫米级工作范围的场合。

3. *摩擦式磁致伸缩驱动器*

摩擦式磁致伸缩驱动器的基本驱动原理如图 6-8 所示，两个磁致伸缩棒呈 90°布置，二者驱动电流的相位差为 90°，二者交替伸长、收缩，将两个直线位移耦合为驱动末端的椭圆运动轨迹，通过摩擦驱动动子实现步进运动。

综合而言，步进型磁致伸缩驱动器可以实现累积式位移输出，在保证精度和载荷能力的同时，可实现大行程的位移输出，在对输出精度、空间尺寸等有严格要求的应用领域有着广泛的需求和前景。

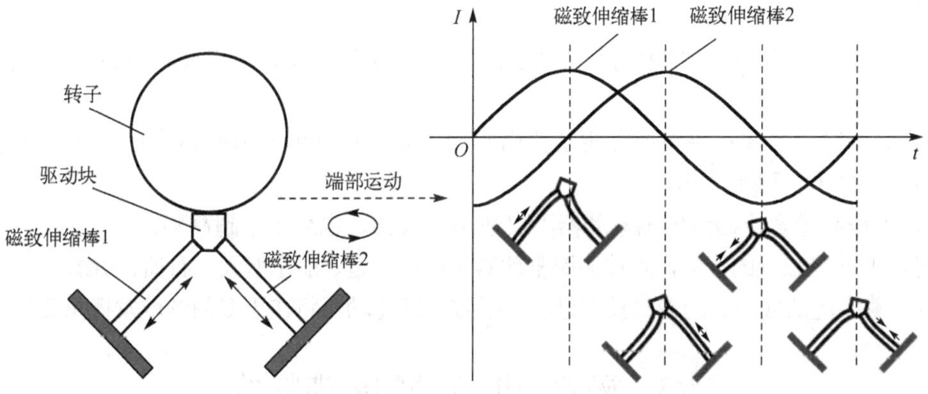

图 6-8　步进型摩擦式磁致伸缩驱动器的基本驱动原理图

6.2.3　薄膜型磁致伸缩驱动器

磁致伸缩薄膜是通过物理气相沉积方法将磁致伸缩靶材镀在非磁性基片上的一种薄膜

材料，常用的方法包括闪蒸、离子束溅射、电离镀膜、直流溅射、射频磁控溅射等。这种薄膜在外加磁场作用下会发生变形，用于实现驱动功能。

根据溅射合金材料的磁致伸缩特性和作用方式，可以将薄膜型磁致伸缩驱动器分为单层磁致伸缩薄膜、双层磁致伸缩薄膜(基片两面分别镀正负磁致伸缩材料)以及多层磁致伸缩薄膜结构。双层和多层磁致伸缩薄膜凭借其出色的性能表现，包括磁致伸缩应变、能量密度和高频响应等方面，在微驱动器领域展现出了良好的应用前景。单、双层磁致伸缩薄膜悬臂梁-基片系统如图 6-9 所示。随着薄膜制备技术的提高和磁致伸缩薄膜器件控制技术的进一步完善，磁致伸缩薄膜器件的应用形式更加丰富，磁致伸缩薄膜的应用领域将变得更加广泛。

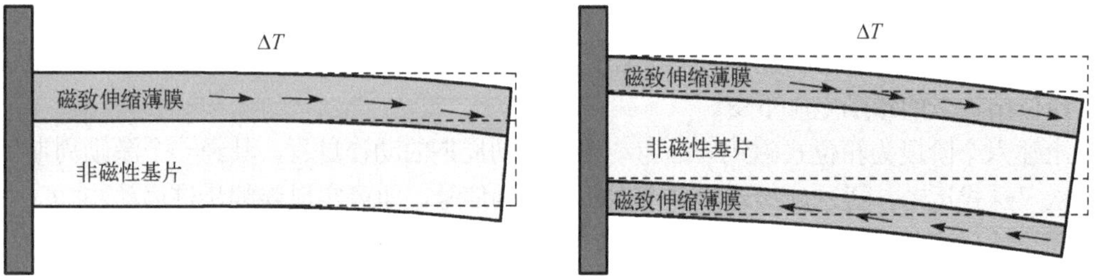

(a) 单层磁致伸缩薄膜悬臂梁-基片系统　　(b) 双层磁致伸缩薄膜悬臂梁-基片系统

图 6-9　单、双层磁致伸缩薄膜悬臂梁-基片系统示意图

6.2.4　磁致伸缩驱动器的特点

综合而言，磁致伸缩驱动器由于其独特的技术特点，在研究应用中表现出如下优点。

(1) 功率输出高：磁致伸缩驱动器能量密度大，适用于制造大功率器件。

(2) 能耗低：磁致伸缩驱动器的能耗相对较低，有助于降低运行成本。

(3) 响应速度快：磁致伸缩材料的响应时间非常短，可以实现快速的位移响应。

(4) 能量转换效率高：磁致伸缩驱动器的能量转换效率为 49%～56%，远高于大部分的智能材料驱动器。

(5) 居里温度高：磁致伸缩材料的居里温度在 300°C 以上，可以在较高温度下工作而保持性能稳定。

(6) 结构简单紧凑：磁致伸缩驱动器由驱动单元、传感单元和控制单元组成，整体设计紧凑高效，易于实现小型化。

(7) 工作频带宽：磁致伸缩驱动器不仅适用于低频，也适用于超高频。

得益于这些独特的优势，磁致伸缩驱动器在机械制造、航空航天、石油、纺织、农业等多个领域有着广泛的应用。随着科技的进步，磁致伸缩驱动器将在更多的领域发挥重要作用。

6.3　磁致伸缩驱动的磁滞特性

磁致伸缩驱动的磁滞特性是指材料在磁致伸缩效应下表现出的一种非线性特性，即材料在磁化状态改变时，其磁致伸缩效应并非简单地线性依赖于磁场的变化，而是表现出一种磁滞行为。

6.3.1 磁致伸缩材料的磁滞现象

磁致伸缩材料在磁化过程中，其磁畴壁移动和磁矩转动不是完全可逆的。当外部磁场发生变化时，磁致伸缩材料在磁化及退磁过程中需要进行磁畴壁移动和磁矩转动，以适应新的磁场方向，其磁化及退磁过程中的磁矩变化如图 6-10 所示。

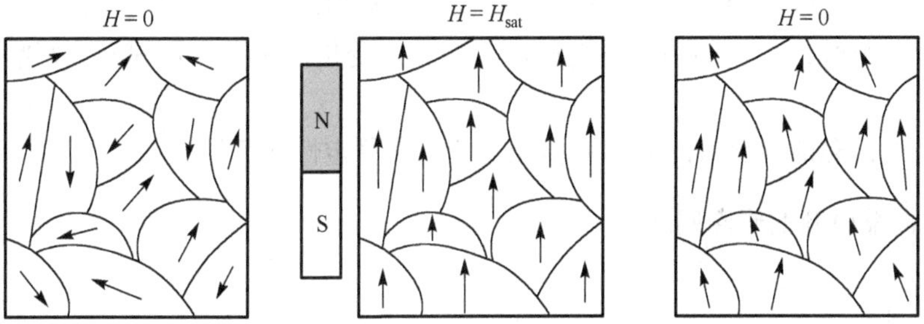

图 6-10 材料磁化及退磁过程中的磁矩变化示意图

上述过程需要消耗能量以克服材料内部的磁畴壁垒和磁畴间的相互作用力，这导致了磁滞现象的出现。磁滞是磁性材料固有的性质，不同的磁性材料会表现出不同的磁滞特性。磁致伸缩材料磁化强度及内部磁畴随外部磁场变化如图 6-11 所示。

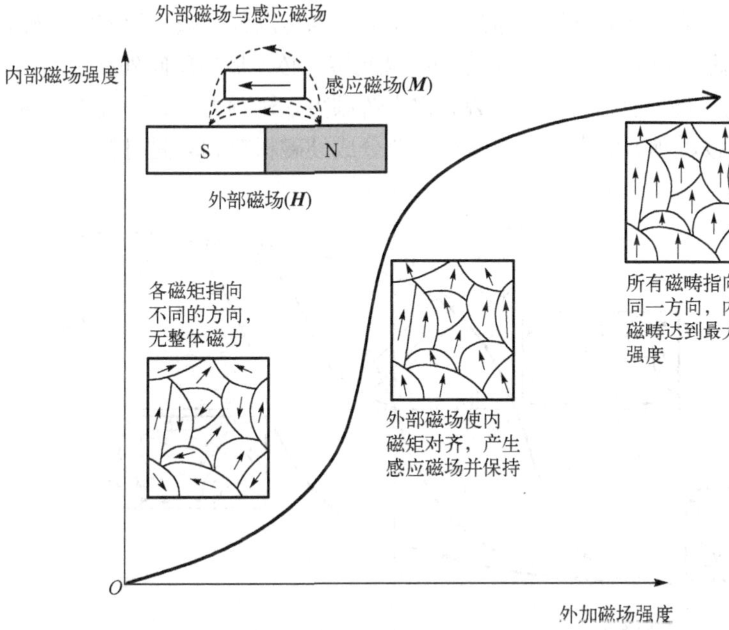

图 6-11 磁致伸缩材料磁化强度及内部磁畴随外部磁场变化示意图

在外部磁场磁场强度 $\boldsymbol{H}$ 增大的过程中，磁化强度 $\boldsymbol{M}$ 先是显著增大，而后增大率降低并呈现缓慢增加态势直至达到饱和磁化状态。在整个过程中磁矩先迅速转动，而后缓慢转动直至与外部磁场方向相同。

磁滞现象对磁致伸缩驱动器的性能有显著影响，主要包括以下六方面。

(1) 位移和力：磁滞现象会导致驱动器在不同磁化状态下具有不同的位移和力输出特性，这在一定程度上会影响其驱动精度和重复性。

(2) 工作范围：磁滞回线的大小和形状会影响驱动器的工作范围，即驱动器能够实现的最大位移和力输出。

(3) 能量转换效率：磁滞现象可能会导致能量损失，从而降低驱动器的能量转换效率。

(4) 动态响应：磁滞特性在一定程度上会影响驱动器动态响应特性，限制其工作带宽。

(5) 温度依赖性：材料的磁滞特性通常会随温度变化，这在一定程度上影响驱动器的输出特性。

(6) 可靠性：磁滞现象可能会影响驱动器的长期稳定性和可靠性。

6.3.2 磁致伸缩材料的磁滞回线

1. 物理过程

在强磁性材料（包括铁磁性和亚铁磁性材料）剩余磁化强度$\boldsymbol{M}$为0的情况下，逐渐增大外部磁场的磁场强度$\boldsymbol{H}$，磁化强度沿图6-12中OAB曲线增加，直至到达磁饱和状态B。进一步增大磁场强度，材料的磁化状态将基本保持不变，直线段BC几乎与水平轴平行。当磁化强度到达饱和值$\boldsymbol{M}_s$时，对应的磁场强度用$\boldsymbol{H}_s$表示。OAB曲线称为起始磁化曲线。此后若减小外部磁场磁场强度，磁化曲线从B点开始并不沿原来的起始磁化曲线返回，这表明磁化强度的变化滞后于磁场强度的变化，即为磁滞现象。当磁场强度减小为零时，磁化强度并不为零，而等于剩余磁化强度$\boldsymbol{M}_r$。要使磁化强度减到零，必须加一反向外部磁场，当反向外部磁场加强到$-\boldsymbol{H}_{cm}$时，磁化强度才为零，$\boldsymbol{H}_{cm}$称为矫顽力。矫顽力的大小反映了磁性材料保存剩磁状态的能力，按矫顽力的大小可将磁性材料分成硬磁材料和软磁材料。

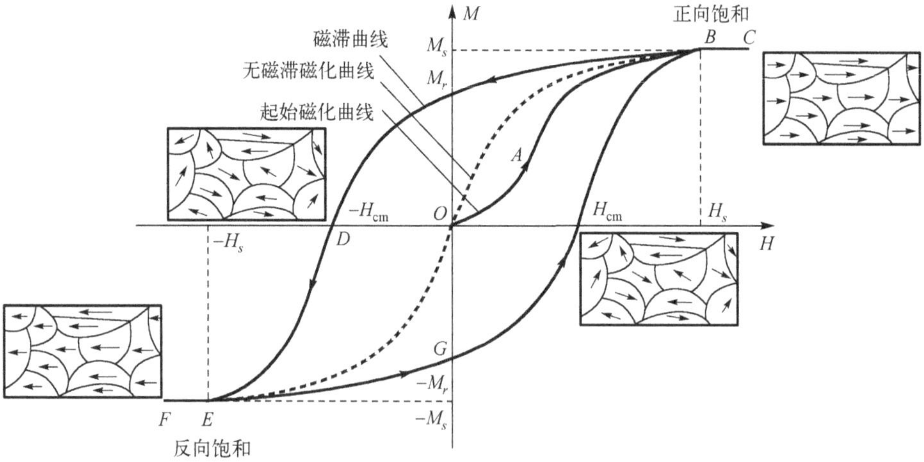

图6-12 磁滞回线：剩余磁化强度$\boldsymbol{M}$随磁场强度$\boldsymbol{H}$变化示意图

如果反向外部磁场的大小继续增大到$-\boldsymbol{H}_s$，样品将沿反方向磁化到达饱和状态E，相应的磁化强度饱和值为$-\boldsymbol{M}_s$。E点和B点相对于原点对称。

此后若使反向外部磁场减小到零，然后又沿正方向增加，样品磁化状态将沿曲线EGB

回到正向饱和磁化状态 *B*，*EGB* 曲线与 *BDE* 曲线也相对于原点 *O* 对称。当外部磁场由 $\boldsymbol{H}_s$ 变到 $-\boldsymbol{H}_s$，再从 $-\boldsymbol{H}_s$ 变到 $\boldsymbol{H}_s$ 反复变化时，样品的磁化状态变化经历着由 *BDEGB* 闭合回线描述的循环过程，该曲线称为磁滞回线。

BC 及 *EF* 两段对应于可逆磁化过程，***M*** 为 ***H*** 的单值函数。由于磁滞现象，磁滞回线上任意给定的 ***H***，对应有两个 ***M*** 值。样品处于哪个磁状态，取决于样品的磁化历史。

2. 正常磁化曲线

若外部磁场的最大磁场强度值在小于饱和值的范围内产生反复磁化，将得到小磁滞特性的磁滞回线，如图 6-13 所示。在所有磁滞回线中，上述 *BDEGB* 为最大的一个，称为极限磁滞回线。各磁滞回线两端顶点的连线称为正常磁化曲线，如图 6-13 中虚线所示，它和起始磁化曲线基本重合。用磁感应强度 ***B*** 与磁场强度 ***H*** 表示强磁性材料的磁滞回线，其走向和形状与用剩余磁化强度 ***M*** 与磁场强度 ***H*** 表示的磁滞回线大致相同。

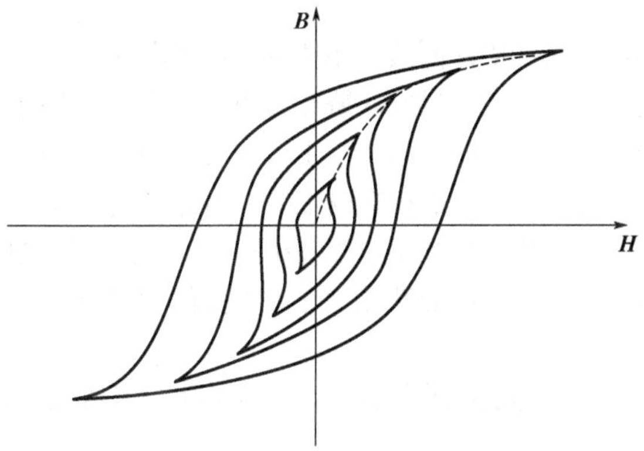

图 6-13　强磁体的正常磁化曲线：磁感应强度 ***B*** 随磁场强度 ***H*** 变化示意图

上述磁滞回线是在磁场做缓慢变化时得到的，也称为准静态磁滞回线。在交变磁场作用时，仍然有磁滞现象，磁滞回线也是一闭合回线，称为动态磁滞回线。由于涡流效应等影响，动态磁滞回线的形状和面积大小等都不同于准静态磁滞回线。***B-H*** 磁滞回线所包围的面积正比于在一次循环磁化中的能量损耗；对于准静态磁滞回线，此能量损耗仅为磁滞损耗；对于动态磁滞回线，此能量损耗包括磁滞损耗和涡流损耗等。

3. 磁滞回线分类

磁滞回线具有结构灵敏的性质，很容易受各种因素的影响。磁滞回线的产生是由于磁化中的不可逆过程引起的，这种不可逆过程在磁畴壁移动和磁矩转动的过程中都可能发生。磁滞回线反映了铁磁质的磁化性能。铁磁质的磁化强度 ***M***、磁感应强度 ***B*** 和磁场强度 ***H*** 之间的关系不仅不是线性的，而且不是单值的。综合而言，磁滞回线主要包括以下几类。

(1) 正常磁滞回线：这是绝大多数磁性材料所具有的回线形状，正常磁滞回线相对于原点对称，通常称为 S 形回线。

(2)矩形磁滞回线：剩余磁感应强度 $\boldsymbol{B}_r$ 与最大磁感应强度 $\boldsymbol{B}_m$ 的比值大于 0.8 的磁滞回线，一般可用热处理或胁强处理材料的方法来得到。

(3)退化磁滞回线：若某种材料经过磁场热处理或胁强处理后在一定方向上获得了矩形磁滞回线，当在其垂直方向进行磁化时，常常会得到近于直线的磁滞回线，$\boldsymbol{B}_r/\boldsymbol{B}_s<0.2$。

(4)蜂腰磁滞回线：在少数磁性材料中，如某些含钴的铁氧体，在中等磁场强度下的磁滞回线呈现特殊的形状，即在 $\boldsymbol{B}_r$ 附近的 $\boldsymbol{B}$ 值显著降低，形如蜂腰形状。

(5)不对称磁滞回线：前面 4 种都称为对称磁滞回线，而同时含有铁磁性和反铁磁性成分的材料(如粉末状钴表面有氧化钴层)，或者在恒定磁场中经过热处理的铁氧体，其磁滞回线常为不对称形状。

(6)饱和磁滞回线：当外部磁场大到使材料磁化达到饱和状态时，所得到的正常磁滞回线即为饱和磁滞回线，通常在这一状态下定义临界磁场强度 $\boldsymbol{H}_c$ 和剩余磁感应强度 $\boldsymbol{B}_r$ 的大小。

4. *磁滞回线应用*

不同的铁磁体有不同形状的磁滞回线，不同形状的磁滞回线有不同的应用。例如，永磁材料要求矫顽力大、剩磁大；软磁材料要求矫顽力小；记忆元件中的铁心则要求适当小的矫顽力。磁滞回线可为选材提供一定的依据。由于 ***B-H*** 磁滞回线所围面积与磁滞损耗成正比，在交流电器中磁滞损耗是有害的，它的存在既浪费了电能又使铁心发热，对设备不利，因此软磁材料的磁滞回线所围面积要尽量减小，以减少损耗。磁滞特性是磁致伸缩驱动器技术领域的一个重要研究方向，可为驱动器的性能优化改善提供一定的参考。

6.4　典型磁致伸缩驱动器的运动控制技术

磁致伸缩驱动器的精度可以达到亚微米级，但受磁致伸缩材料固有的磁滞特性以及组成驱动器磁路的电磁工作环境的影响，存在着系统定位精度和重复性衰减的问题，因此建立高精度控制策略并构建闭环控制系统，保证系统定位精度和重复性，已成为磁致伸缩驱动器实际应用的关键。

6.4.1　磁致伸缩驱动器控制系统组成

磁致伸缩驱动器闭环控制系统通常由上位机、下位机、驱动电源电路、控制反馈单元及磁致伸缩驱动器组成。图 6-14 所示为磁场强度与位移反馈型磁致伸缩驱动器闭环控制系统。其中，上位机管理及显控软件用于与用户交互，通过网络或串口电路对系统下位机核心的单片机下发命令，单片机则通过网络或串口电路回传数据给上位机；单片机接收上位机命令后，通过 D/A 转换电路产生模拟控制信号并将其加载于可控恒流源电路上，产生的驱动电流用于驱动线圈；驱动电源电路为内置单片机的磁致伸缩驱动器可控恒流源电源电路，在驱动线圈通电后产生可控的磁场以驱动磁致伸缩驱动单元；霍尔元件及位移传感器实时获取驱动单元状态并实时反馈，通过 A/D 采集电路转换为数字信号并回传给核心单片机以实现反馈控制。

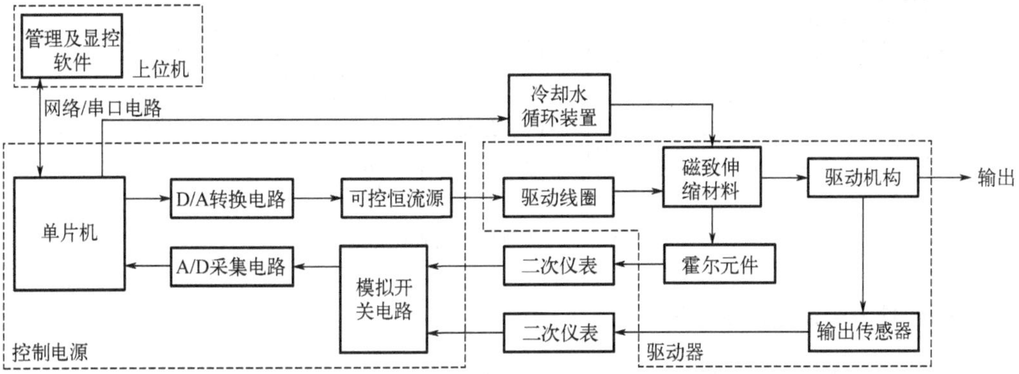

图 6-14　磁场强度与位移反馈型磁致伸缩驱动器闭环控制系统组成示意图

6.4.2　磁致伸缩驱动器控制电源电路

驱动控制电源电路是磁致伸缩驱动器控制系统中的重要单元，直接影响驱动器的静态和动态性能。由于磁致伸缩驱动器对于驱动控制电源的稳定性、实时可控性都有一定的需求，常规的稳压电源不能满足需求，因此需要根据磁致伸缩驱动器设计具有高稳定度的可控恒流电源。根据磁致伸缩材料的驱动特性以及磁致伸缩驱动器的磁路特点，其驱动控制电源电路应具备如下特点。

(1) 稳定性：磁致伸缩驱动器一般应用于精密及超精密驱动领域，因此驱动控制电源需要具有较好的稳流特性、线性度和稳定性，输出的纹波电流应控制在很小的范围内，以确保磁致伸缩材料获得一致的驱动力，从而实现可靠的伸缩行为。

(2) 调节性：驱动控制电源需要具备一定的调节性能，使驱动线圈可以产生正负方向可变的磁场，以便根据需要对磁致伸缩材料进行精确控制，以满足不同应用场景的需求。

(3) 安全性：驱动控制电源需要具备相应的安全性能，其负载为一电感线圈，因此输入信号与输出信号存在一定的相位差，应采取一定的措施进行相位补偿，同时还应具有保护电路，以抑制开关电源等场合电流产生较大变化的瞬态电压对功率器件的冲击，从而防止意外故障或损坏。

(4) 兼容性：驱动控制电源需要与磁致伸缩驱动器的其他部件(如控制单元、传感器等)兼容，需要满足特定的输入电压和频率的可调节要求，以保证磁致伸缩驱动器在特定电源环境下的正常工作。

(5) 智能性：驱动控制电源最好采用内置单片机或其他控制核心芯片的结构，使其更加智能化。可以通过编写程序并烧写进控制核心芯片的方式实现驱动器的实时控制以及相应控制算法的开发，从而减小系统的误差，提高系统的性能和自动化程度。

图 6-15 所示为驱动控制电源电路的组成图，该电路包括模拟电路部分以及数字电路部分，模拟电路部分以双向可控恒流源为主；数字电路部分则包括网络电路、串口电路、看门狗电路、D/A 转换电路、A/D 采集电路等。单片机是驱动控制电源电路的核心，既可以通过串口电路或网络电路实现与上位机显控软件的数据交互，也可以通过 A/D 采集电路获取磁致伸缩驱动器位移、磁场的实时状态，还可以通过 D/A 转换电路对磁致伸缩驱动单元进行控制。

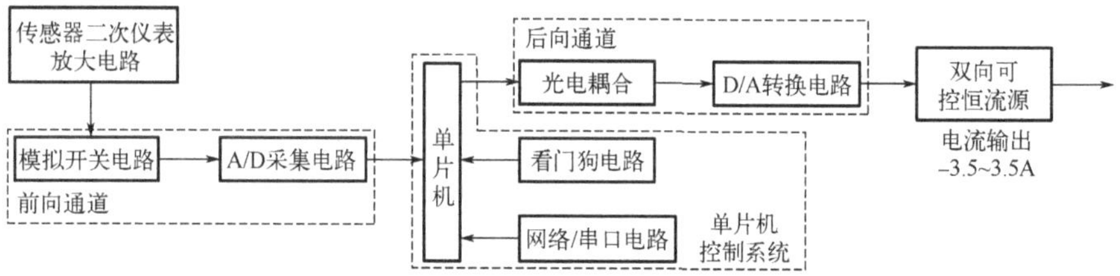

图 6-15　驱动控制电源电路组成图

6.4.3　磁致伸缩驱动器控制方法

面向高定位精度和重复性，磁致伸缩驱动器系统的控制方法通常包括以下几个方面。

PID 控制：图 6-16 所示为 PID 控制方法的基本原理框图，通过调整比例、积分和微分三个参数来实现对驱动器的控制，以达到精确的位移控制。磁致伸缩驱动器是典型的强非线性系统，具有磁滞非线性特性。然而，在偏置磁场中，磁致伸缩材料存在近似线性工作区，利用 PID 控制器在近似线性工作区实现对磁致伸缩驱动器的控制具有重要的实际意义。PID 控制不仅能简化控制策略，而且在硬件实现上比较简单，易于调节参数，并且成本低廉。

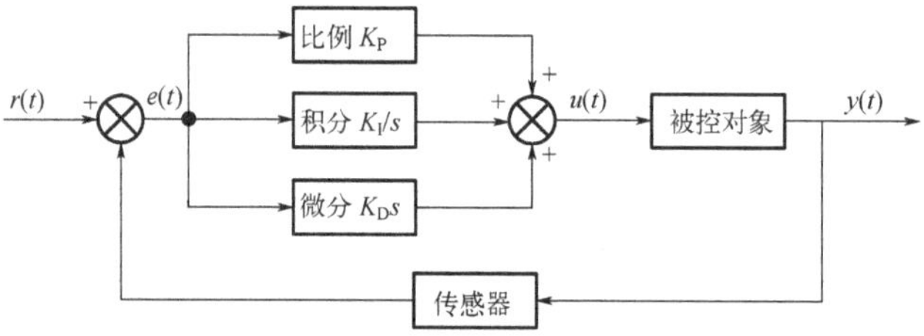

图 6-16　PID 控制原理框图

前馈逆补偿控制：图 6-17 所示为前馈逆补偿控制方法的系统原理框图，基于磁滞模型的前馈逆补偿控制方法，通过建立磁滞模型并求逆，实现对磁滞非线性的补偿，从而提高控制精度。

自适应控制：简单的前馈逆补偿控制系统是纯粹的开环系统，不能对系统偏差做检验，也无法对不可测的扰动进行补偿，因此该控制方法无法对驱动器实现稳态无静差控制。为实现驱动器输出位移无偏差，必须消除驱动器在磁滞建模和模型求逆过程中产生的误差及实际应用中的随机干扰，因此必须对驱动器的偏差进行控制。根据驱动器的磁滞模型设计自适应控制系统和自适应算法，通过偏差的均方差最小化实现控制器参数的动态调整。图 6-18 所示为驱动器自适应控制方法的系统原理框图，根据系统的实时反馈信息，动态调整控制参数，以适应系统变化，提高系统的稳定性和精度。

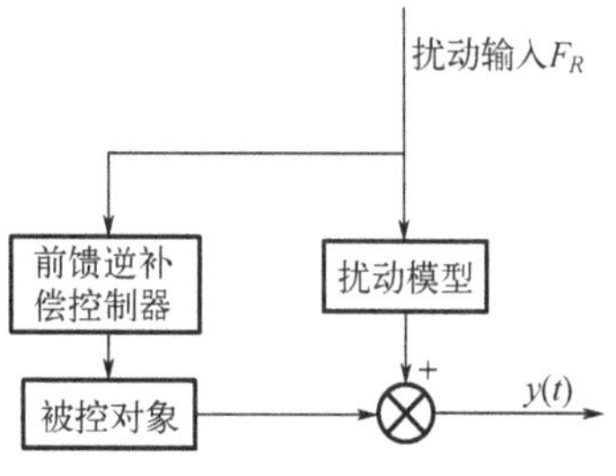

图 6-17　前馈逆补偿控制系统原理框图

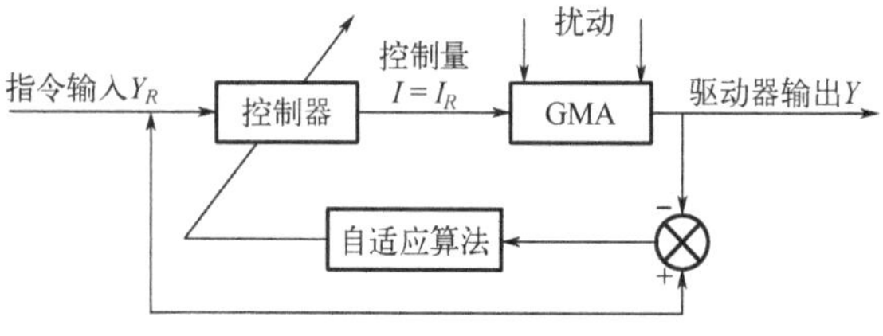

图 6-18　驱动器自适应控制系统原理框图

6.5　磁致伸缩驱动在智能机器人中的应用实例

磁致伸缩材料具有高能量密度和良好的鲁棒性，为智能机器人的发展提供了新的可能性，特别是在需要精密控制、微型化和多机器人协同操作的应用场景中。随着材料科学和控制技术的进步，磁致伸缩驱动将在智能机器人领域发挥越来越重要的作用。

图 6-19 所示为基于磁致伸缩驱动器的三自由度柔性机器人平台，该平台由三个磁致伸缩驱动部件组成，其中，单个驱动部件剖视图如图 6-19(a)所示。两个磁致伸缩棒串联放置，线圈用来提供磁场；在磁致伸缩棒之间放置一块轭架，以改善线圈内磁场的均匀性；预紧螺钉用于调节预紧力，力传感器用于测量驱动力；柔性位移放大器放大输出杆的输出位移并将其传递到垂直方向，由铍青铜制成的柔性铰链部分和铝制成的杠杆臂部分组成。驱动过程如图 6-19(b)所示，当两磁致伸缩棒被驱动时分别产生两个方向的输出力及位移，使得输出杆产生水平方向的输出力及位移，柔性位移放大器将位移放大并传递到垂直方向。当磁致伸缩棒伸长时，柔性位移放大器输出端向下运动；当磁致伸缩棒缩短时，柔性位移放大器输出端向上运动。该驱动器的开环行程为 1.4mm，当采用反馈控制时，闭环行程为 1.3mm，其精度受到载荷惯性的影响。

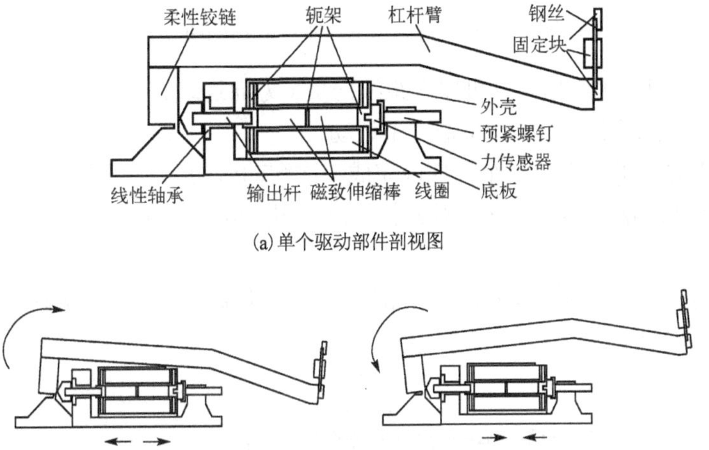

(a) 单个驱动部件剖视图

(b) 驱动原理

图 6-19　基于磁致伸缩驱动器的三自由度柔性机器人平台

图 6-20 所示为基于单层薄膜型磁致伸缩驱动器的蛇形机器人，其通过调节外部磁场可在管道中实现双向无线移动。当施加 x 方向的交替磁场时，磁致伸缩层会伸长或收缩，而非长度趋于不变，以实现弯曲变形。机器人在一个周期内的弯曲变形如图 6-19(b)所示，单个驱动周期包括四步，具体如下。

(1) 阶段 A：机器人向上弯曲，保持在原位置不向前运动，称为非有效阶段。

(2) 阶段 B：机器人向下弯曲，双足对地面产生两个相反的冲击力，如果这两个力不相等，则产生的净总冲击力将推动机器人自身移动。运动方向取决于净总冲击力，依赖于机器人与地面接触的有效位移，即阴影区域 A 和阴影区域 B，阴影区域 A 和阴影区域 B 的差越大，净总冲击力越大。机器人弯曲变形的不对称导致阴影区域 A 始终小于阴影区域 B，从而驱动机器人向 x 负向运动。

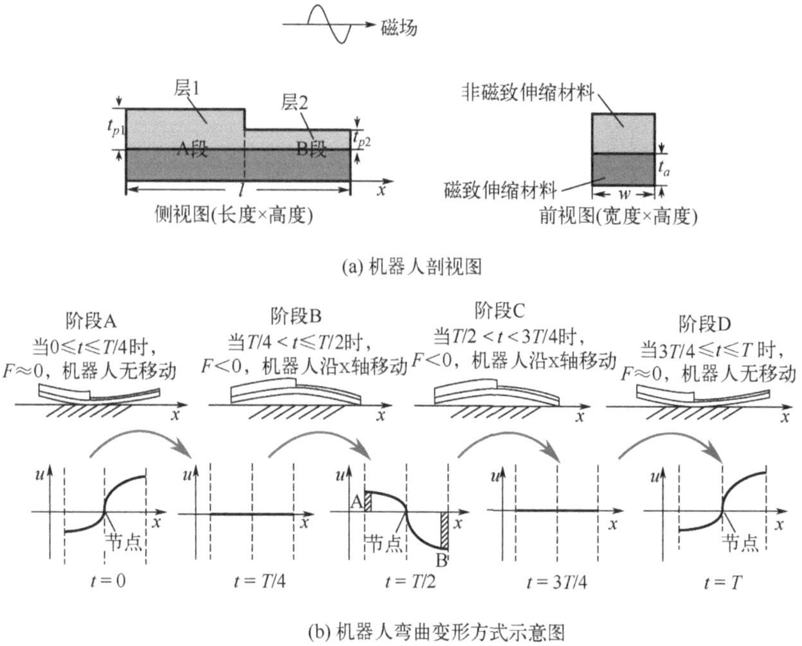

(a) 机器人剖视图

(b) 机器人弯曲变形方式示意图

图 6-20　基于单层薄膜型磁致伸缩驱动器的蛇形机器人

(3) 阶段 C：与阶段 B 相同，机器人继续向负 x 方向运动。

(4) 阶段 D：与阶段 A 相同，机器人不运动。

通过上述步骤，机器人在一个周期内完成一次蠕动运动，当转子重复阶段 A～D 时，机器人可以稳定地实现蠕动运动。如果有效相位内的阴影区域 A 大于阴影区域 B，则机器人将向 x 正向移动。

图 6-21 所示为磁致伸缩驱动式微型机器人，其基于惯性驱动原理驱动，单个驱动周期包括三个阶段，具体如下。

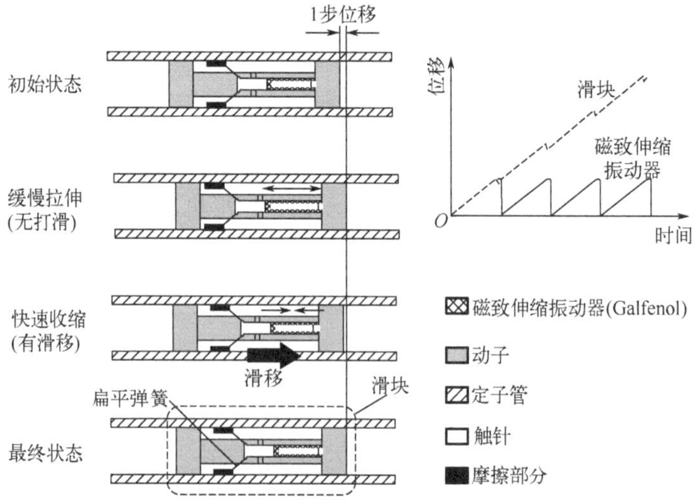

图 6-21　磁致伸缩驱动式微型机器人

(1) 初始阶段：无激励信号施加到磁致伸缩棒上时，磁致伸缩棒不发生伸缩变形，此时动子和定子管均不产生运动，微型机器人保持在初始状态。

(2) 电流缓慢增加阶段：磁致伸缩棒伸长，此时动子与定子管之间的摩擦力占主导地位。

(3) 电流快速减小阶段：由于快速收缩的冲击力，摩擦部分也被驱动，并且由于惯性力，动子在定子管上发生滑动。

一个周期内驱动器的单次驱动距离等于磁致伸缩棒的收缩量。当以频率为 1kHz、电流峰峰值为 0.15A、电压峰峰值为 0.15V 的锯齿波信号激励驱动器时，该滑块的速度约为 0.56mm/s。

思　考　题

6-1　什么是磁致伸缩效应？请说明磁致伸缩的产生原因。

6-2　磁致伸缩材料都有哪些？请对磁致伸缩材料进行分类并说明各自优缺点。

6-3　说明磁致伸缩驱动的原理，请与其他新型驱动方式进行对比，说明各自的优缺点。

6-4　磁致伸缩驱动器如何进行分类？请简述各类型的特点。

6-5　说明什么是磁滞现象，该现象对磁致伸缩驱动器有什么影响？

6-6　什么是磁滞回线？说明产生磁滞回线的物理过程。

6-7　磁致伸缩驱动器闭环控制系统由哪些部分组成？

微课

第 7 章　静电驱动及控制技术

静电是人类观察和描述的最古老的科学现象之一，早在公元前 6 世纪，古希腊哲学家泰勒斯发现，将琥珀棒与猫毛摩擦后，琥珀棒会吸引羽毛一类的轻小物质。1600 年，英国科学家吉尔伯特指出，不只琥珀是可以经过摩擦产生静电的物质，钻石、蓝宝石、玻璃等经摩擦后也都可以表现出同样的性质。1785 年，法国物理学家库仑测定了两个静止点电荷之间的相互作用力，发展了静电学的基础理论。此后，研究人员以电荷间的库仑力为驱动力进行微驱动器的研制工作。1988 年，美国加利福尼亚大学研制了第一台厚度为 1~1.5μm、直径为 100μm 的静电驱动器。1993 年，清华大学研制出了转子直径为 120μm、转速达 1200r/min 的静电马达。静电驱动有结构简单、电场强度不受尺寸影响和能量转换效率高等优点。静电驱动在小型电机、微泵、硅扭转微镜等方面有着诸多的研究和应用。在医疗领域，静电驱动器可用在集电子发射器、自动记录仪等模块于一体的超小型微机械系统上，可进入人的肠胃、血管。在军事领域，超微静电驱动器可以作为微型空中机器人的动力构件，这种机器人装有红外线感应器，能完成规定的侦察任务。静电驱动微泵由于其能精确检测和控制流量，在药物微量输送、微量喷射、细胞分离、集成电子元件冷却、微量化学分析以及微小型卫星的推进等方面有着重要的应用前景。硅扭转微镜主要应用在光纤通信、投影显示、数据存储、精密测量、医疗成像和生物技术等方面。综上，静电驱动器在半导体制造、医疗设备和生物检测等领域有着广泛的应用。

7.1　静电效应及静电驱动的工作原理

7.1.1　静电与静电效应

在现代物理学中，静电是指一种处于相对静止不动状态的电荷或者不流动的电荷，是材料表面和内部电荷不平衡的结果。静电电荷一直保持到能够通过电流或者放电耗散为止。根据物质的组成原理，物质是由原子组成的，原子通常是电中性的，它含有等量的正电荷(原子核中的质子)和负电荷(原子核周围的电子)。静电电荷的产生方法主要有两种，分别是接触起电和感应起电。

(1)接触起电：异质材料互相接触，由于材料的功函数不同，当两种材料之间的距离接近原子级别时，会在接触的两个表面上产生电荷，从而形成带电的现象。摩擦起电是一种特殊的接触起电方式，当两个物体互相摩擦时，因为不同物体的原子核束缚核外电子的本领不同，会导致一个物体失去一些电子，另一个物体得到多余的电子，从而会在两个接触的表面上产生电荷。摩擦起电的原理如图 7-1(a)所示。

(2)感应起电：带电物体靠近或者接触导体时，导体中的自由电子在电场力的作用下会产生定向的移动，使导体中的电荷重新分布，在导体上产生电荷感应使导体带电，该现象也称为静电效应。感应起电的原理如图 7-1(b)所示。感应起电的实质是导体上的自由电荷在带电体上电荷的作用下发生了分离，从导体的一部分转移到了另一部分，因为只有导体上的电子才能自由移动，绝缘体上的电子不能自由移动，所以导体能发生感应起电，而绝缘体不能。如果感应物体是电阻较小的良导体时，则容易发生静电放电现象。

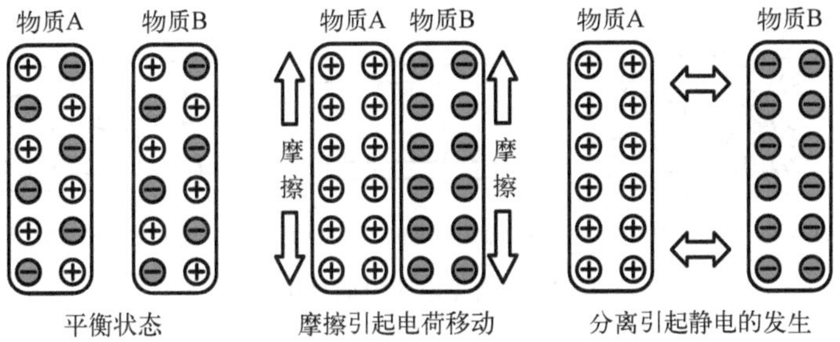

(a) 摩擦起电原理

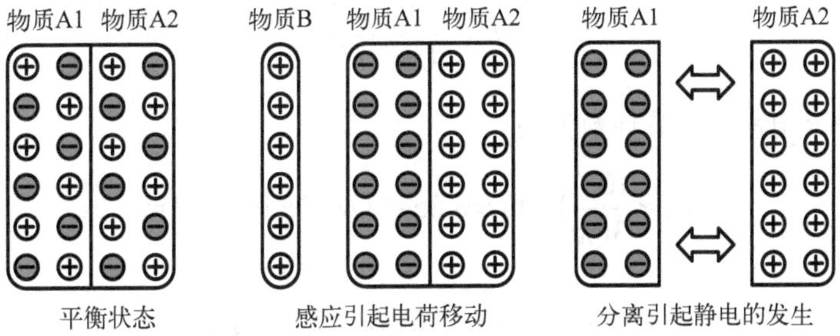

(b) 感应起电原理

图 7-1 接触起电与感应起电原理图

自然界中只存在两种电荷，其中丝绸摩擦过的玻璃棒所带电荷为正电荷，用毛皮摩擦过的橡胶棒所带电荷为负电荷。接触起电和感应起电的实质都是发生电子的转移，使多余电子的物体带负电，缺少电子的物体带正电，且在电子转移的过程中，电荷的总量保持不变，并没有创造电荷。

7.1.2 静电驱动的工作原理

静电驱动器的工作原理是通过静电电荷间的作用力来驱动电极的运动。当外加电压施加在电极上时，电荷会受到电势差的作用开始运动，电荷周围的空间中产生一种电场，该电场会对周围的其他电荷施加作用力，利用同种电荷相斥、异种电荷相吸产生的库仑力，实现驱动器的运动。静电力是以电场为媒介传递的，即带电体在其周围产生电场，电场对置于其中的另一带电体施以作用力，且两个带电体受到的静电力相等，常见的电荷电场分布形式如图 7-2 所示。因此，静电驱动器在运动过程中可以通过调整电极间的电势差和电荷的分布等参数来实现对电荷的控制，以达到驱动精度和速度的要求。

静电效应是由电荷相互作用而产生的，这种力用库仑定律来描述。库仑定律表明：静电力做功与路径无关，是保守力，因此静电场是保守场，也称势场。库仑定律可以计算两

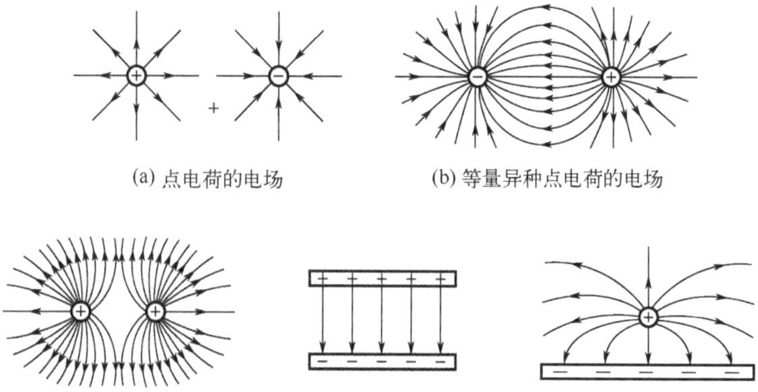

(a) 点电荷的电场　(b) 等量异种点电荷的电场

(c) 等量正点电荷的电场　(d)金属板间的匀强电场　(e) 点电荷与金属板的电场

图 7-2　常见电荷电场分布形式

个点电荷之间的力，如果两个电荷之间的距离是 r，两个带电量分别为 Q、q 的电荷之间的库仑力为

$$F = \frac{1}{4\pi\varepsilon_0}\frac{qQ}{r^2} \tag{7-1}$$

式中，ε_0 为真空介电常数，具体数值为

$$\varepsilon_0 \approx \frac{10^{-9}}{36\pi}\mathrm{F/m} \approx 8.854187817\times10^{-12}\mathrm{F/m} \tag{7-2}$$

7.2　静电驱动器的分类及特点

静电驱动技术具有高精度和快速响应的特点，按照驱动原理可主要分为静电感应型驱动器和电容可变型驱动器。

7.2.1　静电感应型驱动器

当外加电场改变时，介电体内部的极化电荷也随之改变，但由于介电体分子结构的复杂性和形态的多样性，极化电荷的调整不是瞬态完成的，而是需要一定时间才能达到新的平衡状态。这种时间的延迟现象称为介电弛豫现象。利用介电弛豫原理的静电驱动器一般称为静电感应型驱动器，其具体原理如下：如果将一个介电体动子置于电场中，就会在动子表面感应出电荷，由于介电弛豫，这些电荷的变化滞后于电场的变化，并与激励电场之间偏移而产生一个作用在动子上的作用力，进而实现动子的运动输出。按照动子的运动输出形式，静电感应型驱动器可分为直线型和旋转型两大类。

1. 直线型静电感应驱动器

图 7-3 所示是单边型带有电阻器动子的三相直线型静电感应驱动器工作原理：在第①阶段，电压施加到定子的电极上；在第②阶段，动子中会感应出极性与其相反的电荷；在第③阶段，当外加电压极性变化时，因为动子上电荷的变化滞后于电场的变化，动子会受到向右

方向的合力作用，驱动其向右方移动，即达到第④阶段的状态。定子中的电压变化重复上述操作，动子就会连续地向右方移动，运动速度的控制可以通过调节定子电极上施加的电压幅值来实现。单边型静电感应驱动器定子与动子之间存在较大的反向吸引力。在动子的两边安装成对称结构的定子，则反向吸引力可以互相抵消，这种结构形式也称为双边型静电感应驱动器。

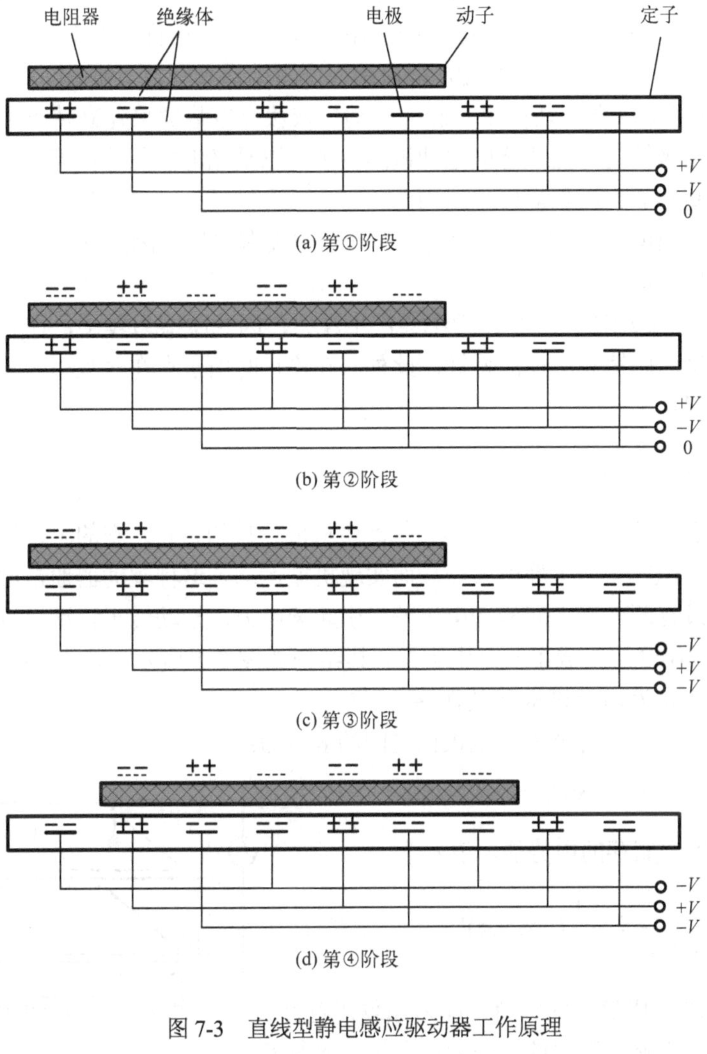

图 7-3　直线型静电感应驱动器工作原理

2. 旋转型静电感应驱动器

将直线型静电感应驱动器沿着和直线运动相垂直的方向卷成圆形就形成了旋转型静电感应驱动器，如图 7-4 所示。旋转型静电感应驱动器转子的外径比定子的内径小一些，电机均匀分布在转子周围来产生旋转电场。如果转子由多种介质构成，那么不同的介电弛豫过程就会叠加。驱动器通过径向静电力吸引转子向被激励的定子电极方向运动，当按一定时序信号激励定子时，可实现转子在定子直径内滚动。由于驱动器转子的角速度小于旋转电场的角

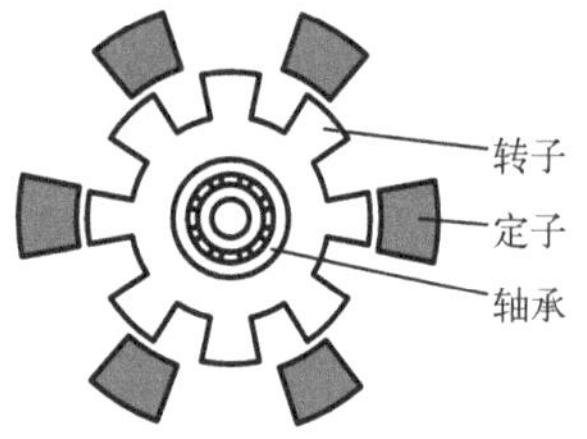

图 7-4　旋转型静电感应驱动器

速度，该类驱动器称为异步介电感应驱动器。

旋转型静电感应驱动器定子和转子之间的气隙是连续不断的圆形，不存在始端和终端。但直线型静电感应驱动器定子和动子之间的气隙存在着始端和终端，当动子的一端进入或退出气隙时，都会在动子导体中感应出附加电流，这就是边缘效应。由于边缘效应的影响，直线型静电感应驱动器与旋转型静电感应驱动器在运行特性上有较大的不同。综上所述，静电感应型驱动器具有以下特点。

(1)静电感应型驱动器构造简单，感应电动机依赖介电弛豫来建立转子上的电荷分布，而不是靠转子的凸极结构，因此感应电动机的转子可以是光滑均匀的，甚至可以是液体，可以采用以薄膜为基础的大面积多层化结构。

(2)静电感应型驱动器是异步运行的，在动子中没有电极，因此它可以不需要动子位置的反馈就获得较好的运行性能。

(3)静电感应型驱动器在运行过程中会产生浮力，因此摩擦力较小，在某一特定的运行状态下可以提高轴承摩擦和磨损的特性。此外，在停止时由于存在着吸引力和摩擦力，可以获得较大的静态保持力。

7.2.2　电容可变型驱动器

电容可变型驱动器是一种利用电容变化产生机械位移的装置。它的工作原理是通过改变定子和转子之间的电容来产生静电力，从而实现机械运动。这种驱动器通常由定子电极和转子电极组成，通过在两电极之间施加电压差，引起静电力，推动转子移动。以平行板电容器为例，上下极板的绝缘层组成了一个电容器，其结构如图 7-5 所示，其中，l 为极板的长度，w 为极板的宽度，d 为两个极板间的距离。

利用能量梯度计算电容器平行电极板之间的静电力：

$$F = -\nabla E \tag{7-3}$$

式中，E 为电容器中储存的电势能，表示为

$$E = \frac{Q^2}{2C(x,y,z)} = -\frac{1}{2}C(x,y,z)U^2 \tag{7-4}$$

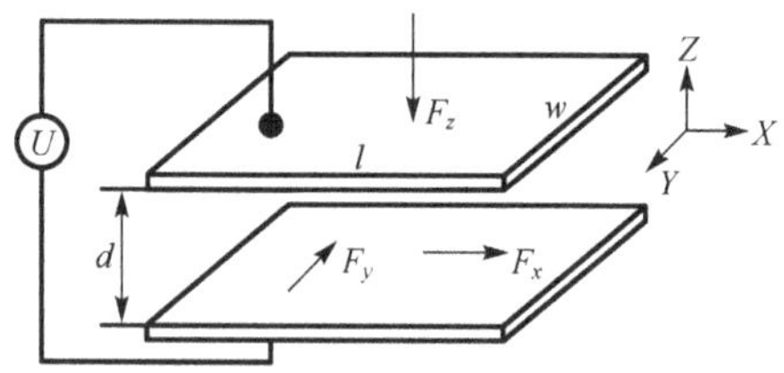

图 7-5　平行板电容器结构图

式中，Q 为电容器 C 中储存的电荷；U 为加载在电容器极板上的电压。忽略电容器的边缘效应，则电容量 C 为

$$C = \frac{\varepsilon_0 \varepsilon_r wl}{d} \tag{7-5}$$

式中，ε_0 为真空介电常数；ε_r 为相对介电常数。

因此，总静电力为电势能在三个方向的偏导数之和：

$$F = \frac{1}{2}\frac{\partial C}{\partial x}U^2 x + \frac{1}{2}\frac{\partial C}{\partial y}U^2 y + \frac{1}{2}\frac{\partial C}{\partial z}U^2 z \tag{7-6}$$

当电容器两极板在 x 方向不完全对准，存在重叠长度，且在 z 方向保持间隙 d 不变时，电容器沿 x 方向产生的静电力为

$$F_x = \frac{1}{2}\frac{\varepsilon_0 \varepsilon_r w}{d} U^2 \tag{7-7}$$

同理，当电容器两极板在 y 方向不完全对准，存在重叠长度，且在 z 方向保持间隙 d 不变时，电容器沿 y 方向产生的静电力为

$$F_y = \frac{1}{2}\frac{\varepsilon_0 \varepsilon_r l}{d} U^2 \tag{7-8}$$

当电容器两极板在 x 和 y 方向保持尺寸 l 和 w 不变时，沿 z 方向的静电力为

$$F_z = \frac{1}{2}\frac{\varepsilon_0 \varepsilon_r wl}{d^2} U^2 \tag{7-9}$$

综上而言，电容平行板静电驱动力分为两类，一类是法向静电驱动力，另一类是切向静电驱动力。根据利用的静电驱动力的不同，电容可变型驱动器可分为间隙可变型和梳齿型。

1. 间隙可变型驱动器

间隙可变型驱动器利用法向静电驱动力致动，一般由一块固定电极板和一块可动的电极板构成，利用电极板之间的垂直静电吸合力使可动电极板在极板法线方向上运动，最终达到可动电极板受到的静电吸合力与弹性恢复力相同而保持稳定的状态，其工作原理如图 7-6 所示。

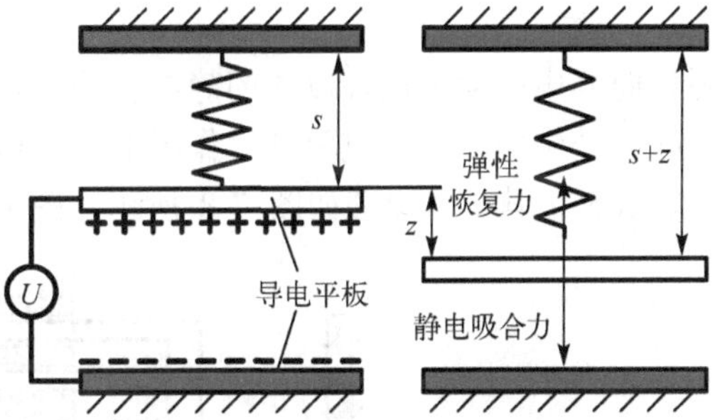

图 7-6　间隙可变型驱动器工作原理

间隙可变型驱动器的动子多数由细梁提供弹性支撑，利用梁的挠曲实现移动。该类型驱动器在光信息装置的镜面扫描、流体控制阀等中得到了应用。间隙可变型驱动器虽然能提供比较大的力，但它也存在如调节范围小、静电力随移动位置的变化而波动严重等问题，因此无弹性支撑的间隙可变型驱动器被研制出来，图 7-7(a)所示即为一种直线型间隙可变驱动器。该驱动器的两片定子各带有两个长方形电极，动子位于定子之间，按照图示顺序进行动作，以获得直线运动。图 7-7(b)所示的是一种旋转型间隙可变驱动器，转子与定子间存在薄层空气，定子为 6 块互相绝缘的金属导体，内壁上有一层经阳极氧化处理的薄电介质层。在定子上施加电压后会在转子的表面产生一定的感应电荷，

内外金属体之间形成静电场，内环金属薄壳在静电力的作用下会发生一定的变形。将电压按时序施加于相应的扇区，则金属薄壳会在相应的位置发生变形并实现转动。当电场旋转一周时，根据谐波原理，由于柔轮的外表面周长与定子的内表面周长存在差异，在静电啮合作用下柔轮会向相反的方向转动一个较小的角度。图中用 n_E 表示激励电场的旋转方向，n_S 表示柔轮的旋转方向。根据上述工作原理的描述可知，旋转型间隙可变驱动器传动比和输出扭矩均与转子和定子之间的气隙大小有关，要求严格的加工工艺。

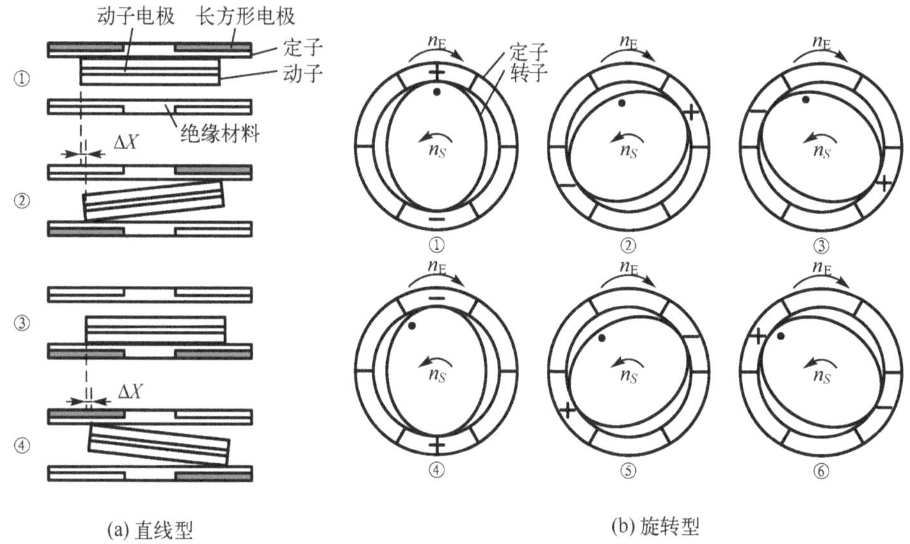

图 7-7　间隙可变型驱动器

2. 梳齿型驱动器

梳齿型驱动器为利用切向静电驱动力原理制作的静电驱动器。梳齿型驱动器一般由动齿和静齿组成，在动齿与静齿产生的切向静电驱动力作用下发生移动，最终达到可动极板与固定极板相互对准的稳定状态，其工作原理如图 7-8 所示，图中箭头是梳齿运动方向。

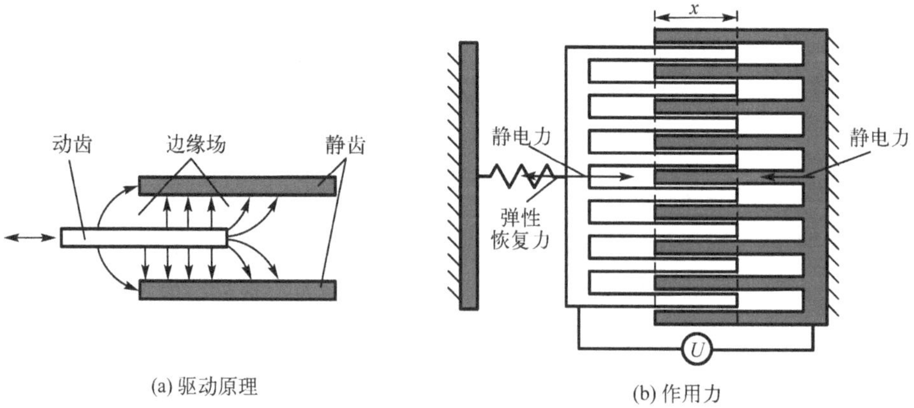

图 7-8　梳齿型驱动器工作原理

梳齿型驱动器的梳齿数目可以根据具体情况来确定。目前，按照梳齿型驱动器的驱动结构与原理可分为平面梳齿驱动器、垂直梳齿驱动器和旋转梳齿驱动器。

平面梳齿驱动器由一组固定在衬底上的固定梳齿和一组由弹性结构支撑的可动梳齿组成，两者间隔交叉形成梳齿结构，如图 7-9(a)所示。当在固定梳齿和可动梳齿之间施加驱动电压时，不均匀电场产生于梳齿间，可动梳齿在静电吸引力作用下会朝着固定梳齿运动，因此平面梳齿驱动器适用于面内平动的情形，其驱动电压与输出位移之间为线性关系。

垂直梳齿驱动器由多对在垂直方向上有高度差的可动梳齿和固定梳齿组成，结构如图 7-9(b)所示，可动梳齿和固定梳齿有高度差，初始状态表面是平行的。当施加驱动电压时，可动梳齿在静电吸引力作用下可绕轴向着固定梳齿偏转。垂直梳齿驱动器的优势在于没有吸合效应，非常适合于扭转驱动等场景，且可提供较大的扭矩。

旋转梳齿驱动器由在周向间隔交叉的固定梳齿和可动梳齿组成，如图 7-9(c)所示，其驱动原理与平面梳齿驱动器相同，在结构上固定梳齿与可动梳齿进行同心设计，以达到旋转驱动的目的。

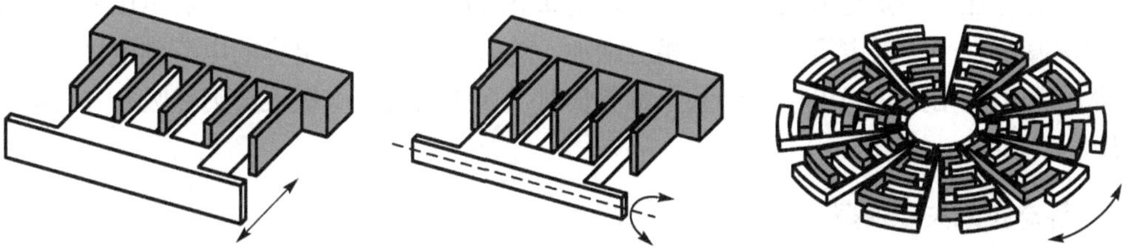

(a) 平面梳齿驱动器　(b) 垂直梳齿驱动器　(c) 旋转梳齿驱动器

图 7-9　梳齿型驱动器

根据式(7-7)可知，梳齿型驱动器的静电吸引力与梳齿对数和梳齿厚度成正比，与梳齿间距成反比，与驱动电压的平方成正比。为了增大静电吸引力，一般采取增加梳齿的对数或者通过优化加工工艺增大梳齿厚度和缩小梳齿间距等措施，但梳齿间距过小也容易造成短路问题，设计时需要综合考虑。

电容可变型驱动器的结构简单，由性能良好的绝缘体和导电体构成，只需要简单的开环电压脉冲激励。综合而言，静电驱动技术由于其独特的驱动原理和技术特点，在研究应用中表现出如下优点。

(1)结构简便：仅需对两个导电体表面施加电压，不需要特殊的加工材料，易于微电子工艺集成。

(2)功耗低：静电驱动依靠的是两平板之间的电压差，与电流无关，因此在低频时有很高的能效。

(3)响应快：静电驱动的转换速度由充放电时间常数确定，制作静电微驱动器所用材料的时间常数较小，因此静电驱动具有很高的动态响应速度。

然而，该类驱动器也存在着一些缺点，具体如下。

(1)复杂的制造工艺：为了保证良好的运行特性，必须保证定转子间的电容可变，因此对于顶驱式和侧驱式驱动器的转子通常需要是凸极的结构，这样的结构做成平面化需要复杂的工艺步骤。

(2) 气隙控制困难：为了获得较大的电容变化以提高驱动转矩，需要减小定转子之间的气隙，这提高了加工难度。

(3) 同步运行要求：电容可变型驱动器是同步式电动机，即使是最小的运行位移也需要转子位置的反馈，这增加了控制系统的复杂性。

(4) 横向电场力的影响：电容可变型驱动器转子易受到横向电场力的作用，从而导致轴承摩擦和磨损。

(5) 驱动电压高：高电压会导致器件产生电流击穿现象，对器件的稳定性和使用寿命产生影响。

(6) 工作环境要求高：粉尘等对驱动器有较大影响。

7.3　静电驱动的拉入失稳现象

当在平行板电极间施加电压时，电压源向两极板注入电荷，会产生静电力或力矩的作用，同时系统还存在弹性恢复力或者力矩维持平衡状态(静止或往复运动)。随着电压增加，极板间的距离减小，平行板电极间的电容相应增加，这时电压源提供更多的电荷到电极板上，导致极板间静电力增大。当电压达到某个临界值时，系统失稳，电极板会突然吸合并可能因此断裂。

7.3.1　静态拉入失稳模型

静态拉入失稳是指静电驱动器在准静态状态下发生的失稳现象，致动过程中施加在移动极板上的电压以极缓慢的方式变化。图 7-10 所示为典型一维平行板驱动器受力分析模型，模型主体包括一个固定的下电极板和一个可平行移动的上电极板。上电极板受弹性恢复力作用，弹性系数为 k 且只有一个竖直方向自由度，电压源为平行电极板供电。

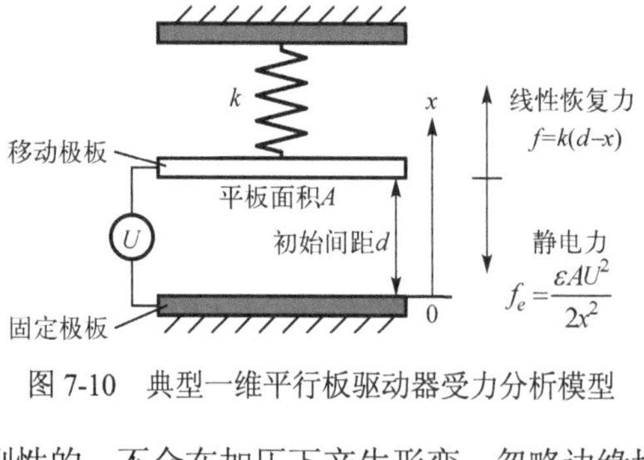

图 7-10　典型一维平行板驱动器受力分析模型

模型假定电极板是刚性的，不会在加压下产生形变，忽略边缘场效应和寄生电容。加压 U 后移动极板受到的合力为

$$F_{\text{net}}=k(d-x)-\frac{1}{2}\frac{\varepsilon_0\varepsilon_r A}{x^2}U^2 \tag{7-10}$$

在平衡点时，F_{net} 为 0，如果间距有了一个微小的扰动，变为 $d+\delta x$，此时有

$$\delta F_{\text{net}} = \left.\frac{\partial F_{\text{net}}}{\partial x}\right|_U \delta x = \left(\frac{\varepsilon_0 \varepsilon_r A U^2}{x^3} - k\right)\delta x \tag{7-11}$$

如果 δx 为正值，δF_{net} 也是正值，那么 x 就是一个不稳定的平衡点，因为一个微小的增量 δx 会产生一个力，而这个力趋向于进一步增大 δF_{net}。相反，如果 δF_{net} 是负值，则 x 就是一个稳定的平衡点。为了使 x 成为一个稳定的平衡点，括号内的表达式必须是负值，因此：

$$k > \frac{\varepsilon_0 \varepsilon_r A U^2}{x^3} \tag{7-12}$$

根据式(7-12）可知，平衡间距会随着电压的增大而变小，因此存在一个特殊的电压点，使平衡的稳定性消失，这个电压点称为吸附电压，记为 U_{pi}。在吸附点，满足如下两个方程：

$$\begin{cases} F_{\text{net}} = k(d-x) - \dfrac{1}{2}\dfrac{\varepsilon_0 \varepsilon_r A}{x^2} U^2 = 0 \\ k = \dfrac{\varepsilon_0 \varepsilon_r A U^2}{x^3} \end{cases} \tag{7-13}$$

联合式(7-13）求解可得，吸附点和吸附电压分别为

$$\begin{cases} x_{\text{pi}} = \dfrac{2d}{3} \\ U_{\text{pi}} = \sqrt{\dfrac{8kd^3}{27\varepsilon_0 \varepsilon_r A}} \end{cases} \tag{7-14}$$

随着电压的增大，静电力增大，当移动极板运动到初始间距的 1/3 处时，其会塌陷到固定极板上与固定极板吸合，发生拉入失稳现象。

7.3.2　动态拉入失稳模型

静电驱动器在实际使用过程中经常施加阶跃电压，以提高微驱动器的响应时间，因此拉入失稳模型需要考虑移动极板的速度和加速度。利用能量守恒定律，整个系统的输入能量等于电场力所做的功：

$$E_{\text{Input}} = \int_0^{x_{\max}} \frac{1}{2}\frac{\varepsilon_0 \varepsilon_r A}{x^2} U^2 = \frac{1}{2}\frac{\varepsilon_0 \varepsilon_r A(d - x_{\max})}{\mathrm{d}x_{\max}} U^2 \tag{7-15}$$

整个系统的输出能量等于移动极板的动能、势能与阻尼耗散的能量之和：

$$E_{\text{Output}} = E_{\text{kinetic}} + E_{\text{potential}} + E_{\text{dissipated}} \tag{7-16}$$

忽略阻尼影响，当移动极板到达吸附点时，移动极板的动能为零，此时势能为

$$E_{\text{potential}} = \frac{1}{2}k(d - x_{\max})^2 \tag{7-17}$$

驱动电压为

$$U = \sqrt{\frac{kdx_{\max}(d - x_{\max})}{\varepsilon_0 \varepsilon_r A}} \tag{7-18}$$

令 $\frac{\mathrm{d}U}{\mathrm{d}x}=0$，可求得动态吸附点和吸附电压分别为

$$\begin{cases} x_{\mathrm{pi}}=\dfrac{d}{2} \\ U_{\mathrm{pi}}=\sqrt{\dfrac{kd^3}{4\varepsilon_0\varepsilon_r A}} \end{cases} \tag{7-19}$$

因此，移动极板依靠惯性可达到初始间距的一半，其所需电压为静态吸附电压的 91.9%。

7.4　典型静电驱动器的运动控制技术

静电驱动的拉入失稳容易引起驱动器产生电流直接击穿，从而影响静电驱动器的稳定性和寿命。由于极板间距达到初始间距的 1/3 时，移动极板将与固定极板吸合，静电微执行器的行程范围只有初始间距的 1/3，因此拓宽静电驱动器稳定行程范围的运动控制技术成为静电驱动领域一个重要的问题。

7.4.1　静电驱动器控制系统组成

静电驱动器控制系统通常由上位机及控制器、驱动电源电路、传感反馈单元以及静电驱动器本体组成。其中，上位机及控制器用于驱动信号的产生、传感信号的反馈、输出信号的控制；驱动电源电路为输出功率放大模块；传感反馈单元则利用电学元件或位移传感器实时检测驱动电源电路中的电学参数和静电驱动器的电极板位置。通常，静电驱动器位置反馈型控制系统如图 7-11 所示。

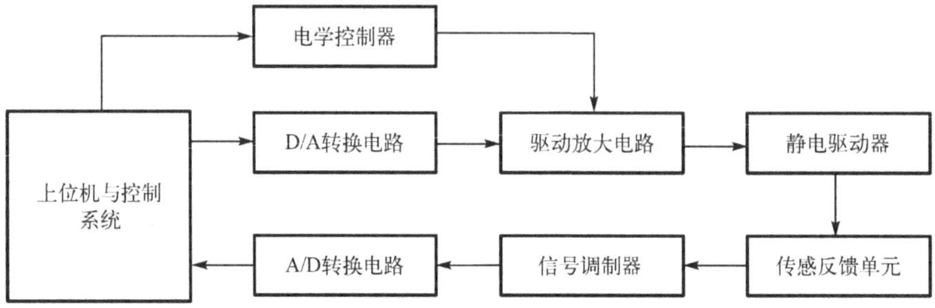

图 7-11　静电驱动器位置反馈型控制系统组成图

7.4.2　静电驱动器控制方法

平行极板结构静电驱动器在致动过程中，电压源向两极板注入电荷，移动极板受电荷静电力作用向固定极板平移，极板距离减小的同时电容相应增加，电压源提供更多的电荷到电极板上，导致极板间静电力增大，移动极板下移驱动力变得更大，多次循环此过程则会导致系统不稳定。目前主要有两种设计方案来提高静电驱动器的稳定性：一种是电压控制改进方案，在静电驱动器上串联一个电容，可以提高系统稳定性并扩展极板移动距离；另一种是电荷控制改进方案，此方案同样能够提高系统稳定性和扩展极板移动距离，且不需要提高系统的驱动电压。

(1) 串联电容负反馈控制：针对平行板电容器的拉入失稳现象，通过在静电驱动器上串联一个电容来提高系统的稳定性并扩展极板的移动距离，该方案原理如图 7-12 所示。

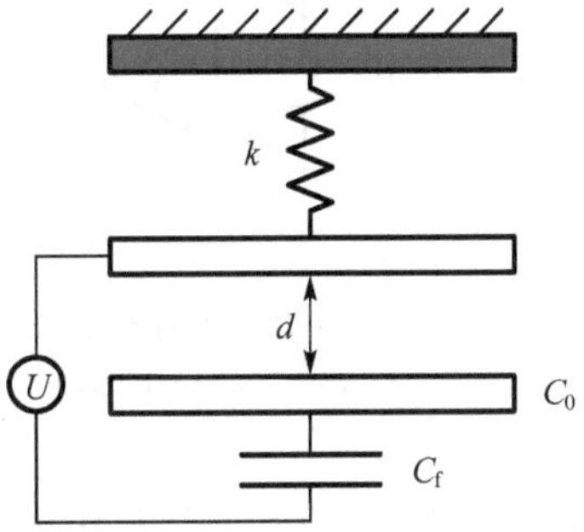

图 7-12　串联电容负反馈控制原理图

在串联电容负反馈控制中，引入 C_f 分压电源电压，极板间的电压表示为

$$U=\frac{U_s}{1+\dfrac{C}{C_f}}=\frac{U_s}{1+\eta\dfrac{d}{x}} \tag{7-20}$$

式中，$\eta=\dfrac{C_0}{C_f}$，$C_0=\dfrac{\varepsilon A}{d}$ 是未加电压时极板初始电容。

驱动器极板间的距离 x 减小时，由于电容负反馈的存在，感应电荷产生的极板静电力为

$$f_e=\frac{\varepsilon AU_s^2}{2(x+\eta d)^2}=\frac{\varepsilon AU_s^2}{2\left(x+\dfrac{C_0}{C_f}d\right)^2} \tag{7-21}$$

因此，极板间的静电力以 $\dfrac{1}{\left(x+\dfrac{C_0}{C_f}d\right)^2}$ 增大，减缓了增大速率，稳定了系统。

利用共能使极板间距的一阶、二阶导数为零，可导出其静态吸附点和吸附电压分别为

$$\begin{cases} x_{\text{pi}}=\dfrac{(2-\beta)d}{3} \\ U_{\text{pi}}=\sqrt{\dfrac{8kd^3}{27\varepsilon_0\varepsilon_r A}}\left[(1+\beta)\sqrt{1+\beta}\right] \end{cases} \tag{7-22}$$

式(7-22) 反映了串联电容对静态吸附点位置的影响，只要适当选择 C_f 的值，就可以有效提高吸附点位移的值。当 β 为 2 时，吸附点行程达到最大值 d；当 β 大于 2 时，平行板电容器在整个极板间距过程中都不会发生拉入失稳现象；当 β 为 0 时，串联电容 C_f 趋向于正无穷，相当于直接导通，等于无串联电容。然而，串联电容分压，且电容分压占比越大，负反馈效果越好，这导致串联电容型静电驱动器的激励电压相对较高。为了降低驱动电压，将微执行器与 MOS 电容器串联，其原理与上述相同，MOS 电容器耗尽层电容随外加电压的增加而减小，从而有效地降低了 MOS 电容器串联型静电驱动器的激励电压。

(2) 电荷控制技术：当平行板电容器的控制输入量是电荷时，静电力与弹性恢复力之间仅有一个交点，可以实现移动极板在两极板之间任意位置移动。图 7-13 所示是采用开关电容的电荷控制方法的电路原理示意图。通过组合运算放大器和电容器来形成电容开关，以控制微执行器电容 C 上的电荷，从而稳定地增加运动行程并降低驱动电压。该控制电路有两个工作阶段：复位和电荷控制。在复位阶段(φ_1 闭合)，运算放大器进入单位增益反馈，微执行器电容 C 完全放电。在电荷控制阶段(φ_2 闭合)，运算放大器调整驱动器上的电压，直到微执行器电容 C 上的电压为零，从而将最初存储在其 C_s 上的电荷转移到微执行器电容 C 上。通过

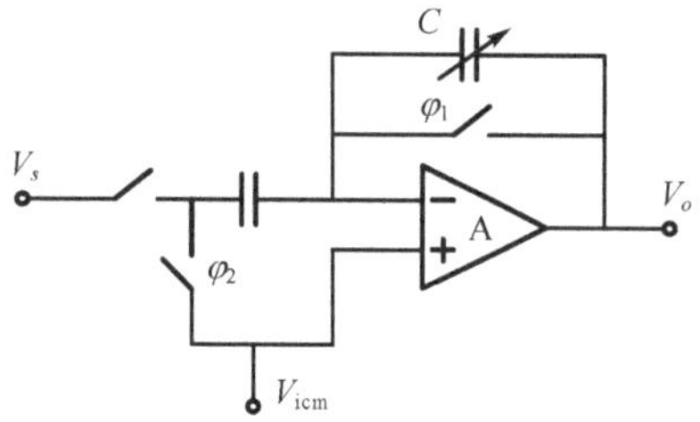

图 7-13　采用开关电容的电荷控制方法的电路原理示意图

这两个阶段的调整来控制电荷，从而控制驱动电压并提高平行板电容器的稳定行程范围。

尽管电荷控制可以提高静电驱动器的稳定性和行程范围，但不能完全避免引入拉入失稳现象。虽然在理论上利用理想电荷控制可以在微驱动器极板之间的任何位置实现稳定的位置，但在实践中需要考虑寄生电容和漏电流的影响。这两个因素会导致微驱动器中的放电效应，从而导致微驱动器的平衡位置向起始位置漂移。

用电流源代替电压源可减少电流泄漏，该方法通过建立充放电循环并按顺序启用和禁用电流源实现稳定控制。图 7-14(a)所示为电流驱动的闭环模式，该序列是根据两端电压下降的相对值和比较器输入端使用的参考电压来建立的。控制电路正常运行时，驱动电压保持相对不变，并通过接地简单设定了可移动电极的位移值。控制电路的同步操作由连接在比较器输出端的触发器给出，触发器的输出是用于控制电流源工作的输入信号的。在这种配置下，驱动器中存储的电荷可以认为与时间无关。

图 7-14(b)所示为电流驱动的开环模式：基于电流脉冲的电荷注入，控制它们的振幅和持续时间，注入一定量的电荷。该方法使用两个电流源来实现，一个用于充电，另一个用于放电。首先，接通充电电流源开关，此时充电电流源会向电容器输入所需要的电荷，使移动电极移动到一定的位置。位置稳定后，断开充电电流源。在电流源输出端或执行器处，由于泄漏电流引起的电极板运动都可以通过重置周期的方式进行平衡，因此对驱动器进行电流吸收放电，再对电流源进行充电。上述两种方法都可以实现全范围稳定行程的移动，但开环模式比闭环模式下所需电压低很多，这是由于闭环模式串联了电容，需要更高的电压来保证正常工作。

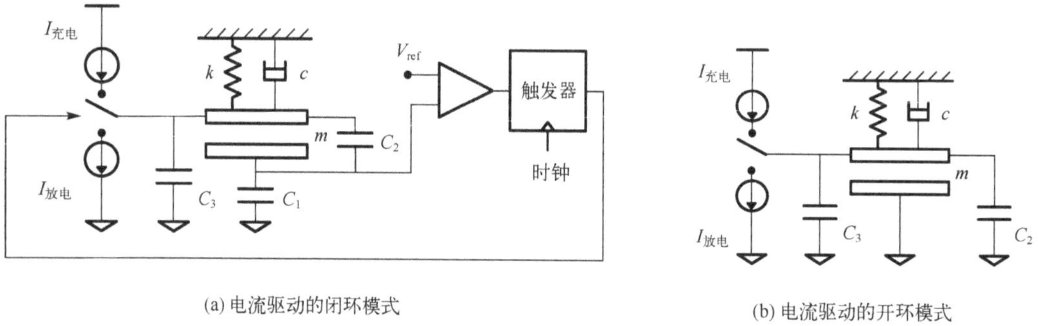

图 7-14　电流驱动的控制模式

7.4.3　静电驱动器位置控制实例

除上述针对静电驱动器电源驱动系统的控制模式外，位置闭环控制也是改善静电驱动器性能的一种可行方法。该方法增加额外电极或传感器来检测微执行器的移动位置，利用负反馈电路稳定驱动器的行程。图 7-15 所示为采用电容位移传感器的反馈控制系统示意图，两个感应板和一个驱动器是机械连接的，但彼此是电隔离的。外部电极放置在驱动器的顶部，以形成初始间隙、驱动电容和感应电容。整个电容式位置传感是通过调制、放大和解调的单端电容桥实现的，然后通过低通滤波去除载波频率信号。前置放大器是一个非反相放大器，其核心由高增益折叠级联码运算放大器实现。为了提高所选调制频率和低通滤波器的截止频率，该前置放大器具有高增益带宽积，从而减小反馈回路内的相位滞后。此外，前置放大器输入节点的直流偏置是通过在亚阈值范围内工作的晶体管实现的大电阻提供的。由于静电驱动器移动极板上每个点的运动轨迹近似线性，因此控制器可以通过线性拟合运动轨迹进行设计。采用相位裕度和增益裕度的频域分析方法对系统的局部稳定性进行分析，通过预滤波器对输入阶跃指令进行整形，沿运动方向准静态地控制作动器位置。通过使用该闭环电压控制方法，静电驱动器在初始间隔为 3.3μm 时，可实现的最大位移为 2μm，相当于最大行程的 60%，超过了静态拉入行程为初始间隔 1/3 的限制，有效拓展了静电驱动器的输出位移。

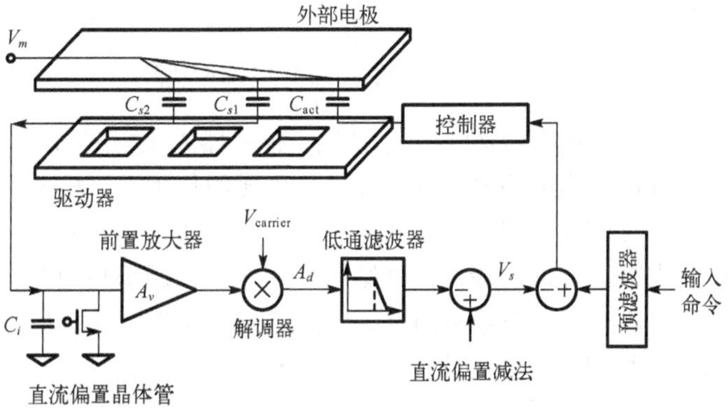

图 7-15　采用电容位移传感器的反馈控制系统示意图

7.5　静电驱动在智能机器人中的应用实例

随着技术的不断发展，研究人员致力于开发各种类型的仿生机器人来帮助人们开展各种生产活动。在设计机器人的过程中，研究人员通过观察自然界中的生物，包括水生鱼类、陆生爬行动物、空中鸟类等脊椎动物，甚至包括蟹类、昆虫等节肢动物获得了丰富的设计灵感，并以此为蓝本研发了多种类型的刚性和柔性机器人。柔性机器人能够很好地模拟出生物本身的形态和运动特征，适合在复杂的自然环境中运动，在非结构环境下具有较强的环境适应能力。相较于传统的电、光等刺激源，静电力是一种为柔性机器人供能的理想选择。静电场的构建十分便捷，几乎所有材料如聚合物、水和人体等都可以携带不同的静电荷，这可以避免外接电缆对驱动器运动的限制。另外，不同于光照或湿度可能会造成材料的分解，静电力不会对材料本身产生影响，这有利于提升器件寿命。因此，静电驱动广泛应用于微型机器人中，且大多以仿生运动为目标，致力于实现机器人在特定刺激下完成变形、爬行和跳跃等运动功能，或者实现物体的抓取和运输等操作功能，如静电驱动的仿爬虫机器人和机械抓手。

7.5.1　薄膜型微机器人

静电驱动器的驱动力不依赖于它的厚度，利用这一特性可制作成薄膜型静电微驱动器。图 7-16(a)所示为薄膜型微机器人用静电微驱动器，其顶部和底部的内侧涂有电极，且顶部膜长度大于底部膜长度，可向上弯曲形成拱形间隙。图 7-16(b)所示为该驱动器在施加正弦交流电压时的变形过程，在过程①和③中，相反的电荷积聚在顶部和底部电极上，顶部膜在静电力作用下向内弯曲；在过程②和④中，电荷被中和，静电力消失，顶部膜恢复原状。

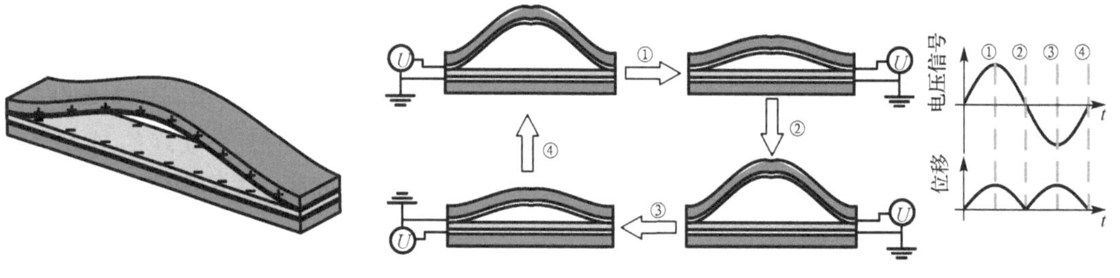

(a) 驱动器结构　　(b) 驱动器变形过程

图 7-16　薄膜型微机器人用静电微驱动器

图 7-17 所示为薄膜型静电驱动机器人示意图，该机器人采用爬虫运动原理，通过将静电微驱动器翻转并在顶部膜表面附着支架，在施加电压的作用下，机器人的“肚子”会变形，“腿”会跟着肚子一起移动。机器人单个步态有三个主要阶段：在阶段①中，顶部和底部薄膜无电荷，机器人处于释放阶段，两条腿与地面接触，后腿与地面形成角度 α，这是其静止时的角度；在阶段②中，随着施加电压幅值增大到峰值，机器人腹部收缩，通过腹-腿连接点 A 将后腿向上拉起，后腿尖端 B 点停留在地面上，并向前滑动一小段距离，后腿与地面成 α' 角，同时，由于腹部收缩，前腿微微抬起，向前摆动；接下来进入阶段③，在释放电压后，底部薄膜恢复到初始形状，放松的腹部向下伸展，后腿向后移动，但是，前向摩擦力足够大，可以防止后腿向后滑动，机器人的身体被作用在 B 点上的支撑力向前“推动”，前腿

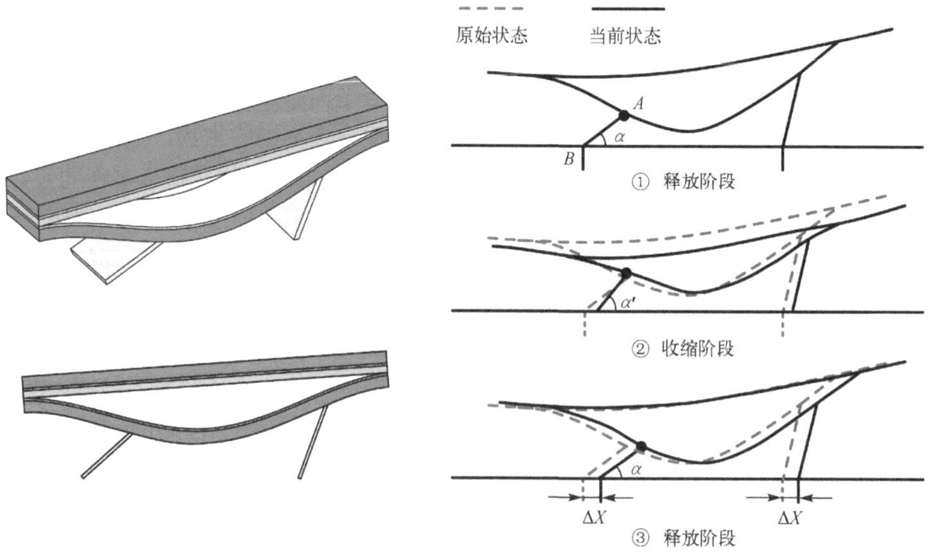

(a)机器人结构　　(b)机器人步态示意图

图 7-17　薄膜型静电驱动机器人

向前摆动，并再次与地面接触。在第三阶段结束时，两条腿向前走了 ΔX。正弦交流电压驱动机器人进行连续步进运动并实现向前运动。此外，该机器人还可以实现转向、爬坡等运动。

7.5.2　静电驱动机械抓手

柔性机器人主要依靠流体执行器执行操作与交互任务。然而，流体执行器需要加压气体或液体的供应，流体运输必须通过通道和管道系统进行，这限制了速度和效率。由价格低廉的聚合物纤维制成的热驱动人工肌肉驱动器可以提供大驱动力和高工作密度，但难以控制且效率低。介电弹性体驱动器等电动肌肉仿生驱动器提供高驱动应变和潜在的高效率，并且具有自传感功能。然而，介电弹性体驱动器是由高电场驱动的，容易因介质击穿和电老化而失效。液压放大自愈静电驱动器将软流体驱动器的多功能性与介电弹性体驱动器的自我感知能力相结合，利用电液机制来驱动机械抓手的基本驱动单元，如图 7-18 所示。液压放大自愈静电驱动器弹性外壳部分被一对相对的电极覆盖，并充满自修复液态电介质。施加电压通过液体和弹性体电介质产生电场，所产生的静电麦克斯韦应力使液体电介质受压并移位从电极之间到周围的体积。当电压从 V_1 增加到 V_2 时，驱动应变略有增加。当电压超过阈值 V_2 时，静电力的增加开始超过机械恢复力的增加，导致电极突然拉在一起，即拉入过度现象。拉入过度和其他非线性行为是软体主动系统的特征，为改善驱动响应或功能提供了可能性，并已用于放大流体和介电弹性体驱动器的响应。在拉入过度后，驱动应变随电压进一步增大。液压放大自愈静电驱动器通过分布在整个柔性结构上的液态电介质的静电力来产生局部液压，从而实现高性能的机械变形。此外，液压放大自愈静电驱动器中使用的液态电介质可以实现自修复，并在发生多次电介质击穿后迅速恢复驱动功能。

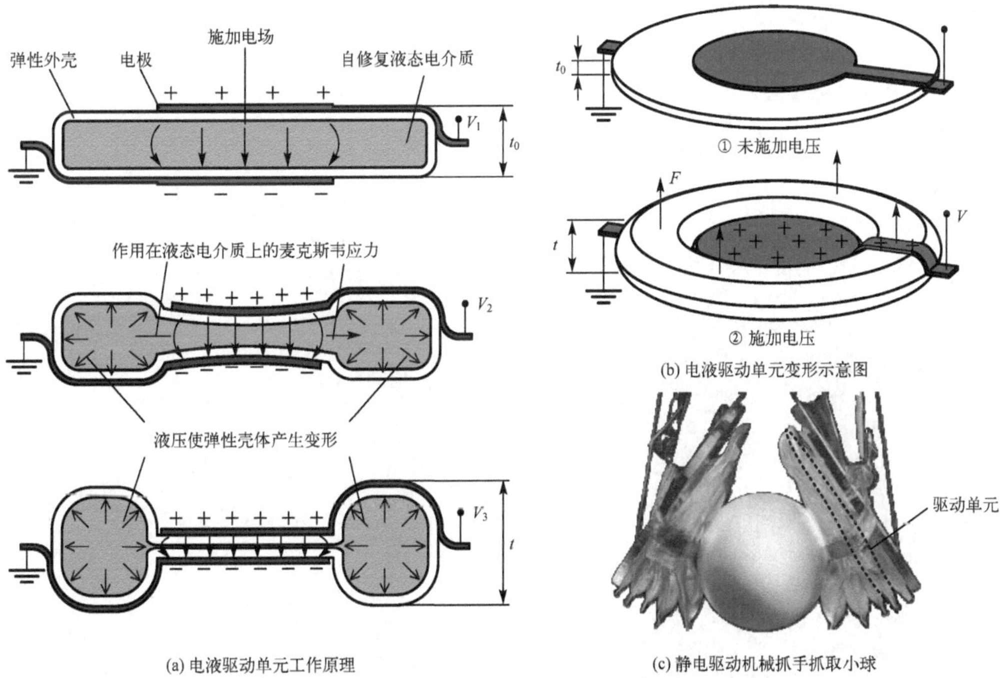

图 7-18　电液驱动单元及其串联构成的静电驱动机械抓手

如图 7-18(c)所示，通过堆叠多个液压放大自愈静电驱动器以扩大驱动器的性能，并将两个五层液压放大自愈静电驱动器组合，可以设计一种通用软机械抓手，抓手可以抓取不同形状和大小的物体，展现出高度适应性的特点。

思 考 题

7-1 简述静电产生的主要方式。

7-2 简述静电效应及其影响因素。

7-3 简述静电驱动器工作的主要原理。

7-4 简述静电驱动器的分类及各自的特点。

7-5 简述静电驱动器的拉入失稳现象。

第 8 章　电热驱动及控制技术

微课

电热驱动器是一种利用电流通过导体产生热量，进而通过热膨胀原理实现机械运动的装置。它们通常由热电材料片、电极和导热材料组成。自从 20 世纪 80 年代第一台电热驱动的硅基微驱动器被研制出来后，各类不同结构的电热驱动器被研发了出来。进入 21 世纪，随着微机电系统(MEMS)技术的发展，电热驱动器的研究开始关注材料性能的优化和结构设计的改进，以提高驱动效率。电热驱动器因其工艺兼容性好、输出位移和力大等优点，在微驱动研究中一直是热点之一。电热驱动器在工作时不涉及静电场或磁场，它们可以用于精密快速定位、微夹钳等场景中，因此非常适用于操纵生物样本和电子芯片。此外，电热驱动器也用于智能仿生软体机器人的发展，通过监测电热驱动过程中的驱动层电阻变化完成结构构型的动态反演，实现了驱动器的驱动-感知一体化功能。电热驱动器因其独特的工作原理和多样的应用场景，成为现代精密机械和智能系统不可或缺的组成部分。

8.1　热膨胀机制及电热驱动的工作原理

8.1.1　热膨胀机制

热膨胀是指物体在受热时体积增大、冷却时体积缩小的现象。无论是固体、液体还是气体，在受热时都会呈现出这一特性。随着温度的升高，原子和分子的振动增强，导致物质的体积膨胀；而随着温度的降低，振动减弱，使得物质的体积收缩。这种“热胀冷缩”现象在自然界中普遍存在，并且对材料的性能和应用具有重要影响。

图 8-1 所示为典型材料热膨胀机制的示意图，设材料的长度为 L，体积为 V，当其自身温度变化量为ΔT 时，对应长度变化为ΔL，体积变化为ΔV。

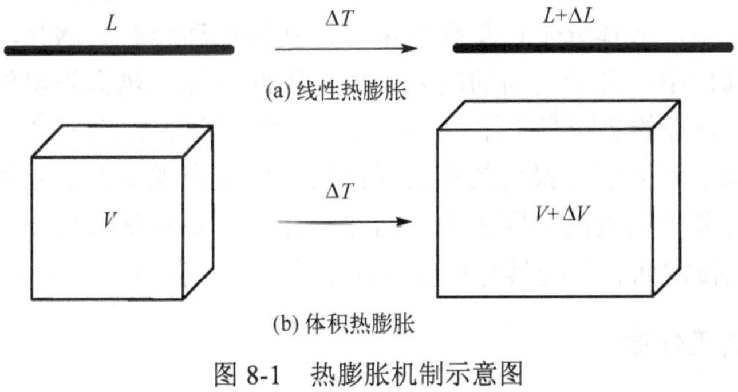

图 8-1　热膨胀机制示意图

为了对这一现象进行量化描述，我们引入了热膨胀系数的概念。热膨胀系数是指在单位温度变化下，材料尺寸所发生变化的程度。通常使用线性热膨胀系数和体积热膨胀系数来具体描述物质在受热过程中，长度与体积的增大情况。该系数不仅能够帮助我们深入理解物质在温度变化时的行为特征，而且在工程设计及材料科学领域中也是一个重要的参数。它在热工艺以及热胀冷缩的补偿等实际应用中具有重要意义。具体来说，线性热膨胀系数和体积热膨胀系数可以分别定义为

$$\alpha_L = \frac{1}{L} \times \frac{\Delta L}{\mathrm{d}T} \tag{8-1}$$

$$\alpha_V = \frac{1}{V} \times \frac{\Delta V}{\Delta T} \tag{8-2}$$

物质的热膨胀机制可以从原子和分子层面(微观层面）以及宏观层面进行深入分析。首先，在微观层面，热膨胀的机制源于原子和分子之间的相互作用，这种相互作用在固体中表现得尤为明显。在固体物质中，原子和分子通过化学键或范德华力紧密结合，处于一种平衡状态下。在没有外界作用力的情况下，原子和分子会进行微小幅度的振动。当物质被加热时，温度的上升导致原子和分子的平均动能增加，从而使它们的振动幅度增大，结果是原子和分子之间的平均距离也随之增加，这使得整体材料的尺寸发生扩张；当温度降低时，物质冷却，原子和分子的平均动能减小，从而导致原子和分子间的距离缩短，最终使物质的体积减小。这些微观层面的振动与相互作用变化是宏观尺寸变化的根本原因。其次，从宏观层面看，热膨胀还与物质的晶格结构及分子排列方式密切相关。具体而言，在固体中，晶格结构的不对称性及各向异性使得不同方向上的热膨胀系数并不相同。例如，在单晶体中，热膨胀特性通常沿着晶格轴向呈现出不同的行为；而在多晶体或非晶体中，由于晶粒或分子排列的各异，热膨胀特性也会随之变化。此外，分子之间的空间排列及其相对位置同样对整体材料的热膨胀性能产生重要影响。另外，热膨胀还受到物质化学成分和结构特征的影响。不同元素组成的化合物因其原子量、原子大小、键长等参数不同，其热膨胀特性也有所差异。此外，材料的晶体结构、缺陷和应力状态等因素也会对热膨胀产生影响。例如，材料的晶格缺陷和应力状态会导致其热膨胀行为发生改变，甚至出现负向热膨胀的现象。

最后，除了固体，液体和气体同样会出现热膨胀现象。在液体中，由于分子之间的相互作用力较为弱小，液体分子在受到热量时，其热运动会有所增强，这使得液体的体积得以扩大。在气体中，分子之间的间隔较大，因此气体的热膨胀现象更为显著，且其遵循理想气体状态方程的热膨胀规律。总而言之，物质的热膨胀机制是一个复杂的过程，涉及微观层面上原子和分子的振动及其相互作用，以及宏观层面上晶格结构、化学成分与外界环境条件等多种因素的共同影响。因此，深入理解和掌握物质的热膨胀机制，对于材料科学和工程技术而言，既具有重要的理论价值，也具有实用的意义。

8.1.2　电热驱动的工作原理

电热驱动器的工作原理是利用输入的电压或电流(直流或交流)来加热导电部件产生焦耳热，引起部件的热膨胀或收缩产生机械变形。电热驱动器的输出形式非常灵活，可

以产生弯曲、伸缩、扭转甚至三维运动。按照使用的材料分类，电热驱动器可以分为同质电热驱动器和异质电热驱动器。同质电热驱动器通过单一材料的热膨胀来实现致动效果，异质电热驱动器则利用连接在一起的不同材料之间的热膨胀差异来产生机械变形以实现致动效果。因此，电热驱动器的性能，如变形、应力、速度、输出力、功率密度和耐久性等，很大程度上取决于所选材料的电学、热学和机械特性。改善同质材料的膨胀率或增加不同部件/层之间的膨胀率差异，对提高其输出性能至关重要。膨胀率可以用所使用材料的温度变化增量与热膨胀系数的乘积来表示：

$$\varepsilon_L = \Delta L / L = \alpha_L \Delta T \tag{8-3}$$

因此，提高温度变化增量对于各类电热驱动器实现高效致动至关重要。温度变化增量是通过加热导电元件产生焦耳热而得到的，因此选择高效的加热层显得尤为重要。同时，对于不同组件热膨胀系数的考虑也极为关键。此外，电热驱动器所产生的应变会受到组成材料杨氏模量的影响，一般情况下杨氏模量较小的材料具有较大的热膨胀系数，更易于实现大应变和快响应速度。

对于同质电热驱动器，其通过同一种材料实现增温和致动，该材料的焦耳加热能力和热膨胀/收缩率应尽可能大。假设在加热过程中没有热量损失，且电导率和密度没有变化，则导电束的加热率和应变率可由式(8-4)～式(8-6)得出：

$$\Delta Q = U^2 \sigma A_c t / L = mc\Delta T = \rho A_c Lc\Delta T \tag{8-4}$$

$$\Delta T / t = (U / L)^2 \sigma / (\rho c) \tag{8-5}$$

$$\varepsilon_L / t = (U / L)^2 \alpha_L \sigma / (\rho c) \tag{8-6}$$

式中，ΔQ、ΔT、U 和 t 分别为电发热量、温度变化增量、外加电压和时间；A_c、L、m、σ、c 和 ρ 分别为横梁的横截面积、长度、质量、电导率、比热容和密度。可以看出，在电压和加热层长度固定的情况下，加热率和应变率分别由材料质量因子 $\sigma/(\rho c)$ 和 $\alpha_L\sigma/(\rho c)$ 决定，因此使用高比传导率、低比容量和正/负热膨胀系数的材料可以提高加热率，降低所需电压。

例如，金、银和铜等高导电性金属材料通常用于制作同质电热驱动器。然而，这些金属的低热膨胀系数和柔韧性限制了致动位移，并且其高密度和高成本以及较弱的热稳定性也限制了它们的广泛应用。导电碳(如碳纳米管和石墨烯)薄膜和纤维的密度更小，柔韧性和热稳定性更高，而且成本更低，因此广泛用于同质电热驱动器的研究。

对于异质电热驱动器，其通常由导电部件和绝缘部件组成，以双层薄膜或纤维的形式实现各种致动功能。导电部件焦耳热产生的温度变化增量不仅受导电部件特性的影响，还受绝缘部件的相对厚度、热导率和比热容的影响。使用高效的加热元件对驱动器快速发热极为重要，提高绝缘部件的热传导率对快速升温也很重要。除了温度变化增量外，异质电热驱动器的总致动应变或应变差还取决于两个部件的热膨胀系数、厚度比和模量比。如果导电部件的伸缩性较差，则致动位移取决于导电部件和绝缘部件之间的膨胀差。这意味着，增大导电部件和绝缘部件之间的热膨胀系数差值将导致较大的致动应变差。

但是，如果导电部件具有很高的伸缩性，则总的致动应变在很大程度上取决于绝缘部件的热膨胀系数，因为前者可以适应后者的变形。因此，使用具有高热膨胀系数的部件有利于提高致动性能。

8.2　电热驱动器的分类及特点

8.2.1　电热驱动器的分类

目前，电热驱动器的大致分类如图 8-2 所示。根据电热驱动器的组成材料可以分为同质和异质电热驱动器。根据驱动的方向性可以分为面内运动模式和面外运动模式电热驱动器。根据驱动机构的形状结构可以分为 U 形(冷热臂式)、V 形(弯曲梁式)和双层膜式电热驱动器。

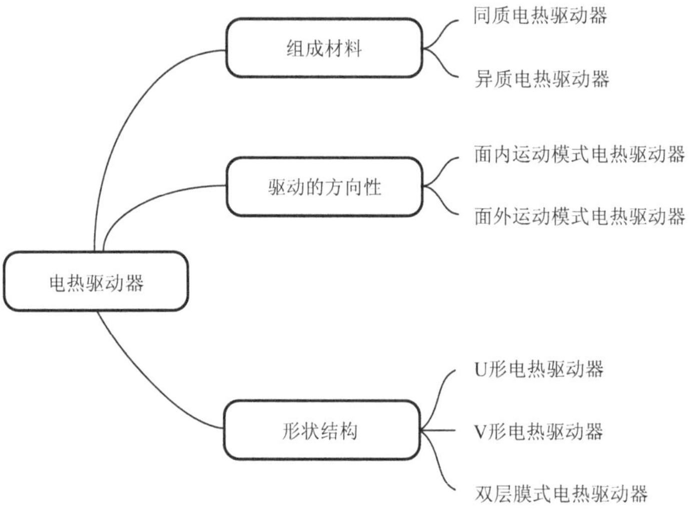

图 8-2　电热驱动器分类

1. U 形电热驱动器

U 形电热驱动器又称为冷热臂式电热驱动器、折叠梁式驱动器或伪双曲驱动器，是一种比较成熟的电热驱动器。其通常由两根或两根以上采用均质材料制成的连接梁(臂)组成。如图 8-3 所示，由于结构的横截面不同，U 形电热驱动器两臂的发热量也不同。横截面较小的窄臂(热臂)具有较大的电阻，会产生较高的温度，进而产生较大的热膨胀。相比之下，较宽的臂(冷臂)电阻较小，膨胀率小。材料中的电阻加热和传导到基底的损耗对致动效果有很大影响，传导到周围环境(空气)的热量也有影响，应加以考虑。辐射损耗一般会在极高温度下产生影响，但通常可以忽略不计。

受限于工作原理，传统的 U 形电热驱动器只能实现单向致动。可以采用增加驱动臂数的方式实现运动方向的拓展，进而实现双向致动。双向致动机构的位移范围更大，功能更强，灵活性更高，应用范围更广。不同的致动模式通过多臂的不同电学配置来实现。对于具有三个臂的电热驱动器而言，它们会因热膨胀而产生横向偏转。这些臂具有独立的电气连接，可施加不同的偏置电压。通常情况下，传导路径仅穿过两个相邻的臂，在第三个臂上出现浮动电位，这就是两热一冷臂驱动器。或者，两个臂可以并联在一起，然后串联到第三个臂上，总电流会在第三个臂中产生更多热量。

传统 U 形电热驱动器仅能产生平面内致动效果，但通过结构改进可实现平面外偏转效果。与双晶平面外驱动器不同，这些结构由均质材料制成，因此弥补了双晶梁的缺点，如层间剪应力、分层和寿命缩短等。图 8-4 所示为面外运动模式 U 形电热驱动器，热臂和冷臂配置在不同的层上。由于臂的横截面不同，阻力也不同，因此在平面外方向会向宽的冷臂偏转，这种驱动器用于内窥镜系统的微机电系统微镜中。

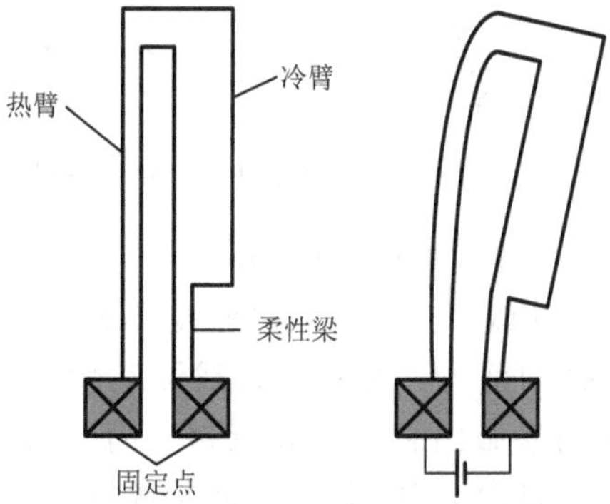

图 8-3　U 形电热驱动器结构示意图

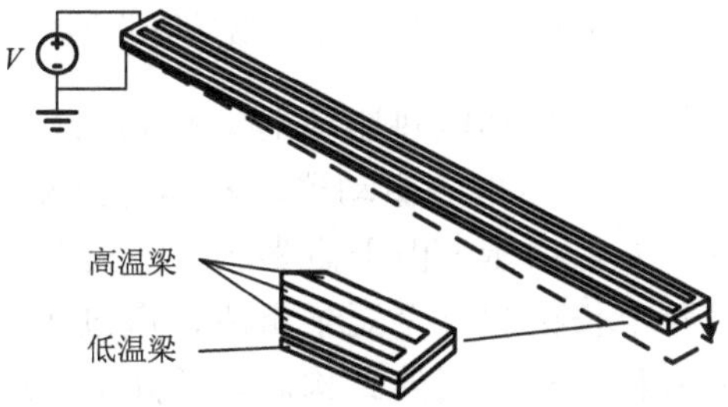

图 8-4　面外运动模式 U 形电热驱动器

U 形电热驱动器已广泛应用于微机电系统，特别是微操作、射频、光学系统和微机械开关等领域。其优点是结构由均质材料制成，相对容易制造，结构设计灵活，有多种致动方法和结构形式，可实现双向致动。该类型的缺点是非直线运动，输出力通常较低，仅为微牛级，冷臂中的寄生加热效应会降低驱动器的效率，热臂中会出现局部高温。

2. V 形电热驱动器

V 形电热驱动器是另一种广泛使用的面内运动模式电热驱动器。该驱动器工作原理依赖于结构中的热膨胀总量，与基于热膨胀差的冷热臂式电热驱动器不同。V 形电热驱动器的热膨胀通常被限制在一个线性方向上产生位移。图 8-5 所示为 V 形电热驱动器典型结构，两根相等的斜梁在顶点以一定角度连接，另一端固定在基板上，多个驱动器可并行连接到中央穿梭器上。对称的驱动器横梁形成单一的热传导路径，电阻加热引起结构热膨胀。横梁的倾斜度有利于平面内运动，因此顶点被推向前方。顶端位移与温度升高和横梁长度成正比，因此 V 形电热驱动器的关键设计参数是横梁长度和预弯曲角度。此外，顶端位移与横梁宽度成反比，但与横梁厚度无关。较小的倾角可以产生较大的位移，但倾角的临界值较低，平面外屈曲的风险很高，或者由于工艺分辨率不够而无法制造。另外，也可以使用大量堆叠的平行梁来增加 V 形电热驱动器的刚度和输出力。

级联排列可显著增加 V 形电热驱动器的输出位移，具体结构如图 8-6 所示，一级单元固定在基板上，二级单元连接到一级单元的顶端。致动电流要么只作用在一级单元上，要么作用在所有横梁上。在后一种情况下，横梁的电流密度不同，因此需要仔细考虑热效应的差异。因此，级联设计产生的总位移比单个推杆大得多。级联结构的缺点是增加了平面外屈曲的风险，必须通过限制工作温度来防止这种风险。

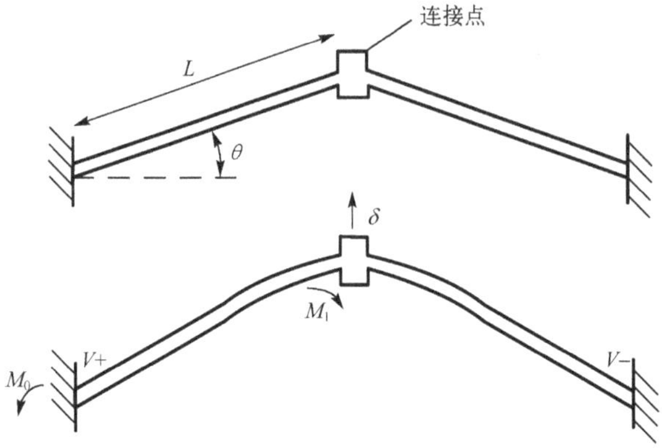

图 8-5　V 形电热驱动器结构示意图

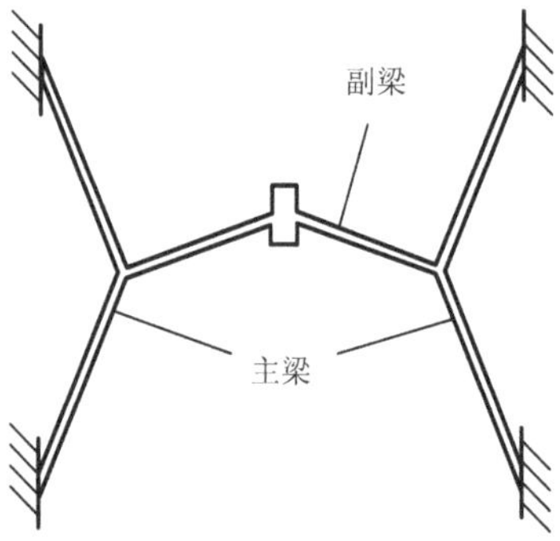

图 8-6　级联 V 形电热驱动器结构示意图

在传统 V 形电热驱动器的基础上，各种改型结构的电热驱动器相继被研发出来，如 Z 形和扭结电热驱动器。Z 形电热驱动器工作原理与 V 形电热驱动器相似，原理如图 8-7(a)所示。由于热膨胀，中央穿梭器被推向前方，可实现直线运动输出。Z 形梁由两个长梁和一个短梁组成，通过不同的几何参数组合，可以获得具有较大刚度、输出力和位移范围的结构。V 形斜面能产生较大的输出力，Z 形斜面则能在较小的横梁尺寸下产生较大的位移。由于制造误差易于控制，直线 Z 形电热驱动器更易于实现小结构尺寸。图 8-7(b)所示为扭结电热驱动器，该驱动器由直线梁和斜线梁两部分组成。主要的热伸长发生在直线梁部分，中心扭结则引导变形向设定的方向发生。扭结电热驱动器的关键设计参数是梁长、弯曲长度和弯曲角度。与 V 形电热驱动器不同，扭结电热驱动器在偏移量可变的情况下具有恒定的刚度。与等效的 V 形电热驱动器相比，扭结电热驱动器具有更大的放大系数，因此在需要较大输出位移的应用中更具潜力。

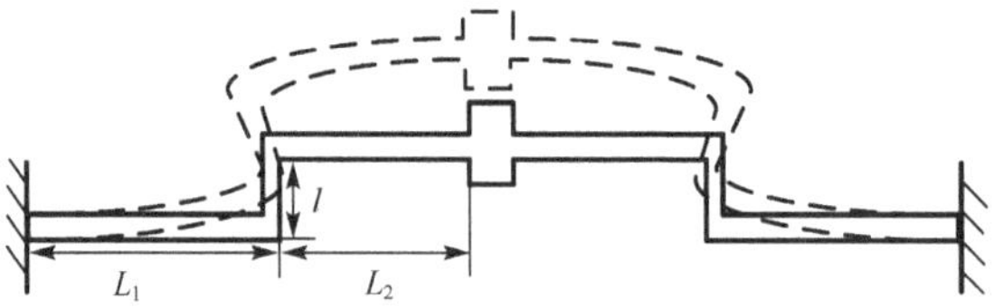

(a) Z形电热驱动器

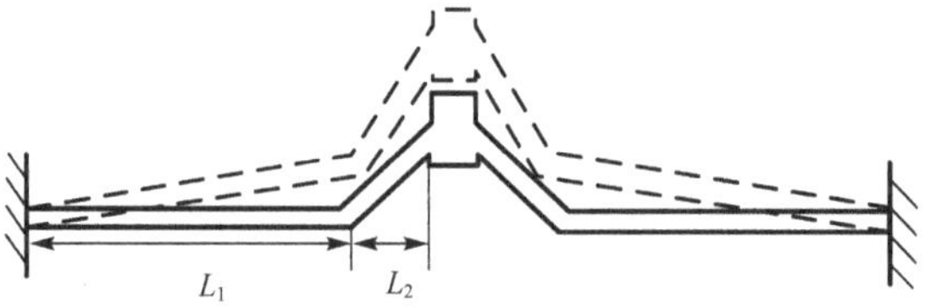

(b) 扭结电热驱动器

图 8-7　改型电热驱动器

V 形电热驱动器已广泛应用在微操纵、定位、材料测试、微机电系统开关和射频应用等领域。与 U 形电热驱动器相比，V 形电热驱动器具有一些优势，如可输出直线运动、无寄生电阻加热以及可采用堆叠和级联结构等。其还能产生较大的输出力(数百微牛和毫牛)，并且驱动电压较低。改进的 V 形电热驱动器可以增加刚度和双向弯曲的设计范围。与其他类型的电热驱动器相比，V 形电热驱动器通常具有较大的截面、窄而长的扩展横梁，加工制造难度较大。

3. 双层膜式电热驱动器

双层膜式电热驱动器由两层不同的材料组成，利用它们热膨胀系数的差异实现致动。常见的双层膜式电热驱动器可以输出平面外位移，在无法使用面内驱动器的应用中有着良好的应用前景。图 8-8 所示为处于致动状态的双层膜式电热驱动器，该驱动器由两层材料组成，一种材料具有高热膨胀系数，另一种材料具有低热膨胀系数。致动时，焦耳热将在高热膨胀系数层产生更大的膨胀，诱导应变使整个结构向低热膨胀系数层平面外弯曲。由于高热膨胀系数层中积累的残余应力较高，因此在从基底释放后，横梁通常会存在预弯曲残余应力。双层膜式电热驱动器的材料选择很多，对于要求高热膨胀系数的层，常用的材料是金属和聚合物，低热膨胀系数层通常由介电或半导体材料制成。

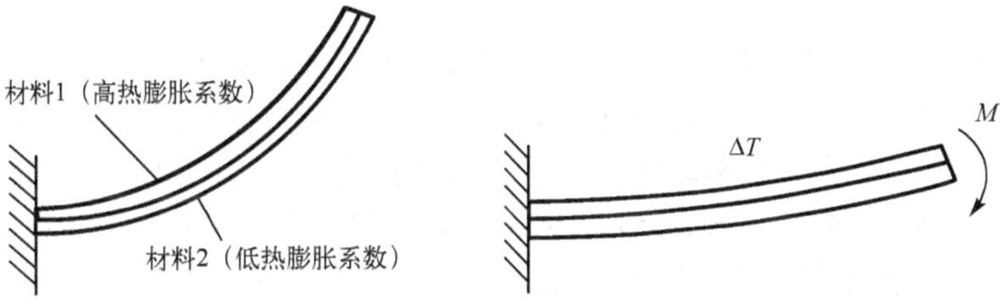

(a) 初始状态　　(b) 致动状态

图 8-8　双层膜式电热驱动器

在所有类型的电热驱动器中，双层膜式电热驱动器的应用时间最长。双层膜式电热驱动器广泛应用在微操作、光学设备、扫描探针显微镜、纳米光刻以及可调谐射频设备等领域。不同的几何结构及双层膜厚度比、大量的材料选择和组合，为双层膜式电热驱动器提供了广泛的设计可能性。但是，非均质结构可能会在层与层间的界面上产生剪应力，这可能会缩短双晶器件的使用寿命。

8.2.2 电热驱动器的特点

综合而言，电热驱动器的主要特点如下。

(1) 输出位移和力大：电热驱动器能够产生较大的输出位移和力，这使得它们在需要较大位移或力的应用中非常有用。

(2) 驱动电压低：与其他类型的驱动器相比，相同尺度下的电热驱动器具有较大的体积功率密度，可以在较低的电压下工作，这有助于降低系统的总体能耗。

(3) 工艺兼容性好：电热驱动器的制造工艺与现有的微机电系统(MEMS)工艺兼容，这有助于其集成到更复杂的系统中。

(4) 结构稳定性好：V 形电热驱动器相比 U 形电热驱动器，能够提供更稳定的输出力。

(5) 易于集成：电热驱动器因其尺寸小，非常适合用于微机电系统，容易在标准的集成电路电压范围内实现。

(6) 无电磁干扰：电热驱动过程不会引起电磁干扰。

另外，受制于工作原理，电热驱动器也存在以下缺点。

(1) 响应时间较长：电热驱动器依赖于热能转换为机械能，这个过程涉及热传导和材料膨胀，通常需要一定的时间。

(2) 热稳定性要求高：电热驱动器在工作中会产生热量，这可能导致周围环境温度升高，需要良好的热管理设计来防止过热。

(3) 材料选择受限：电热驱动器的性能在很大程度上取决于所使用材料的热膨胀系数和电阻率，这限制了材料的选择。

(4) 动态性能受限：电热驱动器可能难以实现快速或复杂的动态响应，这限制了它们在需要快速响应的应用中的使用。

8.3　电热驱动的温度-变形特性

电热驱动器的温度-变形特性对其选型和设计非常重要。由于温升会对驱动器寿命产生影响，因此在选择和设计电热驱动器时需要考虑温度-变形特性和温升对基本特性的影响。此外，输出位移和力也是评估驱动器静力学性能的重要指标。电热驱动器的输出位移和力由多个因素共同决定，包括电源、环境、材料和结构等因素，因此在选择和设计电热驱动器时，需要综合考虑这些因素对驱动器性能的影响，以确保驱动器的稳定性和可靠性。

电热驱动器的结构形式和结构参数对其性能有直接影响。电源和环境因素是外部因素，包括供电电源的稳定性和环境温度等；材料和结构因素则是决定驱动器性能的内在因素，因此在设计和应用电热驱动器时，需要考虑其结构的优化和选择合适的材料，以实现更好的性能表现。经典双层膜式电热驱动器在驱动器结构的优化设计中具有一定的参考价值。通过研究和分析该类型驱动器的性能表现，可以了解其结构形式和参数对性能的影响，并在优化设计过程中借鉴相关经验。

当双层膜式电热驱动器受热时，由于不同材料之间的线性热膨胀，在其内部会产生热应力，在材料 1 中将产生一拉应力 P_1 和与之相耦合的力矩 M_1，同时在材料 2 中产生一压应力 P_2 和与之相耦合的力矩 M_2，如图 8-9 所示。悬臂梁上任意一段横截面上的内应力相互平衡，即有

$$P_1 = P_2 = P \tag{8-7}$$

$$\frac{P(t_1 + t_2)}{2} = M_1 + M_2 \tag{8-8}$$

根据经典梁理论：

$$M_1 = \frac{E_1 I_1}{r},\quad M_2 = \frac{E_2 I_2}{r} \tag{8-9}$$

式中，r 是双层膜的曲率半径；E_1、E_2 分别是双层膜中材料 1 和材料 2 的杨氏模量；I_1、I_2 分别是双层膜中材料 1 和材料 2 的惯性矩。

$$\frac{P(t_1+t_2)}{2}=\frac{E_1I_1}{r}+\frac{E_2I_2}{r} \tag{8-10}$$

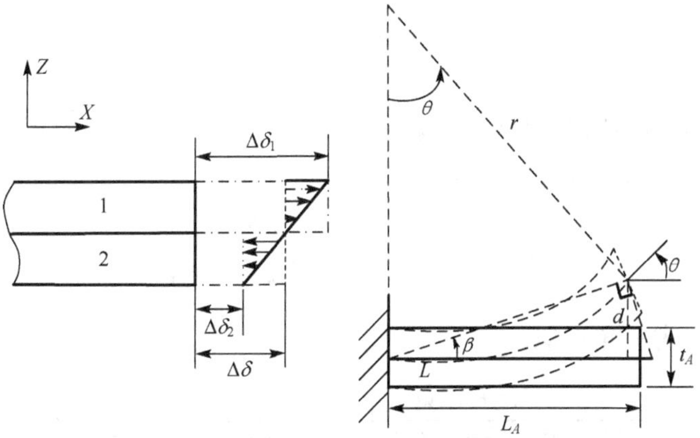

(a) 末端应力和变形情况　　(b) 受热弯曲变形及各参数关系

图 8-9　双层膜式电热驱动器双层膜悬臂梁受热变形示意图

由于在两层材料的界面处，材料 1 和材料 2 的正应变是相等的，因此有

$$\alpha_1\Delta T+\frac{P}{E_1w_1t_1}+\frac{t_1}{2r}=\alpha_2\Delta T-\frac{P}{E_2w_2t_2}-\frac{t_2}{2r} \tag{8-11}$$

式中，α_1、α_2 分别是双层膜中材料 1 和材料 2 的热膨胀系数；ΔT 是双层膜中温度的变化。联立式(8-10)和式(8-11)，可得

$$\frac{t_1+t_2}{2r}=(\alpha_2-\alpha_1)\Delta T-\frac{2}{r}\left(\frac{1}{E_2w_2t_2}+\frac{1}{E_1w_1t_1}\right)\frac{E_1I_1+E_2I_2}{t_1+t_2} \tag{8-12}$$

式中，双层膜中悬臂梁 1 和悬臂梁 2 的惯性矩可分别表示为

$$I_1=\frac{w_1t_1^3}{12},\quad I_2=\frac{w_2t_2^3}{12} \tag{8-13}$$

双层膜的曲率可表示为

$$\frac{1}{r}=\frac{(\alpha_2-\alpha_1)\Delta T(x)}{\frac{t_A}{2}+\frac{E_1w_1t_1^3+E_2w_2t_2^3}{6t_A}\left(\frac{1}{E_1w_1t_1}+\frac{1}{E_2w_2t_2}\right)} \tag{8-14}$$

式中，t_A 是弯曲梁厚度。

整理变形后可得

$$\rho=\frac{1}{r}=\frac{6E_1E_2w_1w_2t_1t_2(t_1+t_2)}{(E_1w_1t_1^2)^2+(E_2w_2t_2^2)^2+E_1E_2w_1w_2t_1t_2(4t_1^2+6t_1t_2+4t_2^2)}\cdot(\alpha_2-\alpha_1)\Delta T(x) \tag{8-15}$$

双层膜悬臂梁的等效复合刚度可表示为

$$(EI)_{\text{eff}}=\frac{w_1^2t_1^4E_1'^2+w_2^2t_2^4E_2'^2+w_1w_2t_1t_2E_1'^2E_2'^2(4t_1^2+6t_1t_2+4t_2^2)}{12(w_1t_1E_1'+w_1t_1E_2')} \tag{8-16}$$

双层膜悬臂梁中每一层的双轴弹性模量为

$$E'=\frac{E}{1-\nu} \tag{8-17}$$

根据图 8-9(b)所示的双层膜悬臂梁弯曲变形曲线中虚线部分的几何关系，可求得双层复合梁结构的竖直弯曲变形位移 d 为

$$d=2r\sin^2\beta=2r\sin^2\left(\frac{\theta}{2}\right)\approx\theta^2\frac{r}{4} \tag{8-18}$$

由于是小变形，考虑三角近似：

$$d=\frac{L_A^2}{2r}=\frac{3L_A^2E_1E_2w_1w_2t_1t_2(t_1+t_2)}{(E_1w_1t_1^2)^2+(E_2w_2t_2^2)^2+E_1E_2w_1w_2t_1t_2(4t_1^2+6t_1t_2+4t_2^2)}\cdot(\alpha_2-\alpha_1)\Delta T(x) \tag{8-19}$$

式中，L_A是受弯曲梁长度。

根据梁弯曲变形理论，双层膜悬臂梁自由端因温度变化而产生的等效力可表示为

$$\begin{aligned}F_{\text{eq}}&=\frac{3(EI)_{\text{eff}}}{L_A^3}d=\frac{3t_A}{4L_A}\left(\frac{1}{w_1t_1E_1}+\frac{1}{w_2t_2E_2}\right)^{-1}(\alpha_2-\alpha_1)\Delta T(x)\\&=\frac{3}{4L_A}\cdot\frac{E_1E_2w_1w_2t_1t_2(t_1+t_2)}{w_1t_1E_1+w_2t_2E_2}\cdot(\alpha_2-\alpha_1)\Delta T(x)\end{aligned} \tag{8-20}$$

通过式(8-20)可求电热驱动器的静力学性能，包括输出位移和力，可用于研究不同尺寸和材料参数对其性能的影响规律，辅助驱动器的结构设计。在微操作中，动态性能指标如响应速度、振动幅度、固有频率和超调更为重要，因此未来研究中需要考虑电热驱动器的动态特性，以满足更高的微操作要求。

8.4　典型电热驱动器的运动控制技术

目前，关于电热驱动器的控制研究主要集中在位置控制层面。通过建模和仿真分析可获得驱动器的基本响应特性，可引入反馈控制机制来加快位置响应速度。然而，虽然目前的控制策略在提高驱动器的响应能力方面取得了一定进展，但却未考虑驱动器与环境的交互问题，这在一定程度上影响了微操作水平的提高和应用范围的拓展。

阻抗控制是一种能够同时调控电热驱动器位置和其与环境间接触力的控制策略。通过主动调节电热驱动器的动力学特性，阻抗控制可实现电热驱动器与环境的良好交互，从而提升运动的灵活性和安全性。该技术尤其适用于微装配和微操作等领域，可避免频

繁切换控制模式的问题。在研究中，主要以电热驱动器为对象，将宏观领域常用的阻抗控制技术引入微操作领域，以此改善驱动器的响应速度和动态交互能力。阻抗控制技术路线如图 8-10 所示。然而，在微观领域，直接控制微器件的驱动力或转矩是困难的，因此基于转矩的阻抗控制方法应用受限。相比之下，微器件的位置信息相对容易测量并获取，因此基于位置的阻抗控制更适用于微操作应用领域。

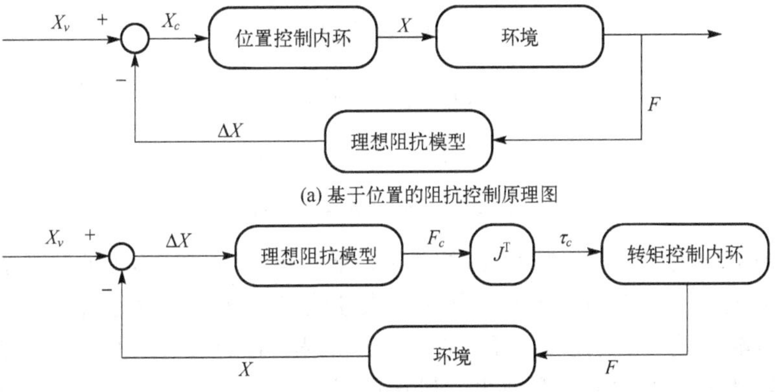

(a) 基于位置的阻抗控制原理图

(b) 基于转矩的阻抗控制原理图

图 8-10　阻抗控制技术路线图

图 8-11 所示为基于位置的阻抗控制结构框图，该方法具有内外环结构：外环是阻抗环，根据反馈的接触力 F_c 和设计好的理想阻抗模型实时计算对于虚拟路径 X_v 的修正量 ΔX，从而产生命令路径 X_c，作为位置控制内环的输入；内环作为位置控制环，作用就是及时跟踪命令路径 X_c，其跟踪效果越好，所实现的阻抗效果就越接近理想阻抗模型所定义的效果。

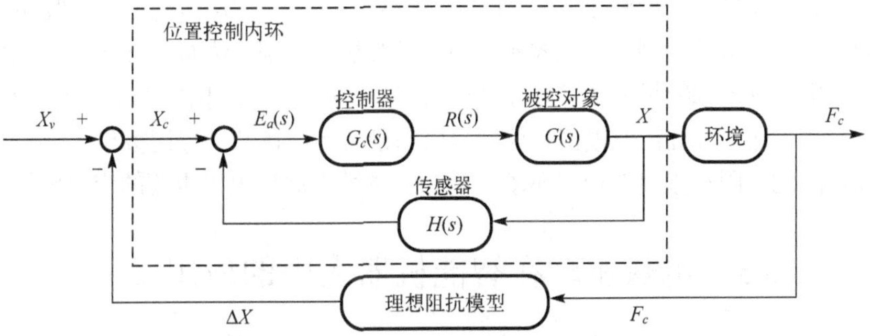

图 8-11　电热驱动器基于位置的阻抗控制原理图

要实现电热驱动器的阻抗控制，最佳技术路线是先设计位置控制的内环，以实现良好的位置响应，然后根据工作任务的需求，确定适当的虚拟路径和理想阻抗模型，从而实现理想的动态交互效果。位置控制内环的设计已经得到广泛研究，下面将重点介绍阻抗外环的设计和研究方法。

电热驱动器的输出是一维运动，所以时域中的阻抗模型可以简单地表示为

$$M_d\Delta\ddot{x} + B_d\Delta\dot{x} + K_d\Delta x = F_c(t) \tag{8-21}$$

式中，M_d、B_d、K_d 分别为理想质量、理想阻尼和理想刚度。

理想阻抗模型的传递函数模型为

$$T_{\text{imp}}(s)=\frac{1/M_d}{s^2+(B_d/M_d)s+K_d/M_d}=\frac{1/M_d}{s^2+2\xi\omega_n s+\omega_n^2} \tag{8-22}$$

并且有

$$\xi=B_d\Big/2\sqrt{K_d M_d} \tag{8-23}$$

$$\omega_n=\sqrt{K_d/M_d} \tag{8-24}$$

传递函数极点为

$$s_1,s_2=-\xi\omega_n\pm\omega_n\sqrt{\xi^2-1} \tag{8-25}$$

根据系统阻尼比 ξ 和自然频率 ω_n 的要求，通过配置 B_d 和 M_d 来调整系统的动态响应特性。可以通过增大系统阻尼比和自然频率来使响应更平稳，也可以减小系统阻尼比和自然频率使得响应更灵活。此外，可以通过调节 B_d 和 M_d 的取值来使系统极点落在理想位置，从而实现所需要的动态交互效果。尽管理想的阻抗可以被设计出来，但是否能够最终实现这种理想的控制特性仍然受到很多因素的制约。这些因素包括虚拟路径设置的合理性、数字控制系统的采样速度和计算误差等。当采样周期过长或计算误差过大时，阻抗控制系统将无法准确计算连续的动态交互效应。此外，位置控制系统的性能对实现理想阻抗至关重要。如果内环的响应特性不佳，如响应时间过长或超调量过大，最终实现的控制效果就可能与设计的理想阻抗存在偏差。因此，除了设计阻抗本身之外，还须综合考虑这些相关因素，以确保实际实现的效果能够与预期保持一致。

阻抗控制的另一个特点是普适性强，能够适用于自由运动、约束运动以及两者之间的过渡阶段，并且无需对控制律进行修改，从而确保了控制效果的一致性与稳定性。当电热驱动器处于自由运动状态时，阻抗控制与位置控制之间并没有显著区别。然而，当驱动器与周围环境发生交互时，阻抗控制的独特机制才开始显现出其优势。在实际应用中，选择合适的阻抗参数是至关重要的一步，这一过程需要根据具体的应用场景与环境特性进行调整和优化，以达到最佳的控制效果。因此，阻抗控制在电热驱动器的控制领域中展现出了重要的应用价值。

8.5 电热驱动在智能机器人中的应用实例

电热驱动器因其与众不同的特性而倍受青睐，除了可以弥补静电驱动和磁致伸缩驱动对距离依赖的弱点外，还具有可控性高等特点。通过调节输入激励信号可实现精准控制特性，进而实现精确运动输出。这使得电热驱动器在如微操作、微操纵和微感应等领域展示出应用价值。

8.5.1 电热微夹持器

利用微操作工具，对微小的操作对象进行夹持、移动、固定、排列、旋转、注射、切割等基本操作，可实现微观尺度下的制造、装配、生物操作等应用。细胞操作是微操作技术的重要应用，包括多种基本操作，其中，对细胞的固定操作是进一步开展其他操作的基础。电热微夹持器是一种有效的颗粒和生物细胞拾放工具，特别适用于机器人的末端执行器。与静电微夹持器相比，电热微夹持器只需要低电压和简单的电路就能产生较大的输出位移。这意味着电热微夹持器更易于控制，不需要昂贵的制造流程或特殊材料。基于电热驱动器构造微夹持器的使用可以解决细胞操作领域中存在的一些问题，如失败率高、精度低、灵活性差和效率低。

各种微型夹持器设计都采用 U 形的基本结构，采用不同策略和改进旨在提高操控性能。图 8-12(a)所示为新型电热微夹持器，介电材料(SU-8)可将整个加热器结构仅安装在一个臂上，进而消除冷臂寄生加热；图 8-12(b)所示为名为“骨骼”微型夹持器的电热驱动器结构，在两个对称的臂中，外侧的冷臂不会经历焦耳热，内侧的热臂一部分则会被所提供的电流加热，然后通过相连的中心梁公共接地，因此热臂的机械约束运动产生了一种创新的抓取机制，根据夹持器张开的角度可以安全地抓取一定尺寸范围内的物体。

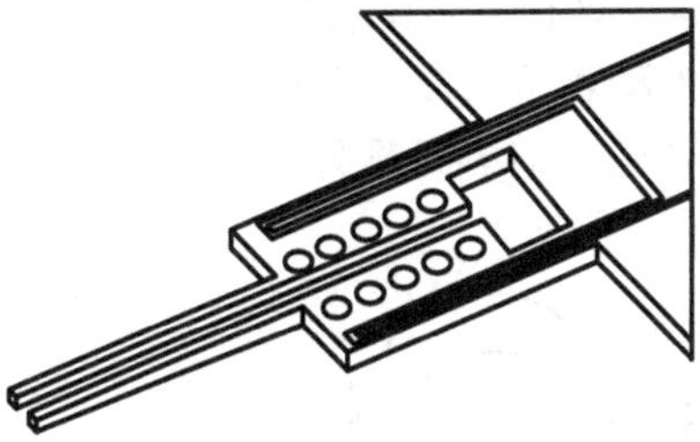

(a)介电材料型夹持器

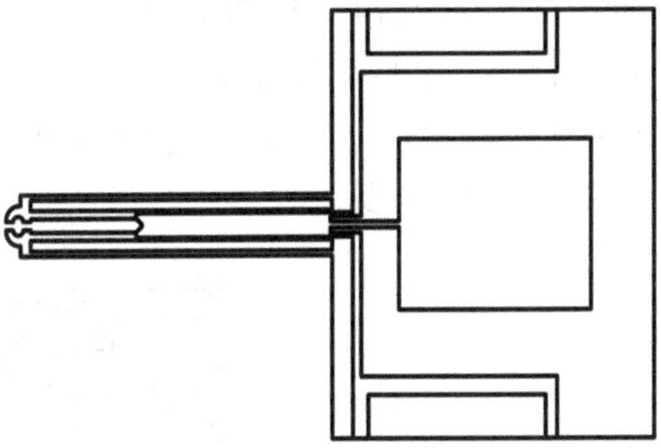

(b)“骨骼”微型夹持器

图 8-12　基于 U 形结构的电热微夹持器

在微操作应用中，通常使用单个 V 形电热驱动器将输入位移转换为微型夹具两臂的对称运动，实现夹持器的张合功能。带有 V 形电热驱动器的微操作装置已成功应用于多个领域。图 8-13(a)所示为采用 V 形电热驱动器的微型机械手，其用于拾放直径约为 100nm 的碳纳米管，该机械手具有足够大的操控力，可以分离生长在基底上的碳纳米管并进行精确的纳米操纵；图 8-13(b)所示为具有顺应结构的低压聚合物微型机械手，该机械手用于操作微尺度的血管样本，既能抓取血管，也能抓取尺寸更小的单细胞。

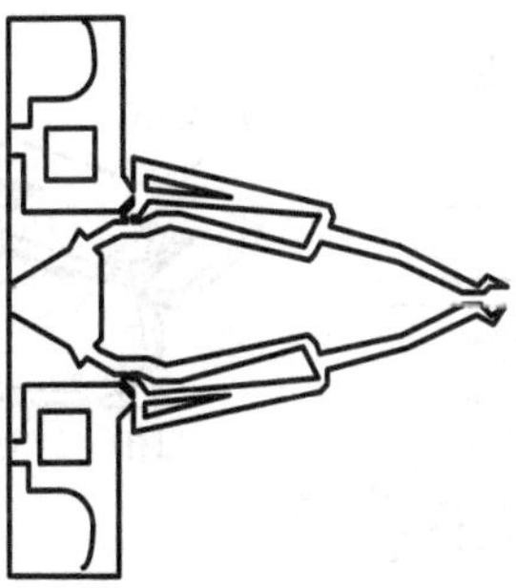

(a)碳纳米管型夹持器

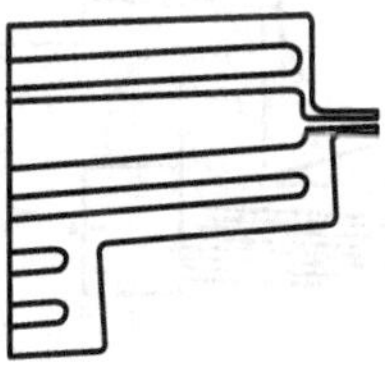

(b)低压聚合物型夹持器

图 8-13　基于 V 形结构的电热微夹持器

8.5.2 电热微镜

作为一种光学执行器，MEMS 微镜在投影与显示系统、自适应光学、光通信、生物工程等领域得到广泛应用。与传统的光学执行器相比，MEMS 微镜具有诸多优势。首先，它具有高扫描频率，可实现快速而精确的扫描操作。其次，由于微镜本身具有轻质量的特点，能够快速响应外部信号，并实现精确的调节和定位。电热驱动式 MEMS 微镜（电热微镜）的特点包括结构简单、驱动电压低、响应速度快等，其广泛应用于激光扫描、光通信、数字显示等领域，如激光雷达、3D 摄像头、条形码扫描、激光打印机、医疗成像等。电热驱动式 MEMS 微镜的一个优势是可以实现大角度的偏转，这对于需要宽视场的应用尤其重要。

通常情况下，一个 U 形电热驱动器只能产生有限的驱动力，因此通常会将多个 U 形电热驱动器串联形成驱动器阵列，以提高驱动能力。图 8-14 所示为直立旋转微镜，该微镜使用旋转步进电机系统和一系列 U 形电热驱动器。这种旋转微镜由一个 U 形电热驱动器阵列、一个镜面、一个驱动棘爪、一个轭和一个推动棘爪组成，能够实现 360° 的旋转。虽然 U 形电热驱动器提供了产生横向偏转的简单方法，但需要额外的机构来实现平面外运动输出，近年来研究较少。

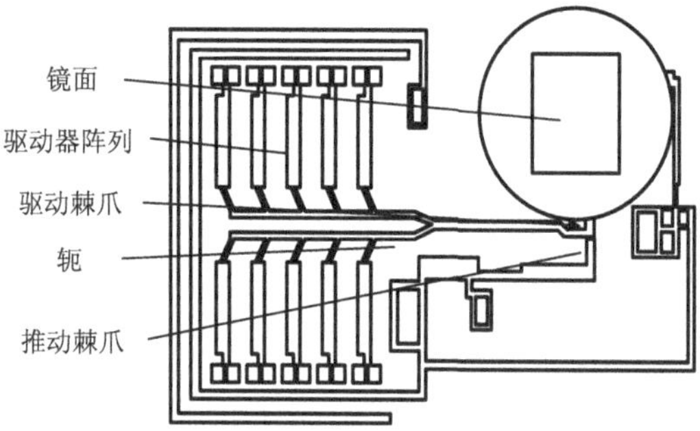

图 8-14　基于 U 型电热驱动器的直立旋转微镜

与 U 形电热微镜类似，V 形电热微镜也需要光束阵列产生较大的力来推动或拉动镜面。图 8-15(a)所示为带有预弯扭杆的一维 V 形梁电热微镜，一维微镜是晶圆制造而成的，器件层厚 50μm。对于一维微镜，镜面由一对扭杆支撑，扭杆在靠近镜面的一侧通过一

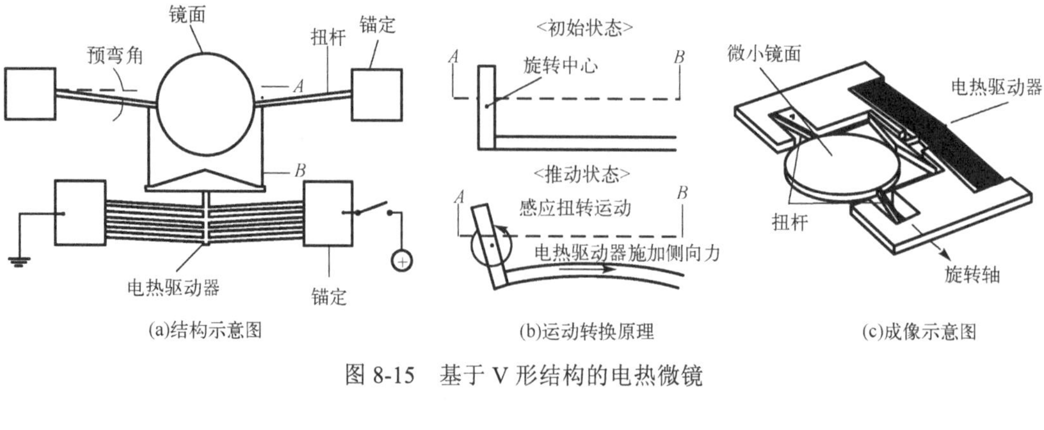

(a)结构示意图　(b)运动转换原理　(c)成像示意图

图 8-15　基于 V 形结构的电热微镜

对 10μm 厚的硅梁与 V 形电热驱动器阵列相连。V 形电热驱动器和扭杆的厚度均为 50μm。由于薄硅梁和 V 形电热驱动器之间的厚度差异，V 形电热驱动器产生的横向力通过扭杆转换成了旋转运动，如图 8-15(b)所示。图 8-15(c)显示了一维微镜的 SEM 图像，最大光学旋转角为 6.5°。

思　考　题

8-1　电热驱动器的工作原理是什么？

8-2　电热驱动器相比其他类型的驱动器有哪些优势和劣势？请进行比较分析。

8-3　电热驱动器的阻抗控制如何实现？

8-4　电热驱动方法在智能机器人领域中的应用潜力如何？

第 9 章　新兴驱动技术概述

随着材料科学的不断突破、仿生技术的不断发展和驱动原理的不断创新，各种新型驱动技术不断涌现。例如，基于高分子材料和仿肌肉结构的人工肌肉驱动技术，无需传动机构的振动直驱技术，基于光响应材料的光热驱动技术，基于高分子聚合物材料的水凝胶驱动技术，基于超声波声场效应的超声悬浮驱动技术，以及基于化学反应的化学驱动技术。这些新兴驱动技术有着独特的性能和应用场景，属于先进驱动技术领域的重要研究方向。本章将对这些新兴驱动技术进行概述，分别介绍它们的工作原理、结构组成、分类及特点以及应用实例。

微课

9.1　纤维卷绕型人工肌肉驱动技术

9.1.1　纤维卷绕型人工肌肉概述

人工肌肉是一种能够模拟自然肌肉行为的智能驱动器，它们可以在受到外部刺激(如光、电、热等)后发生可逆的形变，从而实现致动功能。图 9-1(a)所示为基于轴向伸缩的人工肌肉，该人工肌肉直接模拟自然肌肉行为，在激励信号作用下可直接产生收缩运动。在外部条件不变的情况下，其结构形态相对稳定；在外部激励信号作用下，其发生径向尺寸的膨胀从而导致轴向长度缩短。这种直接利用结构特性进行收缩的人工肌肉的变形幅度相对较小，与人体肌肉的变形量差距明显，实用性有限。在此基础上，基于纤维径向膨胀的人工肌肉被研发了出来，如图 9-1(b)所示。在电解液中放置扭转后的碳纳米管纱线，施加电压使外部电解质溶液中的带电离子进入纱线的孔隙中，从而驱动捻转后纤维的径向膨胀变形，进而使人工肌肉具备输出旋转运动的能力。然而，这种输出旋转运动的人工肌肉并不契合自然肌肉主要通过收缩实现运动输出的行为。图 9-1(c)所示为基于纤维螺旋卷绕的人工肌肉，通过对纤维进行持续加捻、自卷绕形成螺旋结构，能够使加捻纤维的周向解旋运动变换为轴向收缩运动，这使得人工肌肉更加符合实际柔性驱动的需求。

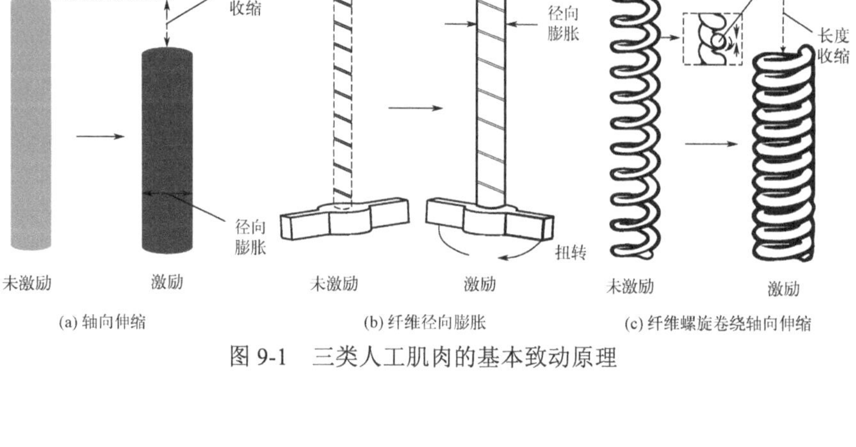

图 9-1　三类人工肌肉的基本致动原理

9.1.2　纤维卷绕型人工肌肉的分类及特点

近年来，纤维卷绕型人工肌肉的研究取得了显著进展，涌现出了不同功能纤维驱动的人工肌肉，使其能够在多种信号刺激下产生期望的变形，这些刺激包括溶剂、气体压力和温度等。根据引起纤维膨胀的不同驱动方式，将纤维卷绕型人工肌肉分为三大类，包括溶剂驱动型、外力直驱型以及热膨胀型。

1. 溶剂驱动型人工肌肉

在溶剂驱动型人工肌肉的工作过程中，人工肌肉纤维通过吸附或排出液体或气化溶剂，实现质量的增加或减少，从而引发径向的膨胀或收缩，最终实现其长度的可逆变化。作为常用的溶剂之一，水广泛应用在石墨烯、碳纳米管等多孔结构材料内部，由于这些材料强大的吸附能力，其在快速吸水后能够迅速发生膨胀变形。图 9-2 所示为基于石墨烯材料的溶剂驱动型人工肌肉，其在湿度环境往复变化下，可输出超过数千转每分钟的旋转速度。溶剂驱动型人工肌肉具有较大的膨胀变形，在智能家居和智能纺织领域具有潜在的应用价值。然而，这类肌肉在实际应用中仍面临一些挑战，如难以进行有效的传感与控制、通用性较差、仅在湿度变化较大的环境中才能发挥其优势。

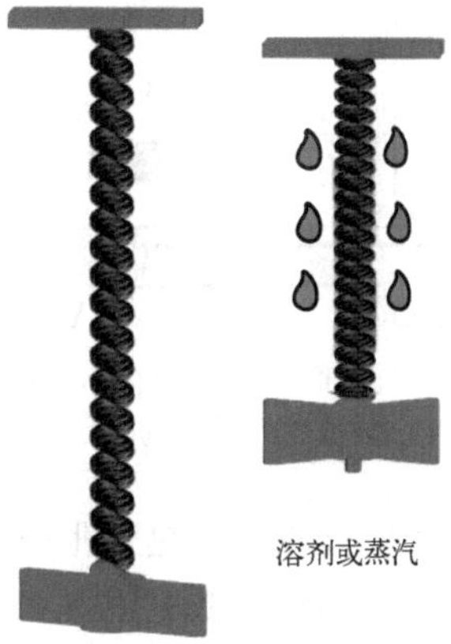

图 9-2　溶剂驱动型人工肌肉驱动原理

2. 外力直驱型人工肌肉

外力直驱型人工肌肉是指其纤维材料在外力的直接作用下产生膨胀或者旋转的一类人工肌肉，气体压力是较为常见的驱动外力。图 9-3 所示为气体压力驱动的人工肌肉，气体压力驱动的人工肌肉的纤维内部设计有中空的空间，当内部压力升高时，纤维发生径向膨胀和轴向收缩，引发肌肉纤维发生扭转，进一步借助螺旋结构使人工肌肉输出轴向变形。该人工肌肉在约 1.5MPa 气压驱动下呈现出 50%的收缩率。尽管气体压力驱动的人工肌肉具有显著的变形率，但其需要较高的气压储备，需要配备体积较大的气泵等设备，这降低了系统的集成度，其应用范围也受到一定的限制。

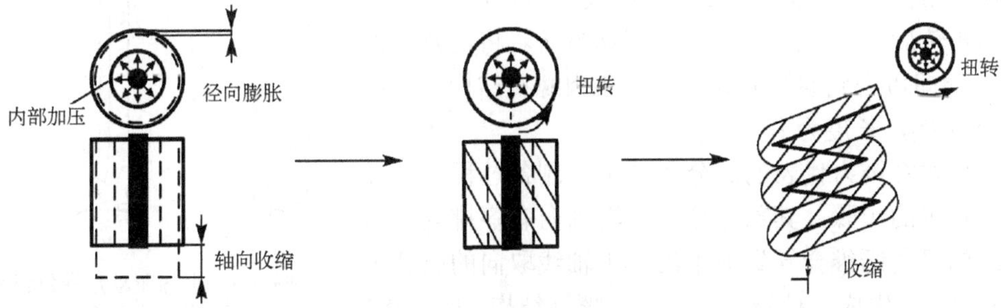

图 9-3　气体压力驱动的卷绕型人工肌肉

3. 热膨胀型人工肌肉

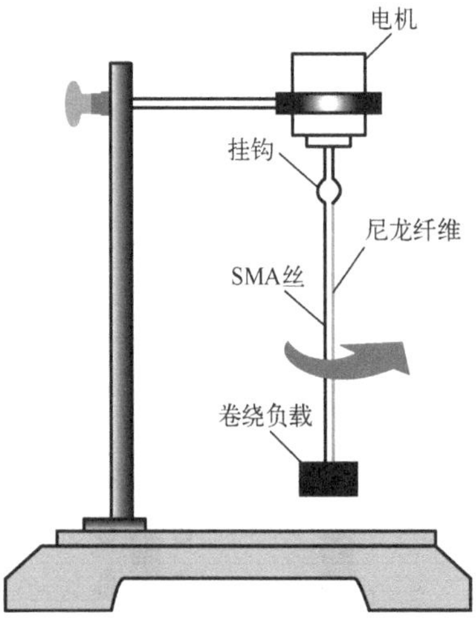

图 9-4　形状记忆合金驱动的热膨胀型人工肌肉

热膨胀型人工肌肉是指其纤维材料受热体积膨胀后产生直线或弯曲运动的一类人工肌肉，通常由具有不同热膨胀系数的两种或多种纤维材料组成。当温度变化时，由于各组分的热膨胀或收缩程度不同，整体材料发生弯曲或长度变化，进而产生驱动力。热膨胀型人工肌肉的加热升温方式有两种：一种是采用具备较大电阻的尼龙纤维直接通电加热，另一种是通过覆盖肌肉纤维材料本体的金属丝通电加热。得克萨斯大学的研究人员详细研究了尼龙 66 纤维这一类典型的高分子聚合物，发现了由其分子间的各向异性所引发的在高度扭转后具备的受热解旋特性，并开发了一种价格低廉且性能优越的卷绕型人工肌肉。在此基础上，一些学者将不同金属丝与尼龙纤维复合卷绕，提出了多种人工肌肉通电加热方案。图 9-4 所示为形状记忆合金驱动的热膨胀型人工肌肉，将形状记忆合金丝与尼龙 66 纤维卷绕，对形状记忆合金丝通电加热升温，进而驱动人工肌肉收缩。热膨胀型人工肌肉可选用成本低廉的尼龙纤维等高分子聚合物，还可通过加热金属丝在低电压下实现径向膨胀驱动，具有成本低廉和集成度高等优势，是目前应用最广泛的一种卷绕型人工肌肉。然而，该类人工肌肉需要较长的冷却时间，这限制了其在要求快速动作领域的应用。

9.1.3　电热驱动纤维卷绕型人工肌肉几何结构及致动机理

以高分子聚合物纤维（如尼龙纤维）扭转后持续卷绕制备的螺旋状人工肌肉，具有成本低、应用场景丰富的突出优势，得到了广泛的研究和应用。图 9-5 所示为电热驱动尼龙纤维卷绕型人工肌肉的成型过程，包括初始未加捻的尼龙纤维、持续加捻后的尼龙纤维和螺旋状的卷绕型人工肌肉三个阶段。尼龙纤维加捻前的长度记作 l_t，直径记作 d_t。在不断加捻直至 n_t 圈后，尼龙纤维逐步生成螺旋结构，纤维母线与轴线形成大小为 α_f 的取向角，在逐渐扭转后，纤维的长度从 l_t 变化为 l_c。将尼龙纤维卷绕 n_c 圈即可得到卷绕完成的人工肌肉螺旋结构，其螺旋中径为 D_2，长度为 l。

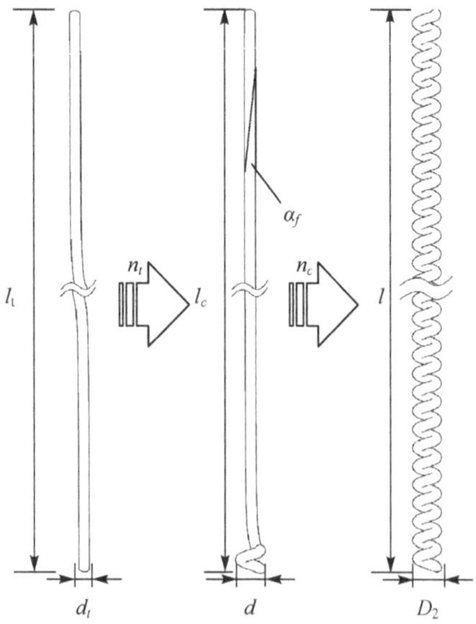

图 9-5　电热驱动尼龙纤维卷绕型人工肌肉各阶段几何结构

以尼龙纤维为代表的高分子纤维在制备过程中通过挤出、拉拔的步骤，其部分分子链沿轴向有序排列，而扭转后的尼龙纤维会导致原本沿纤维轴线取向的高分子链重新排列，生成一种绕纤维轴线的螺旋结构，如图 9-6

中的虚线所示。随着温度的变化，纤维受热后的各向异性形变驱动螺旋结构发生解旋现象。尼龙纤维径向膨胀、轴向收缩变形的解旋原理：无定形部分发生膨胀，导致纤维径向膨胀；同时，结晶部分发生收缩，引起纤维轴向收缩。如图 9-6(a)所示，假设纤维分子链长度保持不变只发生径向膨胀，为了保持长度恒定，分子链螺旋圈数必定缩减，从而导致纤维下端发生逆时针方向解旋。另外，如果纤维径向尺寸不变只发生分子链收缩，如图 9-6(b)所示，分子链螺旋圈数同样会发生缩减，引发纤维逆时针解旋。温度升高时，高度扭转的尼龙纤维同时发生轴向收缩和径向膨胀，两者叠加作用下引导扭转纤维发生解旋。

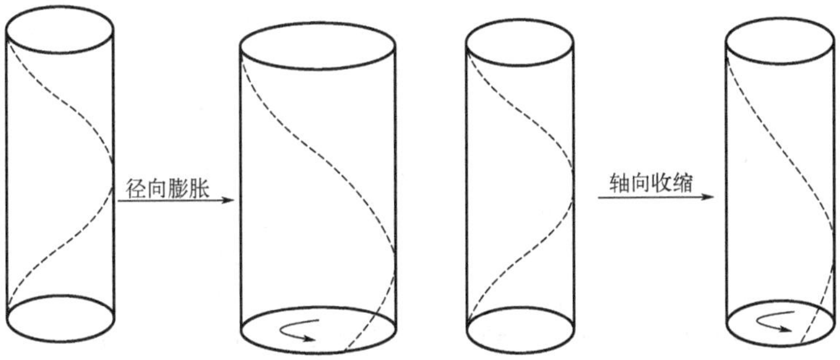

(a) 纤维径向膨胀引发的解旋　　(b) 纤维轴向收缩引发的解旋

图 9-6　扭转纤维解旋机制示意图

图 9-7 所示为高度扭转尼龙纤维持续卷绕形成的螺旋结构，扭转纤维的解旋在整个人工肌肉螺旋结构的影响下转换为沿轴向的长度伸缩。假定螺旋结构与尼龙纤维的旋向均为右旋，辅以与正视基准面平行的对称面剖分螺旋线圈，就能得到如图 9-7 中螺旋线所示的剖面。对加热后该剖面上下的部分进行分析可知，该剖面上面的纤维会在解旋力矩的作用下发生逆时针解旋运动，导致该部分纤维向下运动；剖面下面的部分则会在纤维解旋力矩的作用下顺时针转动，导致此处的纤维向上运动，因此在整个螺旋结构中，该剖面上下部分的纤维会逐渐靠近。以此剖面的情况演化到整个螺旋结构，人工肌肉升温受到纤维解旋力矩的作用，螺旋线圈彼此靠近，导致整体长度收缩。

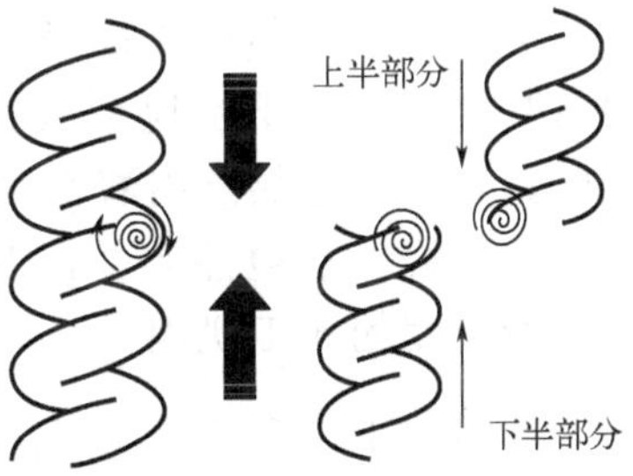

图 9-7　纤维解旋引发人工肌肉长度伸缩的原理示意图

9.1.4　纤维卷绕型人工肌肉的制作方法

图 9-8 所示为尼龙纤维卷绕型人工肌肉的制作流程，具体如下。将尼龙纤维的一端连接在转轴上，称为固定端；另一端借助滑块机构约束其旋转自由度和径向移动的自由度，使其只能沿轴向移动，命名为移动端。在移动端持续施加额外的拉力，确保纤维维持在绷紧状态；驱动转轴带动纤维固定端共同旋转，对尼龙纤维持续加捻；当纤维加捻转数超过临界点时，纤维自发开始卷绕；在此基础上持续加捻，可使尼龙纤维生成完全螺旋结构。值得注意的是，此时螺旋结构所具备的内应力会使人工肌肉发生解旋，因此须约

束人工肌肉的转动自由度。为消除其内应力，可将人工肌肉置于恒温干燥箱中高温加热，即可得到结构稳定的尼龙纤维卷绕型人工肌肉。

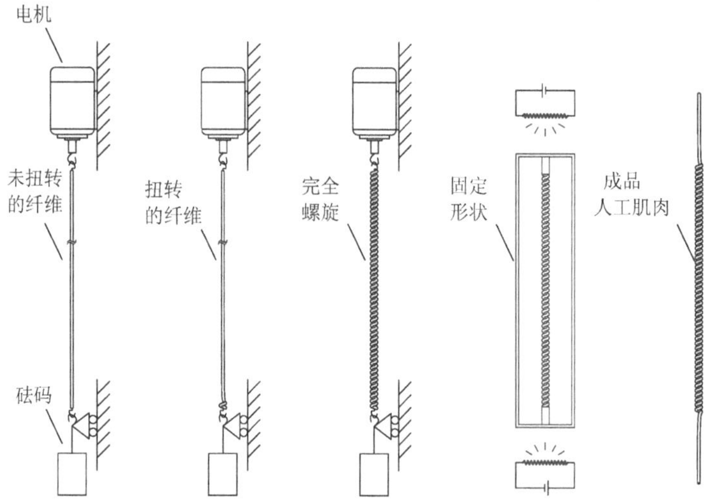

图 9-8　尼龙纤维卷绕型人工肌肉的基本制作流程示意图

以尼龙 66 纤维卷绕而成的人工肌肉在驱动过程中仍需要额外的外部热源，为了适应更丰富的工作需求，通常在其表面附着金属电热丝，利用自身电热丝的热效应激发纤维解螺旋，从而能够通过电加热直接激励人工肌肉变形，进而实现人工肌肉的长度变形输出。具体而言，电热丝在人工肌肉上的缠绕过程如图 9-9 所示，与上述尼龙纤维卷绕型人工肌肉基本相似。在初始状态下，首先同时准备一段电热丝和一段尼龙纤维，然后在尼龙纤维加捻后将电热丝均匀覆盖在其表面，持续加捻卷绕最终即可制作出电热丝伴随缠绕型人工肌肉。这样的设计助力人工肌肉在不需要其他加热装置的情况下实现直接驱动。此外，通过控制电热丝的初始伴随状态，可以制作出具有不同电热丝附着密度的人工肌肉。如图 9-10 所示，在纤维卷绕前在纤维的外层先缠绕一层电热丝并控制好电热丝的缠绕密度，最终可以缠绕出具有不同电热丝附着密度的人工肌肉。

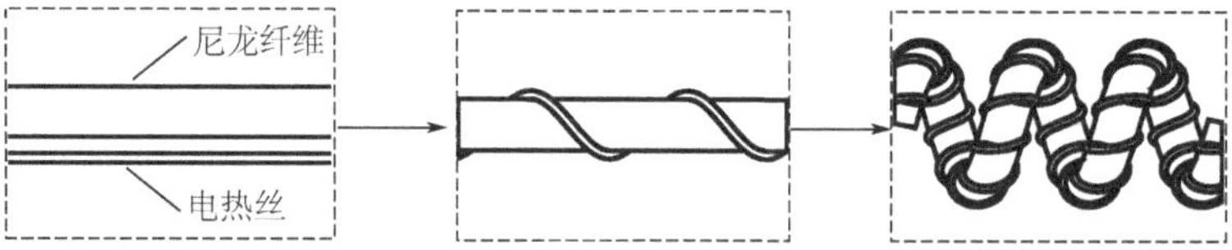

图 9-9　电热丝伴随缠绕型人工肌肉的制作过程示意图

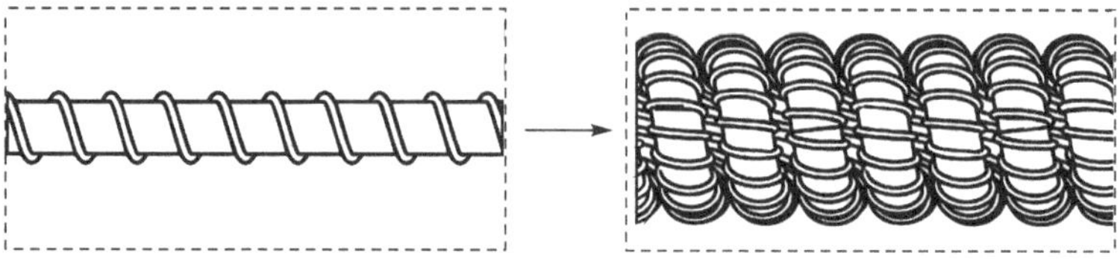

图 9-10　高附着密度的人工肌肉示意图

9.1.5　纤维卷绕型人工肌肉在机器人中的应用实例

1. 人工肌肉驱动的温度自适应变形机构

温度自适应变形机构作为智能变形机构的一类，能够根据环境温度自动调整姿态，其结构特点适用于与柔性人工肌肉相结合以实现变形功能，不需要其他控制电路。将卷绕型人工肌肉与六杆张拉结构相结合，可以最大化发挥人工肌肉质量轻、变形大的优势。该机构由 6 根长度一致的刚性杆和 24 根等长的柔性索组成，张拉结构的 12 个节点可以按照高度均匀构建出 4 个平面，如图 9-11 所示。该温度自适应变形机构能够同时实现收缩和伸展功能，在 300g 负载下，驱动人工肌肉从环境温度升高至约 130℃时，收缩变形机构的高度可从 144mm 缩减至 107mm。伸展变形机构在同样的负载条件和温度变化范围下，机构高度可增加 47mm。此外，该伸展变形机构能够最大承载约为自身重量 10.3 倍的负载(约 900g)，展现了出色的负载自重比指标。

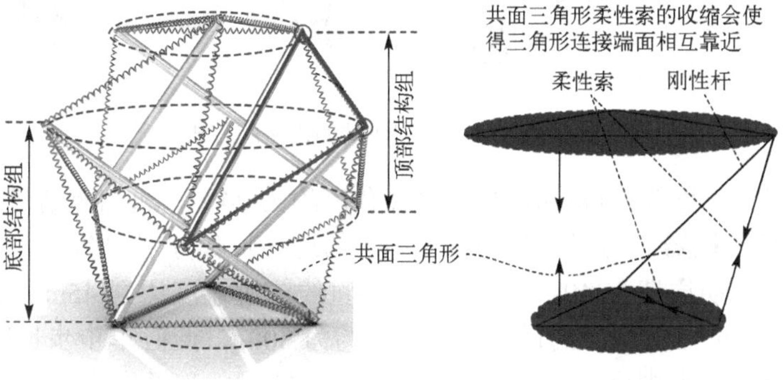

图 9-11　收缩变形机构的工作原理

2. 人工肌肉驱动的自主移动机器人

1) 单模块爬行机器人

图 9-12 所示是采用人工肌肉驱动的爬行机器人，该机器人的基体由硅胶制成，一根人工肌肉偏离基体中性面一定距离并布置在硅胶基体下侧内部。机器人两端的驱动足由摩擦系数小的金属材料与摩擦系数大的热熔胶材料共同制成。当人工肌肉通电加热时，人工肌肉的收缩会驱动硅胶基体弯曲，人工肌肉冷却时硅胶基体自然舒张。在硅胶基体弯曲时，驱动足与地面接触角变大，前足摩擦系数较大的热熔胶与地面接触，后足摩擦系数较小的金属与地面接触，由于前后足的摩擦力差异，硅胶基体弯曲时，前驱动足不动，后驱动足向前运动。硅胶基体舒张时恰恰相反，前足金属与地面接触，后足热熔胶与地面接触，后足不动而前足向前运动。由于这种接触角的变化带来的摩擦力变化，此爬行机器人能以最大 1.2mm/s 的速度向前爬行。

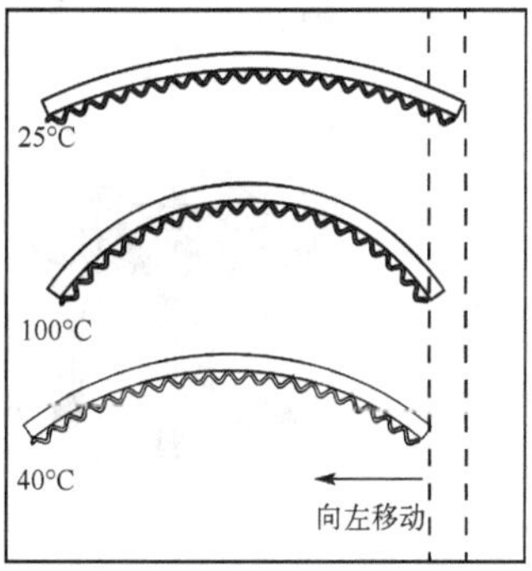

图 9-12　采用人工肌肉驱动的爬行机器人

2)六足爬行机器人

图 9-13 所示为采用人工肌肉驱动的六足爬行机器人，每个柔性腿包含三根人工肌肉和一个柔性足，通过总共十八根人工肌肉协调配合驱动机器人运动。控制系统包含必要的保护端盖及控制电路板，保护层为 PLA 材料。选择 STM32F103 为主控芯片，驱动各个柔性腿协调工作以实现机器人的直行和转向运动。

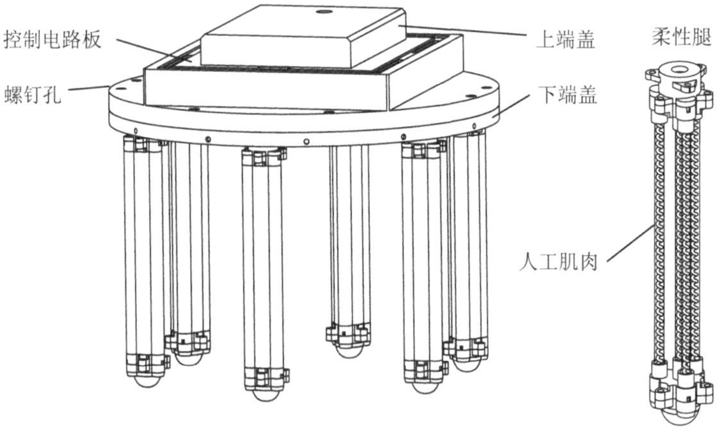

图 9-13　采用人工肌肉驱动的六足爬行机器人

单个柔性腿的长度为 100mm，最大弯曲角度约为 24°，机器人前进步距为 30mm，转向角度约为 7°。机器人的直行和旋转步态下的运动步骤分别如图 9-14(a)和图 9-14(b)所示。设定单个运动周期为 40s 时，机器人的直线前进速度达到 45mm/min，转向速度为 10.5°/min。该机器人具备的最大承载质量约为 300g，此时单步步长缩减为 13mm。同时该机器人能够在水中进行运动，随着入水深度的增加步长缩小，约为 10mm。尽管运动表现下降，但这证明了该机器人具备在不同环境下的运动能力。

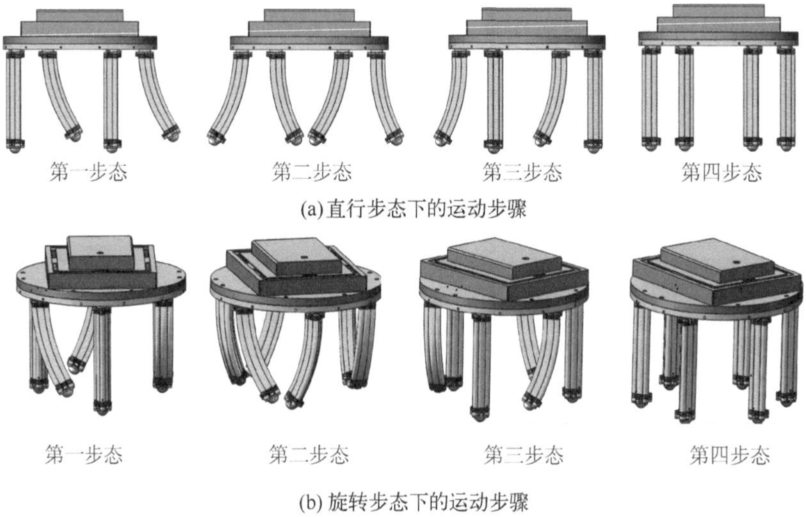

图 9-14　机器人直行和旋转步态下的运动步骤

9.2　振动直驱技术

微课

9.2.1　振动直驱技术概述

振动直驱不同于以某类特殊的材料特性或物理现象为核心的驱动方式，从广义上讲，振动直驱更类似于一种驱动理念，即通过振动激励源直接作用于执行结构，从而实现驱动的一种模式。

振动直驱技术的核心在于直接驱动，相比于传统的驱动模式，振动直驱一般不需要中间传动机构，驱动的效果直接从激励源传递到执行元件。得益于无需传动机构的特点，采用振动直驱技术设计的机器人结构简单紧凑，易于实现总体尺寸的小型化，因此振动直驱常作为一种微小型机器人的驱动技术，广泛应用于各种狭小环境下的运动中。另外，振动直驱型机器人一般具有控制简单、成本低等优势，可作为集群机器人相关研究中的控制对象。

振动直驱一般以中高频率范围的驱动为主。对于大多数振动直驱模式来说，单个周期内的振动激励所产生的驱动效果是比较微弱的，只有在较高频率的振动激励下，才能在宏观上产生明显的驱动效果。这种采用高频小步幅累积的驱动模式，在精确控制的前提下可实现高运动精度，可应用于需要高精度运动控制的场合，如第 2 章所述的部分压电驱动模式。但这一特性在一定程度上削弱了振动直驱方式的越障能力，从而限制了其应用范围。

振动直驱器件的基本结构由振动激励源以及执行元件组成，两者直接或间接相连。其中振动激励源的形式多样，执行元件的结构设计则不受限制，因此振动直驱技术在实现层面上是非常灵活的。根据任务目标及运动环境等的不同，可以相应选择不同的振动激励源，并配合不同的执行元件，进而通过振动的传导激发出执行元件的不同振动模式。这些振动模式将与环境交互，产生不同的驱动效果，因此振动直驱技术可以应用于包括水、陆、空等各种不同的运动环境。当振动激励的执行元件为薄膜时，即可实现扑翼飞行运动；当激励的执行元件为薄板结构时，即可实现水域运动；当激励的执行元件为杆状结构时，则可实现在地面的运动。总体而言，不同模式下的运动原理是不同的。

9.2.2　振动直驱激励源分类及特点

对于振动直驱技术而言，凡是能够产生振动激励的基本元件都可以作为振动直驱的激励源。从应用的角度看，目前主流的振动激励源包括电磁式振动激励源和压电式振动激励源，而其他介电弹性体或光驱动产生的振动激励，实际应用并不多。压电材料作为振动激励源的结构形式较多，其原理也比较复杂，这部分内容在前面已有表述，因此在本节主要介绍电磁式振动激励源。

电磁式振动激励源多应用于手机、手表等电子设备以及电动牙刷、手柄等产品中。与压电式振动激励源相比，电磁式振动激励源的功耗更低，激励信号更简单，因此振动的激发也更容易。常见的几种电磁式振动激励源如图 9-15 所示，包括空心杯式振动电机、扁平式振动电机、铁心式振动电机、模态激振器、横/纵向线性振动电机等。从原理上主要可以分为两类，一类是旋转式振动电机，另一类则是线性振动电机。

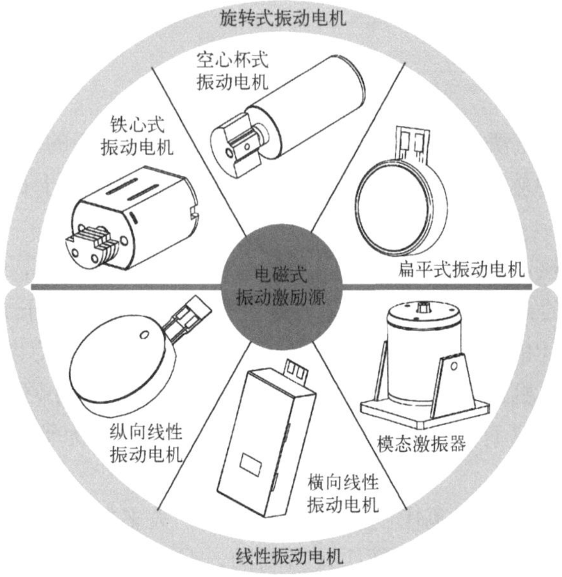

图 9-15　不同形式的电磁式振动激励源

旋转式振动电机通过直流信号即可旋转产生振动激励，其激振方式简单高效，属于应用最为广泛的一类振动激励源。旋转式振动电机的主体结构多为微型直流永磁同步电机，在其旋转轴上配置偏心质量块，利用偏心质量块的旋转产生振动。铁心式振动电机的转子部分主要包括硅钢片冲制叠压组成的转子铁心以及嵌入其中的外围转子绕组，并经由换向器实现连续运动。目前，多数旋转式振动电机采用空心杯式结构，即采用无铁心转子，转子为一个空心的杯状结构，内部环绕着绕组和磁铁。该种配置结构消除了由铁心涡流而造成的电能损耗，同时其转动惯量大幅降低，从而加快了响应速度，并减少了转子自身的机械能损耗，如图 9-16(a)所示。相对于同样功率的铁心式振动电机，空心杯式振动电机的外形尺寸更加紧凑、轻巧。下面以空心杯式振动电机为例说明旋转式振动电机的特点，其偏心质量块结构如图 9-16(b)所示。

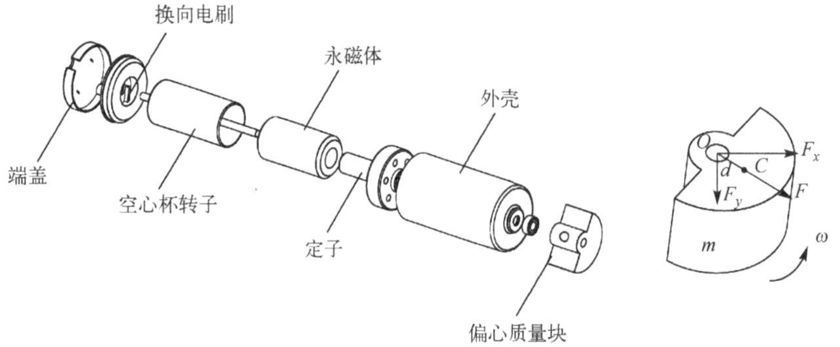

(a) 空心杯式振动电机内部结构　　(b) 偏心质量块结构示意

图 9-16　旋转式振动电机结构特点及原理

随着电机的旋转，偏心质量块将产生离心力，其方向沿着偏心质量块的质心与旋转中心连成的直线向外，离心力满足式(9-1)：

$$\begin{cases} F(t) = F_0 e^{i\omega t} \\ F_0 = md\omega^2 \end{cases} \tag{9-1}$$

式中，$F(t)$为随时间变化的离心力；F_0为离心力的幅值；ω为电机的旋转角速度；m为偏心质量；d为偏心距。

电机激励产生的振动频率为 $f=\omega/(2\pi)$，其中电机的旋转角速度直接取决于施加的电压幅值，一般空心杯式振动电机的激励频率在 300～400Hz。由式(9-1)可知，旋转式振动电机生成的振动幅值与频率是耦合的，且与频率的平方成正比，这意味着无法单独控制振动电机激励的频率和振幅。同时，由于振动激励本身的特点，旋转式振动电机将产生一种椭圆形的振动激励模式，进而可以分解为横向和纵向的简谐振动的组合，如式(9-2)所示：

$$\begin{cases} F_x(t) = F_0 \cos(\omega t) \\ F_y(t) = F_0 \sin(\omega t) \end{cases} \tag{9-2}$$

式中，$F_x(t)$为横向简谐振动分量；$F_y(t)$为纵向简谐振动分量。

其他形式的旋转式振动电机均满足相似的振动激发原理及动力学特性，仅外观结构有所不同。这一振动特点决定了采用旋转式振动电机作为振动激励源时将产生如惯性驱动和摩擦驱动等驱动模式。

线性振动电机在结构上根据振动方向不同，可以分为纵向和横向两种类型。一般纵向线性振动电机设计为圆形，在竖直方向振动，振动行程相对较短；横向线性振动电机为长方形，在横向产生振动，可以实现较长的行程，加速时间长，振感更强。线性振动电机本质上与音圈电机相似，内部是由弹簧和质量块组成的单向振动系统，采用交流信号对线圈进行激励。在磁场环境中，通电线圈将受到洛伦兹力的作用，从而驱使质量块沿着固定方向反复振动。线性振动电机将电能直接转换成直线运动机械能，且不需要中间转换机构。其结构上可以采用动圈式或定圈式设计，内部采用永磁体提供磁场，通过柔性电路板驱动线圈，从而带动质量块产生振动，整体采用无刷换向方式，如图 9-17 所示。线性振动电机的激振频率和幅值均与激励信号的频率和幅值有关。

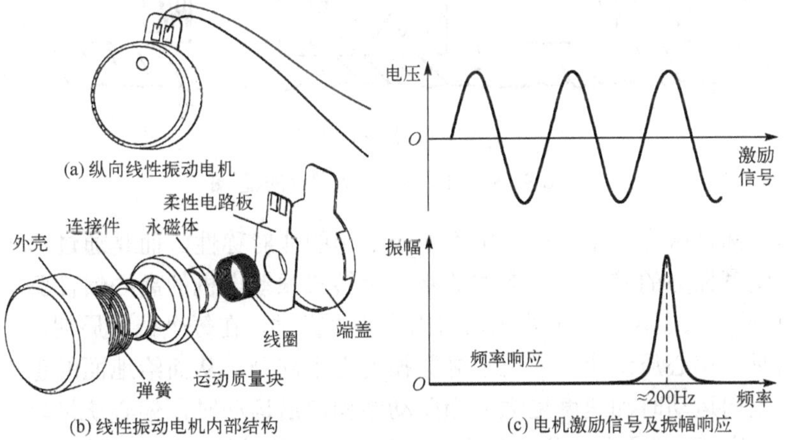

图 9-17　线性振动电机结构特点及原理

与旋转式振动电机相比，线性振动电机的响应速度更快、精度更高，且振动的幅值、频率及方向均可以根据激励信号单独可调，从而能够实现更加复杂的振动效果，这也导致线性振动电机的驱动实现更加复杂。

值得注意的是，线性振动电机存在明显的共振频率点，一般典型纵向线性振动电机的谐振频率出现在 200Hz 左右，在共振点以外的振动强度也会明显减弱，从而限制激励振幅和频率的实际调节能力和范围。

9.2.3　振动直驱技术的基本原理

振动激励源作为振动直驱环节中的激发元件，主要为执行元件提供不同频率、幅值及方向的振动激励，需要根据实际应用需求及结构的频率范围选定。例如，对于高频率高精度的情况，可以选择压电式振动激励源；而电磁式振动激励源一般适用于中低频率大振幅的运动模式。振动直驱的执行元件则取决于机器人的实际运动环境，进而决定了基本驱动模式及运动原理。目前相关研究较多的是振动直驱的地面驱动模式，常见的地面驱动原理包括惯性驱动原理和摩擦驱动原理两类。惯性驱动的本质在于同一个周期内的非对称致动效果，包括通过结构设计实现与地面间的非对称摩擦系数，通过激励信号的设计实现非对称的激励力以及非对称的正压力等，下面分别举例说明几种地面驱动模式。

一种典型的通过结构设计实现非对称摩擦系数的方案为斜毛刷式振动驱动，如图 9-18 所示。这一驱动模式与实际蠕虫的运动模式相仿，在每个周期内，由于底部斜向结构的存在，两侧运动的摩擦系数不同，从而实际摩擦力存在明显差异，单个周期的往复运动被抑制为单向运动，进而实现总体的直线运动。该种驱动模式的振动激励源既可以是电磁式也可以选用压电式。

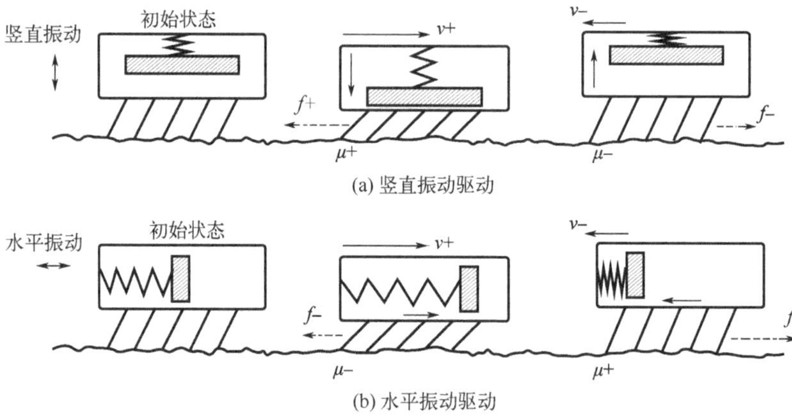

图 9-18　斜毛刷式振动驱动示意图

采用非对称正压力的驱动模式则不要求结构的非对称性，而是通过单个周期内压力的变化来实现摩擦力的差异。以典型的基于旋转式振动电机的离心惯性驱动模式为例，如图 9-19 所示。该模式下的主要驱动力由离心力提供，在每个振动周期内，当该驱动结构向前运动时，偏心质量块主要位于椭圆振动上半部分，从而给地面的正压力减小，摩擦力减小，正向运动时加速度更大。当驱动结构向后运动时，偏心质量块位于椭圆振动的下半部分，从而给地面的正压力增大，导致反向运动时的摩擦力更大。在不同正压力引起的不对称的摩擦力下，每个周期内会导致前后方向的运动距离的不同，从而产生单向运动。当电机反转时，情况与上述相反，导致驱动结构的运动方向发生改变。

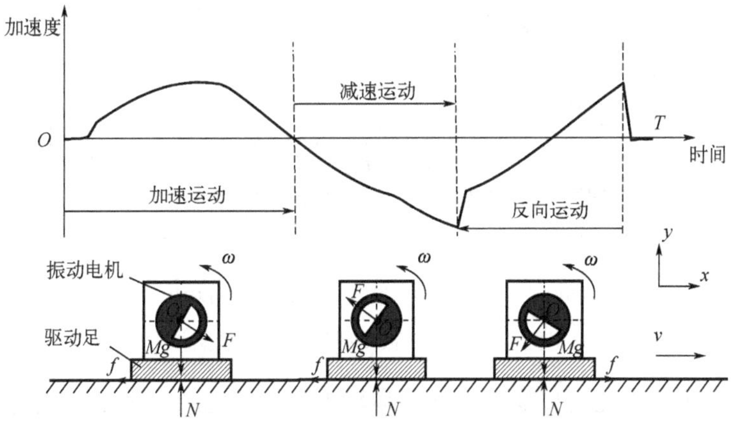

图 9-19　离心惯性驱动示意图

采用非对称激励力的方法实现惯性驱动模式常见于以压电驱动元件为振动激励源的驱动情况中，此处不予赘述。

摩擦驱动模式类似于行走运动，在每个周期内受到地面反向摩擦而产生。与惯性驱动模式不同，摩擦驱动模式下，以摩擦力为主要驱动力，惯性驱动则以惯性力为驱动力，摩擦力为辅助。依然以旋转式振动电机为例，其在高频振动下激发椭圆摩擦驱动的基本原理如图 9-20 所示。在椭圆振动的下半个周期中，驱动模块受力向下压，摩擦力增加；在水平方向上，驱动机构产生向左运动的趋势，从而在摩擦力的作用下获得向右的驱动力。在椭圆振动的上半个周期中，驱动结构向上弹起，正压力减小，此时摩擦力很小，由于惯性的作用保持向前的运动状态，从而整体呈现跳跃前进的运动情况。

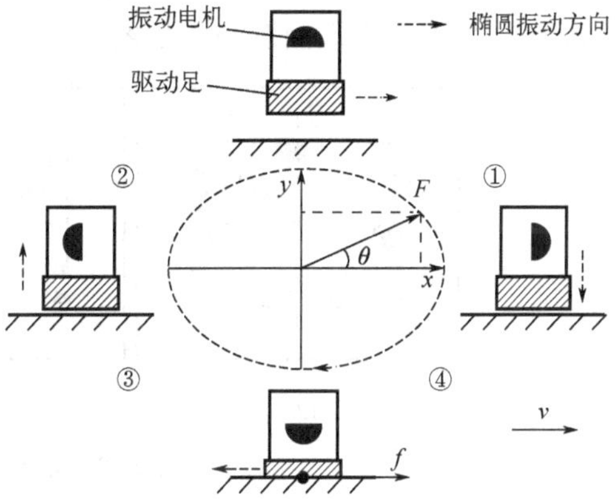

图 9-20　椭圆摩擦驱动模式基本原理图

振动直驱技术同样具备在水域环境中的运动能力，目前常见的水域运动模式包括水下的振动射流驱动以及水面的振动致流驱动两种，此时其执行元件均为柔性薄板。

水下振动射流，也称为零质量射流或合成射流。产生射流的动作部件称为射流激励器，其主要包括两个部分：具有狭小孔口的空腔体以及振动激励元件，其结构如图 9-21 所示。振动激励元件是射流激励器的核心，由振动激励源及柔性薄板组成，其中振动激励源可以采用压电膜式、电磁振动式、活塞式以及形状记忆合金等不同形式。振动射流的主要原理是通过振动激励源驱使薄板部件产生往复周期运动，从而带动腔体中的流体运动，引起流体在孔口处周期性剪切分离，从而形成向外拓展的一系列非定常涡环，进而形成动量射流。在整个过程中，产生的射流由中心喷流和向下游迁移过程中对周围流体卷吸附着的外层流构成，中心喷流则源于吸入的出口周围流体，因此在每个工作周期，激励器起到了流体输运和能量输运的作用。

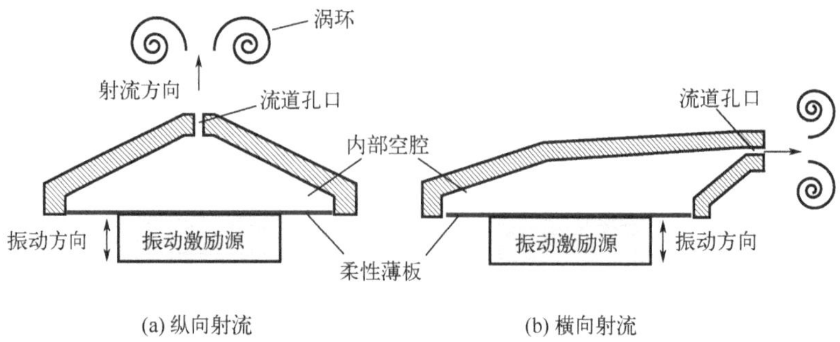

图 9-21　水下振动射流驱动原理图

采用振动直驱技术还可以实现在水面环境中的振动驱动，主要方式是基于水面柔性薄板的振动致流驱动。当柔性薄板在水面受到振动激励时，在不同激励频率下将呈现出不同的振型，进而影响表面的流场形态。在薄板波腹处的流体振幅更大，振动速度更快，将产生向外的射流；在波节处的流体将产生向内的吸引，从而形成稳定的定向流场。通过配置振动激励源及执行元件的结构和位置，在特定的模态下，将产生有利于驱动的单向流场，从而产生水面驱动，如图 9-22 所示。

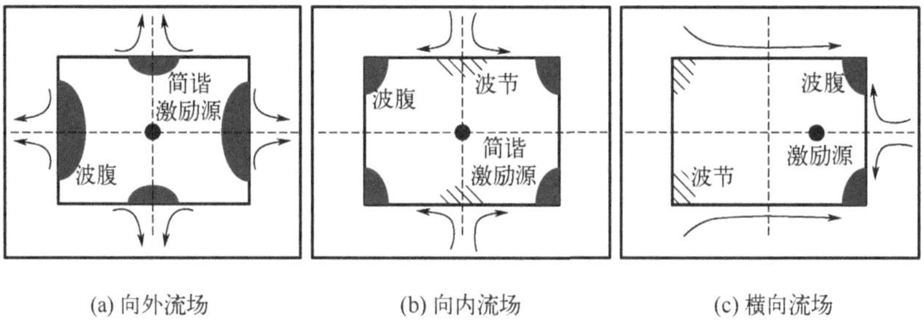

图 9-22　水面振动致流驱动原理图

此外，振动直驱模式同样在扑翼飞行领域中有相关的研究，由于飞行对自身重量的要求，在飞行运动模式中，主要振动激励源是压电薄膜或介电弹性体等特殊材料，本节中不予详细说明。

9.2.4　振动直驱机器人的应用实例

振动相关技术通常可用于材料诊断、辅助加工、信号提示、触觉反馈以及医疗健康等多种不同的应用领域。而作为一项新兴驱动技术，目前关于振动直驱技术的各类研究非常广泛，涉及的原理和理论基础也各不相同，从而可以应用于各种不同的领域中。其中关于地面驱动的相关研究相对较多，而在水域和空域环境中的很多研究还处于起步阶段，后续依然存在较多的问题亟待解决。

振动直驱技术的重要特点在于驱动灵活、结构简单、尺寸紧凑，因此在众多对微小型驱动方法存在直接需求的领域中，都有振动直驱相关技术的存在。例如，在医疗领域中，惯性驱动胶囊机器人在肠道等特殊环境中的运动探索。图 9-23 所示为振动直驱式内窥镜肠道机器人，该机器人采用一种扁平的振动电机作为振动激励源，从而实现了惯性驱动模式。机器人在内部集成了控制电路以及可充电的锂电池，同时外部保护壳设计为胶囊形状，这可以降低自身的形体阻力，实现在肠道等特殊环境中的运动。

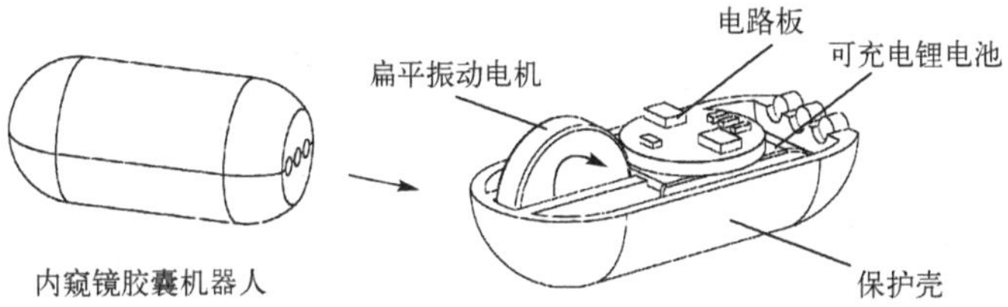

图 9-23　振动直驱式内窥镜肠道机器人的形状及内部结构

由于基于振动直驱方式的机器人具有低成本以及易于制作加工的特点，振动直驱微小型机器人也常应用于集群控制研究中。图 9-24 所示为振动直驱式集群机器人，该机器人采用旋转式振动电机作为激励源，并基于斜毛刷的方式实现了在地面的驱动。机器人内部集成了供电模块，可以同时实现相互感知以及对环境的感知。通过多个机器人的组合控制完成了集群控制平台的开发以及对群体智能的研究。

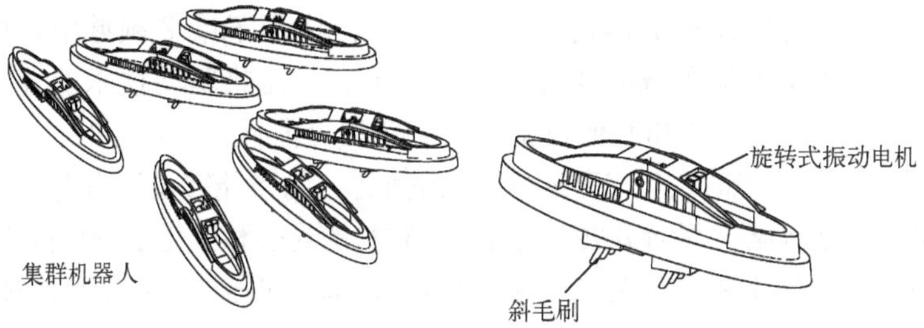

图 9-24　振动直驱式集群机器人

在基于振动直驱的水域运动相关技术研究中，由于相关机器人尺寸小、重量轻、环境扰动小等特点，其在狭小环境中的探索等任务中具有明显的优势。图 9-25 所示为以压电为主要激励源的水下振动射流机器人，该机器人采用薄铜片作为振动薄板，从而在压电薄板的激励下产生特定模态的振动。该机器人采用了不同射流模块的组合设计，可以同时实现在水下的多自由运动，在管道通过以及深水环境中均表现出良好的运动能力。

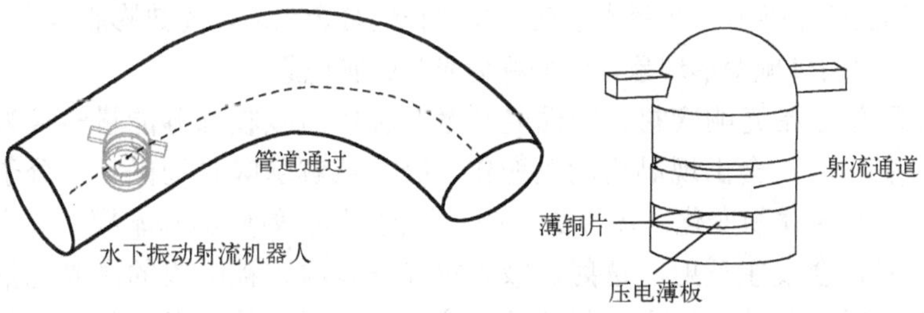

图 9-25　压电驱动的水下振动射流机器人

此外，在很多研究中，研究人员会根据实际需求自行设计电磁振动元件，从而进一步提高振动直驱技术的灵活性。当然，采用振动直驱技术的机器人由于驱动模式和尺寸等限制，在抗环境干扰等方面存在一定的劣势。进一步突破环境障碍限制，提高振动直驱机器人的运动能力以及环境适应性，将是后续研究中的重要问题。

微课

9.3 光热驱动技术

9.3.1 光热驱动技术概述

光热驱动以光为能量源，利用光响应材料的一系列物理变化和化学变化过程中伴随发生的体积变化、形状改变等获得机械变形响应，并可以通过位移放大机构实现大变形输出，进而输出周期往复的直线驱动量或者平面内外的角度偏转量。由于采用光作为能量源，光热驱动可实现无线供能的远程非接触式操控，这是其相较于其他特种驱动技术的最大不同之处。光热驱动器结构简单，操控简便，驱动力大，可实现远程控制，易于小型化和集成化，具有广阔的应用前景。由于采用能量密度大且方向性好的激光作为激励光源，光热驱动器可以实现高响应速度的远程操控，具有更好的独立性，更容易实现小型化并集成到相应的器件和机器人系统中，已广泛应用于诸多领域中，如微纳米机械系统、光学器件、生物医学领域以及柔性电子设备等。光热驱动技术的发展为创造更加智能、响应迅速的机器人系统和其他设备提供了新的可能性。

光热驱动器在吸收光能时表现出可逆的光机械变形，为了能够设计出光热利用效率更高、结构更为合理的光热驱动器，学者开展了对光响应材料的光热和光化学变形机制研究。现有光热驱动器中，输入的光能主要通过光响应材料转换为内能和机械能：光热驱动器利用光响应材料的膨胀/收缩致动，光化学驱动器则利用光响应材料的光异构化和光二聚化的可逆化学变化致动。此外，一些光热驱动器也可以利用光化学和光热变形的协同效应工作。

当光与物质相互作用时，光子与物质中的原子、分子发生相互作用，会产生一系列物理现象，如反射、折射、散射和吸收等。在这些相互作用发生过程中，部分光子的能量被吸收或转换为其他形式，引发了材料性质的多种变化，涵盖极化强度、晶格结构、电阻率、磁性、声子振动等方面。这些变化导致了各种物理现象，如表面等离子体效应、光电效应、光声效应、磁光效应、光热效应等。其中，光热效应指的是光子被材料吸收并转换为内部能量的过程，该过程加剧了晶格振动，改变了晶格间隙，导致材料温度升高。与此同时，还伴随或引发多种效应，如温差电效应、热释电效应、光热记忆合金效应、光热膨胀效应等。本节仅讨论由光热效应引起的机械变形现象，我们称为光热膨胀现象。

光热膨胀现象是指光响应材料表面受到激光辐射后吸收部分能量转换为内能，在其表面温度发生变化后，会出现晶格间距变化、吸收或解除吸收周围环境分子以及相变等物理变化，从而实现体积变化。图 9-26 展示了光热膨胀效应的基本模型，当一束激光照射在膨胀臂上时，会发生反射、透射、吸收等光学现象，被吸收的激光能量转变成材料的内能，并在材料内部传导，引起材料的温度升高，材料体积发生膨胀或收缩，图中所示为体积膨胀的情况。热膨胀在长、宽、高各个方向上均同时产生，由于宽度和高度方向的长度远小于长度方向，因此其变化主要表现为长度方向上的伸长，合理利用这种长度方向上的变化，结合光热驱动器的合理设计即可实现高效光热驱动。

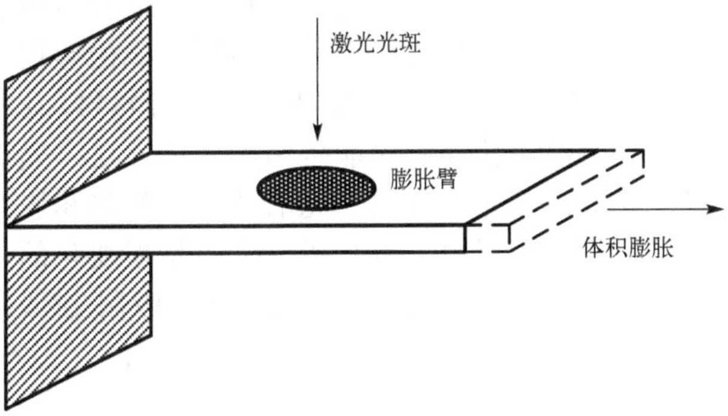

图 9-26　光热膨胀效应的基本模型图

图 9-27 所示为光热膨胀现象的具体热力学过程，它揭示了光热膨胀机制所包含的主要热力学过程。激光照射在材料表面后，会发生反射、透射、吸收等，其中反射和透射部分能量耗散在环境中，只有被材料吸收的部分能量转换成了材料内能，引起局部的温度升高，和周围形成温度差。于是热量开始在材料内部传导，引起不同部分的温度上升，靠近激光照射处温度高，温度随着距离光源处距离增加而降低。随着材料的温度上升，材料与周围环境产生热量传导，其主要有两种方式：一种是材料表面与空气界面的对流传热；另一种是黑体辐射传热，以各种不同波长电磁波的形式向外辐射能量，辐射功率与表面温度高度相关。在激光照射加热、材料内部热传导、表面对流传热和黑体辐射传热等物理过程共同作用下，光热驱动器与外界会建立一个随着光照持续进行而逐渐稳定的温度场分布。在局部或者整体温度升高的同时，相应部位的材料都在同步地发生热膨胀，随着温度场变化逐渐趋于平稳，光热驱动器的热膨胀形变也趋于稳定。光热驱动器在接收光照完成热力学过程后，其内部会发生不同类型的物理变化，本书将根据这些变化类型对光热驱动器进行分类。

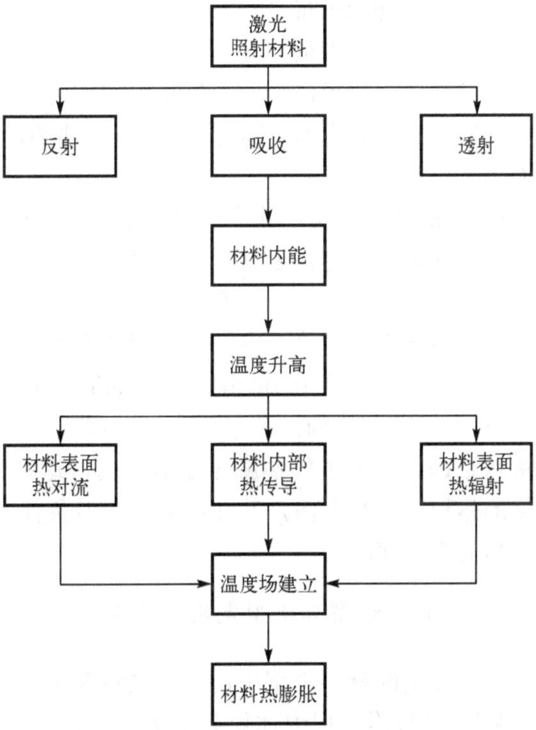

图 9-27　光热膨胀现象的热力学过程

9.3.2　光热驱动技术的分类及特点

光热驱动器因其制备方法和设计原理简单、操作环境安全而受到广泛的研究，其机械变形的来源一般为光热膨胀臂，而膨胀臂仅能在长度方向上输出单个直线自由度的机械位移响应，且由于光响应材料的热膨胀系数都比较小，无法满足大输出、多自由度的需求，因此需要对光热驱动器进行位移放大以及自由度拓展设计。最典型的驱动结构为双层结构，即由光吸收层和光活性层构成的叠层结构。典型的光吸收层材料为由碳基材料和金纳米颗粒(AuNPs)组成的复合材料，这种材料负责吸收光能并将其转换为热能，并通过热传导将热能传递给光活性层。光活性层在加热时会产生体积膨胀或收缩，并且由于光吸收层和光活性层之间热膨胀系数的不匹配而发生致动。根据光活性层吸收光之后用于致动所发生的物理变化的主要类别，可以将光热驱动器分为下述三类：热膨胀型光热驱动器、分子吸附/解吸附型光热驱动器和相变型光热驱动器。

1. 热膨胀型光热驱动器

当光响应材料暴露在光线下时，它们的体积会膨胀，从而产生光热驱动效应。这些光热驱动器通常由具有光吸收能力的双层结构组成：具有较小热膨胀系数(CTE)的光吸收层和具有较大热膨胀系数的热膨胀层。碳基材料，如炭黑、碳纳米管(CNT)、石墨、氧化石墨烯(GO)和MXene(一种类石墨烯结构的二维无机化合物)等，经常用作光吸收层。具有较大热膨胀系数的聚合物，如聚二甲基硅氧烷(PDMS)、聚酰亚胺(PI)、聚碳酸酯(PC)、双向拉伸聚丙烯(BOPP)、聚偏氟乙烯(PVDF)和聚乙烯(PE)，通常用作热膨胀层。当复合薄膜被光照射时，每层产生的体积变化不同，因此产生了由热膨胀系数不匹配引起的非对称体积膨胀，从而产生了致动作用。

近年来，国内外学者对热膨胀型光热驱动器开展了深入研究，最为典型的研究成果如下。

(1)单层薄膜结构：将碳纳米管嵌入聚二甲基硅氧烷中组成一种单层结构的复合薄膜驱动器，该驱动器可在近红外线照射下在几秒内实现数十度的横向弯曲致动。

(2)双层薄膜结构：基于聚碳酸酯-碳纳米管双层薄膜结构的复合薄膜驱动器具有响应速度快、感光度高、变形大、可逆性好的特点。根据文献报道，该材料制成的光热驱动器可在室温且光强小于100mW·cm^{-2}的情况下产生超过90°的横向弯曲变形。

(3)三层薄膜结构：基于聚酰亚胺-石蜡-碳纳米管三层薄膜结构的复合薄膜驱动器最大特点是每一层薄膜的热膨胀系数不同，这使光热驱动器本体产生了在各个方向上非均一化的热膨胀系数取向，其在可见光照射条件下可在1s内达到超过90°的弯曲变形，具有超高的响应速度。

2. 分子吸附/解吸附型光热驱动器

在已发现的材料类型中，有一类特殊类型的材料可以吸附/解吸附环境中的水分子，且在吸附/解吸附过程中体积会发生明显改变，该变形可用作驱动。在此类材料中寻找具有光敏感性的材料，就可以用作光热驱动器的致动材料。一般来说，由此类光敏感材料制成的驱动膜上所结合的水分子在光照射下会发生解吸附并导致薄膜体积减小，当移除光源时，薄膜会重新吸附环境中的水分子以增加体积。例如，聚 N-异丙基丙烯酰胺

(PNIPAM)、石墨烯氧化物和聚多巴胺(PDA)等具有丰富亲水基团的材料与光吸收层结合在一起形成双层薄膜结构后，在光照条件下，原先结合的水分子会分离并蒸发，从而引起双层薄膜结构体积的收缩，进而使得此类双层结构光热驱动器产生驱动作用。另外，研究人员最新发现的能够吸附和解吸附水分子的材料是具有涡状晶体结构的无机氢氧化物 $Ni(OH)_2$-NiOOH 薄膜。该薄膜晶体结构中插层水分子的吸附/解吸附与周围环境的相对湿度有关，如图 9-28(a)所示。将该薄膜与 Au 层结合，在紫外线、可见光和近红外线下显示出大幅度的扭转机械变形特性，如图 9-28(b)所示。对此类晶体结构的研究扩展了分子吸附/解吸附光热驱动材料研究的范围。

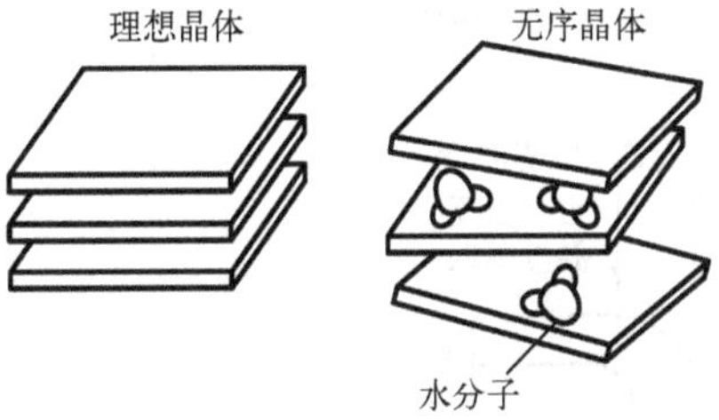

(a) $Ni(OH)_2$-NiOOH薄膜的结构示意图

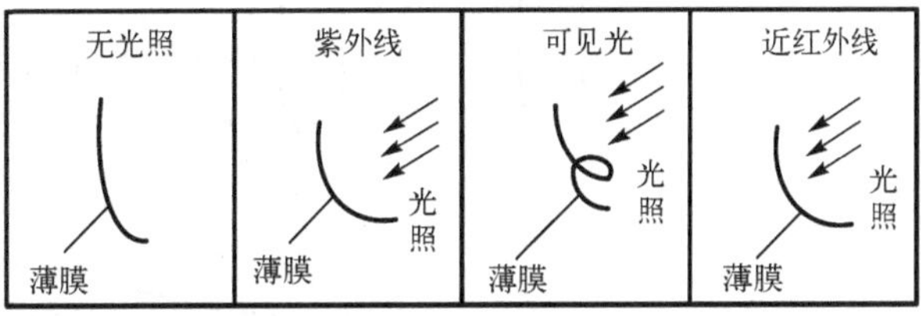

(b) $Ni(OH)_2$-NiOOH薄膜在不同光照下的机械变形幅度

图 9-28　$Ni(OH)_2$-NiOOH 薄膜微观结构示意与变形特性

此外，通过将还原氧化石墨烯与类弹性蛋白多肽结合可制造出水凝胶光热驱动器，其基本原理如图 9-29 所示，在水凝胶的不同部位施加不同强度的近红外线可以操控该水凝胶光热驱动器发生幅值、弯折位置不同的机械变形。可以将此类水凝胶光热驱动器制作成不同的几何形状，并且通过控制其形状和表面图案以及调节激光的位置、时间和移动路径可以输出较为复杂的机械运动特性，因此这种水凝胶光热驱动器具有速度可调和材料柔度高的特点，具备应用于生物学、医学、微流控和机器人学等领域的潜力。然而，此类水凝胶光热驱动器相比于热膨胀型光热驱动器存在响应速度慢和所需光照强度高的缺点。

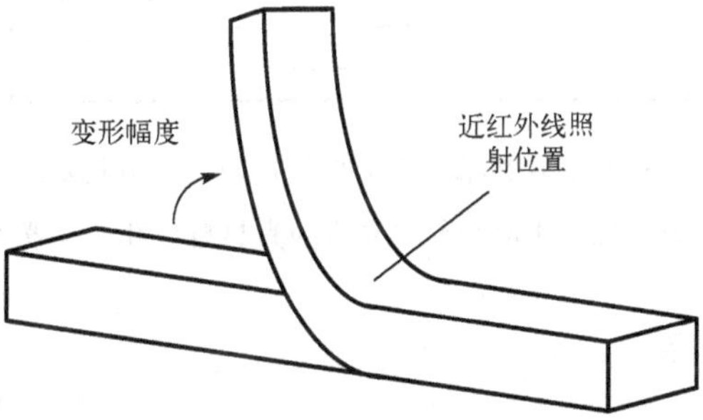

图 9-29　水凝胶光热驱动器的变形示意图

另外，学者在对光热敏感型水凝胶材料的研究过程中还发现了一类光热自持续振荡器，典型的光热敏感型水凝胶由 N-异丙基丙烯酰胺(NIPAM)单体、辐射交联剂和金纳米颗粒制成。此类自持续振荡器的内部存在动态光-材料相互作用中固有的自遮挡式负反馈环路，其具体过程如图 9-30(a)所示，可以分为以下步骤：①光照射导致水凝胶柱体发生温度升高；②温度升高导致水凝胶收缩；③收缩导致柱体产生初始速度；④阴影效应使得柱体迅速冷却并恢复膨胀状态。该光热自持续振荡器可以在恒定光照射条件下发生持续振荡，振荡频率和幅度可以通过水凝胶的几何形状和尺寸以及光强来调节，从而实现所需的振荡运动，已有的光热自持续振荡器的末端振幅可达亚毫米级。此类光热自持续振荡器的典型应用场景是全软体水下游泳机器人，如图 9-30(b)所示。由于该水下游泳机器人采用了此类光热自持续振荡器，因此具有高速和可控的光趋性运动特性，且具备无需电池，易于在不同系统中进行部署、扩展和集成的优点。

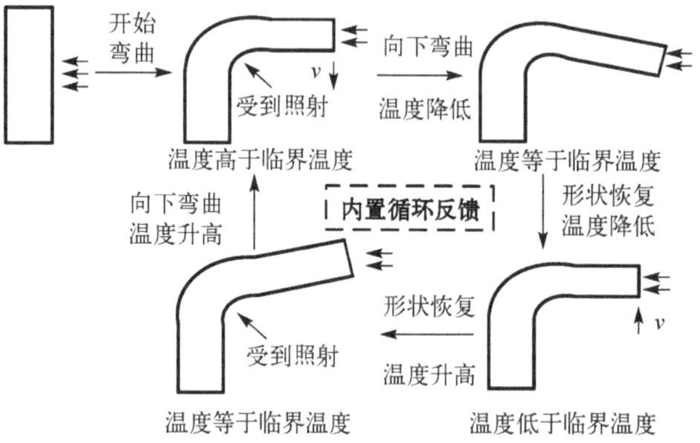

(a) 自持续振荡器驱动原理

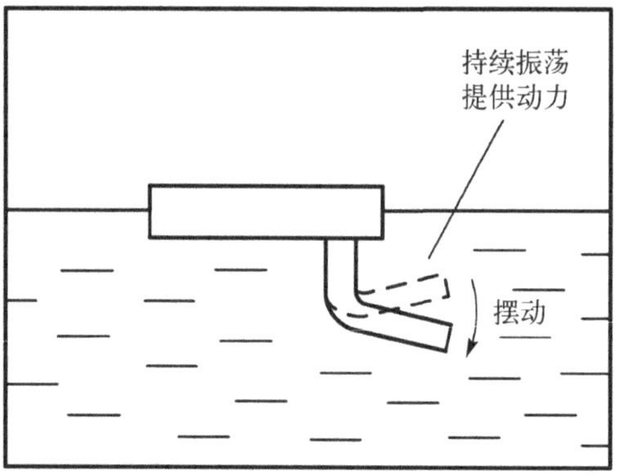

(b) 由自持续振荡器驱动的全软体水下游泳机器人

图 9-30　水凝胶材料制成的光热自持续振荡器

3. 相变型光热驱动器

一些响应性聚合物，如液晶聚合物(LCP)和形状记忆聚合物(SMP)，在光刺激下会经历相变过程(各向异性/各向同性转变或玻化/玻璃转变)，与此同时将光能转换为机械能，此种光能转换为机械能的过程与分子链构象和熵变有关。在液晶聚合物中，介晶在室温下倾向于在聚合物网络中表现出有序排列，然后当液晶聚合物的温度升高到大于光照射下的各向同性相变温度 T_{trans} 时变得无序，导致介晶降低，因此利用液晶聚合物制作的光热驱动薄膜在高于 T_{trans} 的介晶排列方向上收缩，并在去除光辐射后当温度冷却到低于

T_{trans} 时膨胀返回到初始状态。当液晶聚合物材料与碳纳米管、氧化石墨烯等光吸收材料叠层、混合或填充形成单层或多层复合结构时，它们可以用作光热驱动器并实现可逆光热驱动。如聚氨酯、聚苯乙烯、聚乙烯和环氧树脂等形状记忆聚合物材料在受到外部光源照射时，同样能够在变形后恢复到初始状态。其具体过程如图 9-31 所示：首先，将形状记忆聚合物材料加热到 T_{trans} 温度以上，并通过施加外力来暂时固定该形状记忆聚合物材料，在此过程中，外部输入的机械能将存储在该形状记忆聚合物材料中；然后，将形状记忆聚合物不受约束地冷却至低于 T_{trans} 的温度，从而可以得到该材料施加外力和升温之前的形状；当处于 T_{trans} 温度以下状态的形状记忆聚合物材料在光照射下升温，且温度高于 T_{trans} 时，它们会迅速恢复到被外力塑造的形状。基于此原理，通过将碳纳米管、金纳米颗粒或金属离子等光热吸收材料融入形状记忆聚合物材料的基质中，可以产生特定的光热驱动效果。

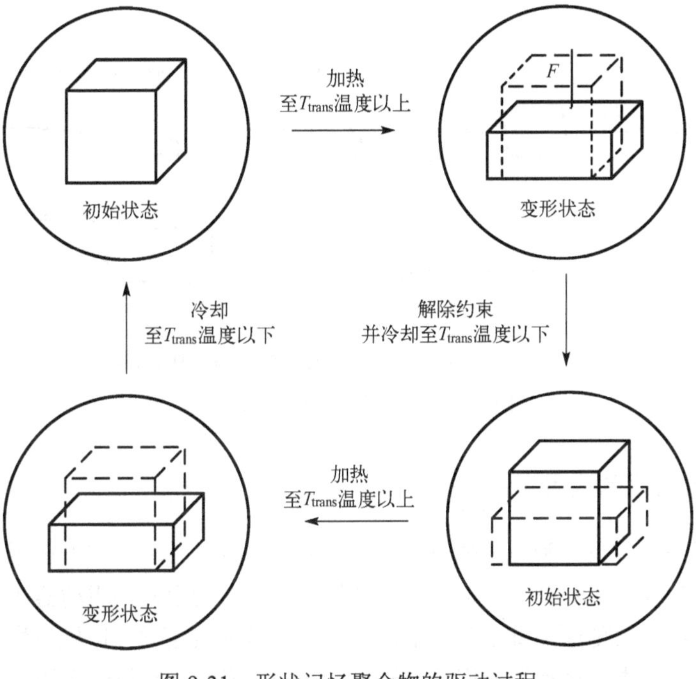

图 9-31　形状记忆聚合物的驱动过程

最典型的液晶聚合物基底相变型光热驱动器是由聚多巴胺涂覆到液晶弹性体基底上制成薄膜形状的，此类相变型光热驱动器由于涂覆的聚多巴胺材料层具有较高的光热转换效率，制造的弹性体薄膜能在 1/10s 内对近红外光照做出响应，且薄膜中光诱导的应力或应变能够大于哺乳动物骨骼肌产生的生物活性应力或应变，且为了展示此类相变型光热驱动器，尺度在厘米级、能够在水-空气界面附近受近红外线驱动的光热驱动机器人被研发了出来，该机器人能够通过薄膜的摆动推动自身前进，其主视图和侧视图如图 9-32(a)所示。图 9-32(b)所示为典型的形状记忆聚合物制成的相变型光热驱动器的驱动过程，将聚乙烯醇聚丙烯酸形状记忆聚合物与光热金属离子交联，在 $W·cm^{-2}$ 级强度近红外线照射下，此类相变型光热驱动器可实现大幅度变形与形状恢复，且在塑性变形前和塑性变形后都保持优异的形状记忆性能。

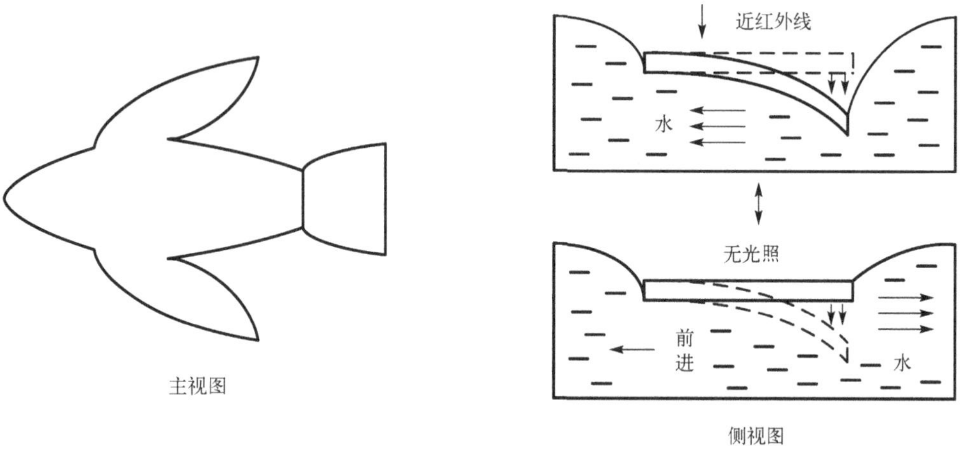

(a) 近红外线驱动的光热驱动机器人的主视图和侧视图

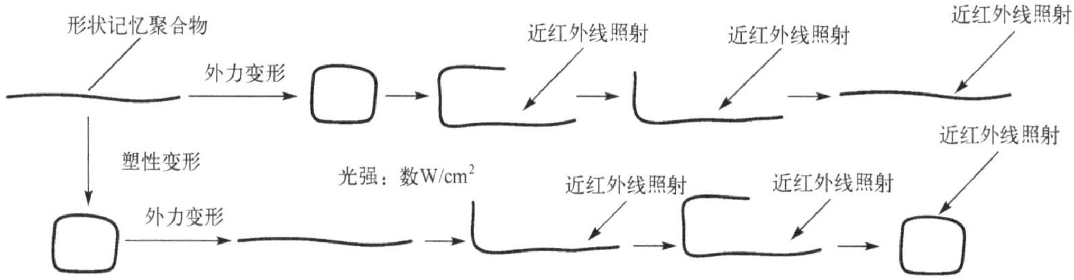

(b) 形状记忆聚合物制成的相变型光热驱动器驱动过程

图 9-32　典型相变型光热驱动器

9.3.3　光热驱动技术的应用实例

光热驱动器由于其可控和可逆的机械变形，在许多领域具有潜在的应用价值，如软体机器人、手臂和夹具以及生物医学设备等。国内外研究人员利用光热驱动器在光刺激下的可逆变形，设计了机器人的爬行/行走、滚动、跳跃、游泳等宏观运动，以模仿生物的运动。光热驱动器还可以模仿人类的运动，如仰卧起坐等。此外，光热驱动机器人还可以通过调节臂来抓取和释放物体。下面将阐述在上述部分领域中较为典型的光热驱动器应用实例。

首先是软体机器人领域，经过特殊设计的光热驱动器可以在一定的环境下实现行走、滚动、跳跃等动作。较为典型的光热驱动软体机器人造型的主体部分是一段弯折成一定曲度的圆弧形主体，圆弧的两个末端与特殊材质或形状的基板相接触，这种软体机器人可视作双足机器人，且一般仅有单个直线自由度。图 9-33(a)所示为工作在棘齿形底板上的光热驱动软体机器人，驱动过程可以分为以下两个步骤：①机器人在紫外线照射下向下弯曲，后足比前足受到更大的摩擦力($F_2>F_1$)，因此后足静止而前足向前移动一小段距离；②当紫外线照射移除时，机器人的机械变形恢复原样，前足的摩擦力大于后足($F_1'>F_2'$)，因此后足向前移动一小段距离。按照一定周期通断紫外线光源，该机器人可实现持续向前运动。以偶氮苯液晶网络为主体材料的软体机器人可实现数十毫米/分钟的运动速度。进一步基于此种构型与驱动方法，调整主体材料的成分与工艺，制作了光热驱动效率更高的驱动器，图 9-33(b)所示的 IPAT-2 驱动器为其典型代表，在机器人的一侧施加光照激励，可实现在平坦表面的单向直线运动，速度可达数十毫米/秒。

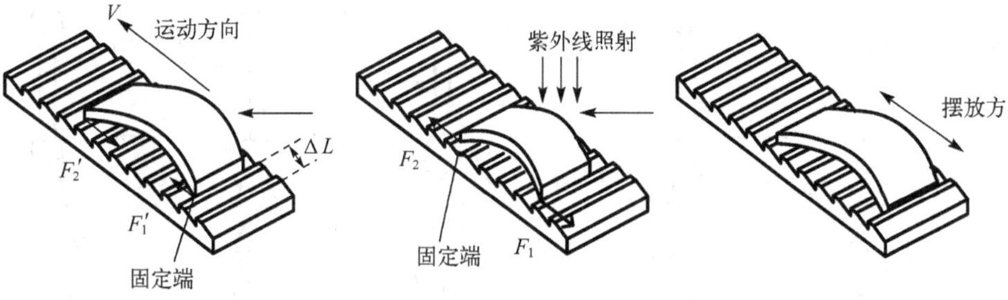

(a) 工作在棘齿形底板上的光热驱动软体机器人

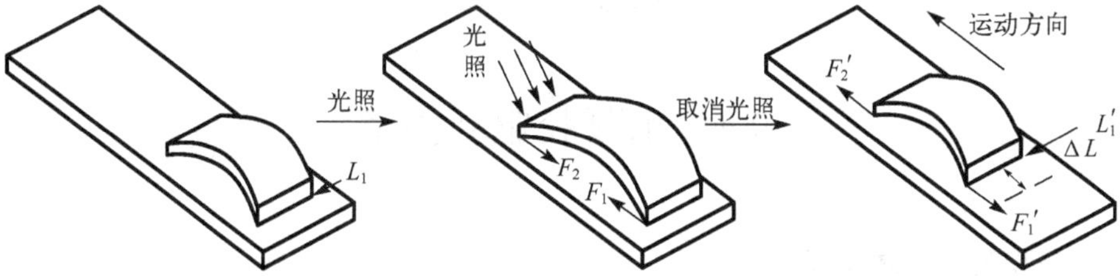

(b) IPAT-2驱动器驱动的软体机器人

图 9-33　典型的光热驱动软体机器人

其次，还可以用非常简单的结构制作出具备滚动能力的光热驱动软体机器人，图 9-34 所示为基于单壁碳纳米管/聚合物双层光热驱动器制成的圆筒形软体机器人，倾斜角度的光照引起面向光一侧的机器人主体曲率减小，从而使重心向前移动，机器人整体发生绕着轴线的旋转运动，原先曲率减小部分转过一个角度进入背光面，由于没有了光照，曲率重新回到初始状态。在强度保持不变的光持续照射下，软体机器人可以实现连续向前滚动运动，其最大滚动速度约数厘米/秒。

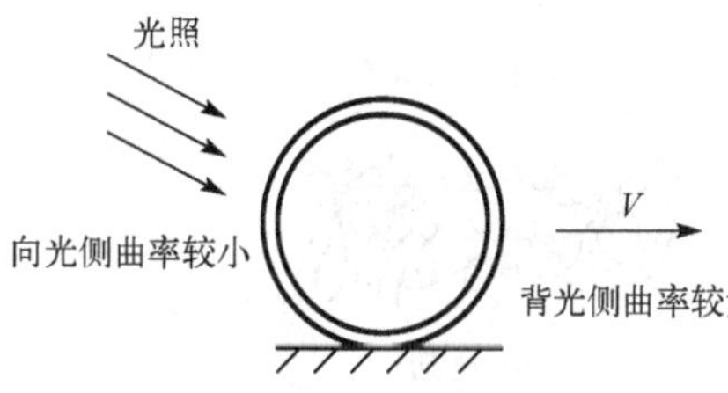

(a)圆筒形软体机器人

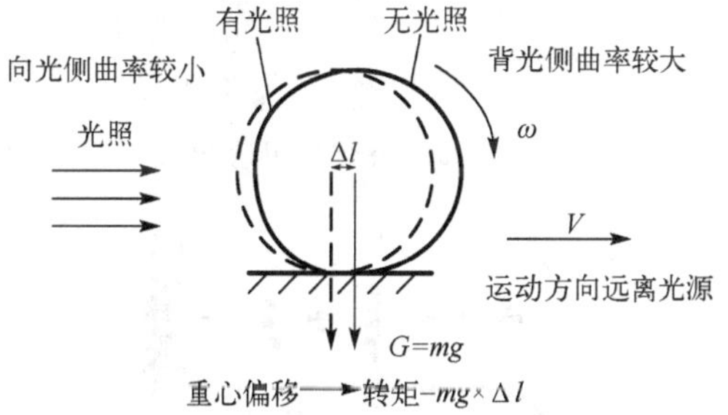

(b)工作原理

图 9-34　圆筒形软体机器人工作原理

由于具备可远程控制和可逆变形的特点，光热驱动器同样适合用作机械臂或执行夹具。图 9-35 所示为光热驱动柔性机械臂的动作流程，机械臂在紫外线和近红外线光照条件下可完成抓取、举起、放下和释放物体等任务，升重比可达 100 倍以上。未来，通过采用机械强度更高的或者黏结性能更好的材料可以显著提高光热驱动柔性机械臂和夹具的机械承载能力。

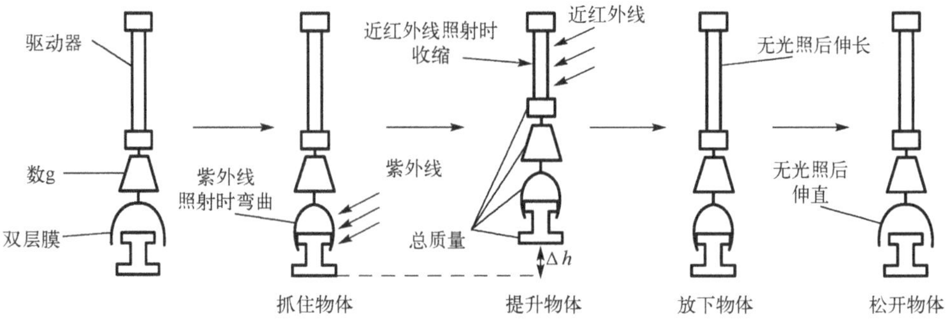

图 9-35　光热驱动柔性机械臂工作流程示意图

9.4　水凝胶驱动技术

9.4.1　水凝胶驱动技术概述

水凝胶是一种具有高亲水性的三维网格结构的高分子聚合物材料，由分散在水介质中的交联聚合物链基于多种不同方式形成，典型交联方式包括物理纠缠、离子相互作用和化学交联等，如图 9-36 所示。水凝胶主要通过水分子的吸收和释放过程实现体积变化，进而生成可逆的形态、结构变化，具有材质柔软、水含量高、生物兼容性好等突出优势，因而广泛应用于生物医疗、智慧农业等领域。

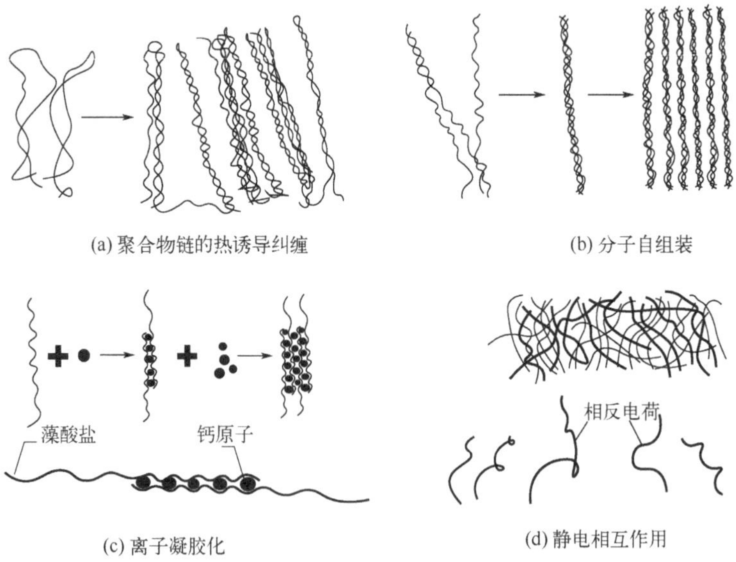

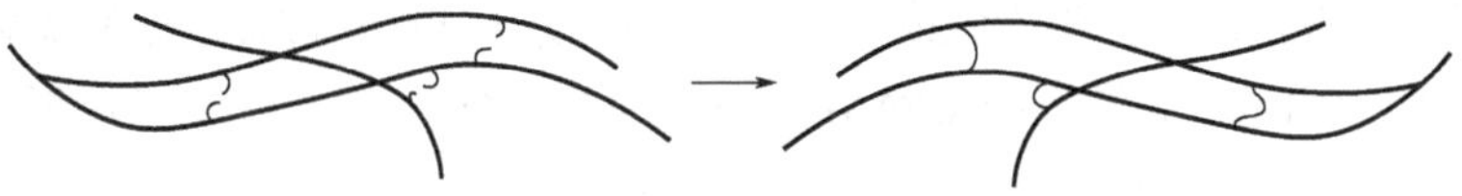

(e) 化学交联

图 9-36　水凝胶交联类型

9.4.2　水凝胶分类及特点

水凝胶发展至今具有多种分类方式。根据聚合物材料来源不同，可将其分为天然水凝胶和合成水凝胶；天然水凝胶生物相容性好、成本低，但是存在结构难以控制、强度差、稳定性不足等问题；合成水凝胶则可以调节合成材料的性质，具有更高的力学强度和化学稳定性，适用于多种不同的工作环境。根据凝胶单体的交联方式不同，可以分为化学水凝胶和物理水凝胶，一些水凝胶中同时具备物理交联和化学交联两种结构，使其兼具稳定的结构特征和一部分动态可调性。此外，根据水凝胶的大小不同，可以分为块状水凝胶、微凝胶颗粒和纳米凝胶。

9.4.3　智能水凝胶驱动器响应方式分类及应用现状

随着水凝胶驱动技术的逐渐发展，研究重点逐渐转向能够基于自身结构改变对外界变化及时做出反应的新型水凝胶驱动器，也称为智能水凝胶驱动器，具体分类如图 9-37 所示。其实现机理是通过在传统水凝胶中添加额外的复合组分，使其可随外部刺激发生结构膨胀变化，进一步使水凝胶发生吸水和脱水现象，进而产生变形。根据外部刺激方式，智能水凝胶可以分为以下几大类。

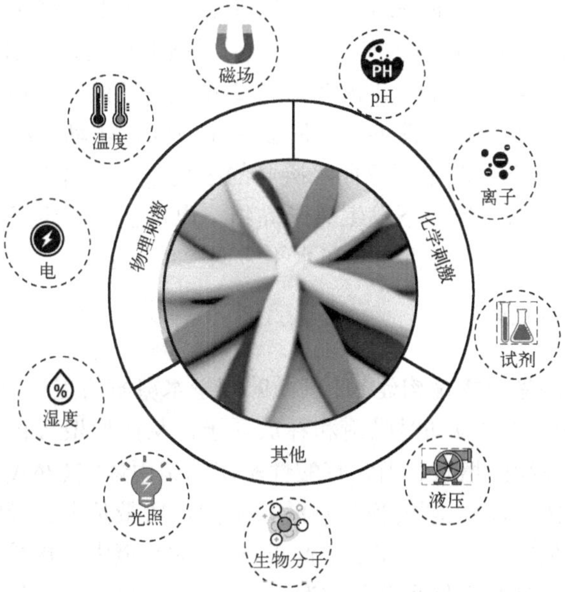

图 9-37　智能水凝胶驱动器的刺激源

1. 温度刺激响应型水凝胶

温度刺激响应型水凝胶的致动原理是其在温度上升或降低的过程中发生了相变，通常具有最低临界转变温度或者最高临界转变温度。在转变温度附近，此类水凝胶材料的亲疏水性能有显著差异，进而引发水凝胶产生膨胀或收缩变形。比较典型的最低临界转变温度体系(LCST)聚合物包括聚N-异丙基丙烯酰胺(PNIPAM)、聚甲基丙烯酸N, N-二甲氨基乙酯(PDMAEMA)等，如图 9-38 所示。比较典型的最高临界转变温度体系(UCST)包含聚丙烯酰胺-丙烯酸(PAM-PAA)和聚磺酸甜菜碱(PDMAPS)等。其中，PNIPAM 水凝胶由于最低临界转变温度十分接近人体温度得到了广泛关注。本体温度低于最低临界转变温度时，其高分子链会与水分子形成氢键，因而结构舒展带动水凝胶呈现膨胀状态；当温度高于最低临界转变温度时，其高分子链会同自身形成氢键，高分子网络塌缩，体内水分被排出从而呈现收缩状态。

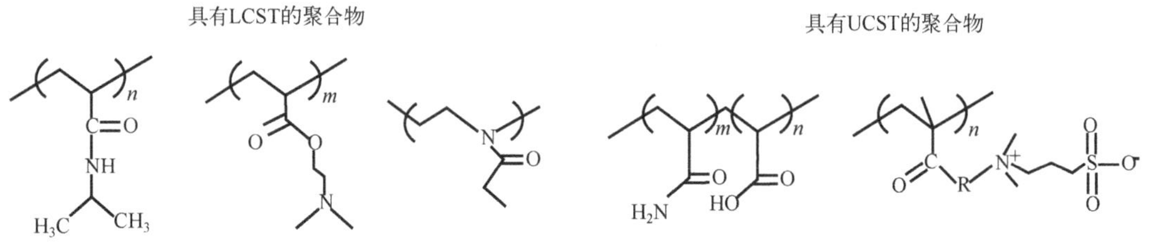

聚N-异丙基丙烯酰胺 PNIPAM, 32℃　　聚甲基丙烯酸N, N-二甲氨基乙酯　　聚N-乙基噁唑啉 PEtOx, 60℃　　聚丙烯酰胺-丙烯酸 PAM-PAA　　聚磺酸甜菜碱 PDMAPS, 20～60℃

图 9-38　几种常见的温敏型聚合物

2. 电刺激响应型水凝胶

电刺激响应型水凝胶包含聚阳离子、聚阴离子、聚两性离子等聚电解质，其致动机理为：水凝胶体内与其他溶剂的渗透压会在外部电场的作用下产生明显压差，从而导致形变。图 9-39(a)所示为电刺激响应型水凝胶，利用该类水凝胶可制作出把化学能转换为机械能的柔性驱动器，其主体为聚 2-丙烯酰胺-2-甲基丙磺酸，在电场作用下，阳极附近的水凝胶表面与含有正电子的活性剂结合时会发生收缩，驱动水凝胶向阳极一侧弯曲。图 9-39(b)和(c)所示为含有两个可弯曲水凝胶的小型移动机器人，水凝胶中存在的聚阳离子和聚阴离子可在电场的作用下发生离子黏结，电场强度决定了机器人的动作幅度，两个弯曲单元协调运动可以驱动机器人在水平方向上单向运动。

3. pH 刺激响应型水凝胶

酸性或碱性基团的聚合物是构建 pH 刺激响应型水凝胶的重要组分。酸性或碱性基团会在外部环境的酸碱值产生波动时吸附和释放质子，从而使聚合物上基团的电荷发生改变，由此控制水凝胶体积的增减。当含有酸性基团的聚丙烯酸(PAA)水凝胶处于 pH 高于 4.75 的环境中时，羧酸基团逐渐转换为羧酸根基团，所带负电会导致分子链之间的排斥现象，诱导分子链扩散在溶剂中；在 pH 低于 4.75 的环境中，羧酸基团会质子化，诱导分子链聚集在溶剂中。部分天然大分子水凝胶会也在酸碱值波动时产生结构变化。例如，壳聚糖的分子链在碱性条件下会形成微晶，从而使水凝胶的力学性能发生较大幅度的改变。图 9-40 所示为可自发变形并在碱性环境中具备形状记忆的水凝胶，基于壳聚糖的水凝胶在碱性环境中实现硬度提升。这种水凝胶不仅具备对碱性环境的敏感性，通过调控制备条件，如交联度、pH 和壳聚糖浓度，还可以灵活调节其机械性能，使其在智能材料、柔性传感器和生物医学等领域具有广阔的应用前景。

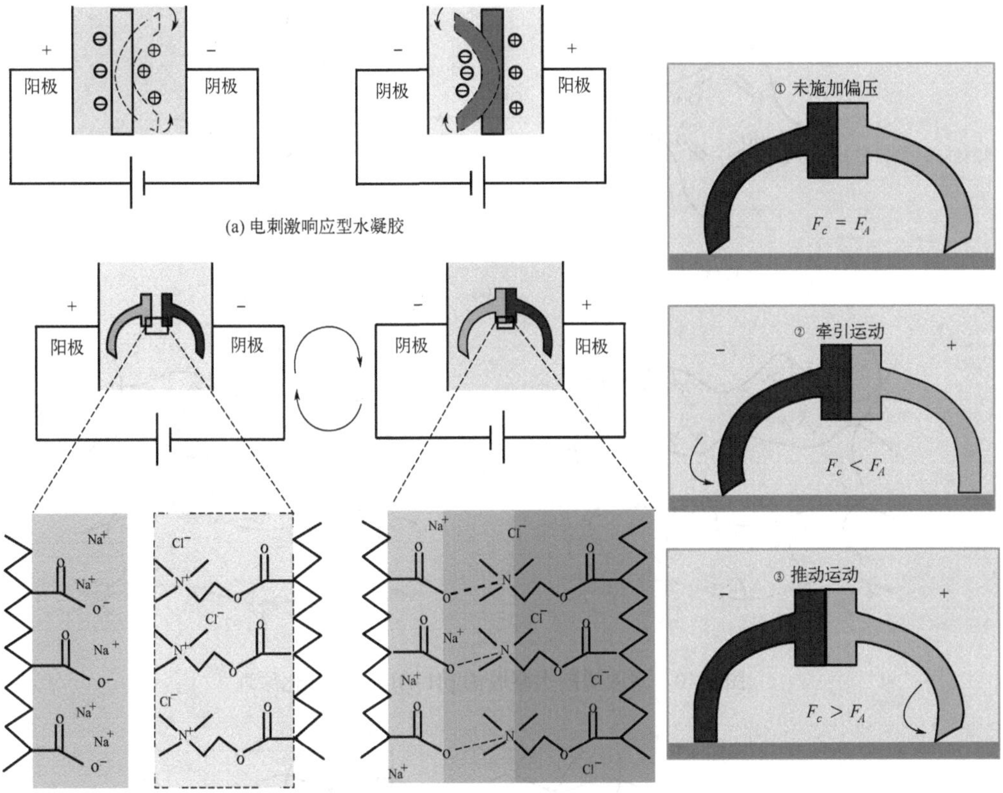

(a) 电刺激响应型水凝胶

(b) 小型移动机器人 1

(c) 小型移动机器人 2

图 9-39　电刺激响应型水凝胶及其应用

4. *磁刺激响应型水凝胶*

磁刺激响应型水凝胶能够对外部磁场变化做出响应，通常通过将磁性纳米材料嵌入水凝胶网络中来制备。在制备过程中既可将磁性纳米粒子集成于水凝胶网络中，亦可通过化学手段将纳米粒子接洽至聚合物网络上。与上述不同物理场刺激响应型水凝胶相比，磁刺激响应型水凝胶所具备的高速响应特性助力其成为医疗领域内广为使用的水凝胶之一。例如，基于磁热效应的水凝胶，通过外部磁力驱动其内部的纳米粒子有序排列，在凝胶化过程中产生大量的热，其加热速率提升 6～8 倍，在药物控制释放领域具有一定应用前景。

5. *光刺激响应型水凝胶*

光刺激响应型水凝胶可在外部光照刺激下发生体积增减，需要通过将具有光敏特性的官能团插入水凝胶交联网络中制备。光照可从以下两方面改变交联网络的结构特性：首先，光照可促使聚合物网络的完全破裂或生成，引发水凝胶交联密度的改变；其次，聚合物网络中的感光分子在受到特定波长的光照时会发生异构化，进而改变整体结构和体积，如图 9-41 所示。光刺激响应型水凝胶能够在光照变化的刺激下发生物理或化学性质的改变，如体积变化、形态变化、透明度变化，在生物医学、软体机器人、药物控制释放等领域具有广阔的应用前景。

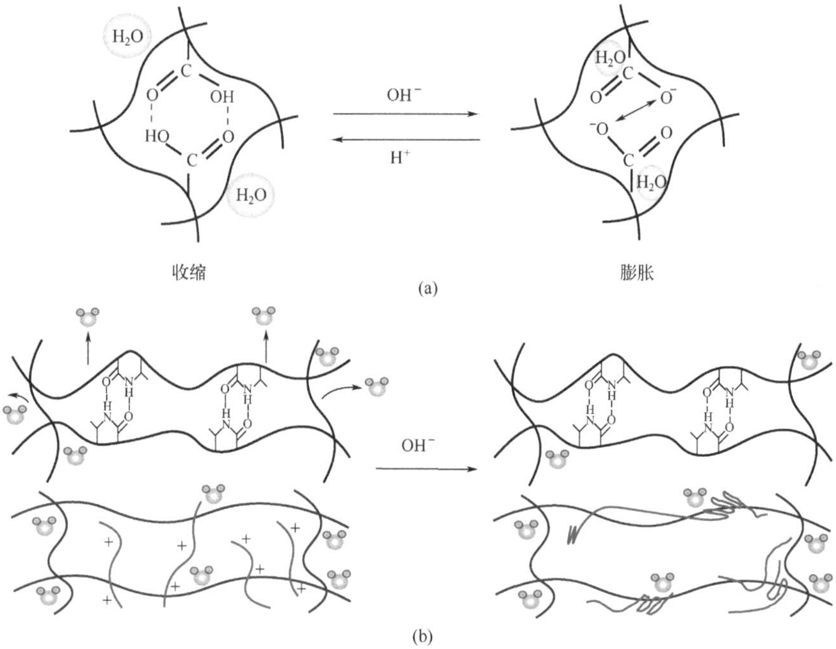

图 9-40　聚丙烯酸水凝胶的 pH 响应体积变化原理

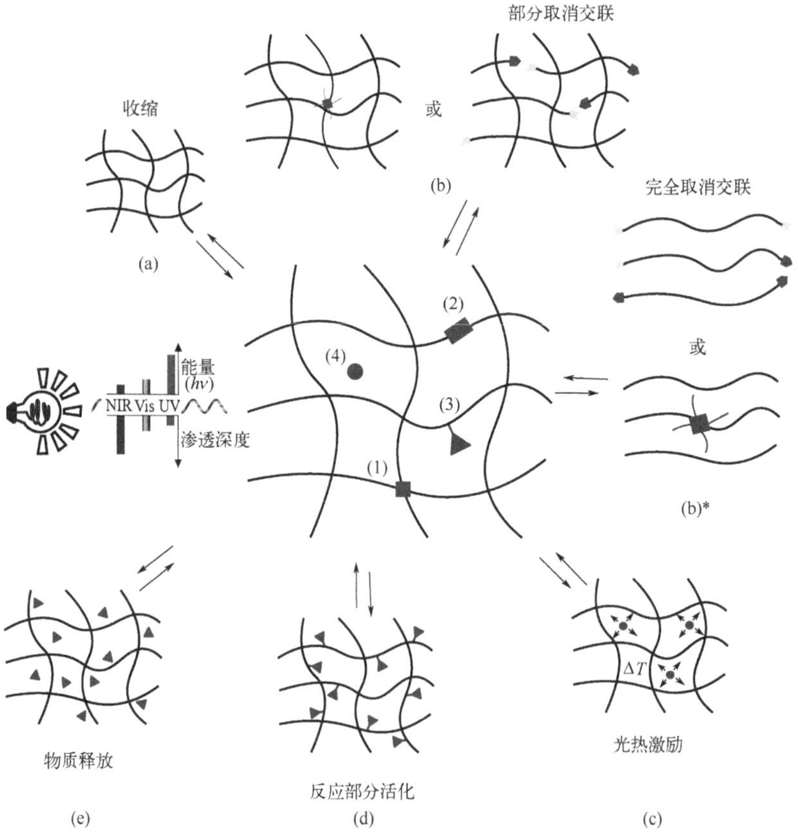

图 9-41　光照引起的水凝胶结构变化机理

9.5　超声悬浮驱动技术

微课

9.5.1　超声悬浮驱动技术概述

超声悬浮驱动技术通常利用压电换能器在空气中产生的超声波，使被驱动物体附近形成可控声场并建立声辐射压力，从而将机械振动传递至被驱动物体，达到悬浮和移动物体的目的。该驱动技术具有微重力、无容器的环境特点，能够实现多种物体的非接触操控和对太空失重实验条件的模拟。相较于采用电、磁、光、气等其他原理的非接触式悬浮驱动技术，超声悬浮驱动技术具有装置结构简单、驱动形式灵活、传输距离远、生物相容性好、横向稳定性高以及对被驱动物体无特殊物理属性和形状要求等特点。

9.5.2　超声悬浮驱动技术的分类及特点

根据悬浮高度的不同，可以将超声悬浮驱动分为驻波悬浮驱动和近场悬浮驱动两类。驻波悬浮驱动利用超声换能器与反射面的配合，将反射面设置于超声波半波长的整数倍位置时，可在声辐射面与反射面之间形成驻波声场。由于驻波波节两侧的声压梯度方向相反，便可在波节附近将被驱动物体捕获。通过调整超声波的频率或相位、声辐射面与反射面的距离便可改变驻波波节的位置，从而实现悬浮和驱动。驻波悬浮的驱动原理决定了其可使物体悬浮在声辐射面以上数十毫米的高度，并可将密度不同的物体分离。由于该驱动方式形成的声辐射压力相对较小，为了获得更稳定的悬浮效果，被悬浮物体的尺寸通常不超过超声波的半波长，且质量在数克级别。此外，驻波悬浮驱动装置的声辐射面与反射面的间距限制了其驱动的距离。上述特点决定该驱动技术在细胞操纵与分离、药物无染输送以及药物组分与浓度控制等方面具有优异的应用潜力。为了进一步拓展驻波悬浮驱动的稳定性、驱动能力和驱动范围，学者在单轴式驻波悬浮驱动器的基础上还提出了轴数更多的驻波悬浮驱动器。

与驻波悬浮驱动不同，近场悬浮驱动无需额外的反射面来产生声场并建立声辐射压力，其通过超声换能器的振动使声辐射面上形成驻波或行波，通过与被驱动物体的底面相互作用实现悬浮和驱动。由于在驻波的作用下，声辐射面沿其法线方向振动，其表面上各点的振速和相位相同，因此被驱动物体仅受到沿其法线方向的声辐射压力从而可实现悬浮；在行波的作用下，被驱动物体将同时受到沿其法线向上的声辐射压力和沿其切线方向的黏滞力，从而实现悬浮和驱动。近场悬浮驱动原理决定了其通常只能将物体悬浮在声辐射面上方毫米级以内的高度，但相较于驻波悬浮驱动而言，其可以驱动尺寸和质量更大的物体，并更易实现大范围高速度驱动。因此，近场悬浮驱动在精密零件的制造和封装等应用方面展现出巨大的潜力，可以更好地确保核心部件免于制造封装过程中的损伤和污染并保持良好的物理与电气特性。

9.5.3 超声悬浮驱动技术的基本原理

1. 驻波悬浮驱动技术的基本原理

超声悬浮现象是高声强声场中的一种非线性现象。利用声场中的声辐射压力可将目标物体悬浮和驱动，因此声辐射压力的分析与计算是超声悬浮驱动技术的理论基础。目前，学界主要采用 1962 年 Cor'kov 提出的声场的时间平均势理论来计算驻波悬浮声场中的声辐射压力。Cor'kov 认为被悬浮物体对声波起到了散射作用，因而受到了声辐射压力。为了能够计算声辐射压力，需要首先计算被悬浮物体的时间平均势 U_{rad}：

$$U_{\text{rad}} = V_p\left(\frac{1}{2\rho c^2} f_1 p^2 - \frac{3}{4}\rho f_2 v^2\right) \tag{9-3}$$

式中，V_p 为被悬浮物体的体积；ρ 为媒质的静态密度；c 为声音在空气中传播的速度；p^2 为被悬浮物体所在位置的声压均方值；v^2 为被悬浮物体所在位置的媒质质点振速均方值；f_1 和 f_2 分别为被悬浮物体的可压缩性相关系数。

在式(9-3)的基础上，可将声辐射压力 $\boldsymbol{F}_p$ 表示为势函数 U_{rad} 的梯度：

$$\boldsymbol{F}_p = -\nabla U_{\text{rad}} \tag{9-4}$$

下面基于波动方程及声场时间平均势理论分析粒子的驻波悬浮驱动基本原理。假定超声波的振动方程满足余弦规律，则声场中发射波的波动方程可表示为 y_1，反射波的波动方程可表示为 y_2，经过发射波与反射波叠加后可得到 y 所示的声场驻波波动方程，如图 9-42(a)所示。

$$\begin{cases} y_1 = A\cos(\omega t - kz) \\ y_2 = -A\cos(\omega t + kz) \\ y = y_1 + y_2 = 2A\sin(\omega t)\sin(kz) \end{cases} \tag{9-5}$$

式中，A 为媒质的振幅；ω 为角频率（$\omega=2\pi f$）；k 为波数（$k=\omega/c$）。

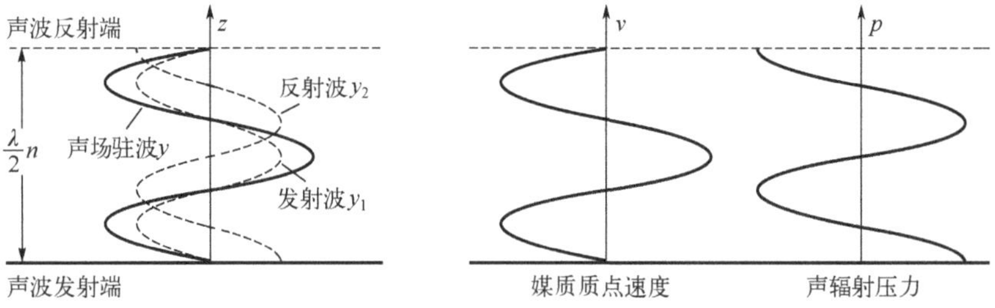

(a) 驻波声场示意图　　(b) 驻波声场质点速度与声压曲线

图 9-42　平面驻波声场示意图

根据式(9-5)可得媒质质点的速度方程，即

$$v = \frac{\partial y}{\partial t} = 2A\omega\sin(kz)\cos(\omega t) \tag{9-6}$$

基于理想流体媒质的基本运动方程可得声场中的声压表达式，即

$$p = -\int \rho \frac{\partial v}{\partial t} \mathrm{d}z = -2A\omega\rho c\cos(kz)\sin(\omega t) \tag{9-7}$$

根据式(9-6)和式(9-7)可得如图 9-42(b)所示的平面驻波声场质点速度和声压曲线。

当悬浮目标为半径为 R 的刚性小球时，$f_1 = f_2 = 1$，利用 Cor'kov 声悬浮理论可得声辐射时间平均势 U_{rad}：

$$U_{\mathrm{rad}} = 2\pi R^3\left(\frac{p^2}{3\rho c^2} - \frac{\rho v^2}{2}\right) \tag{9-8}$$

根据式(9-6)和式(9-7)可分别求得在一个谐振周期 T 内的媒质质点速度与声压均方值，即

$$\begin{cases} v^2 = \dfrac{[v_0\sin(kz)]^2}{2} \\ p^2 = \dfrac{[p_0\cos(kz)]^2}{2} \end{cases} \tag{9-9}$$

式中，$v_0=2A\omega$；$p_0=2A\omega\rho c$。联立式(9-4)、式(9-8) 和式(9-9) 可得小球在驻波声场所受到的声辐射压力 $\boldsymbol{F}_p$ 为

$$\boldsymbol{F}_p = \frac{5}{6}\pi R^3 k\rho v_0^2\sin(2kz) \tag{9-10}$$

根据式(9-10)可知用于推动小球的声辐射压力与声场特性、小球半径以及小球在声场中所处的位置有关。为了使小球保持悬浮或按需移动，需要调节小球所受声辐射压力，使其大于、等于或者小于小球自身所受的重力。式(9-11)描述了半径为 R、密度为 ρ_b 的目标小球所受的重力 $\boldsymbol{G}$：

$$\boldsymbol{G} = \frac{4}{3}\pi R^3\rho_b g \tag{9-11}$$

式中，g 表示重力加速度。

根据式(9-10)和式(9-11)可得声辐射压力 $\boldsymbol{F}_p$ 与重力 $\boldsymbol{G}$ 的比值 B：

$$B = \frac{\boldsymbol{F}_p}{\boldsymbol{G}} = \frac{5k\rho v_0^2}{8g\rho_b}\sin(2kz) \tag{9-12}$$

根据式(9-12)知，当满足 B=1 时小球可保持悬浮，当 B>1 时小球将向上运动，直至 B 重新等于 1。通过改变超声波的频率 f、振幅 A 便可改变小球悬浮的平衡位置，从而实现驱动。图 9-43 所示的是小球所受声辐射压力、重力及其轴向位置之间的关系。声辐射压力与重力的交点便是小球的理论悬浮位置。根据 $\mathrm{d}\boldsymbol{F}_p/\mathrm{d}z$ 可将一个波长内的悬浮区域分为不稳定和稳定的悬浮区域。显然，当小球位于 $\mathrm{d}\boldsymbol{F}_p/\mathrm{d}z\geqslant 0$ 的区域内时，其受到向下的外部扰动后，声辐射压力 $\boldsymbol{F}_p$ 将减小，小球将向下坠落；当其受到向上的扰动时，声辐射压力将增大，小球将向上移动，因此小球在该区域难以实现稳定悬浮。当小球位于 $\mathrm{d}\boldsymbol{F}_p/\mathrm{d}z<0$ 的区域内时，其受到向下的扰动后声辐射压力会增大，而其受到向上的扰动后声辐射压力会减小，这都将迫使小球返回原悬浮位置，因此当小球在该区域内时的稳定性更高。

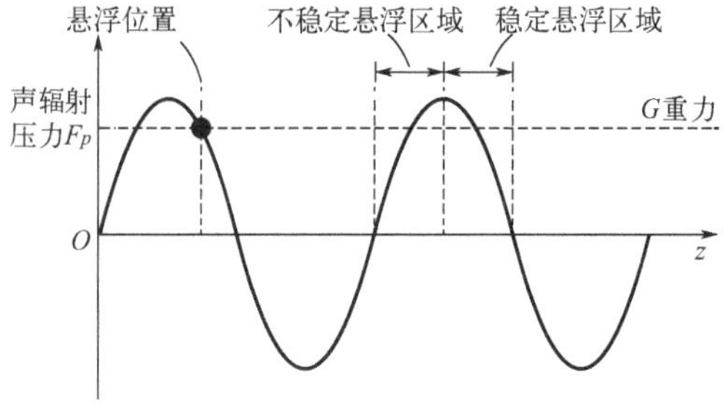

图 9-43　小球所受声辐射压力、重力及其轴向位置之间的关系示意图

2. 近场悬浮驱动技术的基本原理

近场悬浮驱动的作用机理较为复杂，目前主流的解释有基于声辐射理论和挤压气膜理论，但目前理论体系还较为混乱，没有统一的结论。为了便于理解，本书基于挤压气膜理论对驻波和行波近场悬浮驱动技术进行简要介绍。近场悬浮驱动依靠压电换能器声辐射面和被悬浮物体之间的挤压气膜作为媒质传递能量。在激发声辐射面产生驻波或行波后，使空气膜产生挤压效应，从而在声辐射面与被悬浮物体之间建立压力，实现对被悬浮物体的托举和驱动。

图 9-44(a)所示的是驻波近场悬浮驱动原理示意图，压电换能器通过纵振可以激发声辐射面产生驻波振型，这使得在声辐射面与被悬浮物体之间的局部空间中的气体受到周期性的局部挤压和扩张。在受到挤压的区域，气体向外排出，局部气压增大，被悬浮物体受到向上的推力；在受到扩张的区域，气体向内吸入，局部气压减小，被悬浮物体受到向下的拉力。研究表明，流体存在惯性效应，在高频振动下空气的惯性效应会逐渐增强，这增大了气压变化的非线性。这导致声辐射面与被悬浮物体之间挤压气膜的平均压力由原本周期性的简谐振荡变为非简谐振荡，使得一个周期内的平均气压大于一个标准

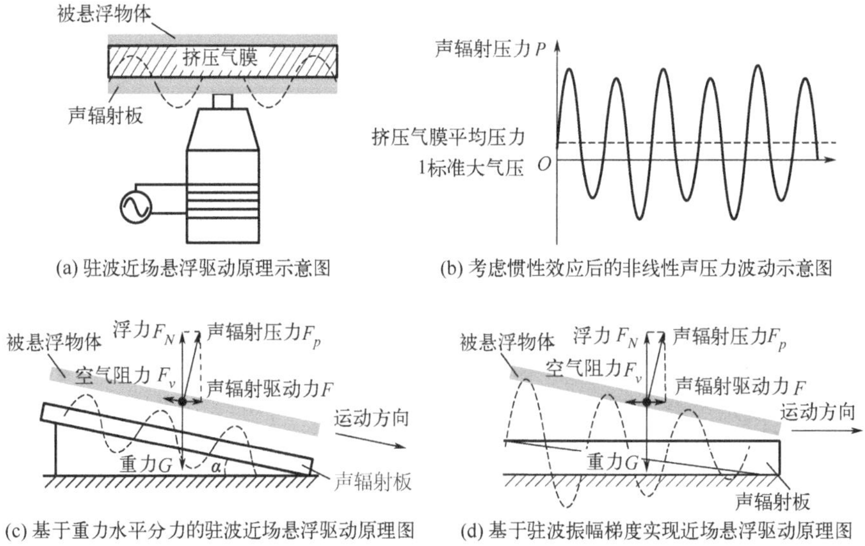

(a) 驻波近场悬浮驱动原理示意图　(b) 考虑惯性效应后的非线性声压力波动示意图

(c) 基于重力水平分力的驻波近场悬浮驱动原理图　(d) 基于驻波振幅梯度实现近场悬浮驱动原理图

图 9-44　驻波近场悬浮驱动原理示意图

大气压，物体得以悬浮在声辐射面以上，如图 9-44(b)所示。在驻波近场悬浮驱动的基础上，在声辐射面法线与重力之间引入非零夹角 α，则可使被悬浮物体在重力的作用下实现运动，如图 9-44(c)所示。此外，还可以通过设计独特的声辐射面结构使驻波振幅在其表面梯度变化，使被悬浮物体与声辐射面不平行，从而受到水平分力，实现定向驱动，如图 9-44(d)所示。

图 9-45 所示的是行波近场悬浮驱动原理示意图。为了产生理想的行波，需要消除声辐射面末端的反射波，因此行波近场悬浮驱动装置通常一端设有发射压电换能器以用于在声辐射面内产生行波，在另一端设有匹配的接收压电换能器或者吸振材料用于吸收发射波。与驻波近场悬浮驱动类似，在声辐射面振动的一个周期内，其与被悬浮物体之间的局部空间中的气体仍然存在周期性的局部挤压和扩张，因此物体受到向上的推力并得以悬浮在声辐射面表面。不同的是，声辐射面的行波波峰波谷会向一端持续移动，在这一过程中，挤压气膜中的空气会被行波驱动，被悬浮物体下方的空气会向其施加黏滞力从而带动物体沿行波移动的方向运动。

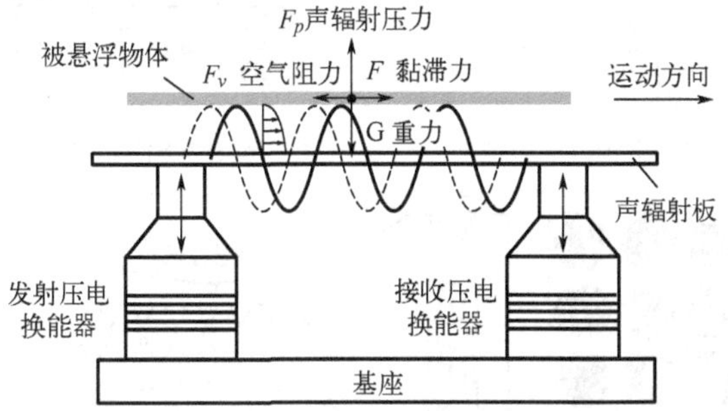

图 9-45　行波近场悬浮驱动原理示意图

9.5.4　超声悬浮驱动技术的应用实例

1. 驻波悬浮驱动技术的应用实例

驻波悬浮对于被悬浮物体位置的控制更为精确，被悬浮物体距离声辐射面较远，且能够实现多层悬浮，所以驻波悬浮更有利于非接触式的高精度测量和液滴的动力学行为研究。图 9-46(a)所示为由两个超声换能器同轴纵向对置构成的一维驻波悬浮驱动器，还搭配有 X 射线截捕器、X 射线探测器、热电偶、Cryostream 开放式流体冷却器、红外热成像仪和摄像机等配件。该驻波悬浮驱动器能够沿换能器的轴向悬浮直径为 1~3mm 的固体颗粒或液滴，并可在–40～40℃的范围内调节被悬浮物体的温度。该温度范围涵盖了水、许多盐和生物溶液的过冷区域。使用该驱动器能够避免传统化学、物理实验中物质与容器壁的接触，消除外来的成核源，从而提高实验的准确性。图 9-46(b)所示为由四个相同纵振换能器、一块方形铝薄板以及一块方形玻璃反射器构成的二维驻波悬浮驱动器，该驱动器主要面向片剂、胶囊等药品在生产制造过程中对药品开裂和污染的严苛要求，可实现药品等微小固体颗粒物的非接触运输。该悬浮驱动器的玻璃反射面距铝振动平面的高度为 8mm，通过控制四个换能器的频率，激发铝薄板在 24.8kHz 下的波长为 29mm 的晶格弯曲振动模态；通过调节换能器的相位差，可以使空气中声驻波的节点沿着 x 或 y 方向平移，从而实现对小颗粒二维轨迹的精准控制。此外，研究人员利用相控阵聚焦技术，开发了空气超声聚焦模块，该模块在 170mm×170mm 的方形区域内，放置了 285 个换能器，单个换能器的直径为 10mm，纵向谐振频率为 40kHz。利用两个空气超声聚焦模块对置，可以构成一个最基本的三维驻波悬浮驱动器，也可根据需要利用更多模块构建操控性更加灵活的悬浮驱动器，如图 9-46(c)所示。该悬浮驱动器可同时控制多个直径为 0.6mm 的聚苯乙烯颗粒，使它们以 4.25mm 的间隔一起悬浮，粒子的空间位移分辨力可达 0.5mm，并可至高达到 72cm/s 的运动速度。此外，该装置至高可驱动密度为 7g/cm^3 的物体。该装置可为三维数字-现实图形交互系统的发展提供新思路。

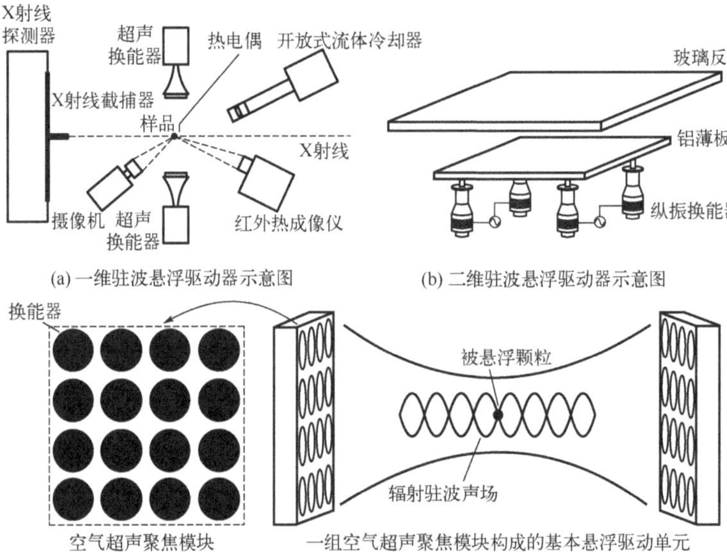

(a) 一维驻波悬浮驱动器示意图　(b) 二维驻波悬浮驱动器示意图

(c) 三维驻波悬浮驱动器示意图

图 9-46　典型驻波悬浮驱动器的结构示意图

2. 近场悬浮驱动技术的应用实例

近场悬浮驱动无需反射平面，可实现面积和质量较大的平面物体的悬浮，以及更远距离的移动，这种驱动方式有利于实现大型物体的无接触远距离运输。典型直线驻波近场悬浮驱动器如图 9-47 所示，主要由一个基座、一个压电换能器和一个楔形定子构成。楔形定子部分的长度为 283mm，定子与换能器连接的部分厚度为 3mm。换能器直径为 12.7mm，高度为 14mm，其工作在 88.8kHz 的谐振频率。通过压电换能器纵向振动，铝制的楔形定子发生振幅梯度变化的驻波振动，从而在被悬浮物体底部制造出梯度托举力场，使滑块倾斜并实现定向驱动。在输入功率为 2.5W 时，可使单位面积重量为 7.4mN/cm^2 的玻璃滑块达到 10cm/s 的平均速度。

图 9-48(a)所示为利用行波近场悬浮的直线驱动器，该驱动器主要由一个发射换能器、一个等厚度的平板和一个与发射换能器谐振频率相同的接收换能器构成。等厚平板的长度为 609mm，宽度为 70mm，厚度为 3mm。两换能器的谐振频率为 19.5kHz。驱动器工

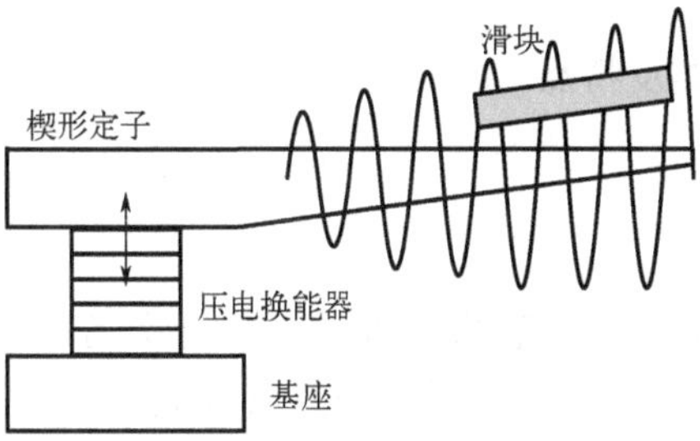

图 9-47　直线驻波近场悬浮驱动器结构示意图

作时，等厚平板一端的发射换能器纵向激振，另一端的接收换能器吸振，从而在平板上产生行波，驱动一个重 8.6g、平面尺寸为 90mm×60mm 的板状物体以 0.7m/s 的速度进行远距离传输。为了解决行波传输过程中，被悬浮物体容易从导轨脱落的问题，研究人员又提出了一种如图 9-48(b)所示的带有梯形导轨的直线行波近场悬浮驱动器。该驱动器的滑块长为 40mm，安装在两根长度为 152mm、与水平面成 45° 夹角的倾斜导轨上。采用两个直径为 11mm 的夹心式朗之万换能器在导轨上激发行波，通过翻转相位还可实现滑块的反向驱动。该驱动器的主要特点是通过梯形导轨配合特殊形状的被悬浮物体，可以使被悬浮物体被正常驱动的同时在其两侧受到挤压效果，使其能够在传输过程中不掉落。当频率为 89.4kHz 时，驱动器可实现正向驱动。当频率为 110.7kHz 时，其可实现反向驱动。该驱动器可实现 2.2μm 的最大悬浮高度、4.8kN/m^2 的最大悬浮力以及 34.6mm/s 的最大传输速度。

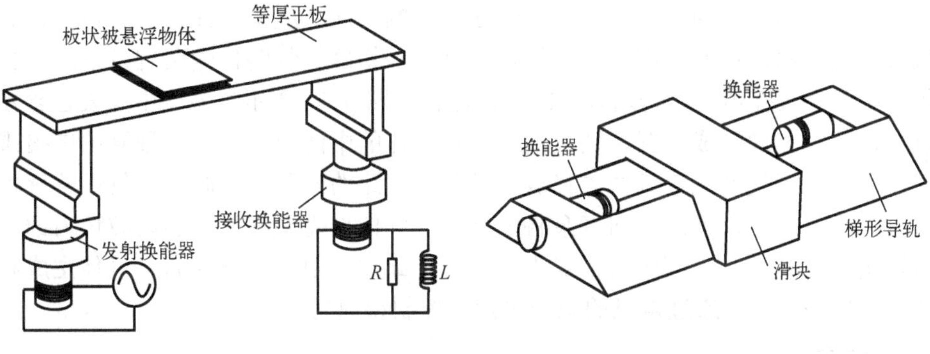

(a) 无导轨行波近场悬浮驱动器示意图　　(b) 梯形导轨行波近场悬浮驱动器示意图

图 9-48　典型近场悬浮驱动器结构示意图

9.6　化学驱动技术

9.6.1　化学驱动技术简介

化学驱动技术是指利用化学反应产生驱动效果，具体又可分为两种：一种是利用化学反应过后产生的新物质来进行驱动，光化学驱动技术是其中的典型代表；另一种则是利用化学反应过程中产生的能量来进行驱动，比较典型的驱动方式为燃爆驱动。

9.6.2　化学驱动技术的分类及特点

1. 燃爆驱动技术

化学燃爆驱动技术的出现标志着机器人技术的一次飞跃，这种驱动方式通过点燃由可燃性气体与助燃剂组成的混合气体(通常为氢气与氧气)来为机器人供能，具有能量密度高、运动爆发性强等优点；同时，其与传统驱动技术相比，还具有驱动燃料清洁化、能源供给便捷化等优势，因此燃爆驱动技术在近几年愈发受到机器人领域研究人员的青睐，尤其是在软体机器人领域。考虑软体材料具有柔性强、重量轻、适应能力强等特点，将高能量密度、高爆发力的燃爆驱动技术与弹性软体材料的特性结合，便能够充分发挥两者的优势，实现机器人的灵活运动。

燃爆驱动的原理是基于在密闭容腔内点燃可燃气体引发的强烈氧化还原反应。此过程中生成的瞬时高压力、高热量驱使机器人本体体积急速增加，从而产生极大的冲击力以实现致动器件的高速变形。燃爆驱动技术的关键在于高效燃料的选取，在此基础上可控地生成大量氢气、氧气，通过中间容仓将其合理混合，选择适当的点火时机迅速激发燃爆反应。通过调整气体充放和点火时机，可以灵活地控制燃爆效应的强度和频率，从而实现对机器人运动的高精度调控。

当前研究中，多数燃爆驱动机器人选择高压气瓶充当燃料来源，驱控多个电磁阀以稳定输送可燃气体。然而高压气瓶重量大的缺点会导致整个气路模块质量庞大，从而限制机器人的移动能力。同时，现有气体输送、控制方法精度难以提升，这也直接导致所驱动机器人无法精确控制。因此，亟须设计高效、精确的气路传输装置及系统，将产生的气体输送到燃爆腔体内，普遍采用的驱控流程如图 9-49 所示。系统中主要包含互不干扰的氢气、氧气气源生成装置，辅以混合两种气体的中间腔体，三个独立的电磁阀用来分别控制氢气、氧气及混合气体的释放以及各个气路的通断，同时辅以气压传感器实时检查气压大小，接下来使用单向气泵将混合后的气体按需要释放到燃爆腔体内部，最后点火激励出燃爆反应，进而驱动机器人跳跃。在此过程中，气路通断、气体生成和气体传输的全部过程，均可通过常见的微型单片机控制和规划。

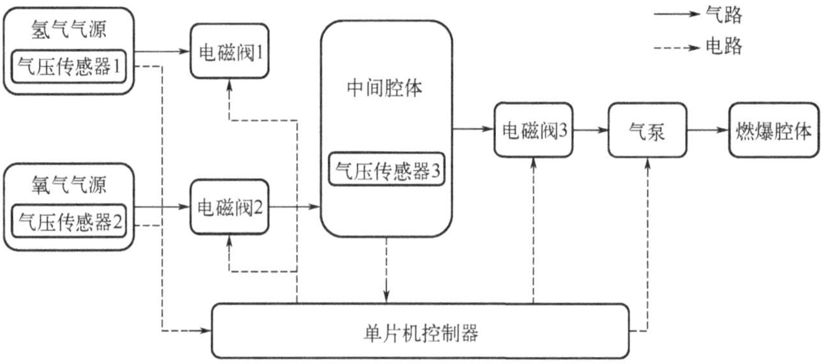

图 9-49　气体输送装置原理图

2. 光化学驱动技术

有一类材料在受到光照时或解除光照时，其内部可发生可逆的化学反应，而无需热效应从而产生体积的改变，以此原理设计和制造的特种驱动器称为光化学驱动器。早年间，包括偶氮苯(Azo)衍生物在内的分子晶体材料和液晶弹性体用于制作光化学驱动器。这些光化学材料通常制作成单层薄膜，通过光化学反应实现光化学驱动响应，主要是光异构化和光二聚化。这两种光化学反应的共同点是由一定强度的光照激发，在受到照射后随着化学反应的发生，光化学材料将出现体积膨胀或收缩。光异构化指的是分子在光照作用下，其分子构型发生改变的过程。这种改变将会导致材料体积的变化，这些变化通常发生在特定类型的化合物中，如光敏染料或光敏聚合物中。光异构化包括反式-顺式异构化、酮-烯醇互变异构以及环的开环和闭环，光二聚化包括[2+2]和[4+4]环加成反应。

反式-顺式异构化是光异构化的一种形式，指的是分子中双键处的构型在光照作用下由反式转变为顺式，或者由顺式转变为反式的过程。在有机化合物中，双键的立体构型可以是反式或顺式。这两种构型的转变通常是通过吸收特定波长的光能而发生的，这种能量的吸收会导致分子内部键的旋转或重新排列，使得分子的构型发生改变。酮-烯醇互变异构是一种分子内部的化学异构化过程，指的是酮和烯醇两种互为同分异构体的结构之间的转变，这种转变通常发生在含有羟基和羰基(酮)的有机分子中。酮-烯醇互变异构是由于酮和烯醇两种互为同分异构体的结构之间存在着动态平衡，它们在特定条件下能够相互转变，其过程如图 9-50 所示。这种转变通常在碱性或酸性条件下发生，也可以通过光照或温度变化等外部条件引发，光化学材料中的酮-烯醇互变异构将会导致材料体积的变化。光异构化的开环反应指的是分子内环状结构的打开，通常发生在受到光照作用下。这种反应涉及共轭结构中的某些键的裂解，导致分子内部的一个或多个环状结构断裂或打开。闭环反应指的是分子内部的开环结构再次合并或形成环状结构。此类反应发生在光照作用下，允许分子内已打开的结构重新连接形成环状结构。在光照条件下，一些分子会经历开环和闭环反应的循环过程。这种循环可能导致分子不同构型之间的转变，即反式和顺式异构体之间的转变或其他构型变化，这些化学变化同样会导致材料体积的变化。

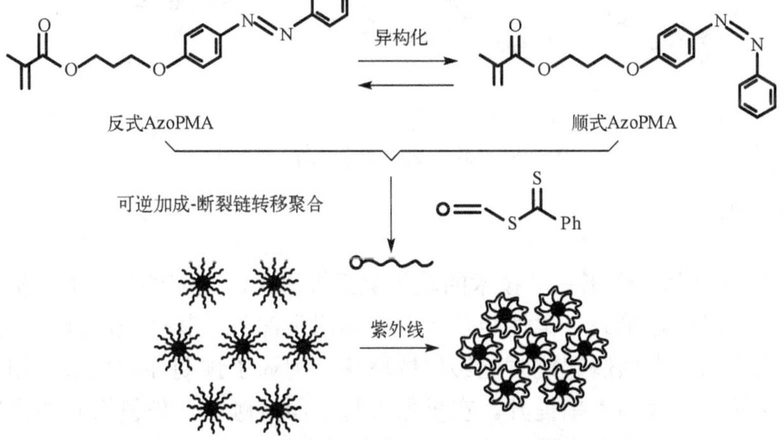

图 9-50　酮-烯醇互变异构的相互转变过程示意图

光二聚化是一种光化学反应，会导致两个分子结合形成一个更大的分子，因此在某些情况下，可能会导致材料的收缩。光二聚化反应通常涉及双烯或者其他具有共轭结构的化合物，这些化合物在特定光照条件下发生加成反应。[2+2]环加成反应指的是两个双烯分子在受到特定波长的光照后，发生共轭结构的短程重排，形成一个较小的环状结构。这种环状结构与原始的双烯分子相比，体积可能更小，因此可能引起材料的收缩。[4+4]环加成反应类似于[2+2]环加成反应，但是涉及四个双烯分子的反应。这种反应也可能导致较小的环状结构形成，从而引起材料的收缩。光化学材料制成的光化学驱动器与光热驱动器类似，一般具备双层结构，其变形和驱动原理也与光热驱动器类似。

9.6.3　化学驱动器的应用现状

1. 功能器件

图 9-51 所示为受心脏运动启发、以硅胶为基体的软体燃爆驱动水泵。该水泵将编织物与软体弹性基体黏合，实现了软体容腔的燃爆膨胀，具备极高的爆炸能量效率和泵送能力。受到心室及心房结构的启发，该泵体包括液体储存容腔(储水腔）和燃爆驱动单元容腔(燃爆腔)。燃爆腔中的燃料为甲烷与空气的 1∶10 混合气体，每个储水腔的进出口均配有单向阀，以确保液体单向流动。燃爆时，驱动腔迅速膨胀，挤压储水腔内的水从出水口排出；燃爆结束后，驱动腔收缩，负压吸入液体，液体从进水口进入储水腔，完成一个完整的泵送循环。通过膨胀和收缩的交替，实现了高效的液体传输。在激励功率达到 500W 的工作条件下，该水泵仍能输出近万次燃爆驱动运动，工作时提供的背压力最高可达 75mmHg(1mmHg = 0.133kPa)。

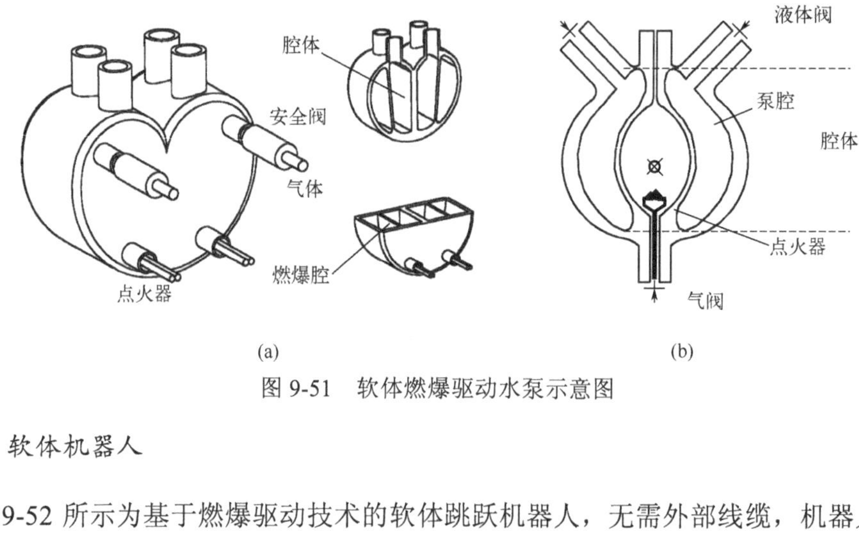

图 9-51　软体燃爆驱动水泵示意图

2. 软体机器人

图 9-52 所示为基于燃爆驱动技术的软体跳跃机器人，无需外部线缆，机器人本体包括保护外壳、集成驱控单元、柔性腿及燃爆腔体四个部分。其外壳刚度分布是逐渐变化的，中间大刚度部分在燃爆起跳时能够保持原状，削弱了预期外的变形，相较于全硅胶材料，该外壳的致动效率大幅提升。在机器人与地面接触时，外侧柔软的位置可充分发挥缓冲能力，保护本体平稳着陆，因此具有更长的使用寿命。

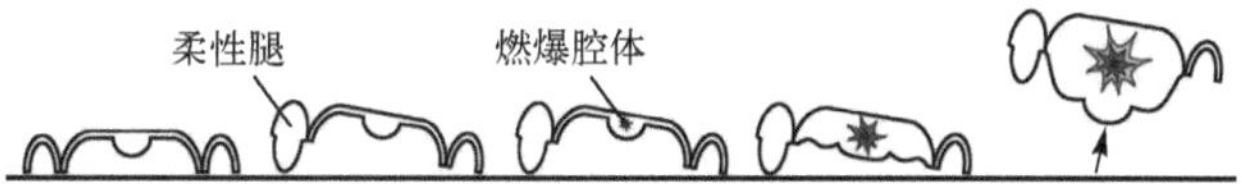

图 9-52　基于燃爆驱动技术的软体跳跃机器人运动示意图

思　考　题

9-1　纤维卷绕型人工肌肉的致动机理是什么？

9-2　纤维卷绕型人工肌肉在实际应用过程中存在哪些优势和劣势？

9-3　光热驱动方法在柔性机器人中的应用潜力如何？

9-4　振动直驱技术有哪些典型振动激励源？

9-5　思考在哪些领域可以应用振动直驱技术？

9-6　水凝胶驱动技术的工作原理是什么？有哪些常见的刺激响应模式？

9-7　水凝胶驱动的柔性机器人具备哪些特点？适用于何种场合？

9-8　超声悬浮驱动技术与电磁悬浮、光悬浮等其他非接触驱动技术相比有什么优缺点，分析在什么条件下超声悬浮驱动更具有优势。

9-9　分析驻波悬浮驱动和近场悬浮驱动在悬浮高度、可处理物体尺寸与质量以及应用场景方面的差异，并举例说明各驱动技术的典型应用场景。

9-10　请简述化学驱动技术的特点和分类。

9-11　燃爆驱动技术的工作原理是什么？

9-12　燃爆驱动技术在实际应用过程中存在哪些限制？

参 考 文 献

柴嘉伟，贵献国, 2021. 音圈电机结构优化及应用综述[J]. 电工技术学报, 36(6): 1113-1125.

陈花玲，周进雄, 2017. 介电弹性体智能材料力电耦合性能及其应用[M]. 北京：科学出版社.

董惠娟，穆冠宇，李天龙, 2022. 超声悬浮传输及驻波-行波混合驱动[J]. 科技导报, 40(6): 73-82.

贾振元，郭东明, 2008. 超磁致伸缩材料微位移执行器原理与应用[M]. 北京：科学出版社.

刘英想，邓杰，陈维山, 2022. 压电驱动技术[M]. 武汉：华中科技大学出版社.

张荣, 2021. 智能制造时代的工业机器人技术及应用研究[M]. 北京：中国原子能出版社.

张亚坤，张宇，李博，等, 2021. 聚合物捻卷型人工肌肉及其在软体机器人领域应用的研究现状[J]. 中国科学(技术科学), 51(2): 119-136.

赵淳生, 2007. 超声电机技术与应用[M]. 北京：科学出版社.

周景涛, 2021. 步进式超磁致伸缩致动器设计方法与实验研究[M]. 北京：北京理工大学出版社.

CHEN M, ZHONG M J, JOHNSON J A, 2016. Light-controlled radical polymerization: mechanisms, methods, and applications[J]. Chemical reviews, 116(17): 10167-10211.

HASHIMOTO Y, KOIKE Y, UEHA S, 1998. Transporting objects without contact using flexural traveling waves[J]. The Journal of the acoustical society of America, 103(6): 3230-3233.

HATTORI S, HARA M, NABAE H, et al., 2014. Design of an impact drive actuator using a shape memory alloy wire[J]. Sensors and actuators a: physical, 219: 47-57.

KAUFFMAN G B, MAYO I, 1997. The story of nitinol: the serendipitous discovery of the memory metal and its applications[J]. The chemical educator, 2(2): 1-21.

LI J J, ZHANG R, MOU L L, et al., 2019. Photothermal bimorph actuators with in-built cooler for light mills, frequency switches, and soft robots[J]. Advanced functional materials, 29(27): 1808995.

LU X L, ZHANG H, FEI G X, et al., 2018. Liquid-crystalline dynamic networks doped with gold nanorods showing enhanced photocontrol of actuation[J]. Advanced materials, 30(14): 1706597.

ÖLANDER A, 1932. An electrochemical investigation of solid cadmium-gold alloys[J]. Journal of the American chemical society, 54(10): 3819-3833.

POTEKHINA A, WANG C H, 2019. Review of electrothermal actuators and applications[J]. Actuators, 8(4): 69.

SPINKS G M, MARTINO N D, NAFICY S, et al., 2021. Dual high-stroke and high-work capacity artificial muscles inspired by DNA supercoilingt[J]. Science robotics, 6(53): eabf4788.

WANG D H, ZHANG S J, LI J, et al., 2024. Vibration-induced-flow mechanism and its application in water surface robot[J]. Research, 7: 449.

ZHAO Y S, XUAN C, QIAN X S, et al., 2019. Soft phototactic swimmer based on self-sustained hydrogel oscillator[J]. Science robotics, 4(33): eaax7112.